明太祖朱元璋,又一位平民出身的皇帝。他的尊容,有着不同的两个版本。

鄱阳湖之战是朱元璋定鼎的决胜性战役。这幅民间戏曲年画（山东武阳），描绘了朱元璋军在九江口大破陈友谅军的情景；线描图则是明太祖麾下参与此战的文臣武将：李文忠、郭英、常遇春、胡大海、刘基。

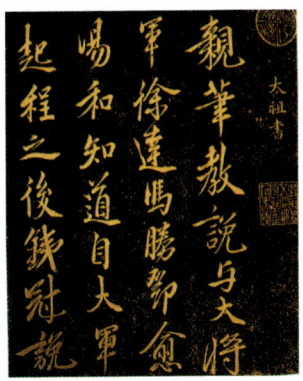

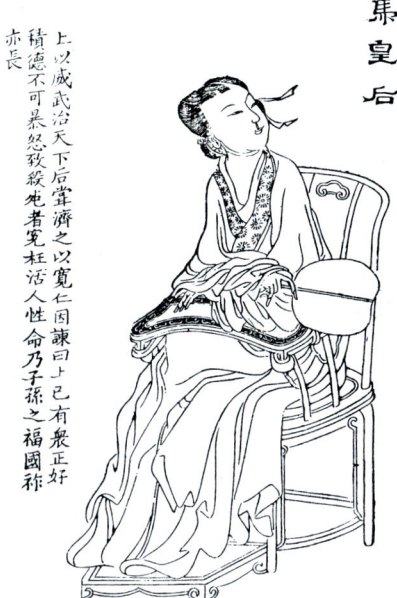

马秀英无论征战之时还是建国之后，都堪称朱元璋的贤内助。战时，她是朱元璋的贴身秘书，掌管机要文书等；宫中，她多所规谏，从而使朱皇帝少杀了几个人。

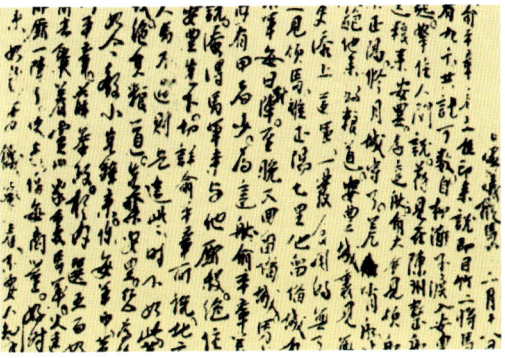

朱元璋给徐达的军令

史说历代焦点人物·朱元璋

明太祖定都南京,明成祖迁都北京之后,南京称南都。相传仇英所绘《南都繁会景物图卷》,描绘了明代南京的繁华景象。

 史说历代焦点人物·朱元璋

徐达是朱元璋打小的玩伴，建国之初荣华富贵，建起了图中所绘的东园（文徵明绘），可最后还是背脊生疽时吃下御赐的蒸鹅（生疽最忌食蒸鹅）而一命呜呼。"蒸鹅"较之"杯酒"，不啻霄壤。

明太祖的另一副尊荣

中山王徐达

史说历代焦点人物

史说朱元璋

布衣天子朱元璋及其开国功臣

袁和平 —— 编著

上海科学技术文献出版社
Shanghai Scientific and Technological Literature Press

图书在版编目(CIP)数据

史说朱元璋/袁和平编著.—上海:上海科学技术文献出版社,2025. —ISBN 978-7-5439-9333-4

Ⅰ.K827=48

中国国家版本馆CIP数据核字第2025VK4247号

责任编辑:姚紫薇
封面设计:留白文化

史说朱元璋
SHISHUO ZHUYUANZHANG

袁和平　编著

出版发行:	上海科学技术文献出版社
地　　址:	上海市淮海中路1329号4楼
邮政编码:	200031
经　　销:	全国新华书店
印　　刷:	商务印书馆上海印刷有限公司
开　　本:	850mm×1168mm　1/32
印　　张:	15.375
插　　页:	4
字　　数:	371 000
版　　次:	2025年3月第1版　2025年3月第1次印刷
书　　号:	ISBN 978-7-5439-9333-4
定　　价:	68.00元

http://www.sstlp.com

目 录

布衣天子明太祖

明太祖朱元璋 …………………………………………… 3
《明史·太祖本纪》 ……………………………………… 73
古今名家评说 …………………………………………… 113

承前启后之帝王

元顺帝妥懽帖睦尔 ……………………………………… 135
明仁祖朱世珍 …………………………………………… 142
明惠宗朱允炆 …………………………………………… 145
明成祖朱棣 ……………………………………………… 152

马大脚为首的女人们

皇后马秀英 ……………………………………………… 169
贵妃孙氏 ………………………………………………… 182
淑妃李氏 ………………………………………………… 184
宁妃郭氏 ………………………………………………… 185
曹国长公主 ……………………………………………… 186
宁国公主 ………………………………………………… 187

早逝太子与九大塞王

懿太子朱标 ……………………………………………… 193
秦愍王朱樉 ……………………………………………… 202

晋恭王朱㭎…………………………………… 207
代简王朱桂…………………………………… 211
肃庄王朱楧…………………………………… 212
辽简王朱植…………………………………… 213
庆靖王朱栴…………………………………… 215
宁献王朱权…………………………………… 216
谷王朱橞……………………………………… 222

大明开国"六王"

中山王徐达…………………………………… 229
开平王常遇春………………………………… 245
岐阳王李文忠………………………………… 259
宁河王邓愈…………………………………… 270
东瓯王汤和…………………………………… 279
黔宁王沐英…………………………………… 285

从两到无的丞相

中书左丞相李善长…………………………… 293
中书右丞相汪广洋…………………………… 300
中书左丞相杨宪……………………………… 304
中书左丞相胡惟庸…………………………… 306

几无子遗的开国功臣

越国公胡大海………………………………… 315
大都督朱文正………………………………… 319
楚国公廖永安………………………………… 323
蕲国公康茂才………………………………… 326

滕国公顾时…………………………………………… 329
永嘉侯朱亮祖………………………………………… 332
永城侯薛显…………………………………………… 335
定远侯王弼…………………………………………… 339
凉国公蓝玉…………………………………………… 343
颖国公傅友德………………………………………… 350
宋国公冯胜…………………………………………… 357
武定侯郭英…………………………………………… 362
长兴侯耿炳文………………………………………… 365

谋士文臣状元郎

翰林学士陶安………………………………………… 373
翰林学士朱升………………………………………… 376
弘文馆学士刘基……………………………………… 382
翰林学士宋濂………………………………………… 392
御史中丞章溢………………………………………… 402
洪都知府叶琛………………………………………… 407
"辞官先生"陈遇…………………………………… 409
翰林学士刘三吾……………………………………… 412
弘文馆学士罗复仁…………………………………… 415
左都御史杨靖………………………………………… 418
刑部尚书开济………………………………………… 420
开国状元吴伯宗……………………………………… 423
尚书状元任亨泰……………………………………… 428
侍读状元张信………………………………………… 430

割据群雄本一家

滁阳王郭子兴……………………………………………… 435
小明王韩林儿……………………………………………… 439
汉王陈友谅………………………………………………… 444
吴王张士诚………………………………………………… 457
浙东割据首领方国珍……………………………………… 467
福建割据首领陈友定……………………………………… 473
陇蜀王明玉珍……………………………………………… 477

布衣天子明太祖

明太祖朱元璋，出身平民，起身行伍，访贤用能，南征北战、东征西讨，削平割据势力，覆灭元朝统治，建立大明王朝。他励精图治，革新政治，发展生产，安定民生，诸多方面都不输前人。放牛娃、小和尚的经历，使他诸多忌讳，动辄以杀人立威；为了家天下的安全，他不惜杀尽开国元勋；为了封建专制，他又冒天下之大不韪，删《孟子》斥亚圣、黜杜诗贬诗圣……

明太祖朱元璋

朱元璋（1328—1398），明朝开国皇帝。又名兴宗，幼名重八，字国瑞。祖籍江苏沛县，后迁居安徽濠州（今安徽凤阳）。父朱世珍，母陈氏。他以一介布衣投军，借助元末农民起义，最终推翻元朝统治，登上皇帝之位；相继剿灭各地割据势力，基本统一天下。他一生勤奋好学，励精图治，从贫苦牧童，成长为开国君主，武略文治，堪称卓绝。建国后废除丞相，信用特务，雄猜滥杀，千古遗讥。

一、不幸少年　凄苦人生

元文宗天历元年（1328）九月十八日，朱元璋出生在安徽濠州一个贫苦农民家庭。他祖籍江苏沛县，祖上数代都是庄稼人。由于不堪忍受地主的盘剥，几经迁徙，直到他父亲这辈才落户濠州。

朱元璋曾回顾其父所述家史，说："先世居句容朱家巷……（朱初一）于宋季元初……挈家渡淮，开垦兵后荒田，因家泗州。……皇考（朱世珍）五十居钟离之东乡，而朕生焉。十年后，复迁钟离之西乡，长兄侍亲，仲兄、三兄皆出赘，既而复迁太平乡之孤村庄。"（《七修类稿》卷七）

朱元璋的父亲，原本叫朱五四，后来儿子更名的时候，也给他定名"朱世珍"。朱世珍育有四子，朱元璋行四，但在家族兄弟中排行第八，故名"朱重八"。相传，朱元璋出生的那天，朱家红光满屋，而且自当晚起，多次有火光腾起，远近邻里望见，都以为朱家失火了，等到赶来，却不见有什么火灾。（"及产，红光满室。自是夜数有光起，邻里望见，惊以为火，辄奔救，至则无有。"《明史·太祖本纪》）朱元璋生后三天，父亲到河沟打水给他"洗三"，见有红罗漂到跟前，便拿回家给他做了衣服，所以他居住的地方又叫"红罗障"。

也许是因为出生时的奇异现象，母亲陈氏对朱重八十分钟爱。小的时候，朱重八一有空，便和小伙伴到村旁的皇觉寺玩耍。寺里长老见他聪明伶俐，便抽空教他识文断字。朱重八聪颖过人，天长日久，便也粗通文墨了。

转眼间几年过去，三个哥哥为生活所迫，都给地主家当了长工。迫于生计，家里也要朱重八做些营生，经人介绍到村中地主刘大秀家去放牛，起初朱重八执意不肯，后经父亲一番苦苦劝导，他也就去了。

元顺帝至正三年（1343），濠州发生旱灾；第二年春天，又发生了严重的瘟疫。大旱千里，瘟疫横行，几个月的工夫，太平乡就死了几百口。灾难也降临到了朱家，六十四岁的朱世珍，首先染病不起；三天后，长兄朱镇（又名"重四"）又染疫身亡；过了十二天，母亲也离开了人世。不足半个月，就有三个亲人相继去世，家里只剩下了朱重八和二哥。

父母病亡，总要尽早下葬，但朱家既买不起棺材，也无田土下葬。无奈之际，朱重八和二哥决定把亲人埋在荒山上。两人抬着遗体到山脚下，绳子突然断了，二哥回去取绳子，留下朱重八一个人守着。突然雷雨交加，朱重八躲到皇觉寺避雨。等第二天拂晓再去看，大雨已将浮土冲积成高堙。那里原本是同乡刘继祖的产业，他对此事很感惊异，便把那块地送给朱家。就这样，兄弟俩用破衣、草席把三位亲人草草掩埋了。

为了活命，朱重八与二哥、大嫂、侄儿，被迫分开，各自逃生。走投无路之下，朱重八投入皇觉寺，拜高彬长老为师，剃度

为僧,做了僧童。("太祖孤无所依,乃入皇觉寺为僧。"同上)

初到皇觉寺,朱重八每天做杂役,扫地上香,打钟击鼓,烧饭洗衣,还要受老和尚的斥责。岂料即便如此,也是好景不长。不久,当地闹饥荒,寺里得不到施舍,住持只好打发和尚们云游化缘。这样,十七岁的朱重八只好离开寺院,托钵流浪。

朱元璋一路乞讨,一路流浪。他先从濠州向南,到了合肥;然后向西进入河南,到了固始、信阳,又往北到了汝州(今临汝)、光州(今潢川)等地,又东经鹿邑(今属河南)、亳州(今属安徽),以及颍州(今安徽阜阳)。

整整三年,朱元璋先后走遍了淮西、豫南一带的名都大邑,了解了当地的风土人情,体会了民众的疾苦,积累了社会生活经验,也接触到了反抗元朝统治的宣传。这段生活,对朱元璋的一生产生了深远的影响。

至正八年(1348),朱元璋回到了皇觉寺。("凡历光、固、汝、颍诸州三年,复还寺。"同上)此时的皇觉寺一派凄凉冷落景象。跟邻居打听,才知道这几年家乡民生凋敝,寇盗四起,昔日的师兄也都或死或逃。经乡邻挽留,朱元璋便留下来,暂时做了皇觉寺的住持。

二、崛起乱世 制胜定远

元朝的无尽剥削和残酷压迫,激起了民众的强烈反抗。至正十一年(1351)五月,韩山童、刘福通在颍州首举义旗,军中将士头裹红巾,号称"红巾军"。接着,徐寿辉紧随其后,起义于蕲州;李二、彭大、赵均用,起义于徐州;土豪方国珍、盐贩张士诚,亦在浙东、苏北奋起抗元。

至正十二年(1352)正月,安徽定远土豪郭子兴及其党羽孙德崖等,也在濠州举义起兵,数万百姓群起响应。二月,起义军攻下濠州城后，郭子兴自称元帅。

身居清静之门的朱元璋，耳闻不断传来的战事，心情不能平静，但一时又不知何去何从。正在此时，他收到儿时伙伴汤和的来信，让他参加郭子兴的义军。谁知书信的事情不慎泄露，有人打算告密，还好师兄悄悄告知讯息，朱元璋遂动身前往濠州。

朱元璋行前，曾在寺院里的伽蓝殿占卦问卜，以决出路。他先问是否可远行避乱，结果是不吉利；又问可否留居本地，结果也是不吉利。于是说道："难道是让我倡导举义吗？"结果是大吉，朱元璋喜不自胜。（"太祖时年二十四，谋避兵，卜于神，去留皆不吉。乃曰：'得毋当举大事乎？'卜之吉，大喜……"《明史·太祖本纪》）

这年闰三月，朱元璋来到濠州，进城门时，守门兵卒怀疑他是敌探，捉了去见郭子兴。郭子兴看他身形魁梧、相貌不凡，有些惊奇；再与交谈，见他谈吐不凡，非常高兴，便留作身边亲兵。这一年，朱元璋二十四岁。

加入行伍之后，朱元璋打仗非常勇敢，无论遇到何等强敌，他总是奋不顾身，争先陷阵。加之他又粗通文墨，机智灵活，很快就受到郭子兴的器重。遇有战事，郭子兴总让朱元璋伴随左右。时间不长，他就被提拔为亲兵九夫长。

朱元璋当然也不负郭子兴的期望，愈加听从指挥，苦练武艺。每次战斗获得的战利品，他都全部交给元帅府；他受的奖赏，也公平分配，人人有份。这样，上上下下、方方面面都十分满意，甚得军心。郭子兴见朱元璋年纪轻轻，却如此有见地、有胆略，精明强干，也就把他当作心腹，愈加信任了。

郭子兴有养女马氏，是其刎颈之交马公的独生女。马公之妻郑氏生下女儿后，没过几天就病逝了。后来马公杀了人，为躲避仇家，把女儿托付给郭子兴，自己远走他乡。不久，马公客死他乡，郭子兴便把这孩子收为养女，加意教养，视为己出。

马氏聪慧过人，勤劳肯干，堪称贤淑。到了婚配的年龄，尚未选中如意郎君。郭子兴见朱元璋是个人才，便打算把养女许配给他。经与夫人张氏商量，又征得养女同意，而朱元璋更无不允。于是择个日子，两人便成了婚。这样一来，朱元璋成了元帅的女婿，兵士自然另眼看待，军中从此称他为"朱公子"。也就在这时，他朱重八有了新的名字：朱元璋，字国瑞。

邳州（治今江苏邳县西南）人李二，因当地遭遇灾荒，把家里唯有一仓芝麻，都拿出来赈济了灾民，人称"芝麻李"。至正十一年（1351）八月，芝麻李起义，占据徐州。九月，元朝丞相脱脱率军攻破徐州，芝麻李弃城而逃，被元军杀害；另两位将领赵均用、彭大，率余众投奔濠州，郭子兴收留了他们。

攻破徐州后，脱脱又命贾鲁继续追击、围剿。朱元璋和郭子兴坚守城池，濠州得以保全。但击退元军后，郭子兴屈居于彭大、赵均用之下，受到他们的挟制。为了铲除郭子兴，赵均用把他抓进了大牢里。朱元璋见此，便说："我受郭子兴厚恩，怎么能不跟着一块去呢！"便来到郭子兴家。第二天，彭大、赵均用听说了这件事，钦佩朱元璋的为人，立刻放了郭子兴。

不久，义军队伍里发生了内讧。元帅郭子兴与副帅孙德崖因战事不合，发生了尖锐冲突。孙德崖设下圈套，把郭子兴骗到自己家里，打算秘密杀害，自己做老大。朱元璋出征归来，获得消息后，立即带领亲兵闯到孙家，直入客厅，怒道："敌人威逼城下，副帅不去杀敌，反要谋杀主帅，是何道理？"说罢，挥手让亲兵拥盾冲进孙德崖屋里，四处搜寻，在一间矮屋里找到了浑身捆绑的郭子兴。朱元璋击断锁链，将他背负而归，郭子兴大难不死。

至正十三年（1353）春天，朱元璋征得郭子兴的应允，回到家乡，竖起红巾军大旗，募集兵马。小时候的伙伴徐达、汤和、周德兴等乡里青年，听说朱元璋在外当兵做了官，如今回来招兵，都来投效。十几天的工夫，就拉起了七百多人的队伍。这些人后来一直跟随朱元璋出生入死，冲锋陷阵，成了起义队伍中的中坚力量。其中徐达等二十四人，能文能武，成为后来的开国元勋。

朱元璋率众回到濠州，郭子兴喜出望外，遂擢升他为镇抚总管，令所募七百多人归他统率。朱元璋手握兵权，再也不愿局促濠州，经与徐达密议，征得郭子兴的应允，便带着徐达、汤和、吴良、吴祯、花云、顾时、耿再成、耿炳文、郭兴、郭英、周德兴等二十四人，南下定远，开辟新天地。定远之役是朱元璋统率自己的队伍，实现自己宏图大略的第一战。

定远张家保拥有一支三千多人的地主武装，驻扎在驴牌寨。因该寨人多势众，又有坚固的寨墙，朱元璋只好用计巧取。他听说这寨子里缺粮，张家保想来投奔郭子兴，正犹豫不决，便说："此机不可失。"于是挑选骑士费聚等人随同前往。到了定远地界，张家保派遣两位将领出来，大声喊道："来人想做什么？"费聚非常害怕，请求增兵。朱元璋说："人多没有好处，只能增加他们的怀疑罢了。"于是下马，趟河前往。寨中主帅张家保出来相见，朱元璋说："郭子兴和你交情深厚，听说你营中缺乏粮草，而且别处敌人又想来攻打你们，特派我前来相告。如果能够归顺，就和我们一同走；不然的话，就请马上转移，避开敌人。"

张家保答应归顺，请求留下一件东西作为信物。朱元璋解下佩囊给他，张家保以牛肉干相赠。朱元璋敦促驴牌寨各军，整装待发，并一再申明密约。朱元璋返回濠州，留下费聚等候。

过了三天，费聚回来报告说："事情不好了，他们打算投奔别人。"朱元璋立即率三百兵士到达营寨，他叫兵士钻进布袋里，诡称民夫送粮，来到寨门前，派人通知张家保，请他出门接粮。张家保哪知是计，正愁军粮无着，闻报自然大喜，急忙出迎。寨门开后，朱元璋一声令下，兵士们破囊而出，立即将张家保拿下。寨中士卒见张家保被擒，无心恋战，纷纷归降，朱元璋一下子得到了三千多名精壮士兵。

首战告捷驴牌寨，朱元璋又乘胜星夜奔袭定远的另一股武装缪大亨。横涧山的缪大亨，拥兵两万余众。他做梦也没有想到，朱元璋会如此神速地前来偷袭，睡梦中爬起来慌忙迎战，但抵挡不住义军潮水般的攻势。缪大亨见大势已去，权衡利害，只好率众投降。

三、四方归附　得任元帅

朱元璋占据定远后，爱民练兵，声威大震，四方归附。冯国用、冯国胜兄弟，是定远的两个中小地主，因害怕红巾军，就组织乡兵结寨自保。后来，他们听说朱元璋作战勇敢，纪律严明，连克数敌，人心归附，就带着自己的乡兵来归附朱元璋。

朱元璋见冯家两兄弟儒冠儒服、温文尔雅，知道是两个读书人，非常高兴，便向他们请教夺取天下的大计。冯国用说："大江以南的集庆（今南京），向来是帝王龙蟠虎踞的都会，你率师南下，先夺取集庆，作为根据地，然后四出征战。倡仁义，收人心，救民于水火，不贪财宝女色。如果能这样，夺取天下是不难的。"朱元璋听后大喜，即令冯氏兄弟留在军中，参赞军机；同时下令，拔营向集庆路方向的滁阳（今安徽滁州）进发。

大军行进途中，又有人谒见。此人姓李名善长，也是定远籍的文人。他从小读书，注重研究法家学问，很有些智谋。朱元璋同他促膝交谈，问他夺取天下的方略。李善长从容答道："秦末大乱，汉高祖以布衣起兵，豁达大度，知人善任，不滥杀无辜，五年便成就了帝业。如今元朝纲纪紊乱,天下土崩瓦解。您是濠州人,离刘邦的家乡沛县不远,山川所有的王气,您当然是禀受了的。如能效法汉高祖的所作所为,天下是不难平定的。"("秦乱,汉高起布衣,豁达大度,知人善任,不嗜杀人,五载成帝业。今元纲既紊,天下土崩瓦解。公濠产,距沛不远。山川王气,公当受之。法其所为,天下不足定也。"《明史·李善长传》)朱元璋听后连连称赞,当即留他在身边帮助自己出谋划策。文人儒士的韬晦方略,使朱元璋坚定了夺取天下的雄心壮志,加快了横扫群雄、统一天下的步伐。

朱元璋很快攻下了滁州(治今安徽滁县),侄儿朱文正、姐夫李贞带着外甥保儿(后取名"李文忠")前来投靠。从他们口中,朱元璋得知二哥、三哥、姐姐也都已去世。于是,朱元璋将侄儿朱文正、外甥保儿,以及在定远收留的孤儿沐英,都收作养子,后二人均改姓"朱"。后来,朱元璋又收养了二十几个义子。

当时,彭大已经去世,其子彭早住统领父亲麾下人马。彭早住、赵均用挟持郭子兴前往泗州,派人邀朱元璋移兵守卫盱眙,朱元璋托辞没去。过没多久,彭、赵二人争权,部属乘机相斗,死伤很多。彭早住中流箭死去后,赵均用吞并其兵马,更加暴戾,仍旧挟持着郭子兴,并打算杀害他。朱元璋很担心,派人送信给赵均用说:"过去你被困彭城,南奔濠州,假如郭元帅当时闭门不纳,你必死无疑。如今你据有濠州,凌驾于郭元帅之上,甚至要加害他,这样做是不道德的,恩将仇报,不会有好下场。郭公虽然容易对付,但其余部下在滁阳的很多,势力很大,希望你多加考虑。"赵均用看信后,对郭子兴稍微宽缓了一些。朱元璋又贿赂其左右,郭子兴才得以率部回到滁阳,众人推之为"滁阳王"。

这时,朱元璋的部下已有数万,全都归他指挥、遵其号令。

过了个把月，郭子兴被谗言迷惑，剥夺了朱元璋所有兵权，又想把李善长安置在自己手下，李善长不肯。自此以后，郭子兴跟众人商议征战大事，都不让朱元璋参与，并日渐疏远他。然而，朱元璋对郭子兴却越发恭顺。

有人又进谗言，说朱元璋作战不肯卖力，郭子兴相信了，让那人和朱元璋一起出战。那人还没走出十步，就中箭反身逃走，朱元璋则上前奋力冲杀，所向披靡，获胜后又慢慢收兵，没有一点损伤。见此情形，郭子兴颇感内疚。

有一次，朱元璋率三百人一起出城，只听四周鹁鸽声响起，空中不断有飞箭落下。他心里感到疑惑，便马上回营，不一会儿，敌军就赶来了。由于朱元璋机智果断，敌军一无所获。

当时，诸将对郭子兴都有所进献，而朱元璋所到之处禁止强抢掠夺，有时得到战利品也当即分发给部下，没有什么可进献的。郭子兴很不高兴。为此，马秀英把全部家资进献给郭子兴的妻子张氏。张氏非常高兴，郭子兴对朱元璋的疑惑才渐渐消释。

至正十四年（1354）十月，元朝丞相脱脱攻克高邮（今江苏高邮），分兵围攻六合（今江苏六合）。六合义军派使者向滁阳求救。郭子兴过去与六合主帅有隙，记前嫌而不愿发兵。朱元璋说："如果六合攻破，滁阳也将不保，两者唇齿相依，怎么可以因小而失大呢？"郭子兴这才醒过神来，问诸将谁可前往援救。当时元军号称百万，诸将心存畏惧，没有人敢前往，并以求签问卦不吉作为托辞。朱元璋说："事情成功与否，取决于自己的信心，怎么能求签问卦呢？"于是请求前往，郭子兴同意了。

朱元璋率领兵马东征，与耿再成驻守瓦梁垒（今江苏六合西南）。元兵的攻势非常凌厉，每天傍晚，防守工事都被打得几乎就要陷落。但到第二天早晨，工事又已修好，继续投入战斗。后来，朱元璋想出一个主意，他收兵回营，准备了干粮，让妇女们倚着门、叉着腰大声叫骂。元朝士兵非常惊愕,不敢进逼,列阵缓缓离去,朱元璋得以退回滁阳。接着,元军大举攻打滁州,朱元璋在山涧两侧设下埋伏,令耿再成假装败走,引诱敌人渡山涧,结果伏兵突然出击,城中将士也击鼓杀出,元军大败而走,滁州得以保全。

至正十五年(1355)正月,滁阳军中缺乏粮草,诸将谋划出路。朱元璋说:"困守孤城当然绝非良策,现今只有和阳(今安徽和县)可以图谋,但其城小而坚牢,可以计取,难以力胜。以前攻打民寨时,收得三千兵马,号称庐州路义兵。可以从中挑选三千名勇敢的士兵,穿上青色衣服,扮作对方兵士,用骆驼载着食物奔向那里,声称是庐州兵来犒劳将士,和阳守军必然接纳。再让一万名士兵穿上绛色衣服,跟随其后,约定相距十里左右。等青衣士兵迫近城门时,举火把为号,绛衣兵立即击鼓前进,一定能攻破敌城。"郭子兴采纳了这一计策,派张天佑率领青衣兵,赵继祖佯作使者先行,耿再成率领绛衣兵跟随其后。

张天佑走到陡阳关(在安徽和县西北),和阳城的百姓奉上牛酒迎接。张天佑的兵马因为大吃二喝耽误了行程,没有在约定的时间赶到和阳城。过了约定时间,耿再成不见火把信号,以为张天佑已经得手,便率领队伍直抵和阳城下。元朝守将也先帖木儿急忙关闭城门,用飞桥放下士兵出击,耿再成作战不利,中箭退走。元兵追击到千秋坝(今安徽和县西南),天已经黑了,才收兵回城。此时张天佑等方才赶到,正好遇上元军,青衣兵立即发起猛攻,元军败逃。张天佑率军追杀元军到小西门,汤和夺了敌军的飞桥,攀登而上,将士们紧跟其后,遂一举夺取了和阳城。也先帖木儿连夜遁逃。

耿再成兵败回城,说张天佑已经全军覆没。郭子兴大为惊恐。不一会儿,又有人报告说元军已到滁阳,派来使者招降,郭子兴越发恐惧，召朱元璋一起商量对策。此时，滁州兵均已外出，城中守备薄弱，朱元璋命集合滁阳三面城门兵将，一起防守南门，填塞街市。接着传呼元朝使者进见，叱令使者膝行拜见。郭子兴说来使言语多有不当，众将打算杀掉，朱元璋说："杀了他，元朝将领会说我们怯懦；杀人灭口，反而会使对方从速出兵。不如用大话恐吓，放他离去，元军必然害怕，不敢进攻。"郭子兴听从了朱元璋的话。第二天，元兵果然解围撤走。郭子兴急忙嘱咐朱元璋率领兵马收容败卒，谋划攻取和阳城。

朱元璋率领镇抚徐达、参谋李善长，以及几十个骑兵先行进兵，才知道张天佑已经攻破和阳城，遂进城安抚百姓。郭子兴命朱元璋总领和阳兵马。诸将入城之后，横行暴虐，杀人抢劫，强占民妇。朱元璋对此深感忧虑，召集诸将说："各位将军从滁阳来，很多人都抢掠别人的妻子、女儿，军中没有纪律，怎能约束众人呢？凡是抢夺的女人，要全部送还。"这样，抢来的妇女都放回去了，老百姓非常高兴。

朱元璋虽总领和阳兵马，但诸将多半是郭子兴昔日部下，并没有完心服，只有汤和谨慎听命，李善长从中委婉调解纠纷，维护朱元璋。朱元璋和诸将分工修建和阳城，诸将的砖瓦工程未竣。朱元璋勃然大怒，面南而坐，拿出郭子兴的檄文，对诸将道："我总领滁州诸将，是主帅的命令，并非我专擅。现在连修建城池的砖瓦工程都不能如期完工，还能成什么大事呢？从现在起，违抗命令者，以军法从事。"诸将听后非常害怕，均唯唯退出。从此，再没有人敢于违抗朱元璋的号令。

这时，元朝太子秃坚、枢密副使绊住马、民兵元帅陈野先，分别屯兵高望（今江苏江浦西南）、新塘、青山（今安徽枞阳附近）、鸡笼山（今安徽和县西北），道路不通。朱元璋诸将把他们全都打跑。元军乘朱元璋出城，再次攻打和阳，李善长统兵勇猛拼杀，杀敌无数，元军大败，渡江而逃。

同年三月，郭子兴去世。此时，刘福通农民军已经建立"大宋"政权，以韩山童之子韩林儿为"小明王"，建元"龙凤"。小明王任命郭子兴之子郭天叙，继任其父为这支队伍的都元帅，郭子兴妻弟张天佑为右副元帅，朱元璋为左副元帅。都元帅名义上是军中之主，右副元帅的地位也高于左副元帅。但滁州与和州的军队，多是朱元璋招募收编的，而且较之郭、张二人，朱元璋有勇有谋，手下又有人才。所以，朱元璋事实上成了这支队伍的主帅。朱元璋本来不甘心受制于小明王，《明史》所谓"太祖慨然曰：'大丈夫宁能受制于人耶？'"但考虑到韩宋政权势力强盛，可暂时借其威势，遂以龙凤纪年号令军中。

四、智渡长江　力取南京

在和阳驻扎一段时间后，粮食供应成了问题。与和州相对，紧靠长江南岸的太平（今安徽当涂）、芜湖盛产稻米。于是，朱元璋打算渡过长江，攻占集庆路（治今南京），但苦于没有舟楫。

此时，廖永安、廖永忠兄弟，俞廷玉与儿子通海、通源、通渊，还有赵伯仲、桑世杰、张德胜等，各率所部在巢湖连成水寨，防御水寇。强盗头子左君弼占据庐州，廖永安等为其所制，为了摆脱控制，便派人暗中与朱元璋联络，愿意率领船只、水军归附。朱元璋高兴地说："这是天意，机不可失。"当年夏天亲率大军到巢湖，廖永安等迎朱元璋登船，出湖口，抵桐城闸（今安徽巢县东南），脱离了危险，但还没有进入长江。

这时，元将海牙集结楼船，堵塞马肠河口，阻截朱元璋军入江。各路兵马屯驻黄墩（今安徽无为东北），恰逢巢湖将领赵普胜已生叛心，廖永安等泄露其机密，朱元璋便声言要回和阳，集结船只一起攻打蛮子海牙，其实是想以兵力挟持他。回到和阳后，朱元璋立刻集结商船，运载精锐将士，再次来到黄墩，督率将士攻打海牙。元军船只高大，进退不便，而廖永安的小船则来往如梭，进退自如。在奋力攻击之下，元军大败而逃。廖永安等得以率领船队进入大江。随后，朱元璋拟订了渡江的方案。

至正十五年（1355）六月初一，朱元璋率领诸将渡江。廖永安请示进军方向，朱元璋说："采石矶（今安徽当涂东北长江左岸）是个大镇，守备必然坚固，而牛渚矶（采石矶对岸）前临大江，难以守备，如果攻打，必克无疑。"于是乘风扬帆，船舰齐发，不多时即到牛渚矶；与此同时，朱元璋也已抵达采石矶。这时，元兵在矶上列阵防守，船只能进到离岸约三丈远，兵士上不了岸。此时，常遇春飞船赶到，挺戈一跃上岸，奋戈杀敌，兵士随后登岸，守军溃退而逃，朱元璋军一举拿下了采石矶，接着，又乘胜攻打太平。元朝平章完者不花、万户长万钧、达鲁花赤普里罕忽里等弃城逃遁，太平攻克。

从采石矶发兵时，为严明军纪、约束士兵，朱元璋命李善长准备了安民榜，及至入城，很快张贴于通衢大道。有个士兵违犯军令，立刻斩首，全军肃然。太平路总管靳义不肯投降，投水自尽，朱元璋说："这人是个义士啊！"让人棺殓埋葬。

这时，太平四面都是元兵，海牙、阿鲁灰等用大船堵截采石矶，封闭姑孰河口（今安徽当涂附近）。而义军元帅陈野先和部将康茂才，也从水陆两路来犯，进逼城下。朱元璋亲自领兵督阵反击，命令徐达、邓愈从敌人背后出奇兵，又在襄城桥下埋伏。陈野先率领将士来攻，被埋伏的士兵擒住。

陈野先被俘后，朱元璋放而不杀。陈野先问道："为什么不杀我？"朱元璋说："天下大乱，正是英雄豪杰纷起之时，胜了便有人依附，败了便依附他人。你既然以英雄豪杰自负，难道不知道我不杀你的原因吗？"陈野先说："你是想让我的军队归降吧？

这容易。"于是发文招聚部下,第二天便全部投降了。海牙、阿鲁灰等见陈野先战败,也因惧怕而退军。

八月间,朱元璋分别命令徐达等,攻打溧水、溧阳、句容(均在今江苏)以及芜湖等地,都相继攻下。

接下来,朱元璋准备攻打集庆路。当初,陈野先写招降书的时候,猜想部下未必会随自己投降,明里写的是招降之词,暗里是想激怒他们,没想到部下很快投降,因而暗自后悔失策。听说朱元璋要攻打集庆路,陈野先私下对部下说:"你们攻打集庆的时候,不要全力以赴,等到我脱离此地回去,与元兵合在一起……"有人作了报告,朱元璋召见陈野先,对他说:"人都有自己的想法,是归附元朝还是归附我,不勉强你。"放了他。

陈野先放归后,收集余众,屯集在板桥(今南京西南),暗中与元朝的福寿联合。他写信通报朱元璋所:"集庆城右有大江环绕,左依高山,三面靠水,一面依山为城,用大江作护城河,地势险要,不利于陆上作战。西晋将领王濬,在攻取此地之前,打造战船,谋划数年;东晋将领苏峻、王敦,也都不是以陆战取胜。隋朝攻取江东时,贺若弼从扬州,韩擒虎从庐州,杨素从安陆(今湖北安陆),三路战舰同时并进。如今城池三面有水阻隔,元朝将帅与其江南地方武装苗军联络,建寨长达三十多里,如若攻城就有被切断后路之忧。不如南据溧阳,东捣镇江,占据天险,阻绝元兵的粮道,表示要持久作战,这样便可取得。"

朱元璋知道其中有诈,回信说:"历代攻取江南的,都是凭借长江这一天险,切断南北,所以必须集结战舰水师,才能成功。如今我已渡过长江,占据元军的上游,他的咽喉已经被我扼制。即使不用船只,也可以进攻,足以攻下集庆。这与晋朝、隋朝形同而势异。你怎么能够舍弃全胜之计,而作出如此迂回之策呢?"陈野先接到回信,知道奸计未能得逞。

朱元璋率领各路大军进攻集庆时，陈野先与福寿合兵，在秦淮河上拒战。各路大军失利，张天佑等将领战死疆场。陈野先追来偷袭，途经葛仙乡，乡里民兵百户长卢德茂设计要杀他，派勇士五十人身穿青色衣服出迎。陈野先没想到卢德茂图谋暗算，和十几个人骑马在前面行走，青衣兵从后面用长矛刺杀了他。陈野先死后，其子陈兆先又集结兵马，屯集方山。海牙率水师在采石矶安营扎寨，计划形成掎角之势，攻打太平。

至正十六年（1356）春天，元军屯集采石矶，常遇春率军攻打。常遇春用小船奇兵分散元军的力量，用大部队和他们正面交战，开战后又用奇兵冲向敌人，放火焚烧他们连接在一起的战舰，从而彻底打败了敌军，海牙只身逃走。从此，元军扼制长江的优势逐渐衰落。

三月，朱元璋亲自督率水陆诸将，按既定战略攻取集庆路。在城外的一场激战中，元军大败，俘获陈兆先，收降元兵达三万六千多人。降兵收容后，不知朱元璋会如何处置，个个满怀恐惧。朱元璋左右进言，说降众过多，怕有他变，不如及早处置。朱元璋不同意，却在降卒中挑出五百个骁勇健壮者，带到自己的营房，夜里让他们环榻而寝。房子里除冯国用外，平日的卫士一个不留。朱元璋脱下战甲，登床酣然入梦，一觉睡到天亮。五百名勇士非常感激朱元璋的信任。降卒见朱元璋以诚相待，也感激不已，以后作战中均忠心为他效命。朱元璋的队伍由此所向无敌，名播四方。

当月十日，朱元璋率军进攻集庆路。冯国用率五百兵士率先冲破敌阵，在蒋山大败元军，径直打到城下。各路大军攻破敌军营寨，竞相前进，元朝南台御史大夫福寿督兵力战而死，遂克集庆。海牙逃走，前往投奔张士诚；康茂才等，率兵前来投降朱元璋。

朱元璋进入城中，召集城中官吏、父老乡亲，告诉他们说：

"元朝政治腐败,所统治的地方骚乱纷纷,生灵涂炭。我率军到此,是为百姓除害。你们要恪守旧业,不要疑虑惧怕。贤人君子有愿意跟随我建功立业的,我将加以任用。元朝政令有不便于百姓的,我将废除。"城中的军民皆大欢喜,互相庆贺慰问。仅仅几天,朱元璋便获得兵民五十多万;又得到儒士夏煜、孙炎、杨宽等十多人,全都加以任用。

随后,朱元璋改集庆路为"应天府"。小明王韩林儿获报,升任朱元璋为枢密院同佥,不久又升为江南等处行中书省平章。朱元璋在应天设天兴建康翼大元帅府,以廖永安为统军元帅,李善长为左右司郎中。

五、立足应天　出兵东南

这时,在应天的北面是义军韩林儿、刘福通,东面是张士诚,西面是徐寿辉。虽然地盘不大,但东、西、北三面都有义军力量处在第一线,好似屏障一样,无形中保护着朱元璋这支队伍。朱元璋充分利用这一有利形势,以应天府为中心,出兵平定东南。

至正十六年(1356)三月,朱元璋准备发兵攻取镇江,担心诸将不能管束士卒,给百姓带来祸患,遂召集诸将,历数他们平时放纵士兵的过失,想以军法处置。后经李善长求情,才赦免了诸将。随后,任命徐达为大将,命他率领诸将东征镇江。临行前,朱元璋一再警告说:"我自从起兵以来,未曾妄杀无辜。现在你们应该体察我的心意,严厉管束士兵,攻下城池以后,不要焚掠杀戮。如果有违抗命令者,按军法处置;放纵士兵者,也一律严惩不贷。"徐达等人唯唯领命。

徐达等到达镇江后,发起了猛烈攻击。几天后,镇江攻克。苗军首领(习称"苗帅")杨完者(飞山蛮首领杨再思后裔,本名杨通贯,"完者"为元顺帝所赐)逃走,元朝守将段武与平章战死。徐达等从仁和门入城,军令严明,城中百姓安然如常。接着,徐达等又分兵攻克金坛、丹阳(均今江苏)各县。朱元璋改镇江为"江淮府",命徐达、汤和为统军元帅镇守。不久,又把江淮府改为"镇江府"。

朱元璋久闻秦从龙的大名,一心想让他为自己所用。秦从龙在元朝初任校官,历经升迁至江南行台侍御史。时逢兵乱,秦从龙以年老为由避居镇江。在攻打镇江时,朱元璋对徐达说:"镇江有位叫秦从龙的人,才华器识老练成熟,你进城时,一定要替我拜访他。"徐达等到了镇江,得到了秦从龙,做了汇报。朱元璋大喜,立刻命朱文正带着白银彩绸前去延聘。秦从龙到来,朱元璋亲自将他迎入府邸,朱元璋以元朝的御史台作为自己的官邸,让秦从龙居住在西华门外,事情无论大小,都和他一起商量。秦从龙则知无不言、言无不尽。他们的关系非常密切,朱元璋尊称秦从龙为"先生"而不直呼其名。

六月,朱元璋命邓愈、邵成、华高、华云龙率兵进攻广德路(今安徽宣城地区)。经过几场大战,大败元军,元将弃城逃走。攻克之后,改广德路为"广兴府",命邓愈镇守。

七月,江南等地设立行中书省,诸将奉朱元璋为"吴国公",行使丞相职权,总管行中书省一切事务。朱元璋授李善长、宋思贤做参议,李梦庚、陶安等为左右司郎中、员外郎、都事等官职。设置江南枢密院,命徐达、汤和共同掌管枢密院事务。设置帐前亲军,命冯国用担任总制都指挥使。又恢复左、右、前、后、中五翼元帅府及五部都先锋。设立提刑按察司,以王习古、王德为佥事。

九月,朱元璋来到镇江府,拜谒孔子庙,分别派遣儒士告谕城乡百姓,奉劝从事农桑。

十二月，长枪贼（元末义军的一支，类似流寇）谢元帅侵扰广兴府，邓愈将其击败，并俘虏其总管武世荣和千余名士兵。接着，邓愈派遣副将费子贤攻打武康、安吉，没多久全部攻下。

至正十七年（1357）四月，朱元璋命徐达、常遇春率军攻打宁国，久攻不下。朱元璋亲自前去督战，元军前来援救，朱元璋率军扼制险要，将其击退。为了攻克宁国，朱元璋命人制造了飞车，前面以竹簾遮挡箭矢，分兵几路，一起进攻。守城将领杨仲英抵挡不住，打开城门投降。生俘另一将领朱亮祖，获得士兵十多万、马两千匹。朱元璋赏识朱亮祖的气魄，释放了他，派他随军征讨宣城，宣城亦被攻下。

七月，朱元璋命邓愈、胡大海率兵攻打徽州。首先攻下绩溪、休宁，乘胜进攻徽州。元朝守将元帅八尔思不花和万户吴纳等率部迎战，朱元璋军将其击败，徽州路平定。吴纳与阿鲁灰、李克膺等退守遂安县。胡大海率兵追杀到白鹤岭，打败元军，吴纳等自杀。朱元璋将徽州路改为"兴安府"，派邓愈镇守。

九月，青军（从红巾军分出的一支起义军）元帅张明鉴，追逐元朝镇南王孛罗普化，占据了扬州。青军到处烧杀掳掠，百姓纷纷外逃。时间一长，粮食吃光了，青军便残忍地屠杀百姓充饥。朱元璋派元帅缪大亨率军攻打，张明鉴抵挡不住，出城投降，收得士卒数万，马两千匹。朱元璋改称扬州路为"淮海府"，派耿再成、张德林镇守。依照户籍查验城里的居民，只得十八家。张德林见旧城空旷，只得截出城的西南角，营筑镇守。

至正十八年（1358）二月，朱元璋派大将李文忠等人进攻青阳、石埭、太平诸县，全部攻下。当月，李文忠又进兵打败了元朝阿鲁灰的部队，接着又攻打苗军、僚军，获取了许多妇女、器械与粮草。李文忠担心士卒贪图财物、女色，丧失斗志，下令杀光了俘虏的妇女，焚烧了器械与粮草，说："这有什么可惜的，如果能努力打败敌军，还愁不富贵吗？"士兵闻言，无不振奋。

三月，李文忠和邓愈、胡大海一起进军攻取建德路。朱元璋非常高兴，授李文忠为帐前总制亲兵都指挥使。胡大海等人从徽州昱岭关进攻建德路（治今浙江建德），经过遂安，长枪元帅余子贞率军迎战，胡大海将其击败，一直追杀到淳安，敌兵望风溃逃。遂安守将洪元帅，率兵五千援救淳安，又被打败，部下士兵一千多人投降。几天后，攻克建德路，元朝守将弃城逃走，父老何良辅等人率众投降，朱元璋下令改称建德路为"严州府"。

五月，苗帅杨完者率军屯驻徽州乌龙岭，李文忠、邓愈合兵将他击败，攻下浦江县。浦江攻克后，李文忠听说有个姓郑的，从宋朝聚族而居一直到元朝，旌为"义门"，便禁止士兵侵害抢劫。当月，命提刑按察司佥事分别巡察各郡县在册的囚犯，释放无罪之人，百姓无不欢呼雀跃。

十一月，朱元璋设立管理民兵的万户府，下谕给行中书省的大臣说："古时候寓兵于农，有事就作战，无事就耕作，闲暇时讲习武艺。现在正是各方争斗的时候，应根据情况制定政策管辖已经平定的郡县，对民间勇武的人才，应当精心选拔，编立成户，设民兵万户府统领，农忙时耕种，农闲时练兵习武，有战事就起用。局势平定后，有功人员一律提拔，无功人员一律还乡为民。这样，百姓就不会终日无所事事，军队的士兵也都能得到训练，从而战则能胜、守则坚牢。"

胡大海奉命进攻婺州（今浙江金华），因防守坚固，久攻不下。朱元璋令李善长、徐达镇守应天，亲自率常遇春及十万大军前去征讨。十二日，快要到达时，朱元璋命和州人王宗显前往侦探。王宗显少时攻读儒学，广泛涉猎经史，为避战乱，住在严州，是胡大海推荐的。王宗显到婺州城附近的老相识吴世杰家，侦知城中守将各怀一心，回来报告。朱元璋高兴地说："我取得婺州，命你担任知府。"

元朝参知政事石抹宜孙镇守处州，听说大队人马攻打婺州，急忙与参谋胡深、章溢商讨防守事宜，制造了几百辆狮子战车，让他弟弟石抹厚孙镇守婺州，接着命胡深等率领战车部队做后援，自己率领一万多兵马，到缙云做接应。

胡深到了松溪，观望不敢进兵。朱元璋对诸将说："婺州倚仗石抹宜孙，所以未能立刻攻下。听说他们用战车前来援救，这哪里是知道变通的人呢？松溪山多路狭，战车不能通行，如果我们用精兵阻截，他们的威势就可攻破。援兵被破，城池不用费力即可攻下。"第二天，命胡德济将敌兵诱到城外，再发兵攻击，敌军大败。

城中兵力日渐孤单，元朝台宪将臣划分地域，分兵镇守，因意见不统一，互相不和。为了自保，元朝同佥宁庆，派都事李相乘黑夜缒下城来，请求投降，约定开城东门放人入城。朱元璋率军进城，守备将领惊惶失措，活捉了帖木烈思、石抹厚孙等。

朱元璋下令禁止侵掠强暴。改婺州路为"宁越府"，分设中书省。召请儒士许立、叶瓒玉、胡翰、汪仲山等十多人，都在中书省中任职。许立等三个人每天为朱元璋讲解经传，详细陈述治国之道。命王宗显主管宁越府事宜，开仓赈济贫民，并开设郡学，聘请儒士叶仪、宋濂为五经老师，戴良为学正，吴沈、徐厚为训导。自元末战乱以来，学校废弛已久，到此时才又开始听到弦诵之声，百姓无不举手称庆。

不久，朱元璋开始谋划攻取浙东尚未攻克的各郡，召集诸将说："攻克城池需用武力，但安定民心则须靠仁义。我军攻打应天府时，秋毫无犯，所以能一举而下，并且平定局势。如今刚刚攻克婺州，应当施行抚恤政策，使百姓乐于归附，如此尚未攻下的郡县定会闻风归顺。每次听说各位将军攻下一城、得到一郡，不任意杀人,我就喜不自胜。作为将领,能够有不乱杀人的心地,不仅对国家有利,就是自己也能因其得福。你们若能按我的话去做,那么事业不难办好,大功便可告成。"

六、称雄一方　暂不称王

至正十九年(1359)正月,儒士许瑗拜见朱元璋。许瑗聪明过人,至正初年两次乡试都考中第一。会试没有中榜,便纵游吴越之间。每次醉酒,无不狂言,很是自负。见到朱元璋后,他说:"元朝国运将终,全国局势动荡。雄才大略的人才能驾驭英雄豪杰,有特殊见识的人才能知遇特殊才俊。您要消弭动乱、平定天下,若不招纳天下英雄,很难成功。"

朱元璋说:"现在天下纷乱,百姓极端困苦,我想纳用雄才,有如饥餐渴饮。如今我正在广泛收集意见,多方征求计策,共同建立济世之功。"许瑗说:"如果这样,那天下不难平定。"朱元璋很高兴,立授其博士之职,留下参议军机。不久,朱元璋把太平改为"股肱郡",任命许瑗为知府。

五月,朱元璋要从宁越返回建康,临行前召见胡大海,对他说:"宁越府是浙东重地,我认为你有才能,所以特地派你镇守。宋伯颜不花在衢州,这个人足智多谋;石抹宜孙镇守处州,很善于用人;张士诚部下吕珍据守绍兴。这三个郡离宁越很近,你应该和常遇春同心协力,等候时机攻取。这三个人都是劲敌,千万不可轻视。"

九月,常遇春进兵衢州,在六个城门周围竖起栅栏,制造了吕公车、仙人桥、长木梯、懒龙爪,聚在一起冲到城下,堆积到与城墙一样高,打算用作阶梯登城。常遇春又在大西门城下,挖地道进攻。元将宋伯颜不花全力防御,给捆好的芦苇浇上油,焚烧吕公车,架设千斤秤钩取懒龙爪,用长斧砍木梯,建筑夹城防御地道。常遇春见久攻不下，遂想出一计，用奇兵出其不意，突入南门瓮城之中，毁坏了敌军的大炮，围攻得特别猛烈。院判张斌见支撑不住，便派人前来约降，夜间出小西门迎接大军入城，守军立刻溃散，生擒宋伯颜不花。

十一月，胡大海、耿再成进兵处州。耿再成驻兵缙云黄龙山，黄龙山西面陡绝，耿再成在山上竖起栅栏，用来阻截山下的通道。一旦有敌兵进犯，便以居高临下反击，容易制胜。元朝处州守将石抹宜孙，派元帅叶琛屯兵桃花岭，参谋林彬祖屯兵葛渡，镇抚陈伸真等屯兵樊岭，元帅胡深等镇守龙泉，抗拒耿再成大军。然而，元军士兵全都缺乏斗志。胡深见取胜希望渺茫，遂单骑前来投降，并说处州兵力虚弱，容易攻取。

胡大海立刻出兵樊岭，与耿再成合兵攻打处州。桃花岭居山巅，地势最为险要，耿再成从偏僻小路攻到敌人后面，接连拔掉桃花、葛渡两寨，迫近城下，石抹宜孙战败，放弃处州逃走。朱元璋命耿再成统军镇守处州。不久，石抹宜孙收集溃散士兵，想收复处州，攻打庆元，耿再成又将其击败，石抹宜孙被斩首。

此时的朱元璋，经过七年枪林弹雨的洗礼，已经由求食谋生的青年，成长为驰骋沙场的义军将领；由小小的步卒，成长为称雄一方的霸主。

早在至正十七年（1357），在攻占徽州之后，朱元璋曾到石门山拜访隐居在那里的耆儒朱升，讨教治国平天下之策。朱升高瞻远瞩，送了他三句话："高筑墙，广积粮，缓称王。"就是说，要扩充兵力，巩固后方；发展生产，储备粮食；不图虚名，暂不称王，以免成为受攻击的目标。朱元璋听后连连点头。

朱升话虽不多，但却成了指导朱元璋夺取天下、建立大明王朝的行动纲领。朱元璋按照朱升的策略，首先抓紧军队建设，注意军事训练，提高将士的作战本领。同时，在战事空隙，抓紧粮食生产。在义军中，第一次设置了营田司，任命康茂才为营田使，专门负责兴修水利和屯田等农业生产的事宜。而且还抽出一些将士，利用战事空闲开荒种田。几年的工夫，不仅解决了军队粮食困难的问题，还有了大量富余，改变了历来军队靠吃军粮的习惯。这也大大减轻了辖区农民的负担，军民皆大欢喜。

为了避免树大招风，过早地暴露自己，以防在力量脆弱时被吃掉，在形式上，朱元璋一直对小明王保持臣属关系，用大宋政权的龙凤年号，打红巾军的红色战旗，斗争口号也与宋政权一致不二。

经过数年卧薪尝胆、积蓄力量、开拓疆土，朱元璋的根据地终于建立起来；在人们不知不觉中，他领导的义军成了一支强大的队伍，足以与元末其他义军以及元军匹敌。

战争形势瞬息万变。在朱元璋占据应天府周围地区的时候，雄踞东方的张士诚，占据了以平江（今苏州）为中心的太湖流域和长江三角洲的广大富庶地区；独霸西方的徐寿辉，以武昌为中心，控制了湖广、江西的大片肥田沃土。昔日左右逢源的朱元璋，此时却处于两面夹击之中，局势相当严峻。同时，随着军事实力的日益增强，朱元璋与各义军割据政权的矛盾也日益尖锐起来。至此，群雄逐鹿中原、决战天下的局面开始形成。

七、临敌不惧　以智取胜

至正二十年（1360）闰五月，徐寿辉部将陈友谅，以派人祝贺胜利的名义，在江州（今九江）杀死徐寿辉，并宣布称帝，定国号为"汉"。陈友谅立国称帝后，马上就与张士诚合谋举兵进攻应天，企图顺江而下，一举消灭朱元璋的队伍。

陈友谅率水师进犯太平，围攻城池，城中守将花云，率领部下三千人列阵迎战。整整三天，陈友谅没能攻入城中。正好遇到涨潮，便将巨船开到城外西南角，船尾与城墙一般高，士兵遂登上了城头。当时城中缺粮,士兵疲惫,无力作战,结果惨遭失败,太平落入陈友谅手中。花云力战被俘,愤怒地骂道:"贼奴!你们现在捆绑我,我的主人(指朱元璋)日后定会消灭你们,把你们剁成肉酱!"突然之间,花云大喊着奋力跃起,将绑绳全都挣断,夺过看守士兵的刀,接连杀死五六人,又骂道:"你们不是我主的敌手,还不赶快投降!"敌将大怒,命人一拥而上,将花云再次拿下,紧紧捆绑在船桅上,乱箭齐射。花云直到死,骂敌之声仍不绝于口。院判王鼎、知府许瑗,也都奋力抗争,最后被杀。

陈友谅从江州领兵东下,应天城中大震。有人献计,或者献城投降,或者占据有帝王之气的钟山,或者决一死战,打不赢再走也不晚。这些建议,朱元璋都不同意,他见刘基一直不说话,便将他召入内室,询问计策。刘基说:"先杀掉建议投降和逃奔钟山的人,便能打败敌军!"朱元璋说:"先生有何制胜之策?"刘基说:"按照天理之道,有时后发反而可以取胜。我军以逸待劳,何必担心不能打胜仗呢?不如倾尽府库之财犒赏士兵,再以至诚示人,稳固人心,同时埋设伏兵,伺机攻打敌军。凭借气势取胜,以成就帝王之业,在此一举。"

有人献计先收复太平,以牵制敌军,朱元璋说:"不行。太平的城墙堡垒是我们自己修筑的,壕堑深而坚固,敌军若从陆地进攻,肯定不能攻破。如今他们用巨船登城,最终攻陷,我们前去攻打,仓促间难于攻取。敌军的水师是我军的十倍,我们驻兵在坚城之下,进攻不能进取,退兵没有后援,一定会失去根据地的。"

又有人劝朱元璋亲自率军进攻敌军,朱元璋说:"也不行。敌军知道我出战,用小股军队来牵制我军,我想要与他们决战,他们一定避而不战。陈友谅率水军顺流而下,直抵建康,只要半天就可到达。我们陆路骑马急奔回去,百里迎战,是兵法的大忌。这些都不是好的计策。"

经过一番考虑,朱元璋想出一条妙计。他派胡大海率兵直捣广信(今江西上饶),牵制敌军后方。又召见指挥康茂才,对他说:"你和陈友谅有过交情。现在陈友谅进犯,我想让他们快些来,这件事非你不可。你写封信,派人送给陈友谅,假装约定投降、作为内应,招引他们快来,并假意告诉城中虚实,让他们分兵三路,以便削弱其力量。"康茂才说:"好吧。我家有位老看门人,以前曾服侍过陈友谅,派他送信去,陈友谅肯定相信,不会产生怀疑。"

朱元璋把这个计策告诉了李善长,李善长说:"正担心敌军进犯,为什么还要引诱前来呢?"朱元璋说:"如果时间晚一些,敌军就会联合起来进犯,对我们危害更大,那时怎么抵挡得了呢?现在首先击败这股敌军,东面的敌军自然闻风丧胆。"李善长一听恍然大悟,连连称好。

康茂才命看门人乘坐一条小船,径自前往陈友谅的军营送信。得到书信,陈友谅特别高兴,问道:"康公如今在什么地方?"看门人说:"他正把守江东桥。"陈友谅又问:"桥是什么样的?"看门人答道:"是木桥。"陈友谅大喜,与看门人一起喝酒吃饭。送看门人返回时,陈友谅对他说:"回去告诉康公,我到了就喊'老康'作为信号。"看门人应诺。

看门人回营报告后,朱元璋高兴地说:"敌人已经落入我的圈套了。"随即命李善长迅速拆除木结构的江东桥,换成铁石桥,到第二天,桥已竣工。有从陈友谅军中逃跑归来的人,说陈友谅正探问新河口的道路。朱元璋忙命赵德胜横跨新河建筑虎口城,严守通道。又命常遇春、冯胜、华高等率领帐前五翼军三万,埋伏在石灰山两侧。徐达等在南门外安营,杨景驻兵大胜港,张德胜、朱虎率领水师出龙江关外。朱元璋亲自统率大军驻扎卢龙山，命执旗的士兵，把黄旗隐放在山的左侧，把红旗隐放在山的右侧，告诉他们："敌人来了，就举红旗；举黄旗，伏兵全部出击。各自严阵以待。"

陈友谅率领水师东下，杨景整兵抵御，港口特别狭窄，仅能容纳三只船一起进入。陈友谅见战船不得并进，急忙率军撤回，出了大江，径行直冲向江东桥。见并非木桥，而是大石砌成，立刻惊疑，连声呼喊："老康！老康！"但没人答应。此时，陈友谅才醒悟过来，知道自己中了朱元璋的计，立刻命令率军急奔龙江（在应天城郊），先派一万人登岸设立栅栏，来势特别凶猛。

当时正值酷暑，朱元璋穿着紫茸甲衣，支着伞盖指挥士兵。他见士兵们擦汗，便命令撤去伞盖，以示与士兵同甘共苦。众军想马上交战，朱元璋说："天要下雨，各路兵马暂且先吃饭，等降雨时再乘机攻打敌军。"此时天空万里无云，众人都不相信要下雨。谁知不一会儿刮起西北风，片刻之间就下起了倾盆大雨。红旗高高举起，朱元璋命令攻拔敌营栅栏，各队人马竞相上前。陈友谅指挥众军前来争夺，双方刚刚会合，雨就停了。

朱元璋命令击鼓，鼓声大震。同时举起黄旗，常遇春等率领伏兵包抄过来，徐达的军队也及时赶来，张德胜、朱虎的水师一并云集，内外合击。陈友谅军大败，四散而逃，奔向战船。正赶上退潮，战船搁浅，被杀和溺水而死的士兵无数，七千多人被俘。陈友谅丢下巨舰，乘坐别的小船慌忙逃走。在陈友谅的坐船上，朱元璋看到康茂才的信，笑着说："他愚蠢到这个地步，太可笑了。"

接着，朱元璋命诸将继续追击。追到采石，双方又是一场大战。廖永忠率部呐喊着冲入敌阵，华云龙跃马直捣敌军主力。有一个叫王铭的人，独自闯入敌阵，敌兵向他密射短矛，他额部受伤，鲜血淋漓，但作战越发勇猛，在敌阵中旋回三周，仅是被他杀伤的敌兵就远远超过朱元璋军伤亡的人数，敌军大败。周显与敌军在观渡桥作战，也战败敌军。各路军队乘胜追击，镇守太平的敌将也失去固守信心，朱元璋的大军又收复了太平。

六月，胡大海攻取信州后，又率兵进至灵溪（今浙江衢县东南）。城中数千步骑兵出城迎战，被胡大海打败。胡大海又乘胜指挥士兵攻城，守城士兵抵挡不住，四散奔逃，信州遂被攻克。朱元璋改信州为"广信府"，任胡大海之子胡德济为同佥，在此镇守。

七月，徐寿辉旧将于光、余椿，击败陈友谅部将辛同知，攻克饶州（治今江西鄱阳），前来献城投降。朱元璋命邓愈前去镇守。饶州濒临鄱阳湖，陈友谅多次派水军前来进攻，邓愈和于光等合力抵御，多次歼灭敌军兵众。不久，陈友谅派大将侯邦佐攻陷浮梁，于光只身逃脱。

当时，安庆为长江上游重镇，原来由赵普胜镇守，很难攻取。陈友谅杀了赵普胜，用其他将领镇守，却命赵普胜部将张志雄率兵随他入侵应天。张志雄心中怨恨陈友谅，所以龙江之战毫无斗志，索性投降，进献攻克安庆的计谋。于是，朱元璋派大军攻取安庆，然后命巢湖将金院赵伯仲镇守。

不久，巢湖被陈友谅部将张定边攻破，赵伯仲逃回。朱元璋大怒，说："主将不能坚守城池，城池陷落而远逃，应当斩首。"常遇春劝道："赵伯仲是渡江时的有功老将，应当宽赦。"朱元璋说："如果不依军法办事，哪能警告后人！"于是赐以弓弦，令赵伯仲自尽，让他的弟弟为行枢密院事。

八、战鄱阳湖　灭陈友谅

至正二十一年（1361）八月，朱元璋决定讨伐陈友谅。属下李明道说:"陈友谅谋杀徐寿辉之后,将士离心离德,政令不一,作战骁勇的将领如赵普胜,受到猜忌而遭杀害,所以虽然拥有兵众,却不足倚仗。"朱元璋召集诸将说:"陈友谅杀死主公(徐寿辉),冒用帝王之号,侵犯我们的邻近疆土,折伤我的名将。观其所作所为,不消灭他,对我们很不利。你们要各自激励士卒,奋力作战!"随后,他乘上龙骧巨舰,督率水师乘风逆流而上。

朱元璋大军抵达安庆,敌军固守城池不战。朱元璋用陆军引诱对方出战,敌军果然上当出城。朱元璋见此,命廖永忠、张志雄率水师出击敌军水寨,大破敌营。大军开始攻城,从早晨战到傍晚,始终没能攻破。

刘基请求放弃安庆,转而攻打江州(今江西九江),捣毁敌人的巢穴。朱元璋采纳刘基的计谋,率兵西上,长驱直入。大军经过小孤山时,陈友谅部将丁普郎、傅友德率部投降。朱元璋派人昭告江西各县,将水师停泊在湖口。陈友谅的船只出江侦察巡逻,朱元璋将他们击败,乘胜一直追到江州。

陈友谅这时才知道是朱元璋亲自率军追击,以为是神兵天将从天而降,仓促之间不能迎战,带着妻子儿女连夜逃奔武昌。朱元璋进驻江州,一鼓作气,乘胜接连攻克湖北的蕲州(今蕲春)、黄州(今黄冈)、兴国(今阳新)、黄梅、广济等处。

镇守龙兴(今江西南昌)的胡廷瑞,是陈友谅任命的江西行省丞相,他派部将郑仁杰到朱元璋营中输诚归顺,并请求允许禁止数事,不要解散自己的部下。朱元璋听后面带为难之色,刘基从后面偷偷踢主上所胡床。朱元璋恍然大悟,立刻应允了胡廷瑞的要求,赐书安慰,简明扼要地说:

> 你派遣郑仁杰来到我这里,说明你有归附之意,这是你的明智之举。既然想归顺,却又唯恐分散部下,归属他人统

率，这是你过虑了。我起兵已有十年，英雄豪杰从四面八方汇聚而来，其中有能预知天时、料计事机而前来投奔的，也是想在世上建功立业、留名后代。大丈夫相遇，相互之间本应光明磊落，应当推心置腹相待，根据才能而任用。如果兵力少可以增添兵力，地位低可以提升官位，钱财缺还可以多多赏赐钱物，这是我对待将士的想法。我怎么能拆散你的部下，辜负你前来归顺的心意呢？陈友谅的诸将，如像赵普胜这样骁勇善战，仍然因为猜疑而被杀害，像这样猜疑别人，怎么能够成就大事呢？

近来有龙江之役，梁铉、彭指挥等人前来投降，我把他们看成自己的部将，对待他们没有半点嫌隙。所以他们都因感激而奋力作战，建立了许多战功。这几个人都因战败而投降，我尚且如此厚待，何况你不劳一兵一卒，就献出一座完好无损的城池前来归顺呢！得失成败均在一念之间，还是应当早定大计。

胡廷瑞得到书信后，便派康泰前往九江投降。龙兴平定后，朱元璋更名"洪都"。

至正二十三年（1363）四月，陈友谅对自己疆土日渐缩小忿忿不平，开始大规模制造战船。船高有数丈，外用红漆涂饰，下部外包铁皮。上下共三层，每层都设有马棚。下设板房用以掩蔽，数十支大橹置于板房之中，上下层之间互不闻声。陈友谅信心满怀，对外宣称定能取胜。战船载着家眷和文武百官，倾全国之兵力，号称六十万，前来攻打洪都。城中守将各自把守城门，邓愈守抚州门，赵德胜守官步、桥步二门，薛显守章江、新城二门，牛海龙等守琉璃、澹台二门，朱文正居中指挥，同时统率两千精兵，四处往来，互相策应。

七月,朱元璋亲自率军解救洪都,统率诸将,在龙江会师祭旗,大军共有二十万。进驻湖口后,朱元璋先派遣指挥戴德率一队人马屯兵泾江口,又派一队人马屯兵南湖嘴,以堵截陈友谅的退路。还派人调信州兵把守武阳渡,防备敌军由此逃跑。

当时,陈友谅围困洪都已经八十五天。他听说朱元璋来到,命令撤围,东出鄱阳湖迎战。朱元璋统率诸将从松门进入鄱阳湖。陈友谅把大船并列排成一排,朱元璋看到这种情况,对诸将说:"敌军大船首尾相连,进退都不方便,看来攻破他们并不困难。"于是把水师分成二十队(一说"二十屯"),布满火器、弓弩,并告诫诸将说:"我军靠近敌船时,先发射火器,然后再用弓弩,等到接触敌船时,再用刀剑等短兵器击败敌兵。"徐达、常遇春、廖永忠等率军临战。

徐达身先士卒,率领诸将击败敌军前锋,杀死一千五百多人,并缴获一艘大船胜利而归,士气大震。俞通海又乘着风势发射火炮,焚烧敌船二十多艘,被杀和溺水而死的敌兵不计其数。元帅宋贵、陈兆先也拼死而战。正在徐达全力奋战时,火势蔓延到了他的战船。徐达命人将火扑灭,又投入战斗。朱元璋急忙派船援助徐达,徐达奋力激战,敌军才后退。

此时,陈友谅得力战将张定边,奋力冲上前来,进攻朱元璋所乘战船。朱元璋的战船正巧搁浅,陈友谅军将之团团围住,情势危急。程国胜手提大刀大声叱骂,与宋贵、陈兆先、韩成等一起奋力杀敌。常遇春从旁边射中张定边,敌船方才退却。俞通海前来援助,拉着战船急速前进,湖水突然涌起,朱元璋战船得以脱险。而韩成等反绕到了敌舰之后,因为"援绝",与宋贵、陈兆先战死。

关于这次朱元璋脱险,《开国功臣录》等有另外的表述:正当危急时刻,韩成自请代死,穿戴上朱元璋的衣帽,面对敌军投水而死。敌军见此，攻势稍缓。不过，钱谦益《牧斋初学集》卷一百二"《太祖实录》辨证二"条，指出："定远黄金著《开国功臣录》，以为'（韩）成当太祖危急时，服御袍对敌自沉'，史家竞传之，比于纪信之诳楚。"他认为，"国史（指《实录》）故多讳辞，然以成之忠烈如此，一切抑没而不书，难乎其为实录矣"；进而征引各种文献，断定应无"代死诳汉"之事。

鄱阳湖战役整整持续了三十六个日夜，朱元璋昼夜和将士战斗在一起。他白天用旗帜、夜晚用灯笼，沉着指挥、激励将士。有时，他乘坐的船被击中，马上换船继续指挥。八月，陈友谅在战斗中被流箭射死，朱元璋终于取得了鄱阳湖决战的重大胜利。

鄱阳湖之役后，朱元璋的领土已扩大到长江中下游的广大地区。地广兵多，局面打开了。这样，朱元璋称王称霸的欲望也就随着膨胀起来。在部下的再三劝说下，朱元璋于至正二十四年（1364）正月，在应天自称"吴王"，（张士诚亦称"吴王"，故史家称张为"东吴"、朱为"西吴"。）设置百官，建中书省，以李善长为右相国，徐达为左相国。（后改为左、右丞相，且百官礼仪俱尚左。见《明史·百官志一》）

当年二月，朱元璋乘胜亲征武昌，陈友谅的儿子陈理举城请降，汉政权灭亡，湖广遂划入朱元璋所辖版图。

九、挥师东进　平定士诚

朱元璋灭亡陈友谅的汉政权后，又开始向新的目标挥师进军——消灭雄踞东方的张士诚。

张士诚出身盐贩，其基干队伍也是些盐贩、盐丁以及中小地主和部分贫苦农民。由于不堪忍受元朝统治者的压迫凌辱，他们奋起起义，作战十分勇敢。但其首领没有远大目标，耽于享乐，十分腐败。也自封"吴王"的张士诚胸无大志，亦无主见，终日不理政事，与一批地主文人谈古论今，舞文弄墨，只图享乐。属下将军、大臣也争相修花园、玩古董、养戏班子，整日寻欢作乐，有的将军甚至打仗还带着舞女做伴解闷，完全丧失了战斗力。

至正二十六年（1366）正月，张士诚水军的数百艘战船逆流而上，进犯江阴（今江苏江阴），守将吴良、吴祯严阵以待。朱元璋亲自率领大军水陆并进，讨伐张士诚。到了镇江，敌人已经逃跑，追击到巫子门。敌军趁涨潮之机，乘船进行抗拒，使前军与后军失去联系，吴良等人纵兵夹击，大败敌军，俘获敌军士兵两千人。

朱元璋亲临江阴，见吴良等守卫城池颇得章法，便称赞说："吴良，真是当今的吴起呀！"（"良，今之吴起也！"《明史·吴良传》）吴良镇守江阴十年，自始至终防戒森严，夜晚时常和衣睡在城楼上，头枕着兵器一直到天亮。闲暇的时候，便聘请有学问的人，讲解经史、兵法。他教训将校、官员，统率小吏，纪律严明；督促教化，兴办学校，整修屯田，备足军饷，辖境一切安然。朱元璋经略江、汉时，东部安然无恙，全靠吴良等人的精心镇守。

三月，徐达从宜兴回师进攻高邮。起初，张士诚派遣左丞徐义，从海道入淮增援高邮。徐义兵马驻扎太仓，观望形势，不敢再进。徐达派出使者，请求派孙兴祖镇守海安，常遇春督率水师进军高邮，为之声援。朱元璋听从徐达的建议，并遣使告谕说："张士诚是在高邮聚众起事而拥有吴越之地的，高邮是他的巢穴。我们大军进攻高邮，敌人一定前来援救。听说徐义所部已经入海，有可能出兵射阳湖，或者出兵瓠子角，或者出兵宝应，向高邮逼进，不可不防。"徐达接到书信，便集合兵马发起进攻，一鼓作气攻克城池，斩杀敌将俞同佥等。

孙兴祖驻守海安，张士诚派兵侵犯。孙兴祖督率将士奋力拼杀，大败敌军，俘虏将士二百多人。从此之后，张士诚再也不敢进犯海安了。

四月，徐达转移部队，跟常遇春一起进攻淮安。当时，淮安守将徐义的舰队集结在马漯港，徐达趁夜率兵偷袭，将敌营攻破，徐义从海上逃走，缴获敌舰一百多艘。大军进逼城下，张士诚的守将梅思祖封好淮安府的库房、户籍、铠甲和兵器，开城出降，并献出所管辖的四州。朱元璋嘉奖梅思祖识时务，能够保护百姓不受战争之苦，任命他为都督府副使，命华云龙镇守淮安。

徐达回师进攻兴化。此前，徐达将泰州、兴化、海安、通州、高邮四地的山川险要绘成图，进献朱元璋。朱元璋看后，发现瓠子角是兴化的要地，为敌军必经之路，命徐达派兵扼制其要隘。几天之后，兴化攻克，淮安地区全部扫平。

朱元璋命韩政进取濠州。自郭子兴放弃后，濠州屡次被他人占领，最后为张士诚部将李济镇守。朱元璋让李善长写信给李济，想招降他，结果没有回音。朱元璋说："濠州是我的家乡，现在被张士诚占据，我是有国而无家啊！"（"濠州吾家乡，今为张士诚窃据，是吾有国而无家也。"《明史纪事本末·太祖平吴》）随即命韩政督率顾时等进攻濠州。大军到达濠州，发起进攻，但城中的防卫非常坚固。韩政督率部属用云梯炮石四面齐攻，城里的守敌支撑不住，守将李济献城投降。朱元璋来到濠州，祭扫父母的陵墓，宴请父老乡亲。

朱元璋认为淮东诸郡县已经平定，遂议论如何讨伐张士诚。他召见中书省大督府群臣，说："张士诚占据姑苏，屡次侵扰我们邻近的地方，可算是我们境内的匪徒，不能不进行讨伐。请诸位好好考虑，有什么成熟的计谋，都献上来。"李善长说："早就应该讨伐张士诚了。但依臣的观察，敌人虽然多次受挫，实力并未减弱，而且土地肥沃、人民富足，又有多年的积储，恐怕难以短时间内攻克，应该等候时机再发动进攻。"

徐达却有不同看法，他建言："张士诚非常骄傲蛮横，暴虐奢侈，这正是上天要消灭他的时机。他所任命的骄将如李伯升、吕珍等，都是卑鄙龌龊之徒，不足挂虑，他们只不过是拥兵自重以享受富贵而已。位居中央要害地位的黄敬夫、蔡彦夫、叶德新三位参军，都是迂腐的读书人，没有什么定国安邦的大计。臣奉主上的威德，率领精锐的部队，历数其罪行前去讨伐，三吴之地可指日平定。"朱元璋听后非常高兴，对徐达说："别人都见识短浅，唯独你的看法正合我意。我相信出兵讨伐张士诚，一定会成功。"于是命令各位将领检阅各自的士卒，选择吉日率师出征。

八月，朱元璋任命徐达为大将军、常遇春为副将军，率师二十万讨伐张士诚。他召集众将说："自从天下大乱以来，豪杰蜂起，各自分占地盘。西面有陈友谅，东面有张士诚，两者所占地域都相连千里，拥有部众几十万。我们夹在二人之间，与之抗衡已有十多年。观察这两人的所作所为，发现他们的志向不在于民众，只不过是贪图富贵，如同盗匪进行抢劫。陈友谅现已击败灭亡，剩下张士诚占有浙西，向北连有两淮，凭恃自己兵强马壮，多次进犯我边境地区。依仗各位将军连年出征，攻取了两淮地区。只剩下浙西、姑苏各郡尚未攻下，所以今天命令诸位前去讨伐。各位要尽力约束士兵，禁止肆意抢掠，禁止乱杀无辜，不要发掘坟墓，不要焚烧房舍。听说张士诚的母亲安葬在姑苏城外，一定要小心，不要毁坏她的墓地。你们一定不要忘记我说的话！各位将帅之间务必和睦相处，不要放纵左右偏将欺凌士兵。凡是做将领的，一定要发足兵饷，爱护体谅士兵。大家一定要以此互勉。"各将领随即受命出发。

朱元璋又来到西苑，召见徐达、常遇春问道："你们这次出征,准备先进取什么地方?"当时,张士诚以平江(今江苏苏州)为都城,因此常遇春说:"驱逐枭鸟一定要倾覆其巢,捉老鼠一定要烟熏其穴。所以这次讨伐,应该直捣平江。如果平江攻破,其余各郡便可以不攻而下了。"朱元璋说:"不能这样做。张士诚出身盐贩,和湖州张天骐、杭州潘原明都是强横耿顽之徒,彼此互为手足。若张士诚形势危险,张天骐等害怕一起消灭,定会尽全力援救。若不首先分散敌人的兵力,而先进攻姑苏,万一张天骐从湖州出兵,潘原明从杭州出兵,援军从四面八方汇合而来,我军便难以取胜。不如首先进攻湖州,使敌人疲于奔命。待敌人疲惫之后,我军再移兵进攻姑苏,就定能攻取。"

朱元璋屏退左右下,对徐、常二将密授机宜:"我想派熊天瑞跟你们同行,他是藏在我们内部的间谍。他之所以投降,并非出自本意,心中常常不满。刚才商议的计谋,不要叫将领们知道,就说要直接进攻姑苏。熊天瑞知道后,定会叛归并告诉张士诚。如果真的这样,就正好中了我的计策。"结果,熊天瑞果然叛变,投归了张士城。

徐达等人率领将士进发龙江,另外又派李文忠率军进逼杭州,华云龙进取嘉兴,用以分散敌人的兵力。大军来至太湖,张士诚的将领尹义、陈旺前来迎战,将其打败并活捉。大军进至湖州毗山,又打败并俘虏了张士诚的部将石清、汪海。张士诚弟弟张士信的兵马驻扎湖山,闻听消息,望风而逃。

至正二十六年(1366)底,朱元璋在逐步攻占张士诚所属各城镇后,率军将其都城平江围得水泄不通。张士诚的大将吕珍、李伯升见势不妙,先后投降。平江城十分坚固,一时难以攻克。朱元璋想起几年前海宁人叶兑所献"锁城法",便命士兵在平江城四周筑起长围,搭架三层木塔,登上塔顶,城里敌人的活动看得清清楚楚。又在塔顶架起弓弩、火铳和铁炮,日夜轰击。不久城破，张士诚自缢身亡。

至此，长江下游江浙这块全国最富饶、人口最稠密的地区，尽归朱元璋所有。

十、制服闽浙　攻克两广

朱元璋攻占张士诚盘踞的长江下游大片地区后，决定攻打浙东割据势力方国珍。

至正二十七年（1367）九月，朱元璋命朱亮祖率水陆两军讨伐方国珍。朱亮祖在新昌驻扎，派部将严德攻打关岭山寨，将其一扫而平。大军到达天台，守将汤盎献城投降。进攻台州时，方国珍之弟方国瑛领兵抗拒，被朱亮祖击败，严德战死。

朱亮祖率军到达台州，方国瑛本想立刻逃走。恰在这时，方国珍到庆元府（治今浙江宁波）整理部队，制定了守城计划，派人告诉方国瑛，务必坚守城池，不得离去。方国瑛这才开始约束将士，登城坚守。但士卒多半心怀恐惧，临阵逃跑；朱亮祖等又加紧了攻城速度。方国瑛估计不能坚持，便用大船载着妻儿，乘着夜色逃出兴善门，逃奔黄岩。朱亮祖进入台州，安抚城中百姓。

十月，朱亮祖进兵黄岩，方国瑛又逃到海上，留部下哈儿鲁镇守，哈儿鲁随即献城投降。朱亮祖又分兵攻下仙居等县，方国珍听说后神情沮丧。

朱元璋任命汤和为征南将军，吴祯为副将军，统率常州、长兴、宜兴、江、淮各路人马，前往庆元讨伐方国珍，告诉他们说："你们虽然奉命讨伐罪人，但也不能纵杀无辜，应当像徐达攻取姑苏那样，与民无扰，这是我的愿望。"

十一月，吴祯率水师，乘涨潮之际夜入曹娥江，平河坝疏通道路，出其不意，直抵敌军马棚。这时，投降的士兵说方国珍已经逃往海上，吴祯勒令将士随后紧追。汤和率兵从绍兴渡过曹娥江，进驻余姚，知州李枢和上虞县沈煜归降。朱亮祖进到庆元城下，攻打西城门，城中院判徐善等率百姓迎接入城。方国珍乘海船逃遁，汤和率兵追赶，大败敌军，方国珍率残余士兵逃到海上。汤和分别从定海、慈溪等县，收得士兵三千人，战船六十艘，马二百匹，白银六千九百多锭，粮食三十五万四千六百石。

朱亮祖从黄岩进兵温州，大军在城南七里处布阵。方国珍命儿子方明善率兵抵抗，朱亮祖将其击败，攻破太平寨，追到城下，残余兵众四散溃逃，奔入城中。朱亮祖派部将汤克明攻打西门，徐秀攻打东门，柴虎率游兵策应。当天下午，攻克温州城，俘获员外郎刘本善，方国瑛等人逃走。朱亮祖进城安抚百姓，又分兵攻打瑞安，城中守将投降。接着会同吴祯率水师在乐清的盘屿岛偷袭方明善，半夜三更时分攻迫敌军，俘获敌军战舰、士兵、马匹无数。

方国珍逃到海岛后，朱元璋又任命廖永忠为征南副将军，率军从海道与汤和会合，一起前往讨伐。方国珍手下将领多半前来投降，各郡县相继攻下。方国珍终日惶惶，不知所措。汤和派人送信招降，告诉他朝廷的威德，并陈述天命所在的道理。方国珍迫不得已，派郎中承广、员外郎陈永请求投降。朱亮祖率军来到黄岩，方国珍和儿子方明善率全家前来投降。

方国珍又派另一个儿子方明完，奉表向朱元璋请罪。朱元璋起初对方国珍的反复不定非常生气，等到看过请罪表，很可怜他。表章由方国珍手下詹鼎起草，虽属辩解之词，但却很恭顺。朱元璋看后说："谁说方国珍手下没有人才？"于是赐书说："我当以诚心来对待来归之人，不计较他们从前的过失。"

方国珍和弟弟方国珉率领属下在军门拜见汤和，纳上数以万计的士兵、马匹、舟楫。汤和将方国珍押送京师，朱元璋责备说："你为什么总是阳奉阴违、反复无常，劳我兴师动众？大约是左右玩弄智谋教唆你，而你又不能自作主张。"随即召见方国珍的属下，命丘楠为韶州同知；起草请罪表的詹鼎，也任命了官职，其余的人一律迁徙濠州。至此，浙东全部平定。朱元璋登基以后，厚待方国珍，在京师赏赐了府宅，并封了爵位。

　　闽地当时为陈友定占据。为彻底将之平定，至正二十七年（1367），朱元璋兵分三路进军福建：胡廷美、何文辉率骑兵从江西渡杉关出发，为正兵；汤和、廖永忠由明州（今浙江宁波）以舟师取福州，为奇兵；李文忠由浦城攻建宁，为疑兵。

　　陈友定的根据地延平（今福建南平）与福州成犄角之势，建宁（今福建建瓯）则为延平外线据点，驻有重兵。三路大军分别出动，正兵使敌人以主力应战，奇兵使敌人惊慌失措，疑兵分敌兵力。朱元璋的这种战略颇有成效。朱元璋水师节节胜利，陈友定和元朝本部隔绝，孤立无援，福州、建宁先后失守，延平被围。不久，延平城破，陈友定和僚属诀别，服毒药自杀未死，与儿子被俘送应天。朱元璋责备他攻击处州、杀害胡深，陈友定不屈，厉声回答说："国破家亡，死就算了，何必多说！"朱元璋发明了一种叫"铜马"的刑罚，其实就是古代的"炮烙之刑"，拿陈友定来试验，伏上去一会儿全身都化成了灰。陈友定的儿子同时被杀。

　　当时，广东和广西还未归附。当年十月，朱元璋命湖广行省平章杨璟，左丞周德兴、张彬，统率武昌、荆州、漳、岳等卫军，由湖广起兵攻打广西。临行前，朱元璋告诉杨璟等人说："南方之民，都入我的管辖地域，只有淮北、山东还没有平定，两广、八闽也还未归附。我已经派平章胡廷美分道南征，攻打八闽。待八闽平定后，就命他率师航海攻打广东。所以现在命令你们统领荆、湘兵马，进攻广西，两军合力而战，定能攻无不克。

你们一定要全力平定乱军,禁止暴虐,使民众畏惧顺服,千万不要违背我的命令!"杨璟等人领命叩拜退出。

平定两广的战略,兵分三路:第一路杨璟、周德兴等,由湖南攻取广西;第二路陆仲亨,由韶州(今广东曲江)直捣德庆;第三路是平闽的水师廖永忠,自福州由海道取广州。第一路军于至正二十七年(1367)十月出发,第二、三路军于洪武元年(1368)二月出发。所遇抵抗以第一路军为最大。从衡州到广西的进军路线,第一个是名城永州(今湖南零陵),第二个是全州(今广西全县),这两处驻守的元军都顽强抵抗,经过激烈战斗才得以占领,接着进围靖江(今广西桂林)。第二路军在三个月内平定北江和西江三角地带,隔断广州和靖江的联系。第三路军,廖永忠派使者劝降元江西分省左丞何真,大军到潮州,何真送上印信、图籍等,奉表归附,广州附近州县不战而下。廖永忠沿西江入广西,北上会合第一路军围攻靖江。两个月后,即洪武元年六月,靖江城破。七月,广西平定。

十一、北伐中原　建明称帝

除四川、云南外的整个南部中国实现统一后,朱元璋不失时机地调集精锐部队实施北伐,同元朝政权展开最后的决战。

此时的元朝政权,受到红巾军连续的沉重打击,加之内部派系林立、矛盾重重,已是摇摇欲坠、日趋瓦解了。

至正二十七年(1367)十月,朱元璋派徐达、常遇春率师北伐。大军出发前,朱元璋对徐达等人说:"元朝统治日益残暴,生灵涂炭。我同诸位仗义而起,希望能有抚慰百姓的能人出来,却做梦也没想到,我为众人推举,进而平定了陈友谅,消灭了张士诚,占据福建、两广地区,各处都一一平定。如今时常挂念中原地区仍然战乱纷扰:山东有王宣父子,反复无常;河南有王保保，上司怀疑，属下反叛；关中、甘肃有李思齐、张思道，彼此互相猜忌，与王保保又有嫌隙。元朝之所以面临灭亡，根本原因就在于此。如今打算派遣诸位将军进行北伐，这计划怎么样？"

常遇春回答说："现在南方已经平定，兵力充足有余，若直捣元朝大都，率领身经百战的大军，与过惯安逸生活的敌军对抗，只要勇猛前进，便可取胜。元朝的都城若被攻破，乘胜长驱直入，余下的便如同高屋建瓴、一蹴而就了。"

朱元璋一听，面色凝重地说："元朝建都百年，城池防守必然坚固。如果像你所说那样做，孤军深入，被阻挡在坚城之下，粮草再供应不上，而敌军援兵又四方云集，便对我军非常不利了。我想首先攻取山东，如同拆去敌人的屏蔽；然后立即进攻河南，斩断敌军的羽翼；攻取潼关并派军队镇守，便如同占据了敌人的门户。到那时，天下的形势便由我们掌控了。之后再率军进攻元朝大都，敌人势孤力单，援军又都已被消灭，可以不经战斗便攻破大都。大都攻下后，鼓舞士气向西进军，则云中、九原以及关、陇，便可以席卷而下。"诸位将领齐声赞同。

接着，朱元璋又说："兵法上说：'决策的人决策对了，就差不多是胜利了。'"显然，朱元璋对自己的决策充满自信；而诸将在战略决策方面，也确实稍逊一筹。

于是，朱元璋任命徐达为征北大将军，常遇春为征北副将军，率二十五万大军，从淮河进入河口，长驱北伐。行前召集众将，告诫他们说："征伐都是奉天命行事，可以说是平定战乱灾祸。所以劝诸位将军，出征中定要争得民心。如今诸将不是不擅长拼斗，但自己持重并严守纪律，作战必胜，攻城必克，并能体察手下将士，没人比得上大将军徐达。以一挡百万之众，勇敢先登，冲锋陷阵，所向披靡，又没人比得上副将军常遇春。可我不担忧常遇春不能勇猛善战，只担心他轻敌。以前在武昌，我亲眼看见常遇春与数名敌骑相遇，就只身前去迎敌。陈友谅手下的战将张定边，是个何足挂齿的小人物，尚且登上城池指挥军队作战。常遇春身为大将，却同小将校争能逞强，这是我非常不希望的，一定要以此为戒！如果遇到强大敌手，让常遇春率领前锋部队，同参将冯宗异分左、右两翼，各率精锐部队攻击敌军。右丞相薛显、参政傅友德，勇略冠三军，可以派遣他们独当一面。若遇有孤城小股敌兵，只需派一个有胆识的将官，把统率军队作战的权力全部交给他，都是可以成功的。徐达则专门督管中军，派遣、约束众师，运筹于帷幄之中，千万不可轻举妄动。古人说：'将在外，君命有所不受的可以得胜。'诸位将军应领悟其意思。"

随后，朱元璋又特意对傅友德说："这次出兵征讨，你应当更为努力。昔日汉高祖与项羽相争，彭越在山东与汉高祖互为策应。今天从山东开始征讨，你要用他来勉励自己。"

这天，朱元璋亲自在北门外的七里山祭祀天地神灵。祝祈之后，又召集众将说："这次出征，不一定非要占地攻城，重要的在于要平定战乱祸患，用以安抚百姓。凡是遇到敌军，就攻击他们。所经过的地方，以及攻下城池时，千万不要滥杀无辜，不要强夺老百姓的财产，不要捣毁老百姓的房屋，不要破坏农具，不要乱杀耕牛，不要抢掠百姓子女。军营里若留有被遗弃的孤儿，他们的父母、亲戚如果前来认领，要立即送还。"

北伐大军出发后，朱元璋派人乘快马向齐、鲁、河、洛、燕、蓟、秦、晋等地发布公告，告谕百姓。公告上写道：

> 自从宋朝倾覆后，元朝便一直统治着中国。自那以后，元朝的臣子便不遵祖训，违反祖宗的纲常，废长立幼、以下害上、以弟杀兄之类的现象时常发生。至于做弟弟的收取兄长的妻子，做儿子的与父亲的妾通奸，上下互相效仿，彼此

坦然，不以为怪。他们的所作所为都这样，怎么能够作天下人的表率！他们的后世子孙荒淫无度，加上宰相擅政专权，官吏毒害，于是天下民心叛离，兵祸四起。使我中国百姓，死者肝脑涂地，生者骨肉不得团聚。这虽然是由人的所为导致，实际上却是上天厌烦了元朝统治者的德行而将他们抛弃了。

这一段时期，正是天运循环变更的时期，大众之中，应当有圣人降生，建立纲常，建立风纪规范，救济天下百姓。可到如今十二年过去了，没有听说有能济世安民的圣人出现，白白地让众人战战兢兢地等候，自身却处于朝秦暮楚的境地，实在是非常可怜。如今在河、洛、关、陕虽有数人称雄，占据险要之地，互相鲸吞倾轧，但都不是民众企望的明君。

我本是淮右的普通布衣，因为天下战乱四起，被众人推举，率领部伍渡过长江，占据了应天府这块虎踞龙蟠的地方，得助于长江天堑的险要。到如今已经十有三年，我军势力范围向西一直到巴、蜀，向东连接沧海，向南控制了闽、越、湖、湘、汉、沔、两淮、徐、邳等地，整个南方，全部归我所有。百姓安居，食物充足，部伍也修整精炼。再看我中原百姓，长时期无一明主，深深地感到揪心。我接受上天的旨意，不敢贪图安逸。今天要派遣大军北伐，拯救百姓于水深火热之中，恢复汉家的威严。考虑到百姓对我还不太了解，反以为仇，携家向北逃走，那样沿途死的人更多。所以先用安民告示通告民众：兵到，百姓不要惊慌回避。我军号令严肃，秋毫无犯，请百姓不要抗拒。

北伐战争几乎完全按照朱元璋的计划顺利实施。至正二十七年（1367）十一月，徐达率军挺进山东，三个月后，平定山东全境。朱元璋派使者谕令徐达、常遇春说："听说大军已攻下山东，所经过的郡县，元朝的省院官投降得非常多，两位将军都把他们留在军营里。我担心同他们相处非常困难，有时白天遇见敌军，有时夜晚遇到盗贼，随时都有可能发生不测，将对我军非常不利。因为这些人起初不过是迫于我军的强大声势而投降，未必真心降服。不如遣送他们来内地，处身我们的吏臣之间，每天互相亲近感化，然后再任用他们，才可以没有后顾之患。如果济宁、东平诸位前来归顺，将士的家属也一同送来，我会厚待他们。"徐达、常遇春遂奉命行事。

至正二十八年（1368）正月，在北伐军胜利攻克山东的时候，四十岁的朱元璋在文武百官的欢呼声中，在应天正式登上帝位，国号"大明"，建元"洪武"，改应天为"南京"。立马秀英为皇后，长子朱标为皇太子，仍以李善长、徐达为左右丞相。就这样，一个牧童、穷和尚，经过艰苦奋斗，成为我国历史上继刘邦之后又一位出身平民的开国君主。

接着，北伐明军兵分两路，胜利进军河南。徐达率部北上黄河，接连攻克永城、归德、许州，大军到达陈桥。当时，元将左君弼从唐州逃到安丰，又从安丰逃到汴梁。元朝驻汴梁守将李克彝派他镇守陈州（今河南淮阳）。明太祖朱元璋派使者送信劝导左君弼说：

> 从前连年兵起、灾祸不断，并非你一个人的过失。我劳师在酷热的夏季与你交结，你却离开家乡而投奔异乡，这全都是听信左右的逸言，以至于到了今天这种地步。今天你奉异主之命，与我兵阵相对。如果打算率军进犯我军境地，双方实力的强弱想必你自己也能分析得出来。

天下兵乱，豪杰并起，岂有乘机以就功名，还能于乱世中保全父母妻子的事吗？你以身为质而求安于人，自然是失策了，结果两鬓斑白的老母亲，娇柔美貌的妻子，天各一方，度日如年。足下即使不挂念妻子，又怎么忍心忘掉老母亲呢！功名与富贵，可以日后图取，生身的父母亲，却不可能再次得到了。足下若能留心于此，幡然改过，归顺朝廷，我一定既往不咎，仍然像以前那样待你。

左君弼接到信后，依然犹豫不决。明太祖把他的老母亲送到陈州，左君弼感动得热泪盈眶，这才决心投降。徐达的大军攻下山东，向西直指汴梁、洛阳，李克彝趁着夜色驱赶军民向西逃跑，左君弼同竹昌等率所部到徐达营中投降。徐达命都督佥事陈德镇守汴梁，自己率大军从中滦进攻河南。

四月，徐达率领大军经虎牢关，来到河南的塔儿湾。元朝将领脱目帖木儿率军五万前来迎战，在洛水北岸排好了阵营。明军也早已列好阵容，常遇春单枪匹马冲向敌阵，敌人派二十名骑士持枪刺来。常遇春发箭击毙敌军前锋。大喊着冲入敌阵。徐达指挥部队乘机杀入，俘获、斩杀无数敌兵，脱目帖木儿率领散兵逃至陕州（今河南陕县）。徐达进军来到河南城的北门，李克彝逃往陕西。元朝河南行省平章、梁王阿鲁温到军门纳表归顺，河南全部平定。

到至正二十八年四月间，北伐明军包围大都的战略目标已告完成。

在明军横扫中原、直逼大都的时候，元军却因皇位的争夺而忙于内讧。到潼关失守，元顺帝妥懽帖睦尔才慌忙调集元军南下迎战。但腐败的元军毫无战斗力，逢战必溃。元顺帝眼见大势已去，深夜带着后妃、太子狼狈逃往上都（在今内蒙古多伦西北，亦称"开平")。第二年八月，徐达统领大军攻进大都，统治中国九十七年的元朝宣告败亡。明太祖将大都改名为"北平"。

接着，徐达、常遇春乘胜挥兵四出进军，攻占了北方诸省。洪武四年（1371），朱元璋又遣水陆两军，平定了四川。

十二、追击故元　平定云南

明军攻下大都后，大都以北至漠北地区，东起辽东，西至陕甘，仍为元朝所控制，与明朝对峙，成为明朝的强大威胁。云南地区，也为元朝梁王把匝剌瓦尔密所占有。自此以后，明朝对元王室及诸王的征战，延续了二十年之久。

元顺帝逃到上都后，命河南王扩廓帖木儿（汉名"王保保"）自山西反攻大都。徐达进攻山西，扩廓帖木儿败逃甘肃。洪武二年（1369）春，徐达进军陕甘，元地主武装李思齐在临洮投降。四月，明太祖调常遇春回北平，与李文忠一起率步兵八万、骑兵一万，攻取元上都开平。六月，明兵攻下开平，元顺帝逃往应昌（今内蒙古多伦）。常遇春在途中病逝。

洪武三年（1370）正月，明太祖再命徐达为征虏大将军，李文忠、邓愈为左副将军，冯胜、汤和为右副将军，统领大军北征。兵分东西两路，西路由徐达率军，自潼关出西安，攻取扩廓帖木儿。四月，徐达军出定西，在沈儿峪口大败扩廓帖木儿，擒元郯王、文济王及国公阎思孝、平章韩扎儿等官员一千八百六十五人，将校士卒八万四千五百余人，缴获马一万四千八百余匹。扩廓帖木儿与妻子从宁夏逃奔和林（今蒙古国乌兰巴托西南哈尔和林）。

东路李文忠军，二月间出野狐岭，沿途在云州（独石口南云州堡）、宣德（今河北宣化）、东胜州（今内蒙古托克托）及武州（今山西五寨）、朔州（今山西朔县）等地与元军作战，每战必胜。四月二十八日,元顺帝在应昌病逝,皇子爱猷识理达腊(元昭宗)继位。五月,李文忠军攻下应昌,元昭宗与数十骑逃遁。幼子买的里八剌及后妃、宫人、诸王、官属俱为明军俘获。李文忠率军追击元昭宗至北庆州(亦称"庆州",今内蒙古巴林右旗西北),没有追上,只好返回。

洪武四年(1371),明太祖在平定广西和四川后,对臣下说:"现在天下一家,还有三事未了。一是传国玉玺仍在蒙古,二是王保保尚未擒获,三是元太子下落不明。"元太子爱猷识理达腊这时的境况是:自应昌北上庆州后,往蒙古旧都和林,倚仗扩廓帖木儿,继续称帝,蒙古尊号称"必力克图可汗",仍奉大元国号,并改元"宣光"。

洪武五年(1372)正月,明太祖发兵十五万,大举远征岭北,号为"清沙漠"。仍命徐达为征虏大将军,李文忠为左副将军,冯胜为右副将军,各率五万骑,分三路出兵:徐达中路军出雁门直捣和林,李文忠东路军出居庸经应昌赴岭北,冯胜西路军进兵甘肃。

二月,徐达率领中路军至山西,都督蓝玉为先锋,先出雁门,至野马川遇元军,击之获胜。进至土剌河,扩廓帖木儿败走诱敌。五月,徐达亲率大军深入岭北。扩廓帖木儿与骁将贺宗哲领兵来战,徐达军大败,死亡一万余人。副将汤和别道出兵,也被元军击败。徐达是一代名将,遭此惨败,对明朝的打击可谓沉重。

李文忠所率东路军出应昌,六月,经胪朐河(克鲁伦河)、土剌河,又进至阿鲁浑河(均在今蒙古国),然后还师。沿途与元军屡战,互有胜负。明军将领多人战死,损失甚重。西路军由冯胜率领,六月间,至兰州。副将傅友德为先锋,直趋西凉,败元兵;又至永昌,获胜。冯胜军来会师,北攻亦集乃路,元守将以城降。傅友德进兵至瓜州、沙州，击败元军，多有俘获。冯、傅两军经此战役，先后掳获驼马牛羊十余万。十月，冯胜班师回京，被告发私匿驼马。明太祖不予颁赏。

十一月，明朝在甘州置甘肃卫。明廷此次远征岭北，只有西路获胜。中路主力惨败，兵力大损。此后十余年间，明王朝与岭北的元廷，暂时处于对峙状态。

洪武七年（1374）九月，明太祖把在应昌俘获的元昭宗之子买的里八剌送还元廷，诏谕修好。买的里八剌被俘五年，明廷封为崇礼侯，赐给宅第。太祖对朝中众臣说："崇礼侯买的里八剌来到南方，背井离乡已经五年了，怎能没有思念家乡父母之情！"于是赠送厚礼，让他返回家乡，还挑选了两名老成的宦官随同送行。同时，太祖还赐给他及其父亲爱猷识理达腊以织文金绮绸缎做的衣服各一套。

辞行时，明太祖对崇礼侯买的里八剌说："你本是元朝君主的后世子孙，国亡而被俘。以前就曾想送你回归故土，因你那时年岁尚小，道路又艰险遥远，恐怕不能到达。如今你已长成大人，我不忍心让你长期客居在这里，所以特意派人护送你返回故土，让你与父母团圆，以便你能够报答父母的养育之恩。"太祖又对两位宦官说："他是元朝君王的子孙，不幸被俘来到此地。此行长途跋涉，你们要好好照顾他。"太祖还叫他们给元主爱猷识理达腊带去一封书信。这实际是默认元廷在大漠蒙古地区的统治，劝谕修好，但元廷并无回报。

明太祖信中曾指责元昭宗"流离边境，意图中兴"。此时元廷宫帐已迁至全宁路以北地带，倚用辽东兵力，以图再举。次年八月，扩廓帖木儿死于元廷。

此时，辽东一带的形势是：元辽阳守将刘益降明后，元平章洪保保率军击败并斩杀刘益，然后投奔了元太尉纳哈出。纳哈出是蒙古名将木华黎的后裔，世袭辽东，统领蒙汉诸军，早年曾在太平与朱元璋军作战被俘，朱元璋遣归元廷。洪武二年，占据辽阳封地，屯兵金山（今吉林双辽）。刘益被杀后，部将张良佐领兵降明，上书说："元平章高家奴固守辽阳山寨，知院哈剌张屯驻沈阳古城，开元有丞相也先不花之兵，金山有太尉纳哈出之众，互为声援。如今洪保保逃往其营，必定要发动战争。"明太祖遣使至金山，致书纳哈出劝降。

七月，明太祖在辽阳设立辽都卫指挥使司，以马云、叶旺为都指挥使。

自辽阳至岭北行省东部克鲁伦河流域，蒙古东部诸王后裔分驻各地。纳哈出在金山一带有兵数十万，是元廷依靠的主力。扩廓帖木儿死后，洪武八年（1375）十二月，纳哈出领兵南下攻打盖州（今属辽宁）。马云命城中坚壁不战。纳哈出南至金州，先锋乃剌吾在城下中箭被俘。纳哈出领兵北还，在盖州城外及连云岛等地，遭遇明朝伏兵，损失惨重。纳哈出大败而回。这实际上是元廷东迁后"意图中兴"的又一次失败。

洪武十一年（1378）四月，元昭宗爱猷识理达腊病逝。六月，明太祖遣使赴元廷吊祭，并自撰祭文。七月，遣使至金山，诏谕纳哈出通使修好，九月，再遣使吊祭。三次遣使，均不得返。

十一月，明太祖又将山西俘获的元平章完者不花遣还，致书元丞相驴儿，说三次遣使不通，再遣内臣送还平章。得知元廷议立新君，明太祖又在十二月致书元丞相哈剌章、驴儿及哈剌出等，建议立明廷送还的买的里八剌。买的里八剌是昭宗的次子，返元后赐名"脱古思帖木儿"，封益王。次年，脱古思帖木儿即帝位，蒙语尊号称"乌斯哈勒可汗"，仍奉大元国号，并依元制，改元"天元"。

云南地区自元世祖忽必烈时归属元朝，始设行省。元世祖封子忽哥赤为云南王，子孙世袭。泰定帝时，进封云南王王禅为梁王，仍镇云南，驻中庆路（今昆明）。元顺帝时，梁王把匝剌瓦尔密袭封。元顺帝北逃后，梁王拒不降明，仍向岭北元廷遣使进贡，沿用"宣光""天元"等年号。

洪武五年（1372）正月，明太祖派遣翰林院待制王祎去云南，诏谕梁王归附，并送还北平俘虏的梁王遣往岭北的使臣。王祎到云南，适遇岭北元廷来使脱脱，梁王杀王祎，以示忠于元廷。洪武八年九月，明太祖又命湖广行省参政吴云出使云南，送还俘获的梁王派往岭北的铁知院等人。吴云行至云南沙塘口，被铁知院杀死。

洪武十四年（1381）九月，明太祖命傅友德、蓝玉、沐英等人率大军征讨云南，并亲自制定作战方略，向傅友德等面授机宜。

傅友德等受命为征南将军，率兵至湖广，依据明太祖的部署，从东、北两方面进攻云南。北路从四川南下，遣都督郭英、胡海洋等统军五万由永宁（今四川叙永）前往乌撒（今贵州威宁、赫章等地），攻取四川、云南、贵州三省交界处的据点。东路从湖广西进，傅友德与蓝玉、沐英由辰、沅前往贵州，进攻普定、普安。梁王遣司徒平章达里麻率领精兵十万屯驻曲靖，意图阻扼明军。

十二月，傅友德军至曲靖，在白石江大败元军，生擒达里麻。曲靖为云南东部门户，水陆交通四达。明军占领曲靖后，扼制云南咽喉，兵分两路：蓝玉、沐英率军直趋云南别地；傅友德率军向乌撒接援郭英、胡海洋。梁王得知明军逼近，逃入罗佐山，又逃到普宁州忽纳砦，在草舍中自杀。同月，蓝玉、沐英军进入昆明。傅友德军攻下乌撒，东川（今云南会泽）、乌蒙（今云南昭通）、芒部（今云南镇雄）诸部相继降明。明军转向大理进军。洪武十五年（1382）闰二月，傅友德受命出征，百余日攻下昆明，六月攻下大理，云南平定。

明朝在昆明建立云南都指挥使司和云南布政使司，管理云南军政事务。并在军事冲要地区设置卫所，屯兵守御。次年，将乌撒、乌蒙、芒部等划归四川统辖。明军占领云南后，当地仍不时有起而反抗者。傅友德、蓝玉等征滇大军在云南留驻两年，至洪武十七年（1384）三月班师回朝，副将军沐英仍留镇云南。

元帝脱古思帖木儿继位后，与明朝处于对峙状态。洪武十四年（1381）春，徐达曾领兵至潢河（也作"潢水"，今内蒙古西拉木伦河），击败元军；沐英曾一度深入克鲁伦河，擒元知院李宣。元将纳哈出自辽东败后，退守金山北开元路一带。据守开元的也先不花，也是木华黎后裔，两军合并，统归纳哈出。木华黎子孙世袭王号，纳哈出因称"开元王"，统军仍有十余万众。明太祖几次遣使诏谕，纳哈出不理。

平定云南后，洪武二十年（1387）初，明太祖命冯胜为大将军，傅友德、蓝玉为副将军，率军二十万，大举征讨纳哈出。二月，蓝玉率兵至庆州，斩杀元平章果来。从俘虏处得知，元廷仍在北面，纳哈出已离开金山。明太祖告谕冯胜等人说："纳哈出离开金山不远，以兵追击，他势必来降。况且故元君主已经承认我已统治天下，必顺逐水草，往来于黑山（今大兴安岭）、捕鱼儿海（今贝尔湖）之间，乘其不备，可将纳哈出的人马全部俘获。"

这时，纳哈出分兵三处扎营，主力在龙安（今吉林农安）—秃河（伊通河）。冯胜驻兵大宁（今内蒙古宁城），分建大宁、宽河（今河北宽城）、会州（今河北平泉）、富峪（今河北平泉北）四城屯营。留兵五万守大宁，率大军越过金山，纳哈出部将观童投降。冯胜遣俘将乃剌吾至松花河，去劝降纳哈出。纳哈出见明朝强兵压境，只好至秃河向蓝玉投降，部下诸将也相继降明。傅友德将之编为新军，驻守大宁。九月，纳哈出等进京谒见，明太祖封他为海西侯。次年六月，命纳哈出随傅友德赴云南，途经武昌，死于舟中。

元帝脱古思帖木儿的宫帐屯驻在捕鱼儿海一带（今内蒙古呼伦贝尔新巴尔虎左旗）。这一带牧地原属元太仆寺管领，历来是直属汗廷的地区。纳哈出等降明后，元廷失去辽东兵力。元丞相哈刺章等前往和林，做西迁的准备。洪武二十一年（1388）四月，蓝玉奉明太祖命，率马步兵十余万自大宁至庆州追击，得知元帝在捕鱼儿海附近，遂领兵越黑山，四月十二日至捕鱼儿海，直捣元营，获得重大胜利。元太尉蛮子战死，部众降明。明军俘获脱古思帖木儿次子地保奴及宗室诸王、官属两千余人，军士及家小近七万人。获得宝玺、金银印及牲畜数万。蓝玉班师。明太祖封蓝玉为凉国公。

脱古思帖木儿与太子天保奴及知院捏怯来、丞相失烈门等，率领余众西逃和林。行至土刺河，也速迭儿大王与斡亦刺惕（瓦刺）合兵来袭。脱古思帖木儿与捏怯来等十六骑败逃，丞相咬住率三千骑来迎。也速迭儿又命宗王火儿忽答孙等领兵追袭，擒获脱古思帖木儿，用弓弦把他缢死，天保奴亦被杀。捏怯来、失烈门等率部东归，派遣使臣至南京进贡马匹降明。

洪武二十二年（1389）四月，明太祖在元全宁路设置全宁卫，以捏怯来为指挥使，失烈门以下各授武职。失烈门拒不受命，杀捏怯来。明太祖在金山以北设置泰宁、朵颜、福余三卫，以辽东地区元朝降将为三卫指挥使。脱古思帖木儿次子地保奴被远迁琉球安置。

袭杀脱古思帖木儿的也速迭儿大王，是一百二十多年前与元世祖忽必烈争夺汗位的阿里不哥大王的后裔，子孙世袭王位。也速迭儿夺得脱古思帖木儿的汗印，在和林自立为汗，称"卓里克图汗"。蒙古汗位由忽必烈一系转入阿里不哥一系。忽必烈采用汉法，取《易经》"大哉乾元"之意，建国号"大元"，历代帝王均有汉语谥号并建汉语年号。但蒙语国号仍称"大蒙古国"，依十二生肖纪年，元朝诸帝也另有蒙语尊号。阿里不哥是当时反对用汉法的贵族代表。也速迭儿即汗位后，不再依汉法为脱古思帖木儿立谥号，也不再建年号。国号仍称蒙古。明人则依汉人旧称，称之为"鞑靼"。忽必烈建立的大元王朝至此不复存在。

十三、远美禁宦　倡儒办学

洪武元年（1368）三月，明太祖命翰林儒臣编写《女诫》（亦作《女戒》）。太祖对大学士朱升说："治理天下之人，以修身养德为根本，端正家风为先着。端正家风，要从夫妇开始。皇后与皇妃虽是天下妇人的典范，但不可以参与朝政。至于嫔嫱，不过是用以执掌后宫事务、服侍梳洗的，如果对她们过分恩宠，就会导致上下秩序混乱。纵观历代朝政受内宫干预的，很少能不出祸乱。受宠幸的妃子，用美貌惑人，比之鸩毒有过之而无不及。只有贤明的君主才能体察到这一点并能防患于未然，其他没有不被美色诱惑的。你们几位儒臣纂修《女诫》及贤妃事迹，可以作为后宫的法规，传给子孙后世，让他们知道所应保持和遵守之道。"

这时徐达上奏所获山东土地与甲兵数目，明太祖身边近臣借机进言，建议重新兴修山东的银矿，太祖说："兴修银矿，对官府来说弊大于利，对于百姓来说失大于得。现在民力衰薄，生活困苦，怎么能因此加重百姓的劳役呢！古人有拔茶改植桑树的故事，百姓能够由此获得好的收成，你难道没听说过？"进言的大臣满面羞愧而退。

蕲州来人进献竹席，太祖命退回不收，并对中书省大臣说："历代进贡的地方产品，只有服饰、饮食、器具，没有古玩饰品。现在蕲州进献精制的竹席，是未经传诏前来进献的，那么天下各地定会闻风而动,争进奇巧之物,劳民伤财的现象,从此就会蔓延各地。所以朕不能接受。"仍然诏令四方,不是朝廷所需物品,不得随意进献。

四月,太祖命令编写历代孝行以及自己艰难起家、转战南北的经历,以教育子孙后代。太祖对侍臣说:"朕本出自农家,祖辈都是德高望重之人,行善积德有余,恩泽于朕。现在编写这些书籍,是因为后世子孙生长富贵,容易骄奢淫逸,让他们阅看这些,了解创业的艰难。"

明太祖下令禁止宦官参与朝政、执掌兵权。他对侍臣说:"朕看史书上有这样的记载,汉、唐两朝末年,全都是宦官参政造成国家败落,令人深感惋惜。《易经》说:'开国承家,小人勿用。'宦官选入宫中,仅可洒水扫地、供给使唤而已,怎么能参与朝政、执掌兵权?汉、唐两代之祸,虽然是宦官的罪过,但也是由皇帝过分宠爱造成的。假若宦官不得执掌兵权、参与朝政,就是想叛乱,怎么能达到目的呢?"

七月,带刀舍人周宗上疏,请求在各府、州、县设置学校,太祖阅后非常高兴,嘉奖并采纳了他的建议。太祖下令赈济抚恤中原地区的贫民,中书省以国库空虚为虑,太祖对他们说:"对于普遍困乏之人,不担心没有充足的财物,而担心他们没有顺从之心。如果百姓顺服了,你们还用担心国库空虚吗?"

明太祖下令召集天下贤良人才到京师,赐封为太守、县令、刺史等。之后,他对中书省大臣说:"出身于平民之家的人,授予官职参与朝政,一定要先培养廉耻观念,然后责令其成就功业。《洪范》有言'为富当善',这是古人的良法美意啊。"于是给予优厚的赏赐,派往各地。

此时吴江、广德、太平、宁国、和州、滁州发生水旱灾荒,太祖下诏书赦免了这些地方的赋税。

八月，漳州府通判王祎上奏说：

> 圣明的君主，修养品德关键有两点：首先是心地忠厚，其次是宽大为政。古代周家心地忠厚，所以奠定了八百年之久的基业；汉室宽大，所以创下了四百年之久的江山。大概上天造物之时是以物为中心，春夏两季，播种、生长；秋冬两季，收割、贮藏。其间有雷电霜雪等自然灾害，有的时候会给富饶美丽的自然界带来肃杀之气。但这一切都是暂时的，不经常发生。假使雷电霜雪无时不有，那么上天就失去了造物的本意。臣愿陛下能够顺应天道。现在浙西已经平定，租赋的收入来源已经扩大，赋税与刑罚也应减轻。还应当允许劝谏，臣希望陛下能够顺应人心。

当时效仿元朝政令，崇尚严厉之风，所以王祎上奏如此表述。太祖采纳王祎的意见，并予以嘉奖。

明太祖对宋濂等人说："秦始皇、汉武帝崇尚神仙，以求长生不老，最终都一无所获。我们应当改变这种想法，致力于治理天下，勤于处理朝政。以我来看，明君应当清心寡欲，让百姓安居乐业，丰衣足食，其乐融融，不闻身外之事，自觉如神仙一般优哉游哉。"

十一月，明太祖命人建造大本堂，收集古今书籍放置其中。让朝廷儒臣教授太子、诸王，并让负责起居注的魏观给太子朱标讲书。

过了一段时间，太祖问太子："近来儒臣们都讲解了哪些经史？"太子回答说："昨天讲的是《汉书》中七国叛乱之事。"太祖又问："这件事情的曲直是非，你怎么看？"太子回答说："我认为错在七国。"太祖说："这是讲书人的偏见。汉景帝做太子的时候，曾经设赌局杀了吴王刘濞的长子。等到登基继位，又听从晁错的主张，削夺诸侯王国封地，七国以'清君侧'为名，发动叛乱，实在是由此而发。如果给其他各皇子讲这篇文章，就应该讲各藩王一定上尊太子、下抚百姓，为国家安抚藩邦，不能歪曲天下的公法。如果想做到这样，作为太子就应当使九族和睦，厚爱自己的亲属，让皇子们知道辅佐皇室，尽君臣大义。"

太祖令孔子的后代孔希大承袭衍圣公称号，任曲阜知县，皆世袭。令立孔、颜、孟三人讲解经史，掌管尼山、洙泗两个书院。太祖又命博士孔克仁等讲授春秋时期诸子的经典，凡是功臣的子弟都让他们入学听讲。

洪武二年（1369）二月，太祖下诏编写《元史》。他对朝臣说："最近攻克了元朝国都，得到了元朝十三朝《实录》。元朝虽然灭亡了，但历史是用来劝导和惩戒后人的，不能废除。"于是下诏令左丞相李善长、前起居注宋濂、漳州府通判王祎为总裁，征集山林隐士汪克宽等十六人一同编纂，以元朝《经世大典》等书作为参考资料。又派儒士欧阳佑等人前往北平，采访元顺帝时期的事迹。

十月，下诏命天下各郡县全都设立学堂。太祖对中书省大臣说："过去设置的学校大多数已经名存实亡。兵乱以来，人们大都练习骑马作战。我认为治理国家的关键，首先在于教化。教化之道，学校为本。现在京城虽然设立了太学，但天下各地尚未兴建学校，应该命各郡县全都设立学校。"于是诏告各府设置教授一人、训导四人，学生四十人；各州设学正一人、训导三人，学生三十人；各县设教谕一人、训导二人，学生二十人。每个学员必须专门研习经书，分别设立了礼、乐、射、御、书、数六科教授。务求实才，愚昧无知、做事轻率之人一律开除。

洪武三年（1370）二月，太祖游览后苑，看到喜鹊在巢中以翼孵卵的辛劳，不禁喟然而叹，下令群臣之中双亲年老者，可以辞官侍奉老人。

不久，明太祖诏令浙西、苏州等地富户来京城朝拜，面谕说："不要欺凌幼弱，不要盘剥贫民，不要虐待幼小，不要欺辱老人。要孝敬父母，与亲族和睦相处，救济安抚贫困百姓。"分别赏赐了酒食后送回家乡。

五月，明太祖下诏命开科选纳贤才，制定科举规定。初试，各部经书释义一道，《四书》释义一道。第二场，议论一道，诏、诰、表、笺内科各一道。第三场，策问一道。考中者，在最后十天里分别再用骑、射、书、策、律五种方式进行考察。诏书中说：

> 成周之时，朝廷取才于贡士，各职位上都有贤良的人担任，百姓的行为渐趋遵守礼节。汉、唐、宋三代的科举，只求文辞华丽，不求品德才艺。元朝开科选士，多看重家中权势，为了功名利禄互相勾结奔走往来，贤良之士耻于与其苟同，甘愿隐居山林。从今年八月份开始，特开设科举考试，应试者必须经学深湛、品行端正、博古通今。其中选中者，朕将在朝廷上亲自策问，察看他的学识，根据其才学高低而任用。没有经过科举考试之人，不得封官。允许高丽、安南、占城诸国，乡里的贡生赴京参加科举考试。

明太祖时期，科举考试文体"八股文"形成。这种文章，每篇由破题、承题、起讲、入手、起股、中股、后股、束股八部分组成。题目主要摘自《四书》，所论内容也要根据朱熹的《四书集注》等书，不许考生自由发挥。这种形式死板的文体，是明太祖用来维护封建统治的工具，严重束缚了人们的思想。

十四、整肃吏治　严刑峻法

明朝建立后不久,明太祖朱元璋便在奉天殿设宴款待文武群臣,宴席之间说:"我看史传所记载的历代君臣,或者君上乐意接纳忠言谠论,但臣下却缄默不言;或者臣下敢于直言进谏,但君上却拒谏饰非。近来朕每次讲话,百官都唯唯诺诺,其间怎么会没有是非得失,应该对朕直言,以纠正朕的不足之处呢?"("吾观史传所载历代君臣,或君上乐闻忠谠,而臣下循默不言,或臣下抗言直谏,而君上饰非拒谏。比来朕每发言,百官唯讷而已,其间岂无是非得失可直言以匡朕不逮者?"《明史纪事本末·开国规模》)

中书省和都督府提议效仿元朝的旧制,设立中书令,奏请皇帝命太子任其职。太祖说:"元朝做事不效法古人,设立官职却不能任人唯贤,而是任人唯亲,怎么能效仿他们?况且太子年龄尚幼,经事又少,应当拜师学礼,博通古今。以后的军国事务,全让他接触听闻,又何必仿效他们做中书令呢。"

礼部尚书陶凯上奏,请皇上选人专任东宫官属。太祖说:"我有意让德高望重的朝中官员兼任东宫官职,并不是没有意义。曾经考虑朝中大臣与东宫官员互不相容,造成嫌隙,江充(汉武帝时大臣,制造巫蛊案陷害太子)之事,可引以为鉴。我现在重新立法,令台省等官员兼任东宫职位,帮助、辅佐他,这才能父子一体、君臣同心。"于是任命李善长为太子少师兼任詹事,冯胜兼任副詹事,杨宪兼任府丞,徐达兼任太子少傅,邓愈、汤和兼任太子谕德,章溢兼任太子赞善大夫,刘基兼任太子率更令。

明太祖对李善长等人说:"我不另外设置东宫府僚,而让诸位兼任,是因为战事尚未平息。我如果有事外出,定会留太子监国。如果另设府僚,你们在朝中,对朝中事务理当过问,太子有时断事不明，你们一定认为是府僚诱导，嫌疑由此可生。为此特意设置宾客、谕德等官职，用来辅佐太子养成良好品德，并挑选名儒硕学担任他的老师。过去周公教导成王之时，给他讲解'克诘戎兵'（严格整顿军队）；召公教导康王之时，给他讲解'张皇六师'（设立皇家六师）。这是居安思危，加强防御力量。后来继位的皇帝，生长于富贵之中，沉溺于安逸，军营之事，大多忽视不管，一旦遇到紧急情事，就不知所措。两位贤人的话，不能忘记啊。"

明太祖打算给外戚加官，皇后马秀英说："国家设立官爵，应当选用德才兼备之人。我家的亲属，未必有能够任用的人才，而且听说历代外戚，多数骄横不法，往往导致国家灭亡。陛下加恩于我家，只需优厚赏赐，让他们足以维持现状即可。如果没有才能却给以官职，依仗皇上的恩宠导致败落，这不是我的愿望。"太祖听后才没加官外戚。

太祖决定整肃吏治，他把文武百官请到自己身边，给大家出了个题目：元朝为什么会迅速土崩瓦解？刚诞生的新王朝当务之急是什么？请大家各抒己见。高参刘基首先进言："宋元以来，宽纵日久，当使纲纪整肃，然后才能实施新政。"

太祖觉得言之有理，也深感大明的当务之急，应是制定法律，以法治国。根据他的命令，法律制定工作加紧进行，到洪武三十年（1397），正式颁布了几经修改的《大明律》。《大明律》简于《唐律》，严于《宋律》。规定"谋反""谋大逆"者，不管主、从，一律凌迟，祖父、父、子、孙、兄弟及同居者，年满十六岁的都要处斩。对官吏贪污，处罚也特别重。犯有贪赃罪的官吏，一经查清，一律发配到北方荒漠充军。官员若贪污赃银六十两以上，处枭首示众、剥皮实草之刑。命在各府州县衙门左侧设皮场庙，也就是剥皮的刑场，贪官被押到那里，砍下头颅，挂到竿子上示众；再剥下人皮，塞上稻草，摆到衙门公堂旁边，用以警告继任的官员。

明太祖对自己制定的法律满怀信心，带头实行，而且执法相当严厉，这在中国古代皇帝中是少有的。驸马都尉欧阳伦，凭着自己是马皇后亲生女儿安庆公主的丈夫，不顾朝廷禁令，向陕西贩运私茶。后来河桥巡检司的一位小吏将其告发，太祖立即下令赐死，同时还发了一通敕令，表扬小吏不畏权贵的斗争精神。

唯一的亲侄儿、开国功臣朱文正违法乱纪，太祖也毫不留情废了他的官职。开国功臣汤和的姑夫，自以为有硬邦邦的亲戚做靠山，隐瞒土地不纳税粮，太祖也将他依法处死。

明太祖在位的三十多年中，还公开镇压了几起大贪污案，其中最大的是郭桓案。案发时，郭桓为户部侍郎。洪武十八年（1385），御史余敏等告发北京承宣布政使司、提刑按察使司的官吏李彧、赵全德等，伙同郭桓等人贪污舞弊，吞盗官粮。太祖抓住线索，命司法部门依法严加追查。这个案子后来又牵连到礼部尚书赵瑁、刑部尚书王惠迪、兵部侍郎王杰、工部侍郎麦志德等高官，以及许多布政使司的官员，贪污盗窃的钱款折成粮食达两千四百多万石。案件查清后，太祖下令将赵瑁、王惠迪等人弃尸街头，郭桓等六部侍郎及各地方布政使司以下官员有上万人被处死，有牵连的官吏数万人被逮捕入狱、严加治罪。各地卷入这个案件的下级官吏、富豪，被抄家处死的不计其数。

为了加强对臣民的监视和控制，明太祖专门设立了巡检司。当时，全国各府县的关津要冲之地，都由巡检司负责把关盘查，缉捕盗贼，盘诘奸伪。百姓如果要到百里之外去，事先必须办妥路引，否则就通不过关卡。

洪武十五年（1382），明太祖又正式把自己身边负责警卫事务的亲军都尉府（前身为拱卫司）改为锦衣卫，秘密侦察大小官吏的活动，随时向皇上报告不公不法之事；同时，还授予锦衣卫以侦察、缉捕、审判、处罚罪犯的所有大权，在锦衣卫里设置了特殊的法庭和监狱。这样，就把锦衣卫变成了正式的特务机构。

明太祖在位的三十多年间，特务多如牛毛，遍布街巷路途，严密监视着朝野内外、文武官员的活动。吏部尚书吴琳已告老回乡，但太祖对他仍不放心，便派特务到吴琳家乡去侦察其活动。特务来到稻田，见一个农民模样的老人站起来，便上前问道："这里有个吴尚书吗？"老人回答："敝人便是。"太祖听了特务的报告，非常高兴。

大学士宋濂，有一次在家招待客人，第二天太祖问他："昨天请客，喝酒了吗？做的什么菜？"宋濂如实回答，太祖笑道："说得对，没骗我。"

国子监祭酒宋讷，有一天在家暗生闷气，偷偷监视的特务竟把他的样子画了下来，上报皇上。太祖见了宋讷，问道："昨天你在家生什么闷气呀？"宋讷照实做了回答，并吃惊地问："陛下如何知道此事？"太祖将画像递给他，他展图一看，方才醒悟，慌忙磕头谢罪。

还有位大臣一日无事，在家与妻妾玩麻将，无意中丢了一张二万，怎么找也找不着。第二天上朝，太祖问这位大臣昨天在家干些什么，该大臣如实禀报，请皇帝恕罪。太祖听后说："卿不欺我，朕不怪也。"说完从袖中摸出一张二万扔给了他。

明太祖害怕受廷臣蒙蔽，经常和侍从易服微行私访，对臣僚进行私察。弘文馆学士罗复仁本是陈友谅的部下，投归之后，常常犯颜直谏，刚正不阿。太祖对他一直很不放心。一天，朱元璋亲自来到城边的罗家私访。不巧，这天罗复仁正和妻子粉刷破旧的墙壁，一见皇帝驾临，急忙叫妻子搬来小凳，请皇上落坐。太祖环视房舍家具，见其家贫如洗，十分感动，说："贤士怎么能住这样破的房子呢！"马上下令赐给他一座城中的宅第。

十五、加强集权　铲除功臣

建国以后，明太祖借鉴历史上成败治乱的经验教训，大刀阔斧地开始了以改革旧制、建立高度中央集权为目标的工作。

明太祖的体制改革，首先是从地方机构开始的。元朝地方设置的行中书省，由中央的中书省分设而来，职官设置与中书省一样，掌管一个省的军政、民政、财政和司法等大权，地位显赫，权力很大。实际上一个行中书省，就是一个小独立王国。想当年，朱元璋也做过几年行中书省的丞相，所以对元代设置行中书省的弊端看得很深切。

在一番准备之后，洪武九年（1376），明太祖下令废除地方的行中书省，改设承宣布政使司，简称"布政司"。布政司设左、右布政使各一人，其权力只限于民政和财政，按照皇上的意志管理地方事务。当时全国共设十三个布政司。同时，地方上还设置了管理军事的都指挥使司和管理司法的提刑按察使司。三个机构既各自独立、又相互牵制，同时直接听命于朝廷的指挥。

对地方行政机构的改革完成后，明太祖又开始集中精力整顿中央政府机构。

首先是对总揽天下政事的中书省实行改革。本来，中书省在中央各权力机构中位置最高，其行政长官左、右丞相又负有统率百官，这样，君权与相权、皇帝与丞相的矛盾最易激化。明初的第一任左、右丞相分别是李善长和徐达。李善长为人处世向来以小心谨慎著称，徐达则多带兵在外征战，他们都没有与皇帝形成大的矛盾冲突。但相位传给胡惟庸之后，事情就发生了变化。

胡惟庸是定远人，开国功臣李善长的女婿，依仗岳父这个后台当上了左丞相。他在朝中大权独揽，独断专行，官员升降、生杀大事都自作主张，不向皇上请示；朝臣的上奏，对自己不利的全部扣下；那些想做官、升官的，以及失意的功臣、武将，都奔走其门下，收受的金银绢帛、名马玩物不计其数。他四处网罗党羽，培植亲信，组织小集团，打击异己，称霸天下。

胡惟庸如此胡作非为，不仅危及明王朝的安定，而且必然会与权力欲极强的皇上产生尖锐冲突。明太祖决心寻找机会，除掉这个心腹大患，以巩固皇权。一天，胡惟庸的儿子乘马车在南京城招摇过市，不小心从车上跌下来摔死了，胡惟庸判车夫抵命。朱元璋知道后，十分气愤，非要胡惟庸偿命不可。胡惟庸请求向车夫家人赔偿金帛了事，太祖坚决不允。胡惟庸因此十分紧张，遂下定决心发动政变。

洪武十三年（1380）正月，胡惟庸入奏，诡称其宅第的水井出了醴泉（即甘泉），请皇上去观看。太祖好大喜功，信以为真，也就匆匆起驾西华门。正行进中，突然内史云奇冲上跸道，拦住车马，慌忙中一时泣不成声。太祖以为不敬，命左右侍卫棍棰乱下。顿时，云奇右臂被砸断，生命垂危，但他仍用左手直指胡惟庸的宅第摇晃。太祖猛然醒悟，急忙返驾登城，远远望见胡惟庸宅第缭绕着兵器的杀气，以此断定其谋逆，立即发羽林军前往逮捕，将其抄家灭族。同时宣布撤销中书省，罢除丞相，提高吏、户、礼、兵、刑、工等六部的地位，由六部分理朝政，直接对皇上负责。并且规定，后代皇帝不得再立丞相，大臣中如果有奏请再立者，处以重刑。

胡惟庸被诛后，明太祖顺藤摸瓜，借题发挥，将那些行为跋扈的、心怀不满的、危及皇家统治的，统统罗织为"胡党"，处死抄家。胡惟庸案株连蔓引，先后持续数年，共杀掉官员三万多人，连位居"勋臣第一"、年迈退休在家、已七十七岁的李善长及其全家七十多口人，也一齐被杀。

继废中书、罢丞相之后，明太祖又对中央监察、审判机关进行了一系列的改革和调整。原先，中央的监察机关称御史台。洪武十四年（1381），改为都察院，下设十三道，一百一十名监察御史。其职权是纠劾百官、辨明冤枉，凡大臣奸邪、小人构党、擅作威福、扰乱朝政的，或是贪污舞弊、心术不正、变乱祖制的，都要检举弹劾。监察御史本来只是七品小官，但在朝可监察所有官僚机构，出使地方则是代表皇帝出巡，小事立断，大事可直接报告皇上裁决。

经过如此改革、整顿，皇权得到了强化，但皇帝的政务也随之繁重起来。过去政务有丞相协助，如今皇上一人独揽，事无巨细，从清早到深夜，绝大部分时间都用在处理政务和批阅文件上。就连吃饭也在思考政务，每想到一事，就顺手写在纸上，别在衣服上。有时事情记得多了，纸条挂得满身都是，待上朝时一一处理了当。

政务的纷繁，使明太祖喘不过气来，长此下去，不是自己身体累垮，就是延误军国大事。为此，太祖于洪武十四年（1382）设置了华盖殿、文华殿、武英殿、文渊殿、东阁殿等殿阁大学士，由品级比较低的编修、检讨、讲读等充任，帮助自己阅读奏章，处理起草文书，以备顾问。这样，昔日的忙乱现象逐渐改观了。

明太祖发迹于红巾军，称帝后自然特别重视加强对军队的控制。原统领全国军队的是大都督府，朱元璋命侄儿朱文正任大都督，为全国最高的军事长官。后来觉得大都督府权力太大，便在洪武十三年（1380）废中书省的时候，把大都督府也一分为五，设左、右、中、前、后五军都督府，分统全国军队。各都督府只管军籍、军政，没有指挥和统率军队的权力。兵部有颁发军令、铨选军官之权,也不能直接指挥和统率军队。

为此,明太祖还建立卫、所官军及将帅率兵之法。上至京师、下至郡县,全都设立卫、所,大致以五千六百人为一个卫,一千一百二十人为一个所,一百一十二人为一个百户所。每百户所设立总旗两名、小旗十名,官员各自领取印信,全部由指挥使等官员统领,大小相互联结,形成队伍。遇有战事急需征伐,就下诏总兵官佩带将印前去领兵。得胜回师之后,将印上交朝廷,官兵各自返回本卫,大将军归返府第。所有兵权全都出自朝廷,下臣不能擅自专权。此后一切征伐战事,必须遵从这种规定。

经过这样一番改革,避免了悍将跋扈、骄兵叛乱的弊端;更重要的是,军权集中到了皇帝手中。不过,明太祖对将领们还是不放心。后来他又采取分封藩王的制度,让儿子们到藩国重地去镇守,用以监视、控制各地将领。这些藩王按规定都配有护卫兵,少者三千人,多者可达一万九千余人。他们还有指挥当地卫所守镇之兵的大权。遇有突发事件,封地的卫所守镇兵,在接到盖有皇帝宝玺文书的同时,将领们还必须有藩王的令旨,才能调动。

随着朱家王朝的建立和巩固,昔日与朱元璋枪林弹雨、风雨同舟的将领,如今成了新王朝的显贵。他们官封公侯,爵显禄厚,弹冠相庆之余,有的渐渐骄纵起来。

开国大将蓝玉,是洪武后期的主要将领。他麾下骁将十数人,威望都很高。蓝玉作战非常勇敢,立有赫赫战功,官封凉国公。他自觉功劳甚大,便恃势横暴。他家私蓄奴婢、假子多达数千,到处敲诈勒索、霸占民田。百姓向御史告状,御史官依法提审,蓝玉竟一顿乱棍把他打走。政府明令禁贩私盐,他却让家人进行走私。北征归来夜过喜峰关,守关将士按规定没在夜间开关迎接,他竟纵兵毁关而入。

勋臣宿将们的腐化堕落，不仅妨碍了统治效能的提高，而且功高震主、威胁皇权。为了大明江山的长治久安，明太祖开始对蓝玉之类功臣展开了无情的镇压。

洪武二十六年（1393），锦衣卫告发蓝玉谋反，太祖一得此信，立即命锦衣卫发兵逮捕。太祖亲自审讯，继而交由刑部严刑拷打。结果蓝玉被砍头，并抄斩三族。凡与蓝玉有联系的朝臣、列侯均坐党夷灭。蓝玉案先后诛杀一万五千余人，军中功高位显的元勋宿将，几乎一网打尽。

除胡惟庸、蓝玉两案外，所剩无几的功臣，也先后被以各种罪名赐死、鞭死或砍头。徐达为开国功臣第一，他背上生疽，忌吃蒸鹅。明太祖在他病重时，偏偏赐蒸鹅于他。徐达知道皇帝是要自己的命，只好含着泪水，当着使臣的面吃了下去。没过几天，徐达就辛酸地离开了人世。功臣冯胜、傅友德、廖永忠、朱亮祖等，也因失宠先后被处死。

如此这般，功臣宿将善终者寥寥无几。只有汤和这个与朱重八同村长大的放牛娃，知道老伙伴对老臣宿将不放心，主动交还兵权，告老还乡，绝口不谈国事，才保住了性命。

明太祖这种杀功臣立威、以猛治国的策略，自己虽然没有公开忏悔过，但在他行将告别人世的时候，曾下令后人不准学习他的这种做法。他说，这套办法只是权宜之计，他希望在他之后，大明朝能尽快步入封建法治的轨道，尽快出现一个繁荣安定的局面。

十六、发展屯垦　减轻赋役

明太祖朱元璋在对政治实行大刀阔斧、卓有成效的改革的同时，在大明王朝辽阔的版图上全面展开了医治战争创伤、恢复发展社会经济的工作。

经过十几年的浴血征战,朱元璋双手接过的是一个经济全面崩溃、生产大倒退的烂摊子。在中国广袤的土地上,到处是啼哭呻吟的流民,到处是哀鸿遍野、饿殍满路的凄凉景象。杭州是五代和北宋时期的名城、南宋的京城,元代时人口曾达百余万,而且是元末破坏最轻的地区,但元末人口减少也达十之二三。江南如此,江北更甚。唐宋时代的繁华胜地扬州,到缪大亨攻取时,城里只有十八户居民。新任知府因旧城空旷难守,只好在西南部截出一个城角,筑起城墙,权作扬州府城。

面对这种残破衰败的局面,出身贫贱的明太祖理解百姓的苦难,即位不久,就召见各地来朝的府州县官,对他们说:天下刚刚平定,百姓的财力非常困难,就像刚刚会飞的鸟不可拔其羽毛、才种下的树不可摇撼一样,必须让老百姓"安养生息"。

明太祖出身农民,深知地主豪富横行乡里、操纵官府,是对朝廷的一大威胁。特别是江南地区,元朝灭宋后,地主豪富的经济势力继续发展,进而在政治上左右地方官吏,元廷难以控驭。明太祖曾对刘基说:"元以宽失天下,朕救之以猛。"(《明史纪事本末·开国规模》,又见《皇明宝训》)

明太祖对地主豪富的猛政之一,就是强迫迁出本地。建国不久,即下令迁江南富户十四万户到凤阳。洪武二十四年(1391),再迁天下富户五千三百户到南京。洪武三十年(1397),又强迫各地富户一万四千三百余户迁徙南京。朱元璋定都南京后,以凤阳为中都。京师与中都,都是朝廷直接统治的地区,拥有较强的统治力量。地主豪富迁徙到京畿地区,便难以操纵官府、为非作歹了。

明太祖的这一猛政,为历史上所罕见。他自称是取法于汉高祖徙天下豪富于关中,是"事出当然,不得不尔"。江南地主豪富在明初遭到沉重打击。元末江南土地兼并已极为严重。太祖迫令大批富户迁离本地，是基于巩固统治的需要，客观上却也多少有利于江南经济的发展。

明太祖下诏派遣周铸等一百六十四人前往浙西，审查核实田地，并对中书省大臣说："战乱之后，各郡县人口户籍大多流失，应当尽力清理，作为经营筹划的根据，不要做出苛刻的规定使百姓困顿。若要政绩卓著，关键在扶助百姓，而扶助百姓关键在于放宽赋税。所以派遣周铸等人前往各府县审核田地，确定赋税。除此之外，不应再过多搅扰百姓。"

太祖对刘基说："过去群雄逐鹿中原，生灵涂炭。现在天下已经渐次平定，应该考虑使百姓休养生息的办法，怎么做呢？"刘基说："使百姓休养生息，办法在于宽厚仁爱。"太祖说："不给百姓实惠，空口说宽厚仁爱，也没什么益处。以我来看，宽厚对待百姓，一定要充实百姓的财富，休息百姓的力气。不节约用度，百姓就会财力枯竭；不减省劳役，百姓就会力不从心；不弘扬教化，百姓就不能知书达礼；不严惩贪官暴吏，百姓就无从立身、无法谋生。"刘基点头说："这就是怀仁爱之心、施仁爱之政。"（"上谓刘基曰：'曩者群雄角逐，生民涂炭。今天下次第已平，思所以生息之道，何如？'基对曰：'生民之道，在于宽仁。'上曰：'不施实惠，而概言宽仁，亦无益耳。以朕观之，宽民必当阜民之财，息民之力。不节用则民财竭，不省役则民力困，不明教化则民不知礼义，不禁贪暴则无以遂其生。'基顿首曰：'此所谓以仁心行仁政也。'"《明史纪事本末·开国规模》）

要发展农业生产，首先必须保证有足够的劳动力。但在元代，蓄奴之风非常盛行，有的权贵勋戚家奴仆多达数千。在元末农民起义中，虽有不少奴隶得到解放，但仍有相当数量的农民在战乱中沦为豪强地主的奴隶。为此，洪武五年（1372），明太祖通令全国，普通地主不得蓄养奴婢，违者杖刑一百，所养奴婢一律放为良民。凡因饥荒而典身为奴的男女,由政府代为赎身。洪武十九年(1386),河南布政使司曾赎回开封等府民间典卖的男女达二百七十四人。

同时,明太祖还严格控制寺院的发展,明令各府州县只能有一座大寺观,而且禁止四十岁以下的妇女当尼姑,并严禁寺院收儿童为僧。二十岁以上的青年愿意出家,须经其父母申请、官方批准,出家三年后还得赴京考试,不合格的遣发为民。这些政策的逐步实施,使全社会劳动力大为增加。

明初发展农业的主要措施,是奖励垦荒和实行屯田。元末农民起义,由于地主逃亡,人口减少,留下了大量荒地。明朝建立后,为尽快开垦这些荒地,采取了计民授田、奖励垦荒的措施。建国的头一年,明太祖就颁下诏书:凡是战争中抛荒的土地,若已开垦则为垦种者所有;如果原田主回来,由官府拨给同等的荒地作为补偿。对无主荒地,奖励农民尽力开垦,并承认其所有权,而且免征三年的田赋,个别的永不征税。这样一来,许多农民由奴隶变成了自耕农,社会地位和家庭生活有了极大改善。农民的积极性提高了,明初的社会经济出现了繁荣向上的景象。

明太祖奖励屯垦的政策,收到了显著的成果。洪武二十四年(1391),全国垦田面积达三百八十七万四千七百四十六顷,比洪武元年(1368)增加一倍以上。政府税粮的收入也随之大幅度增加,洪武二十六年(1393),全国税粮达三千二百七十八万九千八百石,是元朝年税粮收入的将近三倍。同时,人口也增加了七百多万。社会经济开始出现了空前繁荣的局面。

为进一步发展农业生产,明太祖十分重视水利建设。在即位的当年,他就下令:凡是百姓提出有关水利的建议,地方官吏必须及时奏报。后来,他还专门指示工部大臣,凡是陂、塘、湖、堰,可以蓄水泄水、防止旱涝的,都要根据地势加以修治。按照皇上的命令，到洪武二十八年（1395），全国共开塘堰四万零九百八十七处，疏通河流四千一百六十二处，修建陂渠堤岸五千多处。洪武二十三年（1390），修筑江南崇明、海门的海堤动用了二十五万人。洪武二十五年（1392），修建江南溧阳河坝四千余丈，组织四十万人上阵。这些水利工程为农业生产的发展提供了有利条件。

在明代以前，棉花是十分珍贵的。普通百姓穿的布衣都是麻布制作的。到了明代中叶，人不论贵贱，地不分南北，棉布已成了人民衣着的普遍原料。这是明初全面推行重视经济作物、奖劝桑棉政策的结果。

明朝建立后，明太祖就下令，农民凡有田地五到十亩的，必须栽种桑、麻、棉各半亩；有田十亩以上的，种植桑棉面积要按比例递增。后来，太祖还指示户部，明令全国百姓要多种桑、枣、柿和棉花，违令者全家充军。洪武二十六年（1393）以后栽种的，全部免除赋税。

虽然明初的经济得到明显发展，百姓生活有了明显的改善，但出身布衣的明太祖依然不忘百姓生活的艰辛。他常对朝臣说："步急则踬，弦急则绝，民急则乱。"他经常想方设法减轻农民负担，尽力做到"取之有制，用之有节"。

明初制定的赋役法，规定民田一亩征税粮五升三合五勺。按当时亩产最低一石来计算，为三十税一。徭役一般是：有田一顷出丁夫一人，每年农闲时节赴州县服役三十天。这些都比元代赋役减轻了许多。

明太祖还曾命人带着太子朱标到农村视察，亲眼目睹农民的艰苦生活。太子回来后，他还严肃地教育说："凡是居处食用，一定要想到农民的劳苦，取要有规定，用要有节制，使他们不因饥寒而受苦。"（"凡居处食用，必念农之劳，取之有制，用之有节,使之不苦于饥寒。"《明史纪事本末·开国规模》)凡是各地闹灾荒歉收的,都要下令蠲免租税;灾情特别严重的,还让地方官员为灾民贷米,或赈济米、布、钞等。

建国初期,朝廷筹划建造宫殿,明太祖担心劳役百姓,致使民力困乏,命中书省考查田地实有数目摊派丁夫。于是中书省上奏,提出有一顷田,就必须派出一名丁夫,田地不足一顷的与别人合计,称这种制度为"均工夫"。并规定大兴土木之事,均在农闲时节进行。

朱元璋出身贫苦农家,不仅能体谅农民生活的艰辛、物力的艰难,而且还身体力行,带头倡导节俭。明朝建立后,按计划要在南京营建宫室。负责工程的人将图样送上审定,明太祖当即把雕琢考究的部分全部去掉。工程竣工后,他叫人在墙壁上画了许多触目惊心的历史故事作为装饰,让自己时刻不忘历史教训。有个官员想用好看的石头铺设宫殿的地面,被当场狠狠地教训了一顿。

司天监进献元朝的水晶刻漏,制作特别精巧。上面有两个小木偶人,能够按时自动敲击钲鼓。太祖看后,对侍臣说:"元朝君主荒废国政,在这上面费尽心机,可以说是做无益之事妨碍了有益之事。"命令左右将其砸碎。

太祖所用车舆、器具、服用等,按惯例该用金饰,但他下令以铜代替。主管官员说,这用不了多少金子。太祖说:"朕富有四海,岂是吝惜这点黄金?但朕倡导勤俭节约,不亲身先行,怎么能为别人做出表率呢?而且奢侈的开始,都是由小到大的。"("朕富有四海,岂吝于此?然所谓俭约者,非身先之,何以率天下?且奢侈之原,未有不由小至大者也。"同上)他的御床,与中产人家的床铺没有多大区别;每天的早膳,只有蔬菜下饭。

在太祖的影响下,宫中后妃也都十分注意节俭。她们从不乔装打扮，衣裳也是洗过几次的。有个内侍穿着新靴子在雨中行路，被皇上发现，气得痛骂一顿。有个散骑舍人穿了件十分华丽的新衣服，太祖问他："这衣服用了多少钱？"舍人回道："五百贯。"太祖痛心地说："五百贯是农夫数口之家一年的费用，而你却用来做一件衣服。如此骄奢，实在是太糟蹋东西了。"

明太祖不喜欢喝酒，他多次发布限制酿酒的命令。他不爱奢华，讲究实际。他命太监在皇宫墙边种菜，不要建造楼台亭阁。为了让儿子们得到锻炼，他命太监织造麻鞋、竹笠自用，规定诸皇子出城稍远，要骑马七停，步行三停。

朱元璋出身贫寒，从小没有读书的机会。从军之后，到称帝晚年，一直保持勤奋好学的作风。作战之余，理政之后，他常常请儒生讲述经史。经过几十年的刻苦自学，他不但能写手札、军令，还能写诗作赋。他终生严格要求自己，不懈怠，不腐化。

洪武三十一年（1398），明太祖朱元璋病逝，在位三十一年，享年七十一岁，谥号"开天行道肇纪立极大圣至神仁文义武俊德成功高皇帝"，庙号"太祖"，葬南京钟山孝陵（明孝陵）。

《明史·太祖本纪》

太祖本纪一

太祖开天行道肇纪立极大圣至神仁文义武俊德成功高皇帝，讳元璋，字国瑞，姓朱氏。先世家沛，徙句容，再徙泗州。父世珍，始徙濠州之钟离。生四子，太祖其季也。母陈氏，方娠，梦神授药一丸，置掌中有光，吞之，寤，口余香气。及产，红光满室。自是，夜数有光起，邻里望见，惊以为火，辄奔救，至则无有。比长，姿貌雄杰，奇骨贯顶。志意廓然，人莫能测。

至正四年，旱蝗，大饥疫。太祖是年十七，父母兄相继殁，贫不克葬。里人刘继祖与之地，乃克葬，即凤阳陵也。太祖孤无所依，乃入皇觉寺为僧。逾月，游食合肥。道病，二紫衣人与俱，护视甚至。病已，失所在。凡历光、固、汝、颍诸州三年，复还寺。当是时，元政不纲，盗贼四起。刘福通奉韩山童假宋后起颍，徐寿辉僭帝号起蕲，李二、彭大、赵均用起徐，众各数万，并置将帅，杀吏，侵略郡县，而方国珍已先起海上。他盗拥兵据地，寇掠甚众。天下大乱。

十二年春二月，定远人郭子兴与其党孙德崖等起兵濠州。元将彻里不花惮不敢攻，而日俘良民以邀赏。太祖是年二十四，谋避兵，卜于神，去留皆不吉。乃曰："得毋当举大事乎？"卜之吉，大喜，遂以闰三月甲戌朔入濠见子兴。子兴奇其状貌，留为亲兵。战辄胜，遂妻以所抚马公女，即高皇后也。子兴与德崖龃龉，太祖屡调护之。

秋九月，元兵复徐州，李二走死，彭大、赵均用奔濠，德崖等纳之。子兴礼大而易均用，均用怨之。德崖遂与谋，伺子兴出，执而械诸孙氏，将杀之。太祖方在淮北，闻难驰至，诉于彭大。大怒，呼兵以行，太祖亦甲而拥盾，发屋出子兴，破械，使人负以归，遂免。

是冬，元将贾鲁围濠。太祖与子兴力拒之。

十三年春，贾鲁死，围解。太祖收里中兵，得七百人。子兴喜，署为镇抚。时彭、赵所部暴横，子兴弱，太祖度无足与共事，乃以兵属他将，独与徐达、汤和、费聚等南略定远。计降驴牌寨民兵三千，与俱东。夜袭元将张知院于横涧山，收其卒二万。道遇定远人李善长，与语，大悦，遂与俱攻滁州，下之。

是年，张士诚据高邮，自称诚王。

十四年冬十月，元丞相脱脱大败士诚于高邮，分兵围六合。太祖曰："六合破，滁且不免。"与耿再成军瓦梁垒，救之。力战，卫老弱还滁。元兵寻大至，攻滁，太祖设伏诱败之。然度元兵势盛且再至，乃还所获马，遣父老具牛酒谢元将曰："守城备他盗耳，奈何舍巨寇戮良民？"元兵引去，城赖以完。脱脱既破士诚，军声大震，会中谗，遽解兵柄，江淮乱益炽。

十五年春正月，子兴用太祖计，遣张天佑等拔和州，檄太祖总其军。太祖虑诸将不相下，秘其檄，期旦日会厅事。时席尚右，诸将先入，皆踞右。太祖故后至，就左。比视事，剖决如流，众瞠目不能发一语，始稍稍屈。议分工甓城，期三日。太祖工竣，诸将皆后。于是始出檄，南面坐曰："奉命总诸公兵，今甓城皆后期，如军法何？"诸将皆惶恐谢。乃搜军中所掠妇女纵还家，民大悦。元兵十万攻和，拒守三月，食且尽，而太子秃坚、枢密副使绊住马、民兵元帅陈野先分屯新塘、高望、鸡笼山等以绝饷道。太祖率众破之，元兵皆走渡江。

三月，郭子兴卒。时刘福通迎立韩山童子林儿于亳，国号宋，建元龙凤。檄子兴子天叙为都元帅，张天佑、太祖为左右副元帅。太祖慨然曰："大丈夫宁能受制于人耶？"遂不受。然念林儿势盛，可倚藉，乃用其年号以令军中。

夏四月，常遇春来归。五月，太祖谋渡江，无舟。会巢湖帅廖永安、俞通海以水军千艘来附，太祖大喜，往抚其众。而元中丞海牙扼桐城闸、马场河诸隘，巢湖舟师不得出。忽大雨，太祖喜曰："天助我也！"遂乘水涨，从小港纵舟还。因击海牙于峪溪口，大败之，遂定计渡江。诸将请直趋集庆。太祖曰："取集庆必自采石矶始。采石矶重镇，守必固，牛渚矶前临大江，很难为备，可必克也。"

六月乙卯，乘风引帆，直达牛渚。常遇春先登，拔之。采石兵亦溃。缘江诸垒悉附。诸将以和州饥，争取资粮谋归。太祖谓徐达曰："渡江幸捷，若舍而归，江东非吾有也。"乃悉断舟缆，放急流中，谓诸将曰："太平甚近，当与公等取之。"遂乘胜拔太平，执万户纳哈出。总管靳义赴水死，太祖曰："义士也"，礼葬之。揭榜禁剽掠。有卒违令，斩以徇，军中肃然。改路曰府。置太平兴国翼元帅府，自领元帅事，召陶安参幕府事，李习为知府。时太平四面皆元兵。右丞阿鲁灰、中丞海牙等严师截姑孰口，陈野先水军帅康茂才以数万众攻城。太祖遣徐达、邓愈、汤和逆战，别将潜出其后，夹击之，擒野先，并降其众，阿鲁灰等引去。

秋九月，郭天叙、张天佑攻集庆，野先叛，二人皆战死，于是子兴部将尽归太祖矣。野先寻为民兵所杀，从子兆先收其众，屯方山，与海牙掎角以窥太平。

冬十二月壬子，释纳哈出北归。

十六年春二月丙子，大破海牙于采石。三月癸未，进攻集庆，擒兆先，降其众三万六千多人，皆疑惧不自保。太祖择骁矫健者五百人入卫，解甲酣寝达旦，众心始安。庚寅，再败元兵于蒋山。元御史大夫福寿力战死之，蛮子海牙遁归张士诚，康茂才降。太祖入城，悉召官吏父老谕之曰："元政渎扰，干戈蜂起，我来为民除乱耳，其各安堵如故。贤士吾礼用之，旧政不便者除之，吏毋贪暴殃吾民。"民乃大喜过望。改集庆路为应天府，辟夏煜、孙炎、杨宪等十余人，葬御史大夫福寿，以旌其忠。

当是时，元将定定扼镇江，别不华、杨仲英屯宁国，青衣军张明鉴据扬州，八思尔不花驻徽州，石抹宜孙守处州，其弟厚孙守婺州，宋伯颜不花守衢州，而池州已为徐寿辉将所据，张士诚自淮东陷平江，转掠浙西。太祖既定集庆，虑士诚、寿辉强，江左、浙右诸郡为所并，于是遣徐达攻镇江，拔之，定定战死。

夏六月，邓愈克广德。

秋七月己卯，诸将奉太祖为吴国公。置江南行中书省，自总省事，置僚佐。贻书张士诚，士诚不报，引兵攻镇江。徐达败之，进围常州，不下。

九月戊寅，如镇江，谒孔子庙。遣儒士告谕父老，劝农桑，寻还应天。

十七年春二月，耿炳文克长兴。三月，徐达克常州。夏四月丁卯，自将攻宁国，取之，别不华降。五月，上元、宁国、句容献瑞麦。六月，赵继祖克江阴。

秋七月，徐达克常熟。胡大海克徽州，八思尔不花遁。冬十月，常遇春克池州，缪大亨克扬州，张明鉴降。十二月己丑，释囚。

是年，徐寿辉将明玉珍据重庆路。

十八年春二月乙亥，以康茂才为营田使。三月己酉，录囚。邓愈克建德路。

夏四月，徐寿辉将陈友谅遣赵普胜陷池州。是月，友谅据龙兴路。五月，刘福通破汴梁，迎韩林儿都之。初，福通遣将分道四出，破山东，寇秦、晋，掠幽、蓟，中原大乱，太祖故得次第略定江表。所过不杀，收召才俊，由是人心日附。

冬十二月，胡大海攻婺州，久不下，太祖自将往击之。石抹宜孙遣将率车师由松溪来援，太祖曰："道狭，车战适取败耳。"

命胡德济迎战于梅花门,大破之,婺州降,执厚孙。先一日,城中人望见城西五色云如车盖,以为异,及是乃知为太祖驻兵地。入城,发粟振贫民,改州为宁越府。辟范祖干、叶仪、许元等十三人分直讲经史。戊子,遣使诏谕方国珍。

十九年春正月乙巳,太祖谋取浙东未下诸路。戒诸将曰:"克城以武,戡乱以仁。吾比入集庆,秋毫无犯,故一举而定。每闻诸将得一城不妄杀,辄喜不自胜。夫师行如火,不戢将燎原。为将能以不杀为武,岂惟国家之利,子孙实受其福。"庚申,胡大海克诸暨。是月,命宁越知府王宗显立郡学。

三月甲午,赦大逆以下。丁巳,方国珍以温、台、庆元来献,遣其子关为质,不受。

夏四月,俞通海等复池州。时耿炳文守长兴,吴良守江阴,汤和守常州,皆数败士诚兵。太祖以故久留宁越,徇浙东。六月壬戌,还应天。

秋八月,元察罕帖木儿复汴梁,福通以林儿退保安丰。九月,常遇春克衢州,擒宋伯颜不花。

冬十月,遣夏煜授方国珍行省平章,国珍以疾辞。十一月壬寅,胡大海克处州,石抹宜孙遁。时元守兵单弱,且闻中原乱,人心离散,以故江左、浙右诸郡,兵至皆下,遂西与友谅邻。

二十年春二月,元福建行省参政袁天禄以福宁降。三月戊子,征刘基、宋濂、章溢、叶琛至。

夏五月,徐达、常遇春败陈友谅于池州。闰月丙辰,友谅陷太平,守将朱文逊,院判花云、王鼎,知府许瑗死之。未几,友谅弑其主徐寿辉,自称皇帝,国号汉,尽有江西、湖广地,约士诚合攻应天,应天大震。诸将议先复太平以牵之,太祖曰:"不可。彼居上游，舟师十倍于我，猝难复也。"或请自将迎击，太祖曰："不可。彼以偏师缀我，而全军趋金陵，顺流半日可达，吾步骑急难引还，百里趋战，兵法所忌，非策也。"乃驰谕胡大海捣信州牵其后，而令康茂才以书绐友谅，令速来。友谅果引兵东。于是常遇春伏石灰山，徐达阵南门外，杨璟屯大胜港，张德胜等以舟师出龙江关，太祖亲督军卢龙山。乙丑，友谅至龙湾，众欲战，太祖曰："天且雨，趣食，乘雨击之。"须臾，果大雨，士卒竞奋，雨止合战，水陆夹击，大破之，友谅乘别舸走。遂复太平，下安庆，而大海亦克信州。

初，太祖令茂才绐友谅，李善长以为疑。太祖曰："二寇合，吾首尾受敌，惟速其来而先破之，则士诚胆落矣。"已而士诚兵竟不出。丁卯，置儒学提举司，以宋濂为提举，遣子标受经学。六月，耿再成败石抹宜孙于庆元，宜孙战死，遣使祭之。

秋九月，徐寿辉旧将欧普祥以袁州降。

冬十二月，复遣夏煜以书谕国珍。

二十一年春二月甲申，立盐茶课。己亥，置宝源局。三月丁丑，改枢密院为大都督府。元将薛显以泗州降。戊寅，国珍遣使来谢，饰金玉马鞍以献。却之曰："今有事四方，所需者人才，所用者粟帛，宝玩非所好也。"

秋七月，友谅将张定边陷安庆。八月，遣使于元平章察罕帖木儿。时察罕平山东，降田丰，军声大振，故太祖与通好。会察罕方攻益都未下，太祖乃自将舟师征陈友谅。戊戌，克安庆，友谅将丁普郎、傅友德迎降。壬寅，次湖口，追败友谅于江州，克其城，友谅奔武昌。分徇南康、建昌、饶、蕲、黄梅、广济，皆下。

冬十一月己未，克抚州。

二十二年春正月，友谅江西行省丞相胡廷瑞以龙兴降。乙卯，如龙兴，改为洪都府。谒孔子庙。告谕父老，除陈氏苛政，罢诸军需，存恤贫无告者，民大悦。袁、瑞、临江、吉安相继下。二月，还应天。邓愈留守洪都。癸未，降人蒋英杀金华守将胡大海，郎中王恺死之，英叛降张士诚。处州降人李佑之闻变，亦杀行枢密院判耿再成反，都事孙炎、知府王道同、元帅朱文刚死之。三月癸亥，降人祝宗、康泰反，陷洪都，邓愈走应天，知府叶琛、都事万思诚死之。是月，明玉珍称帝于重庆，国号夏。

夏四月己卯，邵荣复处州。甲午，徐达复洪都。五月丙午，朱文正、赵德胜、邓愈镇洪都。六月戊寅，察罕以书来报，留我使人不遣。察罕寻为田丰所杀。

秋七月丙辰，平章邵荣、参政赵继祖谋逆，伏诛。

冬十二月，元遣尚书张昶航海至庆元，授太祖江西行省平章政事，不受。察罕子扩廓帖木儿致书归使者。

二十三年春正月丙寅，遣汪河报之。二月壬申，命将士屯田积谷。是月，友谅将张定边陷饶州。士诚将吕珍破安丰，杀刘福通。三月辛丑，太祖自将救安丰，珍败走，以韩林儿归滁州，乃还应天。

夏四月壬戌，友谅大举兵围洪都。乙丑，诸全守将谢再兴叛，附于士诚。五月，筑礼贤馆。友谅分兵陷吉安，参政刘齐、知府朱叔华死之。陷临江，同知赵天麟死之。陷无为州，知州董会死之。

秋七月癸酉，太祖自将救洪都。癸未，次湖口，先伏兵泾江口及南湖觜，遏友谅归路，檄信州兵守武阳渡。友谅闻太祖至，解围，逆战于鄱阳湖。友谅兵号六十万，联巨舟为阵，楼橹高十余丈，绵亘数十里，旌旗戈盾，望之如山。丁亥，遇于康郎山，太祖分军十一队以御之。戊子，合战，徐达击其前锋，俞通海以火炮焚其舟数十，杀伤略相当。友谅骁将张定边直犯太祖舟，舟胶于沙，不得退，危甚。常遇春从旁射中定边，通海复来援，舟骤进，水涌太祖舟，乃得脱。己丑，友谅悉巨舰出战，诸将舟小，仰攻不利，有怖色。太祖亲麾之，不前，斩退缩者十余人，人皆殊死战。会日晡，大风起东北，乃命敢死士操七舟，实火药芦苇中，纵火焚友谅舟。风烈火炽，烟焰涨天，湖水尽赤。友谅兵大乱，诸将鼓噪乘之，斩首二千余级，焚溺死者无算，友谅气夺。辛卯，复战，友谅复大败。于是敛舟自守，不敢更战。壬辰，太祖移军扼左蠡，友谅亦退保牛渚矶。相持三日，其左、右二金吾将军皆降。友谅势益蹙，忿甚，尽杀所获将士。而太祖则悉还所俘，伤者敷以善药，且祭其亲戚诸将阵亡者。

八月壬戌，友谅食尽，趋南湖觜，为南湖军所遏，遂突湖口。太祖邀之，顺流搏战，及于泾江。泾江军复遮击之，友谅中流矢死。张定边以其子理奔武昌。

九月，还应天，论功行赏。先是，太祖救安丰，刘基谏不听。至是谓基曰："我不当有安丰之行。使友谅乘虚直捣应天，大事去矣。乃顿兵南昌，不亡何待。友谅亡，天下不难定也。"壬午，自将征陈理。是月，张士诚自称吴王。

冬十月壬寅，围武昌，分徇湖北诸路，皆下。

十二月丙申，还应天，常遇春留督诸军。

二十四年春正月丙寅朔，李善长等率群臣劝进，不允。固请，乃即吴王位。建百官。以善长为右相国，徐达为左相国，常遇春、俞通海为平章政事，谕之曰："立国之初，当先正纪纲。元氏闇弱，威福下移，驯至于乱，今宜鉴之。"立子标为世子。

二月乙未，复自将征武昌，陈理降，汉、沔、荆、岳皆下。三月乙丑，还应天。丁卯，置起居注。庚午，罢诸翼元帅府，置十七卫亲军指挥使司，命中书省辟文武人材。

夏四月，建祠，祀死事丁普郎等人于康郎山，赵德胜等人于南昌。

秋七月丁丑，徐达克庐州。戊寅，常遇春徇江西。八月戊戌，复吉安，遂围赣州。达徇荆、湘诸路。九月甲申，下江陵，夷陵、潭、归皆降。

冬十二月庚寅，达克辰州，遣别将下衡州。

二十五年春正月己巳，徐达下宝庆，湖湘平。常遇春克赣州，熊天瑞降。遂趋南安，招谕岭南诸路，下韶州、南雄。甲申，如南昌，执大都督朱文正以归，数其罪，安置桐城。

二月己丑，福建行省平章陈友定侵处州，参军胡深击败之，遂下浦城。丙午，士诚将李伯升攻诸全之新城，李文忠大败之。

夏四月庚寅，常遇春徇襄、汉诸路。五月乙亥，克安陆。己卯，下襄阳。六月壬子，朱亮祖、胡深攻建宁，战于城下，深被执，死之。

秋七月，令从渡江士卒被创废疾者养之，死者赡其妻子。

九月丙辰，建国子学。

冬十月戊戌，下令讨张士诚。是时，士诚所据，南至绍兴，北有通、泰、高邮、淮安、濠、泗，又北至于济宁。乃命徐达、常遇春等先规取淮东。闰月，围泰州，克之。十一月，张士诚寇宜兴，徐达击败之，遂自宜兴还攻高邮。

二十六年春正月癸未，士诚窥江阴，太祖自将救之，士诚遁，康茂才追败之于浮子门。太祖还应天。二月，明玉珍死，子升自立。三月丙申，令中书严选举。徐达克高邮。

夏四月乙卯，袭破士诚将徐义水军于淮安，义遁，梅思祖以城降。濠、徐、宿三州相继下，淮东平。甲子，如濠州省墓，置守冢二十家，赐故人汪文、刘英粟帛。置酒召父老饮，极欢，曰："吾去乡十有余年，艰难百战，乃得归省坟墓，与父老子弟复相见。今苦不得久留欢聚为乐。父老幸教子弟孝弟力田，毋远贾，滨淮郡县尚苦寇掠，父老善自爱。"令有司除租赋，皆顿首谢。辛未，徐达克安丰，分兵败扩廓帖木儿于徐州。

夏五月壬午，至自濠。庚寅，求遗书。

秋八月庚戌，改筑应天城，作新宫钟山之阳。辛亥，命徐达为大将军，常遇春为副将军，率师二十万讨张士诚。御戟门誓师曰："城下之日，毋杀掠，毋毁庐舍，毋发丘垄。士诚母葬平江城外，毋侵毁。"既而召问达、遇春，用兵当何先。遇春欲直捣平江。太祖曰："湖州张天骐、杭州潘原明为士诚臂指，平江穷蹙，两人悉力赴援，难以取胜。不若先攻湖州，使疲于奔命。羽翼既披，平江势孤，立破矣。"甲戌，败张天骐于湖州，士诚亲率兵来援，复败之于皂林。九月乙未，李文忠攻杭州。

冬十月壬子，遇春败士诚兵于乌镇。十一月甲申，张天骐降。辛卯，李文忠下余杭，潘原明降，旁郡悉下。癸卯，围平江。

十二月，韩林儿卒。以明年为吴元年，建庙社宫室，祭告山川。所司进宫殿图，命去雕琢奇丽者。

是岁，元扩廓帖木儿与李思齐、张良弼构怨，屡相攻击，朝命不行，中原民益困。

二十七年春正月戊戌，谕中书省曰："东南久罹兵革，民生凋敝，吾甚悯之。且太平、应天诸郡，吾渡江开创地，供亿烦劳久矣。今比户空虚，有司急催科，重困吾民，将何以堪？其赐太平田租二年，应天、镇江、宁国、广德各一年。"

二月丁未，傅友德败扩廓将李二于徐州，执之。三月丁丑，始设文武科取士。夏四月，方国珍阴遣人通扩廓及陈友定，移书责之。

五月己亥，初置翰林院。是月，以旱减膳素食，复徐、宿、濠、泗、寿、邳、东海、安东、襄阳、安陆及新附地田租三年。六月戊辰，大雨，群臣请复膳。太祖曰："虽雨，伤禾已多，其赐民今年田租。"癸酉，命朝贺罢女乐。

秋七月丙子，给府州县官之任费，赐绮帛及其父母妻长子有差，著为令。己丑，雷震宫门兽吻，赦罪囚。庚寅，遣使责方国珍贡粮。八月癸丑，圜丘、方丘、社稷坛成。

九月甲戌，太庙成。朱亮祖率师讨国珍。戊寅，诏曰："先王之政，罪不及孥。自今除大逆不道，毋连坐。"辛巳，徐达克平江，执士诚，吴地平。戊戌，遣使致书于元主，送其宗室神保大王等北还。辛丑，论平吴功，封李善长宣国公，徐达信国公，常遇春鄂国公，将士赐赍有差。朱亮祖克台州。癸卯，新宫成。

冬十月甲辰，遣起居注吴琳、魏观以币求遗贤于四方。丙午，令百官礼仪尚左。改李善长左相国，徐达右相国。辛亥，祀元臣余阙于安庆，李黼于江州。壬子，置御史台。癸丑，汤和为征南将军，吴祯副之，讨国珍。甲寅，定律令。戊午，正郊社、太庙雅乐。庚申，召诸将议北征。太祖曰："山东则王宣反侧，河南则扩廓跋扈，关陇则李思齐、张思道枭张猜忌，元祚将亡，中原涂炭。今将北伐，拯生民于水火，何以决胜？"遇春对曰："以我百战之师，敌彼久逸之卒，直捣元都，破竹之势也。"太祖曰："元建国百年，守备必固，悬军深入，馈饷不前，援兵四集，危道也。吾欲先取山东，撤彼屏蔽，移兵两河，破其藩篱，拔潼关而守之，扼其户槛。天下形胜入我掌握，然后进兵，元都势孤援绝，不战自克。鼓行而西，云中、九原、关陇可席卷也。"诸将皆曰"善"。

甲子，徐达为征虏大将军，常遇春为副将军，率师二十五万，由淮入河，北取中原。胡廷瑞为征南将军，何文辉为副将军，取福建。湖广行省平章杨璟、左丞周德兴、参政张彬取广西。己巳，朱亮祖克温州。

十一月辛巳，汤和克庆元，方国珍遁入海。壬午，徐达克沂州，斩王宣。己丑，廖永忠为征南副将军，自海道会和讨国珍。乙未，颁《大统历》。辛丑，徐达克益都。

十二月甲辰，颁律令。丁未，方国珍降，浙东平。张兴祖下东平，兖东州县相继降。己酉，徐达下济南。胡廷瑞下邵武。癸丑，李善长率百官劝进，表三上，乃许。甲子，告于上帝。庚午，汤和、廖永忠由海道克福州。

太祖本纪二

洪武元年春正月乙亥，祀天地于南郊，即皇帝位。定有天下之号曰明，建元洪武。追尊高祖考曰玄皇帝，庙号德祖；曾祖考曰恒皇帝，庙号懿祖；祖考曰裕皇帝，庙号熙祖；皇考曰淳皇帝，庙号仁祖；妣皆皇后。立妃马氏为皇后，世子标为皇太子。以李善长、徐达为左、右丞相，诸功臣晋爵有差。丙子，颁即位诏于天下。追封皇伯考以下皆为王。辛巳，李善长、徐达等兼东宫官。甲申，遣使核浙西田赋。壬辰，胡廷瑞克建宁。庚子，邓愈为征戍将军，略南阳以北州郡。汤和克延平，执元平章陈友定，福建平。是月，天下府州县官来朝。谕曰："天下始定，民财力俱困，要在休养安息，惟廉者能约己而利人，勉之。"

二月壬寅，定郊社宗庙礼，岁必亲祀，以为常。癸卯，汤和提督海运。廖永忠为征南将军，朱亮祖副之，由海道取广东。丁未,以太牢祀先师孔子于国学。戊申,祀社稷。壬子,诏衣冠如唐制。癸丑,常遇春克东昌,山东平。甲寅,杨璟克宝庆。

三月辛未,诏儒臣修《女诫》,诫后妃毋预政。壬申,周德兴克全州。丁酉,邓愈克南阳。己亥,徐达徇汴梁,左君弼降。

夏四月辛丑,蕲州进竹簟,却之,命四方毋妄献。廖永忠师至广州,元守臣何真降,广东平。丁未,祫享太庙。戊申,徐达、常遇春大破元兵于洛水北,遂围河南。梁王阿鲁温降,河南平。丁巳,杨璟克永州。甲子,幸汴梁。丙寅,冯胜克潼关,李思齐、张思道遁。

五月己卯,廖永忠下梧州,浔、贵、容、郁林诸州皆降。辛卯,改汴梁路为开封府。

六月庚子,徐达朝行在。甲辰,海南、海北诸道降。壬戌,杨璟、朱亮祖克靖江。

秋七月戊子,廖永忠下象州,广西平。庚寅,赈恤中原贫民。辛卯,将还应天,谕达等曰:"中原之民,久为群雄所苦,流离相望,故命将北征,拯民水火。元祖宗功德在人,其子孙罔恤民隐,天厌弃之。君则有罪,民复何辜?前代革命之际,肆行屠戮,违天虐民,朕实不忍。诸将克城,毋肆焚掠妄杀人,元之宗戚,咸俾保全。庶几上答天心、下慰人望,以副朕伐罪安民之意。不恭命者,罚无赦。"丙申,命冯胜留守开封。

闰月丁未,至自开封。己酉,徐达会诸将兵于临清。壬子,常遇春克德州。丙寅,克通州,元帝趋上都。是月,征天下贤才为守令。免吴江、庆德、太平、宁国、滁、和被灾田租。

八月己巳,以应天为南京,开封为北京。庚午,徐达入元都,封府库图籍,守宫门,禁士卒侵暴,遣将巡古北口诸隘。壬申,以京师火,四方水旱,诏中书省集议便民事。丁丑,定六部官制。御史中丞刘基致仕。己卯,赦殊死以下。将士从征者恤其家,逋逃许自首。新克州郡毋妄杀。输赋道远者,官为转运,灾荒以实闻。免镇江租税。避乱民复业者,听垦荒地,复三年。衍圣公袭封及授曲阜知县,并如前代制。有司以礼聘致贤士,学校毋事虚文。平刑,毋非时决囚。除书籍田器税,民间逋负免征。蒙古、色目人有才能者,许擢用。鳏寡孤独废疾者,存恤之。民年七十以上,一子复。他利害当兴革不在诏内者,有司具以闻。壬午,幸北京。改大都路曰北平府。征元故臣。癸未,诏徐达、常遇春取山西。甲午,放元宫人。

九月癸亥,诏曰:"天下之治,天下之贤共理之。今贤士多隐岩穴,岂有司失于敦劝欤,朝廷疏于礼待欤?抑朕寡昧不足致贤,将在位者壅蔽使不上达欤?不然,贤士大夫,幼学壮行,岂甘没世而已哉。天下甫定,朕愿与诸儒讲明治道。有能辅朕济民者,有司礼遣。"乙丑,常遇春下保定,遂下真定。

冬十月庚午,冯胜、汤和下怀庆,泽、潞相继下。丁丑,至自北京。戊寅,以元都平,诏天下。

十一月己亥,遣使分行天下,访求贤才。庚子,始祀上帝于圜丘。癸亥,诏刘基还。

十二月丁卯,徐达克太原,扩廓帖木儿走甘肃,山西平。己巳,置登闻鼓。壬辰,以书谕明升。

二年春正月乙巳,立功臣庙于鸡笼山。丁未,享太庙。庚戌,诏曰:"朕淮右布衣,因天下乱,率众渡江,保民图治,今十有五年。荷天眷佑,悉皆戡定。用是命将北征,齐鲁之民馈粮给军,不惮千里。朕轸厥劳,已免元年田租。遭旱民未苏,其更赐一年。顷者大军平燕都,下晋、冀,民被兵燹、困征敛,北平、燕南、河东、山西今年田租亦与蠲免。河南诸郡归附,久欲惠之,西北未平,师过其地,是以未遑。今晋、冀平矣,西抵潼关，北界大河，南至唐、邓、光、息，今年税粮悉除之。"又诏曰："应天、太平、镇江、宣城、广德供亿浩穰。去岁蠲租，遇旱惠不及下。其再免诸郡及无为州今年租税。"庚申，常遇春取大同。是月，倭寇山东滨海郡县。

二月丙寅朔，诏修《元史》。壬午，耕藉田。

三月庚子，徐达至奉元，张思道遁。赈陕西饥，户米三石。丙午，常遇春至凤翔，李思齐奔临洮。

夏四月丙寅，遇春还师北平。己巳，诸皇子受经于博士孔克仁。令功臣子弟入学。乙亥，编《祖训录》，定封建诸王之制。徐达下巩昌。丙子，赐秦、陇新附州县税粮。丁丑，冯胜至临洮，李思齐降。乙酉，徐达袭破元豫王于西宁。

五月甲午朔，日有食之。丁酉，徐达下平凉、延安。张良臣以庆阳降，寻叛。癸卯，始祀地于方丘。六月己卯，常遇春克开平，元帝北走。壬午，封陈日煃为安南国王。

秋七月己亥，鄂国公常遇春卒于军，诏李文忠领其众。辛亥，扩廓帖木儿遣将破原州、泾州。辛酉，冯胜击走之。丙辰，明升遣使来。

八月丙寅，元兵攻大同，李文忠击败之。己巳，定内侍官制。谕吏部曰："内臣但备使令，毋多人，古来若辈擅权，可为鉴戒。驭之之道，当使之畏法，勿令有功，有功则骄恣矣。"癸酉，《元史》成。丙子，封王颛为高丽国王。癸未，徐达克庆阳，斩张良臣，陕西平。是月，命儒臣纂礼书。

九月辛丑，召徐达、汤和还，冯胜留总军事。癸卯，以临濠为中都。戊午，征南师还。

冬十月壬戌，遣杨璟谕明升。甲戌，甘露降于钟山，群臣请告庙，不许。辛卯，诏天下郡县立学。是月，遣使贻元帝书。十一月乙巳，祀上帝于圜丘，以仁祖配。十二月甲戌，封阿答阿者为占城国王。甲申，振西安诸府饥，户米二石。己丑，大赉平定中原及征南将士。庚寅，扩廓帖木儿攻兰州，指挥于光死之。

是年，占城、安南、高丽入贡。

三年春正月癸巳，徐达为征虏大将军，李文忠、冯胜、邓愈、汤和副之，分道北征。二月癸未，追封郭子兴滁阳王。戊子，诏求贤才可任六部者。是月，李文忠下兴和，进兵察罕脑儿，执元平章竹贞。三月庚寅，免南畿、河南、山东、北平、浙东、江西广信、饶州今年田租。

夏四月乙丑，封皇子樉为秦王，㭎晋王，棣燕王，橚吴王，桢楚王，榑齐王，梓潭王，杞赵王，檀鲁王，从孙守谦靖江王。徐达大破扩廓帖木儿于沈儿峪，尽降其众，扩廓走和林。丙戌，元帝崩于应昌，子爱猷识理达腊嗣。是月，慈利土官覃垕作乱。

五月己丑，徐达取兴元。分遣邓愈招谕吐蕃。丁酉，诏守令举学识笃行之士。己亥，设科取士。甲辰，李文忠克应昌。元嗣君北走，获其子买的里八剌，降五万余人，穷追至北庆州，不及而还。丁未，诏行大射礼。戊申，祀地于方丘，以仁祖配。辛亥，徐达下兴元。邓愈克河州。丁巳，诏开国时将帅无嗣者禄其家。是月旱，斋戒，后妃亲执爨，皇太子诸王馈于斋所。

六月戊午朔，素服草屦，步祷山川坛，露宿凡三日，还斋于西庑。辛酉，赍将士，省狱囚，命有司访求通经术、明治道者。壬戌，大雨。壬申，李文忠捷奏至，命仕元者勿贺。谥元主曰顺帝。癸酉，买的里八剌至京师，群臣请献俘。帝曰："武王伐殷用之乎？"省臣以唐太宗尝行之对。帝曰："太宗是待王世充耳。若遇隋之子孙，恐不尔也。"遂不许。又以捷奏多侈辞，谓宰相曰："元主中国百年，朕与卿等父母皆赖其生养，奈何为此浮薄之言？亟改之。"乙亥，封买的里八剌为崇礼侯。丙子，告捷于南郊。丁丑，告太庙，诏示天下。辛巳，徙苏州、松江、嘉兴、湖州、杭州民无业者田临濠，给资粮牛种，复三年。是月，倭寇山东、浙江、福建滨海州县。

秋七月丙辰，明升将吴友仁寇汉中，参政傅友德击却之。中书左丞杨宪有罪诛。

八月乙酉，遣使瘗中原遗骸。

冬十月丙辰，诏儒士更直午门，为武臣讲经史。癸亥，周德兴为征南将军，讨覃垕，垕遁。辛巳，贻元嗣君书。

十一月壬辰，北征师还。甲午，告武成于郊庙。丙申，大封功臣。进李善长韩国公，徐达魏国公，封李文忠曹国公，冯胜宋国公，邓愈卫国公，常遇春子茂郑国公，汤和等侯者二十八人。己亥，设坛亲祭战没将士。庚戌，有事于圜丘。辛亥，诏户部置户籍、户帖，岁计登耗以闻，著为令。乙卯，封中书右丞汪广洋忠勤伯，御史中丞刘基诚意伯。

十二月癸亥，复贻元嗣君书，并谕和林诸部。甲子，建奉先殿。庚午，遣使祭历代帝王陵寝，并加修葺。己卯，赐勋臣田。壬午，以正月至是月，日中屡有黑子，诏廷臣言得失。

是年，占城、爪哇、西洋入贡。

四年春正月丙戌，李善长罢，汪广洋为右丞相。丁亥，中山侯汤和为征西将军，江夏侯周德兴、德庆侯廖永忠副之，率舟师由瞿塘，颍川侯傅友德为征虏前将军，济宁侯顾时副之，率步骑由秦陇伐蜀。魏国公徐达练兵北平。戊子，卫国公邓愈督饷给征蜀军。庚寅，建郊庙于中都。丁未，诏设科取士，连举三年，嗣后三年一举。戊申，免山西旱灾田租。

二月甲戌，幸中都。壬午，至自中都。元平章刘益以辽东降。是月，蠲太平、镇江、宁国田租。

三月乙酉朔，始策试天下贡士，赐吴伯宗等进士及第、出身有差。乙巳，徙山后民一万七千户屯北平。丁未，诚意伯刘基致仕。

夏四月丙戌，傅友德克阶州，文、隆、绵三州相继下。五月，免江西、浙江秋粮。六月壬午，傅友德克汉州。辛卯，廖永忠克夔州。戊戌，明升将丁世贞破文州，守将朱显忠死之。癸卯，汤和至重庆，明升降。戊申，倭寇胶州。是月，徙山后民三万五千户于内地，又徙沙漠遗民三万二千户屯田北平。

秋七月辛亥，徐达练兵山西。辛酉，傅友德下成都，四川平。乙丑，明升至京师，封归义侯。八月甲午，免中都、淮、扬及泰、滁、无为田租。己酉，赈陕西饥。是月，高州海寇乱，通判王名善死之。九月庚戌朔，日有食之。

冬十月丙申，征蜀师还。十一月丙辰，有事于圜丘。庚申，命官吏犯赃者罪勿贷。是月，免陕西、河南被灾田租。十二月，徐达还。

是年，安南、浡泥、高丽、三佛齐、暹罗、日本、真腊入贡。

五年春正月癸丑，待制王祎使云南，诏谕元梁王把匝剌瓦尔密。祎至，不屈死。乙丑，徙陈理、明升于高丽。甲戌，魏国公徐达为征虏大将军，出雁门，趋和林，曹国公李文忠为左副将军，出应昌，宋国公冯胜为征西将军，取甘肃，征扩廓帖木儿。靖海侯吴祯督海运，饷辽东。卫国公邓愈为征南将军，江夏侯周德兴、江阴侯吴良副之，分道讨湖南、广西峒蛮。

二月丙戌，安南陈叔明弑其主日熞自立，遣使入贡，却之。三月丁卯，都督佥事蓝玉败扩廓帖木儿于土剌河。夏四月己卯，赈济南、莱州饥。戊戌，始行乡饮酒礼。庚子，邓愈平散毛诸峒蛮。

五月壬子，徐达及元兵战于岭北，败绩。是月，诏曰："天下大定，礼仪风俗不可不正。诸遭乱为人奴隶者复为民。冻馁者里中富室假贷之，孤寡残疾者官养之，毋失所。乡党论齿，相见揖拜，毋违礼。婚姻毋论财。丧事称家有无，毋惑阴阳拘忌，停柩暴露。流民复业者各给丁力耕种，毋以旧田为限。僧道斋醮杂男女，恣饮食，有司严治之。闽、粤豪家毋阉人子为火者，犯者抵罪。"

六月丙子，定宦官禁令。丁丑，定宫官女职之制。戊寅，冯胜克甘肃，追败元兵于瓜、沙州。癸巳，定六部职掌及岁终考绩法。壬寅，吴良平靖州蛮。甲辰，李文忠败元兵于阿鲁浑河，宣宁侯曹良臣战没。乙巳，作铁榜诫功臣。是月，赈山东饥，免被灾郡县田租。

秋七月丙辰，汤和及元兵战于断头山，败绩。八月丙申，吴良平五开、古州诸蛮。甲辰，元兵犯云内，同知黄理死之。九月戊午，周德兴平婪凤、安田诸蛮。

冬十月丁酉，冯胜师还。是月，免应天、太平、镇江、宁国、广德田租。

十一月辛酉，有事于圜丘。甲子，征南师还。壬申，纳哈出犯辽东。是月，召徐达、李文忠还。十二月甲戌，诏以农桑学校课有司。辛巳，命百官奏事启皇太子。庚子，邓愈为征西将军，征吐蕃。壬寅，贻元嗣君书。

是年，琐里、占城、高丽、琉球、乌斯藏入贡。高丽贡使再至，谕自后三年一贡。

六年春正月甲寅，谪汪广洋为广东参政。

二月乙未，谕暂罢科举，察举贤才。壬寅，命御史及按察使考察有司。

三月癸卯朔，日有食之。颁《昭鉴录》，训诫诸王。戊申，大阅。壬子，徐达为征虏大将军，李文忠、冯胜、邓愈、汤和副之，备边山西、北平。甲子，指挥使于显为总兵官，备倭。

夏四月己丑，令有司上山川险易图。

六月壬午，盱眙人献瑞麦，荐宗庙。壬辰，扩廓帖木儿遣兵攻雁门，指挥吴均击却之。是月，免北平、河间、河南、开封、延安、汾州被灾田租。

秋七月壬寅，命户部稽渡江以来各省水旱灾伤分数，优恤之。壬子，胡惟庸为右丞相。八月乙亥，诏祀三皇及历代帝王。

冬十月辛巳，召徐达、冯胜还。十一月壬子，扩廓帖木儿犯大同，徐达遣将击败之，达仍留镇。甲子，遣兵部尚书刘仁赈真定饥。丙寅，冬至，帝不豫，改卜郊。闰月乙亥，录故功臣子孙未嗣者二百九人。壬午，有事于圜丘。庚寅，颁定《大明律》。

是年，暹罗、高丽、占城、真腊、三佛齐入贡。命安南陈叔明权知国事。

七年春正月甲戌，都督佥事王简、王诚、平章李伯升，屯田河南、山东、北平。靖海侯吴祯为总兵官，都督于显副之，巡海捕倭。

二月丁酉朔，日有食之。戊午，修曲阜孔子庙，设孔、颜、孟三氏学。是月，平阳、太原、汾州、历城、汲县旱蝗，并免租税。

夏四月己亥，都督蓝玉败元兵于白酒泉，遂拔兴和。壬寅，金吾指挥陆龄讨永、道诸州蛮，平之。

五月丙子，免真定等四十二府州县被灾田租。辛巳，赈苏州饥民三十万户。癸巳，减苏、松、嘉、湖极重田租之半。六月，陕西平凉、延安、靖宁、鄜州雨雹，山西、山东、北平、河南蝗，并蠲田租。

秋七月甲子，李文忠破元兵于大宁、高州。壬申，倭寇登、莱。

八月甲午朔，祀历代帝王庙。辛丑，诏军士阵殁，父母妻子不能自存者，官为存养。百姓避兵离散或客死，遗老幼，并资遣还。远宦卒官，妻子不能归者，有司给舟车资送。庚申，赈河间、广平、顺德、真定饥，蠲租税。

九月丁丑，遣崇礼侯买的里八剌归，遗元嗣君书。

冬十一月壬戌，纳哈出犯辽阳，千户吴寿击走之。辛未，有事于圜丘。

十二月戊戌，召邓愈、汤和还。

是年，阿难功德国、暹罗、琉球、三佛齐、乌斯藏、撒里、畏兀儿入贡。

八年春正月辛未，增祀鸡笼山功臣庙一百零八人。癸酉，命有司察穷民无告者，给屋舍衣食。辛巳，邓愈、汤和等十三人屯戍北平、陕西、河南。丁亥，诏天下立社学。是月，河决开封，发民夫塞之。

二月甲午，宥杂犯死罪以下及官犯私罪者，谪凤阳输作屯种赎罪。癸丑，耕耤田。召徐达、李文忠、冯胜还，傅友德等留镇北平。

三月辛酉，立钞法。辛巳，罢宝源局铸钱。

夏四月辛卯，幸中都。丁巳，至自中都。免彰德、大名、临洮、平凉、河州被灾田租。罢营中都。致仕诚意伯刘基卒。五月己巳，永嘉侯朱亮祖偕傅友德镇北平。六月壬寅，指挥同知胡汝平贵州蛮。

秋七月己未朔，日有食之。辛酉，改作太庙。壬戌，召傅友德、朱亮祖还，李文忠、顾时镇山西、北平。戊辰，诏百官奔父母丧不俟报。京师地震。丁丑，免应天、太平、宁国、镇江及蕲、黄诸府被灾田租。八月己酉，元扩廓帖木儿卒。

冬十月丁亥，诏举富民素行端洁达时务者。壬子，命皇太子诸王讲武中都。

十一月丁丑，有事于圜丘。十二月戊子，京师地震。甲寅，遣使赈苏州、湖州、嘉兴、松江、常州、太平、宁国、杭州水灾。是月，纳哈出犯辽东，指挥马云、叶旺大败之。

是年，撒里、高丽、占城、暹罗、日本、爪哇、三佛齐入贡。

九年春正月，中山侯汤和，颍川侯傅友德，都督佥事蓝玉、王弼，中书右丞丁玉，备边延安。

三月己卯，诏曰："比年西征敦煌，北伐沙漠，军需甲仗，皆资山、陕，又以秦、晋二府宫殿之役，重困吾民。平定以来，闾阎未息。国都始建，土木屡兴。畿辅既极烦劳，外郡疲于转运。今蓄储有余，其淮、扬、安、徽、池五府及山西、陕西、河南、福建、江西、浙江、北平、湖广今年租赋，悉免之。"

夏四月庚戌，京师自去年八月不雨，是日始雨。五月癸酉，自庚戌雨，至是日始霁。六月甲午，改行中书省为承宣布政使司。辛丑，李文忠还。

秋七月癸丑朔，日有食之。是月，蠲苏、松、嘉、湖水灾田租，赈永平旱灾。元将伯颜帖木儿犯延安，傅友德败降之。八月己酉，遣官省历代帝王陵寝，禁刍牧，置守陵户。忠臣烈士祠，有司以时葺治。分遣国子生修岳镇海渎祠。西番朵儿只巴寇罕东，河州指挥宁正击走之。闰九月庚寅，以灾异诏求直言。

冬十月己未，太庙成，自是行合享礼。丙子，命秦、晋、燕、吴、楚、齐诸王治兵凤阳。十一月壬午，有事于圜丘。戊子，徙山西及真定民无产者田凤阳。十二月甲寅，赈畿内、浙江、湖北水灾。己卯，遣都督同知沐英乘传诣陕西问民疾苦。

是年，览邦、琉球、安南、日本、乌斯藏、高丽入贡。

十年春正月辛卯，以羽林等卫军益秦、晋、燕三府护卫。是春，赈苏、松、嘉、湖水灾。

夏四月己酉，邓愈为征西将军，沐英为副将军，率师讨吐蕃，大破之。是月，赈太平、宁国及宜兴、钱塘诸县水灾。五月庚子，韩国公李善长、曹国公李文忠总中书省、大都督府、御史台，议军国重事。癸卯，赈湖广水灾。丙午，户部主事赵乾赈荆、蕲迟缓，伏诛。六月丁巳，诏臣民言事者，实封达御前。丙寅，命政事启皇太子裁决奏闻。

秋七月甲申，置通政司。是月，始遣御史巡按州县。八月庚戌，改建大祀殿于南郊。癸丑，选武臣子弟读书国子监。九月丙申，赈绍兴、金华、衢州水灾。辛丑，胡惟庸为左丞相，汪广洋为右丞相。

冬十月戊午，封沐英为西平侯。辛酉，赐百官公田。十一月癸未，卫国公邓愈卒。丁亥，合祀天地于奉天殿。是月，免河南、陕西、广东、湖广田租。威茂蛮叛，御史大夫丁玉为平羌将军，讨平之。十二月乙巳朔，日有食之。丁未，录故功臣子孙五百余人，授官有差。

是年，占城、三佛齐、暹罗、爪哇、真腊入贡。高丽使五至，以嗣王未立，却之。

十一年春正月甲戌，封皇子椿为蜀王，柏湘王，桂豫王，楧汉王，植卫王。改封吴王橚为周王。己卯，进封汤和信国公。是月，征天下布政使及知府来朝。

二月，指挥胡渊平茂州蛮。三月壬午，命奏事毋关白中书省。是月，第来朝官为三等。

夏四月，元嗣君爱猷识理达腊殂，子脱古思帖木儿嗣。五月丁酉，存问苏、松、嘉、湖被水灾民，户赐米一石，蠲逋赋六十五万有奇。六月壬子，遣使祭故元嗣君。己巳，五开蛮叛，杀靖州指挥过兴，以辰州指挥杨仲名为总兵官，讨之。

秋七月丁丑，赈平阳饥。是月，苏、松、扬、台海溢，遣官存恤。八月，免应天、太平、镇江、宁国、广德诸府州秋粮。九月丙申，追封刘继祖为义惠侯。

冬十月甲子，大祀殿成。十一月庚午，征西将军西平侯沐英率都督蓝玉、王弼讨西番。是月，五开蛮平。

是年，暹罗、阇婆、高丽、琉球、占城、三佛齐、朵甘、乌斯藏、彭亨、百花入贡。

十二年春正月己卯，始合祀天地于南郊。甲申，洮州十八族西番叛，命沐英移兵讨之。丙申，丁玉平松州蛮。二月戊戌，李文忠督理河、岷、临、巩军事。乙巳，诏曰："今春雨雪经旬。天下贫民困于饥寒者多有，其令有司给以钞。"丙寅，信国公汤和率列侯练兵临清。

夏五月癸未，蠲北平田租。六月丁卯，都督马云征大宁。秋七月丙辰，丁玉回师讨眉县贼，平之。己未，李文忠还掌大都督府事。八月辛巳，诏凡致仕官复其家，终身无所与。九月己亥，沐英大破西番，擒其部长三副使。

冬十一月甲午，沐英班师，封仇成、蓝玉等十二人为侯。庚申，大宁平。十二月，汪广洋贬广南，赐死。征天下博学老成之士至京师。

是年，占城、爪哇、暹罗、日本、安南、高丽入贡。高丽贡黄金百斤、白金万两，以不如约，却之。

十三年春正月戊戌，左丞相胡惟庸谋反，及其党御史大夫陈宁、中丞涂节等伏诛。癸卯，大祀天地于南郊。罢中书省，废丞相等官，更定六部官秩，改大都督府为中、左、右、前、后五军都督府。二月壬戌朔，诏举聪明正直、孝弟力田、贤良方正、文学术数之士。发丹符，验天下金谷之数。戊辰，文武官年六十以上者听致仕，给以诰敕。三月壬辰，减苏、松、嘉、湖重赋十之二。壬寅，燕王棣之国北平。壬子，沐英袭元将脱火赤于亦集乃，擒之，尽降其众。

夏四月己丑，命群臣各举所知。五月甲午，雷震谨身殿。乙未，大赦。丙申，释在京及临濠屯田输作者。己亥，免天下田租。吏以过误罢者还其职。壬寅，都督濮英进兵赤斤站，获故元豳王亦怜真及其部曲而还。是月，罢御史台。命从征士卒老疾者许以子代，老而无子及寡妇，有司资遣还。

六月丙寅，雷震奉天门，避正殿省愆。丁卯，罢王府工役。丁丑，置谏院官。

秋八月，命天下学校师生，日给廪膳。九月辛卯，景川侯曹震、营阳侯杨璟、永城侯薛显屯田北平。乙巳，天寿节，始受群臣朝贺，赐宴于谨身殿，后以为常。丙午，置四辅官，告于太庙。以儒士王本、杜佑、龚、杜、赵民望、吴源为春、夏官。是月，诏陕西卫军以三分之二屯田。安置翰林学士承旨宋濂于茂州，道卒。

冬十一月乙未，徐达还。丙午，元平章完者不花、乃儿不花犯永平，指挥刘广战没，千户王辂击败之，擒完者不花。十二月，天下府州县所举士至者八百六十余人，授官有差。南雄侯赵庸镇广东，讨阳春蛮。

是年，琉球、日本、安南、占城、真腊、爪哇入贡，日本以无表却之。

十四年春正月戊子,徐达为征虏大将军,汤和、傅友德为左、右副将军,率师讨乃儿不花。命新授官者各举所知。乙未,大祀天地于南郊。壬子,罢天下岁造兵器。癸丑,命公侯子弟入国学。丙辰,诏求隐逸。二月庚辰,核天下官田。

三月丙戌,大赦。辛丑,颁《五经》《四书》于北方学校。

夏四月庚午,徐达率诸将出塞,至北黄河,击破元兵,获全宁四部以归。五月,五溪蛮叛,江夏侯周德兴讨平之。

秋八月丙子,诏求明经老成之士,有司礼送京师。庚辰,河决原武、祥符、中牟。辛巳,徐达还。九月壬午朔,傅友德为征南将军,蓝玉、沐英为左、右副将军,率师征云南。徐达镇北平。丙午,周德兴移师讨施州蛮,平之。

冬十月壬子朔,日有食之。癸丑,命法司录囚,会翰林院给事中及春坊官会议平允以闻。甲寅,免应天、太平、广德、镇江、宁国田租。癸亥,分遣御史录囚。己卯,延安侯唐胜宗率师讨浙东山寇,平之。十一月壬午,吉安侯陆仲亨镇成都。庚戌,赵庸讨广州海寇,大破之。十二月丁巳,命翰林春坊官考驳诸司章奏。戊辰,傅友德大败元兵于白石江,遂下曲靖。壬申,元梁王把匝剌瓦尔密走普宁自杀。

是年,暹罗、安南、爪哇、朵甘、乌斯藏入贡。以安南寇思明,不纳。

太祖本纪三

十五年春正月辛巳,宴群臣于谨身殿,始用九奏乐。景川侯曹震、定远侯王弼下威楚路。壬午,元曲靖宣慰司及中庆、澄江、武定诸路俱降,云南平。己丑,减大辟囚。乙未,大祀天地于南郊。庚戌,命天下朝觐官各举所知一人。

二月壬子。河决河南，命驸马都尉李祺赈之。甲寅，以云南平，诏天下。闰月癸卯，蓝玉、沐英克大理，分兵徇鹤庆、丽江、金齿，俱下。三月庚午，河决朝邑。

夏四月甲申，迁元梁王把匝剌瓦儿密及威顺王子伯伯等家属于耽罗。丙戌，诏天下通祀孔子。壬辰，免畿内、浙江、江西、河南、山东税粮。

五月乙丑，太学成，释奠于先师孔子。丙子，广平府吏王允道请开磁州铁冶。帝曰："朕闻王者使天下无遗贤，不闻无遗利。今军器不乏，而民业已定，无益于国，且重扰民。"杖之，流岭南。丁丑，遣行人访经明行修之士。

秋七月乙卯，河决荥泽、阳武。辛酉，罢四辅官。乙亥，傅友德、沐英击乌撒蛮，大败之。

八月丁丑，复设科取士，三年一行，为定制。丙戌，皇后崩。己丑，延安侯唐胜宗、长兴侯耿炳文屯田陕西。丁酉，擢秀才曾泰为户部尚书。辛丑，命征至秀才分六科试用。

九月己酉，吏部以经明行修之士郑韬等三千七百余人入见，令举所知，复遣使征之。赐韬等钞，寻各授布政使、参政等官有差。庚午，葬孝慈皇后于孝陵。

冬十月丙子，置都察院。丙申，录囚。甲辰，徐达还。是月，广东群盗平，诏赵庸班师。

十一月戊午，置殿阁大学士，以邵质、吴伯宗、宋讷、吴沉为之。十二月辛卯，赈北平被灾屯田士卒。乙亥，永城侯薛显理山西军务。

是年，爪哇、琉球、乌斯藏、占城入贡。

十六年春正月乙卯，大祀天地于南郊。戊午，徐达镇北平。二月丙申，初命天下学校岁贡士于京师。三月甲辰，召征南师还，沐英留镇云南。丙寅，复凤阳、临淮二县民徭赋，世世无所与。

夏五月庚申，免畿内各府田租。六月辛卯，免畿内十二州县养马户田租一年，滁州免二年。

秋七月，分遣御史录囚。八月壬申朔，日有食之。九月癸亥，申国公邓镇为征南将军，讨龙泉山寇，平之。

冬十月丁丑，召徐达等还。十二月甲午，刑部尚书开济有罪诛。

是年，琉球、占城、西番、打箭炉、暹罗、须文达那入贡。

十七年春正月丁未，大祀天地于南郊。戊申，徐达镇北平。壬戌，汤和巡视沿海诸城防倭。三月戊戌朔，颁科举取士式。曹国公李文忠卒。甲子，大赦天下。

夏四月壬午，论平云南功，进封傅友德颍国公，陈桓等侯者四人，大赉将士。庚寅，收阵亡遗骸。增筑国子学舍。五月丙寅，凉州指挥宋晟讨西番于亦集乃，败之。

秋七月戊戌，禁内官预外事，敕诸司毋通内官监文移。癸丑，诏百官迎养父母者，官给舟车。丁巳，免畿内今年田租之半。庚申，录囚。壬戌，盱眙人献天书，斩之。八月丙寅，河决开封。壬申，决杞县，遣官塞之。己丑，蠲河南诸省逋赋。

冬十月丙子，河南、北平大水，分遣驸马都尉李祺等赈之。闰月癸丑，诏天下罪囚，刑部、都察院详议，大理寺覆谳后奏决。是月，召徐达还。十二月壬子，蠲云南逋赋。

是年，琉球、暹罗、安南、占城入贡。

十八年春正月辛未，大祀天地于南郊。癸酉，朝觐官分五等考绩，黜陟有差。

二月甲辰，以久阴雨雷雹，诏臣民极言得失。己未，魏国公徐达卒。

三月壬戌，赐丁显等进士及第、出身有差。诏中外官父母殁任所者，有司给舟车归其丧，著为令。乙亥，免畿内今年田租。命天下郡县瘗暴骨。丙子，初选进士为翰林院、承敕监、六科庶吉士。己丑，户部侍郎郭桓坐盗官粮诛。

夏四月丁酉，吏部尚书余熂以罪诛。丙辰，思州蛮叛，汤和为征虏将军，周德兴为副将军，率师从楚王桢讨之。六月戊申，定外官三年一朝，著为令。

秋七月甲戌，封王禑为高丽国王。庚辰，五开蛮叛。八月庚戌，冯胜、傅友德、蓝玉备边北平。是月，赈河南水灾。

冬十月己丑，颁《大诰》于天下。癸卯，召冯胜还。甲辰，诏曰："孟子传道，有功名教。历年既久，子孙甚微。近有以罪输作者，岂礼先贤之意哉？其加意询访，凡圣贤后裔输作者，皆免之。"是月，楚王桢、信国公汤和讨平五开蛮。

十一月乙亥，蠲河南、山东、北平田租。十二月丙午，诏有司举孝廉。癸丑，麓川平缅宣慰使思伦发反，都督冯诚败绩，千户王升死之。

是年，高丽、琉球、安南、暹罗入贡。

十九年春正月辛酉，赈大名及江浦水灾。甲子，大祀天地于南郊。是月，征蛮师还。二月丙申，耕耤田，癸丑，赈河南饥。

夏四月甲辰，诏赎河南饥民所鬻子女。六月甲辰，诏有司存问高年。贫民年八十以上，月给米五斗，酒三斗，肉五斤；九十以上，岁加帛一匹，絮一斤；有田产者罢给米。应天、凤阳富民年八十以上赐爵社士，九十以上乡士；天下富民八十以上里士，九十以上社士。皆与县官均礼，复其家。鳏寡孤独不能自存者，岁给米六石。士卒战伤除其籍，赐复三年。将校阵亡，其子世袭加一秩。岩穴之士，以礼聘遣。丁未，赈青州及郑州饥。

秋七月癸未，诏举经明行修、练达时务之士。年六十以上者，置翰林备顾问，六十以下，于六部、布按二司用之。八月甲辰，命皇太子修泗州盱眙祖陵，葬德祖以下帝后冕服。九月庚申，屯田云南。

冬十月，命官军已亡子女幼或父母老者皆给全俸，著为令。十二月癸未朔，日有食之。是月，命宋国公冯胜分兵防边。发北平、山东、山西、河南民运粮于大宁。

是年，高丽、琉球、暹罗、占城、安南入贡。

二十年春正月癸丑，冯胜为征虏大将军，傅友德、蓝玉副之，率师征纳哈出。焚锦衣卫刑具，以系囚付刑部。甲子，大祀天地于南郊。礼成，天气清明。侍臣进曰："此陛下敬天之诚所致。"帝曰："所谓敬天者，不独严而有礼，当有其实。天以子民之任付于君，为君者欲求事天，必先恤民。恤民者，事天之实也。即如国家命人任守令之事，若不能福民，则是弃君之命，不敬孰大焉。"又曰："为人君者，父天母地子民，皆职分之所当尽，祀天地，非祈福于己，实为天下苍生也。"

二月壬午，阅武。乙未，耕籍田。三月辛亥，冯胜率师出松亭关，城大宁、宽河、会州、富峪。

夏四月戊子，江夏侯周德兴筑福建濒海城，练兵防倭。六月庚子，临江侯陈镛从征失道，战没。癸卯，冯胜兵逾金山。丁未，纳哈出降。闰月庚申，师还次金山，都督濮英殿军遇伏，死之。

秋八月癸酉，收冯胜将军印，召还，蓝玉摄军事。景川侯曹震屯田云南品甸。

九月戊寅，封纳哈出海西侯。癸未，置大宁都指挥使司。丁酉，安置郑国公常茂于龙州。丁未，蓝玉为征虏大将军，延安侯唐胜宗、武定侯郭英副之，北征沙漠。是月，城西宁。

冬十月戊申，封朱寿为舳舻侯，张赫为航海侯。是月，冯胜罢归凤阳，奉朝请。十一月壬午，普定侯陈桓、靖宁侯叶升屯田定边、姚安、毕节诸卫。已丑，汤和还，凡筑宁海、临山等五十九城。十二月，赈登、莱饥。

是年，琉球、安南、高丽、占城、真腊、朵甘、乌斯藏入贡。

二十一年春正月辛巳，麓川蛮思伦发入寇马龙他郎甸，都督宁正击败之。辛卯，大祀天地于南郊。甲午，赈青州饥，逮治有司匿不以闻者。三月乙亥，赐任亨泰等进士及第、出身有差。丙戌，赈东昌饥。甲辰，沐英讨思伦发败之。

夏四月丙辰，蓝玉袭破元嗣君于捕鱼儿海，获其次子地保奴及妃主王公以下数万人而还。五月甲戌朔，日有食之。六月甲辰，信国公汤和归凤阳。甲子，傅友德为征南将军，沐英、陈桓为左、右副将军，率师讨东川叛蛮。

秋七月戊寅，安置地保奴于琉球。八月癸丑，徙泽、潞民无业者垦河南、北田，赐钞备农具，复三年。丁卯，蓝玉师还，大赉北征将士。戊辰，封孙恪为全宁侯。是月，御制八谕饬武臣。

九月丙戌，秦、晋、燕、周、楚、齐、湘、鲁、潭九王来朝。癸巳，越州阿资叛，沐英会傅友德讨之。

冬十月丁未，东川蛮平。十二月壬戌，进封蓝玉凉国公。

是年，高丽、古城、琉球、暹罗、真腊、撒马儿罕、安南入贡。诏安南三岁一朝，象犀之属毋献。安南黎季犛弑其主炜。

二十二年春正月丙戌，改大宗正院曰宗人府，以秦王樉为宗人令，晋王㭎、燕王棣为左、右宗正，周王橚、楚王桢为左、右宗人。丁亥，大祀天地于南郊。乙未，傅友德破阿资于普安。

二月己未，蓝玉练兵四川。壬戌，禁武臣预民事。癸亥，湖广千户夏得忠结九溪人作乱，靖宁侯叶升讨平之，得忠伏诛。是月，阿资降。

三月庚午，傅友德帅诸将分屯四川，湖广，防西南蛮。

夏四月己亥，徙江南民田淮南，赐钞备农具，复三年。癸丑，魏国公徐允恭、开国公常升等练兵湖广。甲寅，徙元降王于眈罗。是月，遣御史按山东官匿灾不奏者。五月辛卯，置泰宁、朵颜、福余三卫于兀良哈。

秋七月，傅友德等还。八月乙卯，诏天下举高年有德识时务者。是月，更定《大明律》。九月丙寅朔，日有食之。

冬十一月丙寅，宣德侯金镇等练兵湖广。己卯，思伦发入贡谢罪，麓川平。

十二月甲辰，周王有罪，迁云南，寻罢徙，留居京师。定远侯王弼等练兵山西、河南、陕西。

是年，高丽、安南、占城、暹罗、真腊入贡。元也速迭儿弑其主脱古思帖木儿而立坤帖木儿。高丽废其主祸，又废其主昌。安南黎季犛复弑其主日焜。

二十三年春正月丁卯，晋王棡、燕王棣率师征元丞相咬住、太尉乃儿不花，征虏前将军颍国公傅友德等皆听节制。己卯，大祀天地于南郊。庚辰，贵州蛮叛，延安侯唐胜宗讨平之。乙酉，齐王榑率师从燕王棣北征。赣州贼为乱，东川侯胡海充总兵官，普定侯陈桓、靖宁侯叶升为副将，讨平之。唐胜宗督贵州各卫屯田。

二月戊申，蓝玉讨平西番叛蛮。丙辰，耕耤田。癸亥，河决归德，发诸军民塞之。三月癸巳，燕王棣师次迤都，咬住等降。

夏四月，吉安侯陆仲亨等坐胡惟庸党下狱。丙申，潭王梓自焚死。闰月丙子，蓝玉平施南、忠建叛蛮。

五月甲午，遣诸公侯还里，赐金币有差。乙卯，赐太师韩国公李善长死，陆仲亨等皆坐诛。作《昭示奸党录》，布告天下。

六月乙丑，蓝玉遣凤翔侯张龙平都匀、散毛诸蛮。庚寅，授耆民有才德知典故者官。

秋七月壬辰，河决开封，赈之。癸巳，崇明、海门风雨海溢，遣官赈之，发民二十五万筑堤。八月壬申，诏毋以吏卒充选举。蓝玉还。是月，赈河南、北平、山东水灾。九月庚寅朔，日有食之。

冬十月己卯，赈湖广饥。十一月癸丑，免山东被灾田租。十二月癸亥，令殊死以下囚输粟北边自赎。壬申，罢天下岁织文绮。

是年，墨剌、哈梅里、高丽、占城、真腊、琉球、暹罗入贡。

二十四年春正月癸卯，大祀天地于南郊。戊申，颍国公傅友德为征虏将军，定远侯王弼、武定侯郭英副之，备北平边。丁巳，免山东田租。二月壬申，耕藉田。

三月戊子朔，日有食之。魏国公徐辉祖、曹国公李景隆、凉国公蓝玉等备边陕西。乙未，靖宁侯叶升练兵甘肃。丁酉，赐许观等进士及第、出身有差。

夏四月辛未，封皇子为梅庆王，权宁王，楩岷王，橞谷王，松韩王，模沈王，楹安王，桱唐王，栋郢王，㰘伊王。癸未，燕王棣督傅友德诸将出塞，败敌而还。

五月戊戌，汉、卫、谷、庆、宁、岷六王练兵临清。六月己未，诏廷臣参考历代礼制，更定冠服、居室、器用制度。甲子，久旱录囚。

秋七月庚子，徙富民实京师。辛丑，免畿内官田租之半。八月乙卯，秦王樉有罪，召还京师。乙丑，皇太子巡抚陕西。乙亥，都督佥事刘真、宋晟讨哈梅里，败之。九月乙酉，遣使谕西域。是月，倭寇雷州，百户李玉、镇抚陶鼎战死。

冬十月丁巳，免北平、河间被水田租。十一月甲午，五开蛮叛，都督佥事茅鼎讨平之。庚戌，皇太子还京师，晋王㭎来朝。辛亥，赈河南水灾。十二月庚午，周王复国。辛巳，阿资复叛，都督佥事何福讨降之。

是年，天下郡县赋役黄册成，计户一千六十八万四千四百三十五，丁五千六百七十七万四千五百六十一。琉球、暹罗、别失八里、撒马儿罕入贡。以占城有篡逆事，却之。

二十五年春正月戊子，周王来朝，庚寅，河决阳武，发军民塞之，免被水田租。乙未，大祀天地于南郊。何福讨都匀、毕节诸蛮，平之。辛丑，令死囚输粟塞下。壬寅，晋王㭎、燕王棣、楚王桢、湘王柏来朝。

二月戊午，召曹国公李景隆等还京师。靖宁侯叶升等练兵于河南及临、巩、甘、凉、延庆。都督茅鼎等平五开蛮。丙寅，耕耤田。庚辰，诏天下卫所军以十之七屯田。三月癸未，冯胜等十四人分理陕西、山西、河南诸卫军务。庚寅，改封豫王桂为代王，汉王楧为肃王，卫王植为辽王。

夏四月壬子，凉国公蓝玉征罕东。癸丑，建昌卫指挥月鲁帖木儿叛，指挥鲁毅败之。丙子，皇太子标薨。戊寅，都督聂纬、徐司马、瞿能讨月鲁帖木儿，俟蓝玉还，并听节制。五月辛巳，蓝玉至罕东，寇遁，遂趋建昌。己丑，赈陈州原武水灾。六月丁卯，西平侯沐英卒于云南。

秋七月庚辰，秦王樉复国。癸未，指挥瞿能败月鲁帖木儿于双狼寨。八月己未，江夏侯周德兴坐事诛。丁卯，冯胜、傅友德帅开国公常升等分行山西，籍民为军，屯田于大同、东胜，立十六卫。甲戌，给公侯岁禄，归赐田于官。丙子，靖宁侯叶升坐胡惟庸党诛。

九月庚寅，立皇孙允炆为皇太孙，高丽李成桂幽其主瑶而自立，以国人表来请命，诏听之，更其国号曰朝鲜。

冬十月乙亥，沐春袭封西平侯，镇云南。十一月甲午，蓝玉擒月鲁帖木儿，诛之，召玉还。十二月甲戌，宋国公冯胜、颍国公傅友德等兼东宫师保官。闰月戊戌，冯胜为总兵官，傅友德副之，练兵山西、河南，兼领屯卫。

是年，琉球、中山、山南、朝鲜、哈梅里入贡。

二十六年春正月戊申，免天下耆民来朝。辛酉，大祀天地于南郊。二月丁丑，晋王㭎统山西、河南军出塞，召冯胜、傅友德、常升、王弼等还。乙酉，蜀王椿来朝。凉国公蓝玉以谋反，并鹤庆侯张翼、普定侯陈桓、景川侯曹震、舳舻侯朱寿、东莞伯何荣、吏部尚书詹徽等皆坐诛。己丑，颁《逆臣录》于天下。庚寅，耕耤田。

三月辛亥，代王桂率护卫兵出塞，听晋王节制。长兴侯耿炳文练兵陕西。丙辰，冯胜、傅友德备边山西、北平，其属卫将校悉听晋王、燕王节制。庚申，诏二王军务大者始以闻。壬戌，会宁侯张温坐蓝玉党诛。

夏四月乙亥，孝感饥，遣使乘传发仓贷之。诏自今遇岁饥，先贷后闻，著为令。戊子，周王来朝。庚寅，旱，诏群臣直言得失，省狱囚。丙申，以安南擅废立，绝其朝贡。

秋七月甲辰朔，日有食之。戊申，选秀才张宗浚等随詹事府官分直文华殿，侍皇太孙。八月，秦、晋、燕、周、齐五王来朝。九月癸丑，代、肃、辽、庆、宁五王来朝。赦胡惟庸、蓝玉余党。

冬十月丙申，擢国子监生六十四人为布政使等官。十二月，颁《永鉴录》于诸王。

是年，琉球、爪哇、暹罗入贡。

二十七年春正月乙卯，大祀天地于南郊。辛酉，李景隆为平羌将军，镇甘肃。发天下仓谷贷贫民。三月庚子，赐张信等进士及第、出身有差。辛丑，魏国公徐辉祖、安陆侯吴杰备倭浙江。庚戌，课民树桑枣木棉。甲子，以四方底平，收藏甲兵，示不复用。

秋八月甲戌，吴杰及永定侯张铨率致仕武臣，备倭广东。乙亥，遣国子监生分行天下。督吏民修水利。丙戌，阶、文军乱，都督宁正为平羌将军讨之。九月，徐辉祖节制陕西沿边诸军。

冬十一月乙丑，颍国公傅友德坐事诛。阿资复叛，西平侯沐春击败之。十二月乙亥，定远侯王弼坐事诛。

是年，乌斯藏、琉球、缅、朵甘、爪哇、撒马儿罕、朝鲜入贡。安南来贡，却之。

二十八年春正月丙午，阶、文寇平，宁正以兵从秦王樉征洮州叛番。丁未，大祀天地于南郊。甲子，西平侯沐春擒斩阿资，越州平。是月，周王、晋王㭎率河南、山西诸卫军出塞，筑城屯田。燕王棣帅总兵官周兴出辽东塞。

二月丁卯，宋国公冯胜坐事诛。己丑，谕户部编民百户为里。婚姻死丧疾病患难，里中富者助财、贫者助力，春秋耕获，通力合作，以教民睦。

夏六月壬申，诏诸土司皆立儒学。辛巳，周兴等自开原追敌至甫答迷城，不及而还。己丑，御奉天门，谕群臣曰："朕起兵至今四十余年，灼见情伪，惩创奸顽，或法外用刑，本非常典。后嗣止循《律》与《大诰》，不许用黥刺、剕、劓、阉割之刑。臣下敢以请者，置重典。"又曰："朕罢丞相，设府、部、都察院分理庶政，事权归于朝廷。嗣君不许复立丞相。臣下敢以请者置重典。皇亲惟谋逆不赦，余罪宗亲会议取上裁，法司只许举奏，毋得擅逮。勒诸典章，永为遵守。"

秋八月丁卯，都督杨文为征南将军，指挥韩观、都督佥事宋晟副之，讨龙州土官赵宗寿。戊辰，信国公汤和卒。辛巳，赵宗寿服罪来朝，杨文移兵讨奉议、南丹叛蛮。九月丁酉，免畿内、山东秋粮。庚戌，颁《皇明祖训条章》于中外，"后世有言更祖制者，以奸臣论"。十一月乙亥，奉议、南丹蛮悉平。十二月壬辰，诏河南、山东桑枣及二十七年后新垦田，毋征税。

是年，朝鲜、琉球、暹罗入贡。

二十九年春正月壬申，大祀天地于南郊。二月癸卯，征虏前将军胡冕讨郴、桂叛蛮，平之。辛亥，燕王棣率师巡大宁，周世子有燉率师巡北平关隘。三月辛酉，楚王桢、湘王柏来朝。甲子，燕王败敌于彻彻儿山，又追败之于兀良哈秃城而还。

秋八月丁未，免应天、太平五府田租。九月乙亥，召致仕武臣二千五百余人入朝，大赉之，各进秩一级。

是年，琉球、安南、朝鲜、乌斯藏入贡。

三十年春正月甲戌，耿炳文为征西将军，郭英副之，巡西北边。丙寅，大祀天地于南郊。丁卯，置行太仆寺于山西、北平、陕西、甘肃、辽东，掌马政。己巳，左都督杨文屯田辽东。是月，沔县盗起，诏耿炳文讨之。二月庚寅，水西叛乱，都督佥事顾成为征南将军，讨平之。三月癸丑，赐陈䢿等进士及第、出身有差。庚辰，古州蛮叛，龙里千户吴得、镇抚井孚战死。

夏四月己亥，都指挥齐让为平羌将军，讨之。壬寅，水西蛮平。五月壬子朔，日有食之。乙卯，楚王桢、湘王柏率师讨古州蛮。六月辛巳，赐礼部覆试贡士韩克忠等进士及第、出身有差。己酉，驸马都尉欧阳伦有罪赐死。

秋八月丁亥，河决开封。甲午，李景隆为征虏大将军，练兵河南。九月庚戌，汉、沔寇平。戊辰，麓川平缅土酋刀干孟逐其宣慰使思伦发以叛。乙亥，都督杨文为征虏将军，代齐让。

冬十月戊子，停辽东海运。辛卯，耿炳文练兵陕西。乙未，重建国子监先师庙成。十一月癸酉，沐春为征虏前将军，都督何福等副之，讨刀干孟。

是年，琉球、占城、朝鲜、暹罗、乌斯藏、泥八剌入贡。

三十一年春正月壬戌，大祀天地于南郊。乙丑，遣使之山东、河南课耕。二月乙酉，倭寇宁海，指挥陶铎击败之。辛丑，古州蛮平，召杨文还。甲辰，都督佥事徐凯讨平么些蛮。

夏四月庚辰，廷臣以朝鲜屡生衅隙请讨，不许。五月丁未，沐春击刀干孟，大败之。甲寅，帝不豫。戊午，都督杨文从燕王棣，武定侯郭英从辽王植，备御开平，俱听燕王节制。

闰月癸未，帝疾大渐。乙酉，崩于西宫，年七十有一。遗诏曰："朕膺天命三十有一年，忧危积心，日勤不怠，务有益于民。奈起自寒微，无古人之博知，好善恶恶，不及远矣。今得万物自然之理，其奚哀念之有？皇太孙允炆，仁明孝友，天下归心，宜登大位。内外文武臣僚同心辅政，以安吾民。丧祭仪物，毋用金玉。孝陵山川因其故，毋改作。天下臣民，哭临三日，皆释服，毋妨嫁娶。诸王临国中，毋至京师。诸不在令中者，推此令从事。"辛卯，葬孝陵。谥曰高皇帝，庙号太祖。永乐元年，谥圣神文武钦明启运俊德成功统天大孝高皇帝。嘉靖十七年，增谥开天行道肇纪立极大圣至神仁文义武俊德成功高皇帝。

帝天授智勇，统一方夏，纬武经文，为汉、唐、宋诸君所未及。当其肇造之初，能沉几观变，次第经略，绰有成算。尝与诸臣论取天下之略，曰："朕遭时丧乱，初起乡土，本图自全。及渡江以来，观群雄所为，徒为生民之患，而张士诚、陈友谅尤为巨蠹。士诚恃富，友谅恃强，朕独无所恃。惟不嗜杀人，布信义，行节俭，与卿等同心共济。初与二寇相持，士诚尤逼近。或谓宜先击之。朕以友谅志骄，士诚器小，志骄则好生事，器小则无远图，故先攻友谅。鄱阳之役，士诚卒不能出姑苏一步以为之援。向使先攻士诚，浙西负固坚守，友谅必空国而来，吾腹背受敌矣。二寇既除，北定中原，所以先山东、次河洛，止潼关之兵不遽取秦、陇者，盖扩廓帖木儿、李思齐、张思道皆百战之余，未肯遽下，急之则并力一隅，猝未易定，故出其不意，反斾而北。燕都既举，然后西征。张、李望绝势穷，不战而克，然扩廓帖木儿犹力抗不屈。向令未下燕都，骤与角力，胜负未可知也。"帝之雄才大略，料敌制胜，率类此。故能戡定祸乱，以有天下。语云"天道后起者胜"，岂偶然哉！

赞曰：太祖以聪明神武之资，抱济世安民之志，乘时应运，豪杰景从，戡乱摧强，十五载而成帝业。崛起布衣，奄奠海宇，西汉以后所未有也。惩元政废弛，治尚严峻。而能礼致耆儒，考礼定乐，昭揭经义，尊崇正学，加恩胜国，澄清吏治，修人纪，崇风教，正后宫名义，内治肃清，禁宦竖不得干政，五府六部官职相维，置卫屯田，兵食俱足。武定祸乱，文致太平，太祖实身兼之。至于雅尚志节，听蔡子英北归。晚岁忧民益切，尝以一岁开支河暨塘堰数万以利农桑、备旱潦。用此子孙承业二百余年，士重名义，闾阎充实。至今苗裔蒙泽，尚如东楼、白马，世承先祀，有以哉。

古今名家评说

我太祖有度越历代者五事：攘克夷狄，收复诸夏也；肇基南服，统一天下也；威加胜国，锋刃不交也；躬自创业，临御最久也；申明祖训，家法最严也。

——（明）谢铎，见郑晓《吾学编》

我太祖高皇帝声罪而汛扫之，廓中国之妖氛，雪中国之雠耻，天地始复有定位，君臣始复有定分，首足始复有定形。读斯文而知圣祖之功德，真远驾唐虞也。而古帝王之遗黎，始得复归于人类，不然，则生民之类泯灭久矣。故读史而至宋之将亡，未尝不为中国痛；至元之将灭，未尝不为中国快也。

——（明）姚涞：《论元世祖不当与古帝王同祀疏》，
见《皇朝经世文编》卷二百四十一

高皇帝起淮右，提三尺剑，以与群雄角而胜之；乘胜而北，驱虏而置之大漠之外。乾坤辟而再位，日月涤而重朗；海岳奠而如故，民人复而冠履，夫岂直得圣人之威哉？即轩辕逊五兵，而大禹让玄圭矣。高皇帝犹不自圣，兢兢焉奉大宝于盘水，驭六马以朽索。鸡鸣而起，未辨色而视朝，不以寒暑间者，戒滋逸也；六宫取充位而已，无燕赵二八之奉，戒滋荡也；赐租之诏，无岁而不下，戒尽民也；一记阅江楼，几成而罢之，终其身不为离宫别馆，戒游豫也；去岳渎神祇之滥封而归本号，戒亵神也；滇诏平，卧榻十七年而始克平，戒勤兵也；朝鲜乱、安南阻、日本贰，闭关而听其自服，而不之讨，戒启衅也；废丞相，析中书省而六之，不得相弹压，戒专国也；五都督府握兵籍而不与调发，兵部得调发而不治兵，戒专戎也；六尺之孤，垂拱而不置母后席，戒内干也；外戚食国租而不与政，戒外移也；南面三十年而不改元，薄海内外称臣妾而不加徽号，戒侈心也。高皇帝虽以神武盖一世，而抑其才以下一世之贤士，其尊在九重，而洞彻其肺腑，以与闾阎之志通，其开辟之绩足以当天心，是故历十余祀而天眷益厚；其深泽胶固于民志，是故历危疑震撼之际而不动；其纪法足以纲维乎后代，是故指鹿训狐之辈欲窃之，而不能久执事之。所称高皇帝者功，而愚则所谓高皇帝之所长有天下，不尽以功也。

——（明）王世贞：《弇州山人四部稿》卷一百十五《策五首·湖广第一问》

汉高帝之功胜汤武矣，桀纣龁痡其国人，不能遍四夷也；明高帝之功胜舜禹矣，洪水灾而居食废，人犹人也。故夫汉高之功，一世功也；高帝之功，万世功也。呜呼休哉！

——（明）王世贞：《弇州山人四部稿》卷一百四十《札记外编》

高皇帝神武天授，生目不知书，既下集庆，始厌马上。长歌短篇，操笔辄韵，有魏武乐府风，制词质古，一洗骈偶之习。

——（明）王世贞：《艺苑卮言》卷五

惜乎！扶苏仁懦，胡亥稚蒙，奸宄内发，六国余孽尚存，因天下之怨而以秦为招，再传而麼，此始皇之不幸也。假令扶苏不死继立，必取始皇之法纷更之，以求复三代之旧，至于国势微弱，强宗复起，亦必乱亡。后世儒者，苟见扶苏之谏焚书坑儒，遂以为贤，而不知乱秦者扶苏也。高皇帝以神武定天下，其治主于威强,前代繁文苛礼、乱政弊习划削殆尽,其所芟除夷灭,秦法不严于此矣。又浑沌之再辟也,懿文仁柔,建文误用齐(秦)、黄(子澄)诸人,踵衰宋之陋习,日取高皇帝约束纷更之,亦秦之扶苏也。

——(明)张居正:《杂著》

太祖虽得天下易于汉高,而经理太平之业几百倍。有三焉:其一,高祖不数年而卒,太祖三十年纤悉具备,无以加矣;其二,汉高虽承秦火,大抵因袭秦敝,太祖扫胡元而复帝王之制;其三,高祖犹有诸臣,太祖无辅相,自圣心神画者独多也。

——(明)陈于陛,见谈迁《国榷》

我太祖高皇帝,盖千万古之一帝也,古唯汤、武庶几近之。然武末受命,非周公则无以安殷之忠臣;汤之受命也晚,非伊尹则决不能免于太甲之颠覆。唯我圣祖,起自濠城,以及即位,前后几五十年,无一日而不念小民之依,无一时而不思得贤之辅。盖自其托身皇觉寺之日,已愤然于贪官污吏之虐民,欲得而甘心之矣。故时时用兵,时时禁谕诸将,无一字而非恻怛,亦无一字而不出于忠诚,故天下士咸愿归而附之,而乐为之死也。

——(明)李贽:《焚书》卷二

有以匹夫得天下者,未有以江左一天下者;有以中华兼夷狄者,未有中华胥为夷狄而能驱除之者。匹夫起江左,用夏变夷,身创之十年,身守之三十年,其法罨牢天下而制之,若制子孙,垂三百年,伟哉!高帝之为烈也。万世一人矣。孔子论三代之道,殷人先罚而后赏,传闻洪武时吏民不寒而栗,奸怪之属莫不返惹，倘所谓由商政者耶？

——（明）李维桢：《大泌山房集》卷一百二十一

仲尼圣汤武，岂不以捄（救）民哉？至其惭德，不逮汉高。高帝所由起，与汉高同，抑不似其为秦亭长。至神武谟算、文学之长，不啻过之。若夫兢兢业业，不少宁荒，虽二帝三王所称蔑以加矣！

——（明）何乔远：《名山藏·典谟记·太祖高皇帝四》

自王统既裂，杂伯杂夷，浸淫并富强失之、普天陷没，至胡元而极，大抵真人混一华夏，廓清洗刷，至我太祖高皇帝，极严也；神武要于不杀，极仁也；舒惨合于时中，极密也。纲纪系于独断，声律身度，自强不息，与道合真，与天同运。孔子集群圣之大成，我太祖又集古帝王之大成，萃于一身，并于一世，炳于今古，至矣！无以尚已。

——（明）朱国桢：《皇明大政纪》

尝观历代帝王，其初每苦心志、劳筋骨，备历艰难，而后得成大业。虞舜躬耕历山，克尽孝行，遂声闻于天而登帝位。汉高祖一泗上亭长耳，奋力行间，躬定祸乱，遂有天下。金太祖服事辽主，几被诛，卒能奋志修身，收服属国，灭辽称帝。明太祖早丧父母，栖身佛寺，历尽艰危，卒成帝业。此皆天眷有德，不以微贱而弃之也。

——（清）努尔哈赤，
见《清太祖实录·天命十一年正月五日》

朕以为，历代贤君，莫如洪武。何也？数君德政，有善者，有未尽善者。至洪武所定条理章程，规划周详，朕所以谓历代之君不及洪武也。

——（清）福临（顺治帝），
见《清世祖实录·顺治十年正月二十九日》

朕自亲政以来，以宽为治，恒谓洪武诛戮大臣为太过，由今以观，太宽亦不可也。

——（清）福临（顺治帝），
见《清世祖实录·顺治十三年二月二十七日》

方帝之微时，视雷泽、芒砀尤困矣。一餐之德，犹若终身。及应运拔兴、宰割天下，不异夙习者，非神解天授，曷克胜此任乎？功德隆洽，纲举目张，汉、唐以下所未逮也。重典刑乱，至移之功臣大吏，市血陈殷，殆同秦、隋，而天下宁谧，奸盗惕息，则爱民之心，天地百神深为谅之。国祚灵长，职此故也。

——（清）谈迁：《国榷》

太祖起自东南，奄有西北，为古今异数。尝考其用兵之法，实一出于孙吴，攻瑕捣虚，是以所向无敌。夫有取天下之志，而无取天下之略，自开辟以来，未见有成功者也。太祖明于先后缓急之宜，分合向背之理，始则决机于两陈，继直制胜于庙廊，大略同于汉高，精密媲于光武。

——（清）顾祖禹：《读史方舆纪要》卷九

帝以聪明神武之资，悯昏浊之余，以至鼎沸。提三尺蹶起淮甸，心切安民，用以仰承天意，不十余年平一中原，扫清荒漠。彼声教不通之地，咸奉正朔，稽首阙廷。于是民获所归，得有共主，虽曰天命云乎，要亦锋矛所及，戒杀掠以辑宁万姓之所致也。即位后，厘正典章，制作明备，贻谋创法，过古人远甚。尽美尽善，不可更仆数。独其优前代、励忠节，崇儒重道，下逮卑微，夐莫及矣。第立法过严，用刑太峻，而二党京民之戮，颇伤天和。噫吁！元朝姑息之后，污久难拔，亦有不得已者。论者谓其再造之功，高乎万古，洵哉！至出言成文，思如宿构，则又帝王之余尔。

——（清）傅维鳞：《明书·太祖高皇帝本纪》

太祖以淮西布衣，仗剑讨乱，十五年之间，遂成帝业，开明堂，礼上帝，功云烈矣。然而身在行间，手不辍书，礼致儒臣，深思治道。慨自宋叶凌迟，生民无主。西京礼乐，失自周迁；晋代风流，亡于江左。继之元人失驭，浊乱乖离。自古祸乱浸淫，圣学放废，未有若是之酷者也。非帝神灵倔起，智勇挺兴，亦乌能克戡祸乱，率由旧章，拨乱反正，若斯之速者乎？

——（清）谷应泰：《明史纪事本末》卷十四

吾以为，明太祖以制义取士，与秦焚书之术无异，特明巧而秦拙耳，其欲愚天下之心则一也。

秦始皇以狙诈得天下，欲传之万世，以为乱天下者，皆智谋之士，而欲愚之而不得其术，以为可以发其智谋者无如书，于是焚之以绝其源。其术未尝不善也，而不知所以用其术，不数年而天下已亡。天下皆咎其术之不善，不知非术之过也。且彼乌知诗书之愚天下更甚也哉？诗书者，为聪明才辨之所自出，而亦为耗其聪明才辨之具；况吾有爵禄以持其后。后有所图而前有所耗，人日腐其心以趋吾法，不知为法所愚。天下之人无不尽愚于法之中，而吾可高拱而无为矣，尚安事焚之而杀之也哉？明太祖是也。

……明制：士惟习《四子书》，兼通一经，试以八股，号为

"制义",中式者录之。士以为爵禄所在,日夜竭精敝神,以攻其业。自《四书》、一经外,咸束高阁。虽图史满前,皆不暇目,以为妨吾之所为。于是天下之书,不焚而自焚矣;非焚也,人不复读,与焚无异也。

——(清)廖燕:《明太祖论》,《二十七松堂文集》卷一

明太祖天授智勇,崛起布衣,纬武经文,统一方夏,凡其制度,准今酌古,咸极周详,非独后代莫能越其范围,即汉唐宋诸君诚有所未及也。

——(清)玄烨(康熙帝),见《皇朝文献通考》

明太祖天资英武,敷政仁明,芟刈群雄,混一区宇,肇造基业,功德并隆。

——(清)玄烨(康熙帝),《清圣祖实录》卷一百十七

朕思洪武系开基之主,功德隆盛,宣德乃守成贤辟,虽运会不同,事迹攸殊,然皆励精著于一时,谟烈垂诸奕世,为君事业,各克殚尽。

——(清)玄烨(康熙帝),《清圣祖实录》卷一百五十四

洪武乃英武伟烈之主,非寻常帝王可比。

——(清)玄烨(康熙帝),
见《清圣祖实录》卷一百九十三

以明太祖崛起布衣,统一方夏,经文纬武,为汉、唐、宋诸君之所未及。其后嗣亦未有如前代荒淫暴虐亡国之迹。

——(清)胤禛(雍正帝),《清世宗实录》卷十一

历代事迹湮远，姑不具论，即如胜国，洪武草昧初开，未尝不得之艰苦，而中叶以后，罔念厥祖，若正德之荒淫荡佚，恬不为怪，嘉靖、万历、天启之昏庸逸乐，阿柄下移，以致权臣奸宦，相继而擅威福，乱政害良。此数君惟知蒙业而安，于国事懵然罔觉，虽未及身而丧，不数传而驯至灭亡。使有能奋然振兴，追念洪武之旧图，励精求治，未必不可挽回于未造，而晏安酖毒，终于不可救药。

——（清）弘历（乾隆帝），
见《清高宗实录》卷一千六十六

又如唐太宗，为群雄所附；明永乐，亦勇略著闻。使唐高祖不立建成而立太宗，明太祖不立建文而立永乐，则元（玄）武门之变、金川门之难，皆无自而起，何至骨肉伤残、忠良惨戮？

——（清）弘历（乾隆帝），
见《清高宗实录》卷一千六十七

盖是时群雄并起，惟事子女玉帛，荼毒生灵，独明祖以救世安天下为心，故仁声义闻，所至降附，省攻战之力大半。其后胡、蓝二党，诛戮至四五万人，则天下已定，故得肆其雄猜。又平定滇、黔，杀苗蛮亦不下六七万，则以番夷之性但知畏威，非此不足以惩创。盖明祖一人，圣贤、豪杰、盗贼之性，实兼而有之者也。

——（清）赵翼：《廿二史劄记·明祖以不嗜杀得天下》

明祖初定天下，分封诸子于各省、各府，盖仿汉、晋、六朝及有元之制而参酌之，外以壮藩卫而实无事权。其有才者，如燕、晋诸王，或统兵以镇边塞，然不为例；其分封内地者，不过设三护卫，不致有尾大不掉之患。其用意亦深远也。

——（清）赵翼：《廿二史劄记·明分封宗藩之制》

古来无道之君好杀者，有石虎、苻生、齐明帝、北齐文宣帝、金海陵炀王；其英主好杀者，有明太祖。然皆未有如唐武后之忍者也。

——（清）赵翼：《廿二史劄记·武后之忍》

独至明祖，藉诸功臣以取天下，及天下既定，即尽举取天下之人而尽杀之，其残忍实千古所未有，盖雄猜好杀，本其天性。

——（清）赵翼：《廿二史劄记·蓝玉之狱》

昔宋政不纲，辽元乘运，扰乱中夏，神人共愤。惟我太祖，奋起草野，攘除奸凶，光复旧物，十有二年，遂定大业，禹域清明，污涤膻绝。盖中夏见制于边境小夷数矣，其驱除光复之勋，未有能及太祖之伟硕者也。

——孙中山：《谒明太祖陵文》

国家外患，振古有闻，赵宋末造，代于蒙古，神州陆沉，几及百年。我高皇帝应时崛起，廓清中土，日月重光，河山再造，光复大义，昭示来兹。

——孙中山：《祭明太祖文》

二十多年，都说朱元璋是民族的革命者，其实是并不然的。他做了皇帝以后，称蒙古朝为"大元"，杀汉人比蒙古人还利害。奴才做了主人，是决不肯废去老爷的称呼的，他的摆架子，恐怕比他的主人还十足，还可笑。

——鲁迅：《二心集·上海文艺之一瞥》

太祖以置相为秦以来事，古三公论道不任职，六官任职而无总揽之柄，政事由君上亲裁，此法自亦不谬。以帝非急政之君，而中书省为万几之所集，作奸者有专擅而无分掣，遂成惟庸之祸，故因噎废食如此。盖帝好便给任事之才，不欲用以道自重之士，若刘基即终不能深倚，其故可知。至小人积恶之久，非谋逆无掩盖之法，天下初定，戎马之士，反测易生。废相以后，嗣君能稍勤政，必无奸雄专弄之权。此太祖之特识也。然勤政正未易言，太阿倒持，终不可免，权相之外，又有权阉，事固有出于所防之外者矣。

——孟森：《明史讲义》

太祖之好用峻法，于约束勋贵官吏极严，实未尝滥及平民，且多唯恐虐民，是以谨于守法而致成诸案。

——孟森：《明史讲义》

明之阉祸，古所未有，然太祖之防阉，则较前代为甚。

——孟森：《明史讲义》

明太祖起于草泽，而能铲除胡元，戡定群雄，其才不可谓不雄。他虽然起于草泽，亦颇能了解政治，所定的学校、科举、赋役之法，皆为清代所沿袭，行之凡六百年。卫所之制，后来虽不能无弊，然推原其立法之始，亦确是一种很完整的制度，能不烦民力而造成多而且强的军队。所以明朝开国的规模，并不能算不弘远。只可惜他私心太重。废宰相，使朝无重臣，至后世，权遂入于阉宦之手。重任公侯伯的子孙，开军政腐败之端。他用刑本来严酷,又立锦衣卫,使司侦缉事务,至后世,东厂、西厂、内厂遂纷纷而起。东厂为成祖所设,西厂设于宪宗时,内厂设于武宗时,皆以内监领其事。这都不能不归咎于诒谋之不臧。其封建诸子于各地,则直接引起了靖难之变。

——吕思勉:《吕著中国通史》

除却汉高祖,中国历史上由平民直起为天子的,只有明太祖。(元末群雄,如河南韩山童、韩林儿,乃白莲教师。湖广徐寿辉,为贩布者,其部将陈友谅,乃渔父。江苏张士诚,为运盐舟人。浙江方国珍,乃贩盐者。安徽郭子兴,则卖卜者之子。朱元璋,皇觉寺僧。四川明玉珍、福建陈友定,及明太祖部下徐达,皆农民。常遇春则为盗。元末群雄,较之秦末,更见其为平民色彩。)

这是说明蒙古人的政权之下,绝没有汉人的地位。因此在蒙古政权被推翻的过程中,没有让政权之自身酝酿出权臣或军阀来操纵这个变局。

——钱穆:《国史大纲》第三十六章
"传统政治复兴之君主独裁(上)"

明代是中国传统政治之再建,然而恶化了。恶化的主因,便在洪武废相。

太祖是一个雄猜之主。

天下大定,年已六十余,太子死,孙孱弱,故为身后之虑。一面封建诸子,各设卫兵三千,乃至一万九千,一面尽诛功臣宿将。

洪武十三年左丞相胡惟庸诛,遂废宰相。

太祖昭:"以后嗣君毋得议置丞相,臣下有奏请设立者,论以极刑。"(朱国桢《皇明大训记》卷九谓:"臣下敢有奏请设立宰相者,群臣即时劾奏,将犯人凌迟,全家处死。")

自秦以来辅佐天子处理国政的相位，至是废去，遂成绝对君主独裁的局面。

第二个恶化的原因，在于明代不惜严刑酷罚来对待士大夫。此亦起于太祖。

史称："太祖惩元政废弛，治尚严峻。"胡惟庸之狱，株连被诛者三万余人。又蓝玉之狱，株连一万五千人。（史又称："太祖惩元季贪冒，重绳赃吏。户部侍郎郭桓，赃七百万，而自六部侍郎下连各省诸官吏，系死者数万人。核赃所寄借遍天下，民中人之家大抵皆破。"《草木子》谓："京官每旦入朝，必与妻子诀。及暮无事，则相庆以为又活一日。"故其时文人多不仕。

鞭笞捶楚，成为朝廷士大夫寻常之辱。

洪武九年，叶伯巨上书："今之为仕者，以混迹无闻为福，以受玷不录为幸。以屯田工役为必获之罪，以鞭笞捶楚为寻常之辱。"伯巨竟以此死狱中。又解缙疏："今内外百司，捶楚属官，甚于奴隶。"是明初捶楚官吏之风，又不仅于朝廷之上矣。

终明之世，廷杖逮治不绝书。

廷杖亦始太祖时，如永嘉侯朱亮祖父子皆鞭死，工部尚书夏祥毙杖下，其后流而愈甚。……

其残酷无道，殆为有史以来所未见。

《魏叔子集》载廷杖事，言："每廷杖，必遣大珰监视，众官朱衣陪列。左中使，右锦衣卫，各三十员，下列旗校百人，皆衣襞（闲）衣、执木棍。宣读毕，一人持麻布兜，自肩脊下束之，左右不得动。一人缚其两足，四面牵曳。惟露股受杖。头面触地，地尘满口中。受杖者多死；不死，必去败肉斗许，医治数月乃愈。"

而监杖用内官，行杖用卫卒，遂使士大夫悬命其手。……

——钱穆：《国史大纲》第三十六章
"传统政治复兴之君主独裁（上）"

宋太祖惩于唐中叶以后武人之跋扈，因此极意扶植文儒。明太祖则觉胡元出塞以后，中国社会上比较可怕的只有读书人。（功臣、宿将多以诛死，兵卒多以散归田亩。但是所谓传统政治，便是一种士人的政治。明太祖无法将这一种传统政治改变，这是广土众民的中国为客观条件所限的自然趋向。）于是一面广事封建，希望将王室的势力扩大。……一面废去宰相，正式将政府直辖于王室。……明祖恶宰相弄权，谓可以篡夺王室之统续，故深忌之。既不能不用士人，……遂不惜时时采用一种严刑酷罚，期使士人震慑于王室积威之下，使其只能为吾用而不足为吾患。及王威渐弛，则以太监代帝王。

这是明太祖一人的私意。一人的私意，不足以统治一个天下，只有使明代的政治，走上歧途。

——钱穆：《国史大纲》第三十六章
"传统政治复兴之君主独裁（上）"

朱元璋和刘基定八股文程式，专从四书五经命题，并只能依朱注解释，所谓"其文略仿宋经义，然代古人语气为之"。在形式上又限制在八股体制以内，连字数多寡，也有严格规定，这比起唐宋以诗赋、策论取士显然更加有害。它不仅加强了思想和文化的专制统治；在文学上也起了支持保守派的复古主义和助长形式主义的恶劣影响。

——游国恩：《中国文学史·明代文学》

明太祖即位后，在中央机构中，废去中书省和丞相，分相权于吏、户、礼、兵、刑、工六部，使六部直属于皇帝。又以兵部和五军都督府分掌兵事，刑部、大理寺、都察院分典刑狱，使其互相牵制,一切兵刑大权也都总揽于皇帝。在地方机构中,废除了元代的行中书省,在全国设十三布政使司(俗称省)。并把各省的兵、民、钱、谷分别由布政使、按察使、都指挥使管理,布政使掌民政,按察使掌刑,都指挥使掌兵,叫作"三司"。元朝末年,行中书省的丞相无所不统,明初则分权于三司。

——翦伯赞:《中国史纲要》

经过二十几年的实际教育,在流浪生活中,在军营里,在作战时,在后方,随处学习,随时训练自己,更事事听人忠告,征求专家的意见,朱元璋在近代史上,不但是一个伟大的军事统帅,也是一个成功的政治家。

——吴晗:《朱元璋统治术》

朱元璋有许多功绩,也有许多缺点,就他的功绩和缺点来看,还是功大于过的,他是对社会生产的发展、社会的前进起了推动作用的,是应该肯定的历史人物。

——吴晗:《朱元璋传》

蒙古皇朝以马上得天下,也以马上治天下。军中将帅就是朝廷的官僚,军法施于朝堂,朝官一有过错,一顿棍子板子鞭子,挨不了被打死,侥幸活着照样做官。明太祖革了元朝的命,学会了这一套,殿廷杖责群僚,叫做"廷杖",在历史上大大有名。光打还不够,有现任官镣足办事的,有戴斩罪办事的。不但礼貌谈不上,连生命都时刻在死亡的威胁中。

——吴晗:《论绅权》

明太祖有惩于元代的覆败,用重刑治乱国。凡贪官污吏,重则处死,轻也充军或罚做苦工,甚至立剥皮之刑。一时中外官吏无不重足屏息、奉公畏法,仁、宣两代继以宽仁之治,一张一弛,倒也建设了几十年的清明政治。

——吴晗:《论贪污》

明太祖自身出身寒贱,寄迹缁流,且又赋性猜嫌,深恐遭知识分子所讥刺。在他初起身的时候,不能不装作礼贤下士的神气,借作号召,及至大事已定,便不惜吹毛求疵,屡兴文字之狱。……另一方面却极力设学兴教,进用宋讷一流刻薄寡恩的教师,用廪禄刑责造就出一批听命惟谨的新知识分子出来,作皇帝个人的顺仆,来代替老一辈的士大夫。这是明太祖巩固君权的方法,也是这几次大狱的起因。

——吴晗:《胡惟庸党案考》

中国历史上,农民战争曾经多次推倒旧王朝,但农民军建立起来的新王朝,却只有汉朝和明朝。汉高祖刘邦起义前是沛县亭长,可算来自底层。明太祖朱元璋则是出身于真正的贫苦农民,由起义农民的领袖转化为地主阶级的首脑。一介贫苦农民成为一代开国皇帝,明太祖可谓千古一人。这种独特的经历,使他既对地主豪富怀有深刻的仇恨,又不能不严肃考虑新王朝能否巩固以及如何巩固的严重问题。他既担心故元王朝的地主官员对他不服,又恐怕文臣武将对他不忠。在位期间,对地主豪富、开国将领和大小官员一再采取极为严厉的镇压措施,广加杀戮。明太祖的专制统治显得较前朝更为酷虐。新建的明王朝却因而得以巩固了。

——范文澜、蔡美彪:《中国通史》

明太祖惩元政废弛,治尚严峻。胡惟庸之狱,株连被诛者三万余人；蓝玉之狱，株连一万五千余人。《草木子》谓京官每旦入朝，必与妻子诀，及暮无事，则相庆以为又活一日。……至于鞭笞捶楚，成为朝廷士大夫寻常之辱。太祖时，永嘉侯朱亮祖父子皆鞭死，工部尚书夏祥毙杖下。……明廷之滥刑滥杀，惨酷无理，殆为有史以来所仅见。……积怨既深，相视无救。今谓有明之亡，亡于廷杖，亦无不可也。

——张舜徽：《学林脞录·明王朝虐待臣工之酷》

明太祖建国后，为防范文武臣僚的背叛，于1372年颁布申诫群臣的《铁榜文》。1375年编录《资世通训》，告诫臣僚，"勿欺、勿蔽"。1380年编《臣戒录》，纂录历代诸侯王宗戚宦臣之属，悖逆不道者凡二百一十二人的行事。1386年又颁发《志戒录》，采汉唐宋为臣悖逆者凡百有余事，赐群臣及教官诸生讲授，使知所鉴戒。明太祖一再以历代悖逆之事告诫臣僚，表明他一直心存疑虑，对臣下防范甚严。明太祖在位三十一年，以前所未有的猛政，刻意诛杀文武名臣，以确保新建的明朝和独尊的皇室，明初统治集团的实力却由此大为削弱了。

——白寿彝：《中国通史》

明太祖朱元璋有二十六个儿子，他因自己出身卑微，当上皇帝后，生怕那些开国元勋"尾大不掉"，将长子立为太子，九子、二十六子早死，其余二十三个儿子都封王建藩。燕王朱棣、晋王朱㭎、宁王朱权等率兵驻守北方，抵御蒙古；周王朱橚、齐王朱榑等驻于内地各省，监督地方官吏。朱元璋规定，如遇奸臣专权，藩王可以声讨奸臣，甚至可以发兵"清君侧"。他的本意是企图用皇室亲戚来维护皇权，殊不知事与愿违。……他（建文帝）在位仅仅四年，就被叔父——燕王朱棣赶下台，祸根是他的祖父朱元璋种下的。

——樊树志：《国史十六讲》

朱元璋出身于一个贫苦家庭，从社会最底层的放牛娃、四处讨饭的小和尚，全靠自己的奋斗成了一个统一王朝的开国皇帝。这是中国历史上，乃至世界历史上绝无仅有的事情。另外，朱元璋当上皇帝后，也没有停止步伐，他在位三十多年，成功地建立一个强大统一的明帝国。

——商传：《明太祖朱元璋》

明政府统一中国，中国人自然地升起一种愿望，……至少在开创初期，呈现一片蓬勃祥和的欣欣向荣气氛。

这种愿望并不奢侈，然而，中国人的命运太坏，他们所遇到的政治领袖，不是刘邦，不是李世民，而是朱元璋，现实走上一条更黑暗的道路。朱元璋不久就发动有计划的屠杀，完全采用七世纪来俊臣的冤狱手段，但残酷的程度，却使来俊臣所做的，看起来好像儿戏。

最重要的两次行动，一是胡惟庸冤狱，一是蓝玉冤狱。

……

朱元璋两次大屠杀的对象，都是他初起兵时亲如手足的患难朋友。他们为朱元璋效命，当他们以为可以分享富贵时，却遭到朱元璋的毒手。然而这两次大屠杀不过是整批死亡。事实上朱元璋每天都在屠杀，像皇太子的老师宋濂，朱元璋尊称他是"圣人"……朱元璋最信任的智囊刘基……平定云南的大将傅友德……大臣李仕鲁在金銮殿上表示坚决辞职，朱元璋认为看不起他这个皇帝，叫武士摔死阶下。所有共患难的老友中，只有三个人保全性命，没有被扣上谋反的帽子。一是常遇春，一是徐达，一是汤和。……

本世纪（十四）最后三十年，中国成为恐怖世界。官员们每天上早朝，即跟妻子诀别，到晚上平安回来，合家才有笑容。首都应天（南京）如此，全国各地皆然。朱元璋在各州县设有"剥皮亭"，官员一旦被指控贪污，即被剥皮，悬皮亭中，以示警戒。

——柏杨《中国人史纲》

中国历代创业主中，只有朱元璋的出身最为微贱。……

朱元璋在十四世纪成为中国的国君。其既从极为卑贱的地位而登九五之尊，他也只有大刀阔斧地行事。他的都城城墙长近三十英里（今日这砖砌的大架构依然存在），使南京成为世界上最大的砖墙环绕的城市，飞机可在城内起飞降落，城中又有竹林水塘，甚至大块的蔬菜园，南京用不着郊外，它本身即是郊荒。

同时朱元璋在中国政治史、经济史和社会史上留下来的痕迹，也同样的带着戏剧性，其影响所及，至今未衰。当中最大的特色无乃极度的中央集权，……

朱元璋的明朝带着不少乌托邦的色彩，它看来好像一座大村庄而不像一个国家。中央集权能够到达如此程度，乃因全部组织与结构都已简化，一个地跨数百万英亩土地的国家已被整肃成为一个严密而又均匀的体制，在特殊情形下，则由民间经济做主，形成人力与物资可以互相交换的公式，而厘定分工合作的程序，其过程虽复杂，但在朱元璋的督导之下，则可以借行政上的管制付之实施了。

……

明朝在中国历史之中，为唯一借着农民暴动而成功的朝代，它在创始时，因借着农村中最落后的部门为基础，以之为全国的标准，又引用各人亲身服役为原则，看来也是合乎当日的需要了。朱元璋并非不通文墨，他自己即曾著书数种，身边也有不少文臣替他策划，此人思想上的见解不能吸引今日一般读者，可是他的设计，最低限度在短期间内确实有限。他牺牲了质量以争取到数量，于是才将一个以农民为主体的国家统一起来。

——［美］黄仁宇：《中国大历史》

何谓洪武型的财政？简言之为缺乏眼光，无想象力，一味节省，以农村经济为始终，凭零星杂碎之收入拼凑而成，当中因素都容易脱落。并且只注重原始型的生产，忽视供应行销间可能的技术上之增进。

——［美］黄仁宇：《赫逊河畔谈中国历史》

这位杰出的开国之君（朱元璋）在14世纪40年代，从天灾人祸和饥寒交迫的钟离村，一跃而在1368年在南京登上大宝。他走的这条道路，由于他自己的雄心壮志和力求飞黄腾达的意识，已被有力地强行改造，而使之具有符合那些传统形式的合理的外貌。他精通怎样取得帝王统治之术。作为此后的皇帝，他将使这种帝王之术适应他为之着了迷的帝王大业的需要。

——［美］牟复礼：《剑桥中国明代史》

承前启后之帝王

　　明太祖由平民而崛起为帝王,个人禀赋之外,与元末政治腐败不无关系。元室的内乱、元顺帝的懦弱,给朱元璋的建功立国提供了大好契机。而明成祖朱棣身上延续自乃父的铁血手腕,也是使大明江山得以巩固的因素。不能想象,如果元室的根基没有动摇,朱元璋会轻易推翻其统治;同样不能想象,如果太祖之后皇位由建文帝坐下去,大明江山会传承那么久……

元顺帝妥懽帖睦尔

妥懽帖睦尔（1320—1370），元朝末代皇帝。全名孛儿只斤·妥懽帖睦尔，元明宗和世㻋长子，母罕禄鲁氏。公元1333—1368年在位。他继位时，元朝统治已经走向衰亡，前人留下的是个破烂架子。他又不能励精图治，终日耽于淫乐，声色犬马，朝政荒芜。农民起义此起彼伏，元朝的统治摇摇欲坠。朱元璋在行伍中迅速崛起，攻入大都，元顺帝仓皇出逃。

一、承叔继位　为父报仇

妥懽帖睦尔是元世祖忽必烈的六世孙，祖父元武宗海山，父亲是明世宗和世㻋。按理，妥懽帖木儿继位顺理成章，实际却颇费周折。

原来，元武宗海山像宋太祖赵匡胤，把帝位传给了弟弟爱育黎拔力八达，即元仁宗。按兄弟间的约定，接着应由武宗长子和世㻋继位，但仁宗却反悔，立儿子硕德八剌（即元英宗）为太子，而把和世㻋封为周王，命其出镇云南。

延祐三年（1316）十一月，和世㻋行至延安时，与父亲的旧臣图谋恢复皇储地位，结果招来仁宗的追杀，和世㻋被迫奔往西北的金山（阿尔泰山），得到察合台汗国的庇护。避难金山期间，和世㻋纳回回女子——郡王阿儿厮兰后裔罕禄鲁·迈来迪，生了妥懽帖睦尔。

妥懽帖睦尔的童年比较恓惶，几经劫难，备受冷遇。还没长到懂事的年龄，母亲就撒手人寰。九岁那年，叔父图帖睦尔（即元文宗）又毒死父亲，篡夺了皇位，并以妥懽帖睦尔不是明宗亲生儿子为借口，放逐到高丽的一个海岛上。一年后，又移居广西静江（今广西桂林）。

图帖睦尔晚年，对弑兄夺位一事深感懊悔。至顺三年（1332）八月，图帖睦尔临终嘱咐众人，皇位由明宗之子继承。图帖睦尔死后，皇后卜答失里和权臣燕铁木儿控制朝中大权，二人经过周密策划，决定拥立明宗年仅七岁的次子懿璘质班继位，谁知这位小皇帝在位仅四十三天便一命呜呼，皇位再度虚悬，卜答失里临时摄政。

燕铁木儿纵容卜答失里立她自己的儿子燕铁古思为帝，卜答失里觉得这样做违背丈夫的遗诏，担心招致朝野不满，主张拥立妥懽帖睦尔登位，并遣使去静江迎其回京。妥懽帖睦尔见到来使，立即起程北上。到京之后，燕铁木儿使用各种伎俩，一再拖延时日，使妥懽帖睦尔迟迟不能登上皇位。几个月后，燕铁木儿去世，妥懽帖睦尔才在卜答失里和大臣们的拥戴下，于至顺四年（1333）六月继位。

元顺帝登基之时，元朝统治已走向衰亡，前人留下的是个破烂的架子，而这位年幼的皇帝又根本不问国事，只知同女子游玩嬉戏。这样，朝中大权被宰相伯颜和燕铁木儿两大家族垄断。

伯颜自恃功高权重，毫无顾忌，又向蒙古诸王下了毒手。当时，蒙哥的后裔彻彻秃受封为郯王，伯颜的先祖是蒙哥家的奴隶，按照蒙古传统，伯颜一家应该世代尊蒙哥后裔为使长。伯颜觉得这是自家的奇耻大辱，便在元顺帝面前诬陷彻彻秃谋反，请求将他处死。顺帝不允，伯颜竟擅自行刑，使彻彻秃蒙冤而死。元顺帝对伯颜的所作所为日益不满，却奈何不了他。

至元六年（1340）二月初的一天，伯颜邀请元顺帝出游打猎，一向好动的元顺帝心存戒备，托辞身体不适，不能前往，伯颜就邀了太子燕铁古思出猎柳林（今北京西南郊）。元顺帝心腹、伯颜之侄脱脱见时机成熟，急忙与阿鲁、世杰班商讨，秘密派人去柳林接回了太子，二月十五日，下令封锁京师城门。当晚，元顺帝召集大臣，草拟诏书，驱逐伯颜，贬为河南行省左丞相，当夜遣使急赴柳林宣诏。

第二天，伯颜派人到京师城下询问事由，脱脱站在城上宣读圣旨："随从伯颜者一概无罪，可以即刻解散，各还本卫所，犯罪的只是伯颜一人。"伯颜又请求入城向顺帝辞行，使者不许，对他说："皇帝有令，命丞相立即动身，不必辞行。"伯颜无可奈何，只得俯首听命。不久，伯颜病死在途中。与伯颜过往甚密的皇太后卜答失里也没能幸免。

元顺帝又听说叔父图帖睦尔在位时，公开说他不是明宗的亲生儿子，立即追究父亲被毒死一案，下诏撤除文宗庙主，削去卜答失里的后号，贬居东安州（今河北安次）；太子燕铁古思流放高丽，中途遇害。至此，元顺帝总算报了杀父之仇。

二、立志更化　红巾起义

铲除伯颜时，元顺帝已二十一岁，他封马札儿台为太师、中书右丞相，脱脱知枢密院事，总领诸卫亲军，脱脱之弟也先帖木儿为御史大夫，马札儿台父子总揽了军政大权。这时，正宫皇后伯颜忽都所生之子不幸夭折，二皇后奇氏生下一子，取名爱猷识理达腊，深得元顺帝喜爱。

马札儿台担任中书右丞相后，自恃辅佐皇帝铲除伯颜有功，私自在京城附近开酒馆、糟坊，派人去南方贩卖食盐。脱脱恐遭非议，祸及自身，暗中让人向顺帝告了一状，上任仅半年的马札儿台被迫辞职。至元六年（1340）三月，顺帝任命脱脱为中书右丞相。

元顺帝继位后，先是建元"元统"（1333—1334），后改用忽必烈的年号"至元"（1335—1340），习惯上称为"后至元"。1341年，元顺帝又改元"至正"，决定任用脱脱进行改革，废除伯颜旧政，重振祖宗大业，大有恢复元朝盛世的向慕之志，史称"更化"。

至正元年（1341），元顺帝恢复了中断六年的科举考试，亲试进士七十八人，以笼络汉族士大夫；同时大兴国子监，选名儒雅士传授儒学。他下诏将素有声望的儒士欧阳玄、李好文、黄溍、许有壬四人召入宫内，让他们五日进讲一次，帮助自己阅读《四书》《五经》、练习书法。为了表达对儒学正统思想的尊崇，至正二年（1342），元顺帝派人到曲阜祭祀孔庙，第二年，下诏编修辽、金、宋三史，命脱脱为都总监官，许多汉人文士参与编纂，成为元顺帝新政中"文治"的重要内容。

元顺帝起用脱脱，把大权交给他，自以为高枕无忧。为了笼络人心，他对贵族、官僚滥行赏赐，挥霍无度，造成国库入不敷出。与此同时，黄河连年发生水患，脱脱先后提出"变钞"和"开河"的建议，岂知在社会矛盾日益尖锐的情况下，"变钞"和"开河"成了元末农民起义的导火索。

至正十一年（1351）五月，治河民工韩山童、刘福通发动起义，推举韩山童为明王，以"红巾"为号。起义军一举攻占颍州（今安徽阜阳），揭开了元末农民大起义的序幕。

高邮之战后，溃散的元军不少人投靠了红巾军。元朝政府军队一蹶不振，元顺帝不得不改变排汉政策，鼓励和依靠豪强地主武装镇压农民起义。他廉价地授予地主武装头目以万户、千户等官衔，这样，相继出现了几支靠镇压农民起义发迹的地主武装，其中最主要的是答失八都鲁和察罕帖木儿两股势力。

在此期间，元顺帝起用搠思监为中书右丞相，汉人太平（原名贺惟一）为左丞相，他自己则不问政事，整天与天魔舞女嬉游宫中。二皇后奇氏实在看不下去，再三恳求他爱惜身体，并停止土木兴建。元顺帝勃然大怒，高声喊道："古今只我一人而已！"此后日益疏远奇氏。奇氏见自己失宠，转而拉拢朝中大臣，暗中招纳了不少高丽美女，送给他们，以争得外援。

三、宫闱惊变　军阀混战

皇后奇氏与皇太子爱猷识理达腊见政局动荡，元顺帝又听任朝臣倾轧，便加紧了行动步伐。她打算联合宰相太平，逼迫元顺帝逊位于爱猷识理达腊，但遭到太平的拒绝。奇氏母子遂决意除掉这个绊脚石。

至正十九年（1359）十二月，爱猷识理达腊命监察御史买住等，劾奏太后提拔的汉人官员中书左丞相成遵及参政赵中，将二人杖杀狱中，借此中伤太平。太平见势不可留，只得上奏，以患病为由请辞相位。大臣们立即呼吁，要求留用太平，可元顺帝慑于奇氏和太子的咄咄逼人之势，被迫罢免太平。由于得不到支持，爱猷识理达腊逼父逊位未能如愿。

至正二十三年（1363），爱猷识理达腊与母亲奇氏加紧了策划逼父禅位的阴谋，掌握大权的搠思监和朴不花则密切配合，拉拢朝中大臣，将军政大事全都压下不让元顺帝闻知。

至正二十四年（1364）三月，爱猷识理达腊、搠思监、朴不花指责孛罗帖木儿与老的沙图谋不轨，要求皇帝驱逐孛罗帖木儿。孤立无援的元顺帝不得不听命于太子，下诏削除孛罗帖木儿的兵权和官爵，贬居四川。宗王不颜帖木儿、秃坚帖木儿愤愤不平，起而与孛罗帖木儿联合，并上书顺帝，为孛罗帖木儿申辩。元顺帝感到孛罗帖木儿忠于自己，是自己与太子一方抗衡的重要砝码，于是复下诏书，历数搠思监、朴不花恣意弄权、欺下蒙上等罪状，将搠思监流放岭北，朴不花流放甘肃，恢复孛罗帖木儿官职。然而此时，太子一方的势力已跃居皇帝之上，因而诏书虽下，搠思监、朴不花二人权未解、职未卸，照常在朝中掌权。

至正二十四年四月，元顺帝再次屈从太子，下诏命扩廓帖木儿统兵进讨孛罗帖木儿。一个月后，爱猷识理达腊返回京城，再次下令扩廓帖木儿进讨孛罗帖木儿。扩廓帖木儿分兵三路，一路由部将白琐住率领，开赴京城御守，另外两路军队进逼孛罗帖木儿驻守的大同。孛罗帖木儿怒杀搠思监、朴不花二人，留下一部分军队守卫大同，自己则带着秃坚帖木儿、老的沙，率领主力大军直捣大都，扬言要尽除朝中奸臣。京城大震，爱猷识理达腊亲自率军迎战，结果大败而回，在白琐住军队的护卫下，匆匆逃往太原扩廓帖木儿军中。

孛罗帖木儿拥兵进入京城，偕同秃坚帖木儿、老的沙面见皇上。元顺帝当即任命孛罗帖木儿为中书左丞相，老的沙为中书平章政事，秃坚帖木儿为御史大夫。不久，又提升孛罗帖木儿为中书右丞相，节制天下军马，总揽国家大权。孛罗帖木儿上任后，立即杀了元顺帝宠幸的"倚纳"和近臣，驱逐西藏僧人，幽禁了奇氏。

至正二十五年（1365）三月，爱猷识理达腊在上都下令扩廓帖木儿与李思齐出兵声讨，并调遣岭北、甘肃、辽阳、陕西等地军队增援。孛罗帖木儿派秃坚帖木儿率兵进讨上都太子同党，又调兵南下抵御扩廓帖木儿的军队。这个时候，孛罗帖木儿荒淫无度，数月之内纳四十多女子为妾，整天与老的沙等人饮酒作乐，甚至酗酒杀人。朝臣对他心怀恐惧，元顺帝也渐渐不再信任。

朝中倾轧、军阀混战，以爱猷识理达腊和扩廓帖木儿的胜利而告一段落，步步退却的元顺帝仅仅保住了皇帝宝座。

四、朱氏起兵　元帝出逃

在这期间，朱元璋的队伍迅速崛起，直接威胁着元朝控制下的北方地区。朱元璋先后翦除群雄，声威大震，决定派兵北伐，灭亡元朝。

这时，元朝内部宫廷斗争更甚。爱猷识理达腊逃奔太原时，曾想仿效唐肃宗在灵武称帝的故事，自立为帝，扩廓帖木儿不同意。孛罗帖木儿被杀后，奇氏传旨军中，命扩廓帖木儿以重兵扈从太子入京，以胁迫元顺帝退位，让位于太子。扩廓帖木儿再次拒绝，由此得罪奇氏母子。元顺帝本来就与扩廓帖木儿不和，又忌他兵权太重，朝中大臣也觉得他年纪轻、资历浅，不把他放在眼里。扩廓帖木儿在军中骄纵惯了，做丞相的两个月，很不得志。

在京城待不下去，扩廓帖木儿只好上奏皇帝，请求外出带兵。至正二十五年（1365）闰十月，元顺帝封扩廓帖木儿为河南王，命他代替皇太子总制天下军马，进讨江淮。扩廓帖木儿率大军离开大都后，不仅无意整军出战，反而借皇帝授予的军事大权，随意征调各路军队，引起各路军阀的不满。元顺帝也开始怀疑他有叛逆之心。

至正二十七年（1367）八月，元顺帝严厉责备皇后与太子，他说："过去孛罗帖木儿举兵进犯京师，而今扩廓帖木儿总兵天下，很不得力，你们母子误了我的天下。现在国家分崩离析，困难重重，都是你们母子造成的！"说完，怒气冲冲地打了爱猷识理达腊几拳。尔后，下诏命皇太子总制天下兵马，并令扩廓帖木儿率军自潼关以东出兵江淮，李思齐自凤翔以西进取四川，张良弼、孔兴、脱列伯共取襄樊。但诏书虽下，皇太子坐视不动，扩廓帖木儿及诸路军阀也都拒命不受。扩廓帖木儿的部将貊高、关保见主帅不奉君命，只顾打内战，倒向朝廷一边，转过头来攻打扩廓帖木儿，得到了元顺帝的支持。

至正二十八年（1368）正月，朱元璋在南京称帝，建立明朝。二月，徐达率军攻占山东各地，接着回师河南，兵锋直指汴梁、洛阳。而元朝军阀内战仍在继续。这年闰七月，元顺帝见局势不妙，心中发憷，只好再恢复扩廓帖木儿河南王和中书左丞相的职务，让他率军南下，幻想靠他挽回败局。这时，明军已经会师山东临清，直趋大都。

至正二十八年（1368）闰七月二十八日，徐达率领明军攻陷通州，元顺帝闻知，不顾大臣们的再三劝请，决意出逃。当晚，元顺帝率同后妃、太子和一些大臣逃出大都（今北京），经居庸关，奔向上都（亦称"开平"，在今内蒙古多伦西北）。

八月二日，徐达率军攻入大都，至此，九十七年的元朝政权宣告结束。明洪武三年（1370）四月，做了三十六年皇帝的元顺帝因痢疾死于应昌（今内蒙古多伦），终年五十一岁。庙号"惠宗"，谥号"顺帝"。

明仁祖朱世珍

朱世珍（1283—1344），明太祖朱元璋之父。原名朱五四，妻陈氏。祖籍句容，迁居濠州钟离。以务农为生，生活艰辛，后因旱灾、蝗灾，贫病交加弃世。朱元璋称帝后，追尊为帝，谥号"淳皇帝"，庙号"仁祖"。生四子二女，朱元璋为第四子。

朱世珍本名叫"五四"，"世珍"是朱元璋后来追取的名字。这种以数字为名的方式，在元代并不少见，朱元璋自己的名字就是"重八"。

原来，蒙古贵族建立的元朝，实行民族歧视政策，汉人、尤其是南方汉人（亦称"南人"）受到歧视。这种歧视，也体现在名字上。有记载称，元代汉人百姓如不上学，是不能有名字的，只能以父母年龄相加或者出生日期来命名。

清人俞樾在其《春在堂随笔》中写道："元制，庶人无职者不许取名，止以行第及父母年齿合计为名。此于《元史》无征，然证以明高皇（朱元璋）所称其兄之名，正是如此。"俞樾举当时绍兴乡间为例："如夫年二十四，妇年二十二，合为四十六，生子即名'四六'"；夫年二十三，妇年二十二，合为四十五，生子即名'五九'"，五九相乘即为四十五。据俞樾钩沉，明朝大将常遇春的曾祖父叫常四三，爷爷叫常重五，父亲叫常六六；大将汤和的曾祖叫汤五一，爷爷叫汤六一，父亲叫汤七一。

朱元璋五世祖叫朱仲八，娶陈氏，生了三个男孩。老大叫朱六二，老二叫朱十二，最小的叫朱百六。朱百六就是朱元璋的高祖，即四世祖。其后，高祖朱百六娶胡氏，生有二子，长子朱四五，老二朱四九。朱四九就是朱元璋的曾祖。朱四九娶侯氏，生四子：初一、初二、初五、初十。朱初一就是朱元璋的祖父。

朱初一娶王氏，生子二人，分别为五四、五一。朱五四就是朱元璋的父亲。朱元璋名朱重八，有说是因出生在八月初八，另外的说法则是跟着兄长来的。"朱元璋"这个名字，是他后来投奔红巾军时，郭子兴给他取的，同时他也把父亲的名字改为"朱世珍"。

据称，朱家的祖籍在沛上，那也正是汉高祖的老家——明太祖行事效法汉高祖，或许是渊源有自呢！后来，祖上迁居句容（今江苏句容）通德乡的朱家巷。到朱元璋的祖父朱初一，因不堪蒙古统治者和当地地主的剥削，举家逃到了淮河岸边的泗州盱眙（今江苏盱眙）。

朱家先世世代耕田种地，务农为生。但家里没有田地，只好四处迁徙，躲避地主沉重的剥削，或者寻找可以开垦的荒地。朱初一到了盱眙，一家人垦荒种地维生，生活的艰辛自不必说。

朱初一去世后，朱家一贫如洗，朱元璋的父亲朱世珍，只好东迁西移，又迁居濠州钟离（今安徽凤阳东），先在西乡，后迁东乡。在东乡落户时，朱世珍已经五十岁，朱元璋正是在这里出生的。

由于营养不良，朱元璋小时候体弱多病。父母认为只有观音菩萨才能保佑儿子平平安安地活下去，就把他送到附近的皇觉寺，并让他拜寺里的老和尚高彬为师。

到朱元璋十岁时，父亲朱世珍为了躲避沉重的赋役，再次搬家，迁居到邻近太平乡的孤庄，给地主刘德种地，而朱元璋则为刘家放牛。也就在放牛的过程中，朱元璋结识了徐达、汤和、周德兴等人，这些人后来为建立明朝南征北战，屡立战功，成为开国元勋。

朱世珍娶陈氏，夫妻育有四子二女。自然，在朱元璋称帝后，兄弟姐妹男的封王、女的成了长公主。朱世珍长子朱兴隆，本名朱重五，封南昌王；次子朱兴盛，本名朱重六，封盱眙王；第三子朱兴祖，本名朱重七，封临淮王；第四子就是朱元璋。朱世珍的两个女儿，为太原长公主和曹国长公主（李文忠之母）。

元至正四年（1344），淮北大旱，又遇上了蝗灾、瘟疫，贫病交困，朱元璋的父母朱世珍、母亲陈氏以及大哥朱兴隆，先后去世。朱世珍是四月初六去世的，终年六十四岁；这一年，朱元璋十七岁。

朱家自己无田无地，连个葬身之处也难以寻觅。后来还是靠同乡刘继祖发慈悲，朱世珍才得以安葬。

小明王韩林儿龙凤十年（1364。当时朱元璋奉小明王的正朔）正月，朱元璋称"吴王"，追赠朱世珍太尉、吴国公。朱元璋称帝后，洪武元年（1368）正月，追上朱世珍尊号"淳皇帝"，庙号"仁祖"。二年，朱世珍在凤阳的墓葬称"英陵"；洪武十一年，改称"皇陵"，墓所称"翊圣山"，逐渐建成为辉煌壮丽的中都皇陵。

明惠宗朱允炆

朱允炆（1377—1402），明朝第二位皇帝，明太祖长门次孙。因父亲太子朱标早逝，他以皇太孙承继大统。继位之后，他听信近幸大臣的意见，为巩固皇权而大力削藩，遂激反燕王朱棣，引发"靖难之役"。他缺少谋略而自大专断，加之所用非人，终至一败再败，金陵城破，本人下落不明，成为历史迷案。

一、争议立储　力主削藩

明太祖朱元璋一生，除了发妻马皇后，还先后纳了数个妃嫔，生有二十六个儿子。长子朱标立为太子，但在二十五年（洪武二十五年，1392）后突然病逝。朱标有五子，长子朱雄英（1374—1382）早亡，身为朱标第二子的朱允炆，便成了大明王朝皇储的重要人选。

在明太祖的众多子孙中，堪与朱允炆竞争皇储的，唯有明太祖的第四子、朱允炆的叔叔燕王朱棣。

朱棣沉鸷智勇，屡建战功。明太祖曾夸赞说，四子朱棣酷肖自己。因而在皇族中，朱棣特别受到父皇的钟爱，但按旧时有嫡立嫡、无嫡立长的礼法，朱棣没有立太子的资格。但朱允炆头颅稍偏，性格又酷似其父亲朱标，优柔寡断。所以明太祖经常为此担忧，生怕一旦立朱允炆为皇太孙，难成重器，毁了大明江山。

事情拖到了洪武二十五年（1392），明太祖已经六十多岁，立储迫在眉睫。经过长时间观察思索，明太祖最后还是下决心要立燕王朱棣为太子。

这年九月，明太祖亲自召集群臣会议，商量立储事宜。他说："国家不幸，太子竟亡。古称国有长君，方足福民，朕意欲立燕王，卿等以为如何？"谁知皇上话音刚落，翰林学士刘三吾即抗奏道："皇孙年富，且系嫡出，孙承嫡统，是古今的通礼。"其他大臣也纷纷表示，应尊重礼法，父死子继，嫡庶有别。经过一番争论，明太祖难以说服众臣，只得屈服于祖制礼法，收回立爱子朱棣为储的提议，决定立朱允炆为皇太孙。朱棣立储落空，自然愤愤不平。

洪武三十一年（1398）闰五月，明太祖朱元璋病逝。二十二岁的皇太孙朱允炆登基继大明皇帝位，成为明朝第二位皇帝，是为明惠宗，改元"建文"，故史称"建文帝"。但随着明太祖的去世和明惠宗的嗣位，一场巩固皇权和夺取皇权的斗争就越来越激烈地展开了。

明太祖临死前曾留有遗诏，令诸王镇守国中，无须来京。诸王均依照父皇的诏令，遣使吊唁，唯有燕王朱棣不顾父命，星夜南下。当其人马即将到达淮安时，兵部尚书齐泰侦知，当即禀明皇上，遣使出阻，促令朱棣还国。朱棣对此怀恨在心。

其他诸位亲王，虽然没有起行回都城，但也心怀不满。特别是几位年纪较大的塞王，都是久经战阵、屡建功勋的人物，手里又握有重兵，当然不把年轻孱弱、毫无经验的侄儿放在眼里。这样一来，不敬之语常出王府，违法之事时有发生。而几乎成为太子、深受父皇喜爱的朱棣，对最后都不能看父皇一眼以尽孝心更是愤愤不平。

年轻的惠宗对叔父势力过大也深感不安，经过一番思考，他接受亲信大臣的意见，决心削平诸叔父的独立王国，加强中央皇权。这一天，他召集亲信大臣、自己原来的老师黄子澄计议。黄子澄举汉平七国的故例启示皇上，惠宗对此欢慰不已。

师徒两人密语不久，惠宗又收到了户部侍郎卓敬的秘密奏书，劝告惠宗："燕王智虑绝伦，雄才大略，酷类高帝。北平形胜地，士马精强，金、元所由兴。今宜徙封南昌，万一有变，亦易控制。"（《明史·卓敬传》）惠宗阅毕，次日即召卓敬入殿密议。

二、废黜诸王　致有靖难

明惠宗与大臣议论削藩，事机不密，不久之后，新主削藩的流言便很快传遍京师内外。

燕王朱棣闻讯，哪肯束手待毙？一面上书称病，一面在王宫中私制兵器，招兵买马，搜罗异人术士，加快了应付事变、夺取皇权的步伐。

朱棣的不轨行为，也为惠宗获悉。针对这种局势，他即刻召齐泰、黄子澄等入殿，再次共商对策。这些大臣一致主张即速削藩，但考虑燕王蓄谋已久，仓促下手又恐怕引起大乱，计划先削废周、齐等弱藩，翦除燕王的手足，待时机成熟后再一举废除燕王。

在削除弱藩时，为了防止燕王产生异动，惠宗依照齐泰等人的建议，先对燕王做了充分防范。首先命工部侍郎张昺为北平布政使，控制行政；再命都指挥谢贵、张信分掌北平都司事宜，掌握军队；命都督宋忠出屯开平，对外声称是防御外寇；最后调遣都督耿王献练兵山海关，徐凯练兵临清，以为戒备，对燕京呈包围之势。

内外部署完毕，惠宗便于洪武三十一年（1398）八月，密令曹国公李景隆率兵千人，奇袭开封，把分封此地的周王朱橚及妃嫔人等，统行拿下，押解至京，废为平民，贬谪云南。后又召朱槛还京，锢禁狱中。

接着，惠宗又于建文元年（1399）初，以有人告发岷王朱楩违法为由，下令将其废为庶人。不久，又有人告发分封在荆州的湘王朱柏有不法行为，朱柏获悉被告发，全家自焚而死。随后，齐王朱榑也被削为平民。不久，惠宗又下令将代王朱桂囚禁于高墙。

短短数日，五位亲王先后被废黜，暂尚苟安的亲王，无不为之震恐。尤其是燕王朱棣，左顾右盼，愈觉大祸即将临头。

不久，南京连下朝旨，严责朱棣之子朱高煦擅杀吏民罪状，并将燕王府官吏于谅、周铎捕戮京师。朱棣见势不妙，为减轻惠宗的戒心，示以他无力争夺皇位，便佯装狂夫，披头散发，语言颠倒，走呼街头。他时而抢食市人酒饭，时而奄卧沟渠，竟日不起。

张昺、谢贵闻听燕王病重，不信，便入邸问候。虽时值盛夏，红日炎炎，而燕王府邸内却架着火炉，炉火熊熊。家人虽大汗淋淋，唯独朱棣身披羔裘，兀坐炉旁，还连呼天寒。（"王佯病，盛暑拥炉坐，呼寒甚。"《明史·张昺传》）张昺、谢贵见此情景，不由不信以为真。但燕王府长史葛诚说："燕王确实没病，只是准备发动变乱。"（"王实无疾，将为变。"同上）两个人听说后，尚在犹疑。

正当此时，明惠宗已亲讯逮至京师的燕王百户官邓庸，获悉燕王谋反的确凿证据，因此严令张昺、谢贵和北平都指挥张信，一同内外呼应，逮捕朱棣。张信昔日曾为朱棣信用，接到抓捕旨令，一时竟不知所措，便把心事偷偷告诉了母亲。其母闻言大惊，执意劝子抗命不从。张信权衡利害，果然遵从母命。他换上便服，乘着妇人用的车子，偷偷进入燕王府，把皇帝下旨抓捕的消息，一一密报于朱棣。

朱棣获悉朝旨，跪谢张信救命之恩，且当机立断，先发制人。他首先设计谋杀了前来抓捕自己的张昺、谢贵等，之后于这一年的七月，毅然起兵抗命。

为出师有名、争取舆论，朱棣援引父亲朱元璋《祖训》里的训示，"朝无正臣，内有奸逆，必举兵诛讨，以清君侧"，直指齐泰、黄子澄为奸逆，须加诛讨，自称举兵为"靖难"。这就是史上著名的"靖难之役"。

三、出师征伐　连遭败绩

"靖难"之初，对频频传来的不利消息，明惠宗似乎并不在意，只是采取了一些常规的防范措施。他首先祭告太庙，削去朱棣属籍，废为庶人；然后命长兴侯耿炳文为征虏大将军，率师讨伐。

耿炳文领命出师，兵众号称三十万，实际上只调集了十三万人马。足智多谋的燕王朱棣，对耿炳文的用兵之术了如指掌。在中秋之夜，他乘南军不备，将其先锋部队全部歼灭。接着，朱棣又在滹沱河的北岸，大败耿炳文的主力部队。

败绩传入京师，惠宗异常懊恼，便召问齐泰、黄子澄对策。黄子澄回道："胜败兵家常事，不足深虑。臣以为曹国公李景隆，才堪大用，不如改任他来代替耿炳文。"惠宗遂拜李景隆为大将军，并调集诸路五十万兵马，进兵河间，以报南军败绩之仇。

朱棣闻听京师易将，竟命李景隆披挂帅印，喜不自禁地说："从前汉高祖尚且只能统兵十万。李景隆有何才能，他的五十万兵马，正好供我所用了。"（"昔汉高止能将十万，景隆何才，其众适足为吾资也！"《明史·齐泰传》）

当时，辽东方面的朝廷军队，受命进攻已被朱棣控制的永平（今河北卢龙），永平被围，军报告急。朱棣同诸将计议说："我在这里，李景隆不敢来攻。我若率军去援救永平，他准会乘虚而入来攻打北平。到那时我再回师北平，内外夹击，李景隆就大败无疑了。"但诸将都感到北平守军太少，不敢冒此危险，怕丢了根本之地。朱棣说："城中的兵众，用以出战则不足，用以坚守则有余。……我此去不只为救永平，更是要引诱李景隆来就擒的。"（"城中之众，以战则不足，以守则有余。兵出在外，奇变随用，吾出非专为永平，直欲诱九江来就擒耳！"《明史纪事本末·燕王起兵》）

九月，朱棣率燕军赴援永平。临行时，再三告诫留守北平的长子朱高炽说："李景隆杀来，只宜坚守，不能出战。"临走时，他又故意撤去了卢沟桥上的守军，以引诱李景隆深入。李景隆不知是计，听说朱棣已率师援救永平，果然于十月匆匆忙忙驱兵直杀北平而来。大军经过卢沟桥时，没见一个兵士守卫，便喜不自胜地说："不守此桥，我看他是无能为力了。"李景隆以为北平已然唾手可得，遂命大军直逼城下。

朱高炽严遵父命，督师固守，连城中的妇女也被动员出来参战。李景隆所统帅的南军，却号令不严，指挥不当。兵马虽众，但胆小怕死，不敢向前。勇敢善战的都督瞿能，亲自与两个儿子率领千余精骑，直攻张掖门。眼见大功告成，登上城门，但李景隆满怀嫉恨，唯恐瞿能父子得了头功，在需要增援时，不仅不发援兵，反而勒令缓攻。南军就这样失去了攻城的机会。

朱棣在击败永平的辽东军队后，又设计攻破另一重镇大宁（今内蒙古宁城）。在收编大批军队之后，挥师北平，与坚守在城里的长子朱高炽里应外合，发起了对南军的全面反击。李景隆哪里抵挡得住燕军潮水般的攻势，由于害怕，竟独自连夜逃往德州。南军将士见主帅逃跑，也无心再战，丢下粮草兵械，纷纷溃降。

四、误用亲信 终致败亡

李景隆兵败北平的消息传到京师，被黄子澄暗暗隐瞒。他怕承担误荐之责，竟向皇上谎奏，说李景隆北平交战获胜，因天寒难以用兵，暂退德州，待明春再战。惠宗信以为真，喜不自胜，即封李景隆为太子太师。李景隆因祸得福，转危为安，对黄子澄自然是感激不尽。

建文二年（1400）四月，李景隆在惠宗的多次催促下，不得不誓师德州，率兵与朱棣在白沟河（今河北雄县北）展开决战。这场恶战，两军直杀得山摇地动、日暗天昏，结果李景隆又遭惨败。南军被杀死、踩躏和溺死者达十几万人，横尸百里，惨不忍睹。南军抛弃的器械辎重，堆积起来好似一座山。战乱之中，李景隆又潜逃德州，连御赐的玺书、斧钺也给弄丢了。朱棣乘胜追击，兵围德州。李景隆又弃守德州，逃往济南。朱棣还是尾追不舍。李景隆只得仓促迎战。十几万南军布阵未定，就被燕军冲垮。

建文四年（1402）五月，燕军过关斩将，向南节节推进。在击败扼守淮河南岸的盛庸军队之后，乘胜渡过淮水，攻下扬州、高邮、通州（今江苏南通）、泰州等江北重镇后，屯兵镇江，休养数日，待机进击京城。

明惠宗见大势已去，只得派人到北营求和。然而此时的朱棣根本不予理睬，挥兵直逼金陵城下。朱棣的弟弟谷王朱橞和李景隆，正在京城率军把守金川门，他们决心阵前倒戈，见朱棣已兵临城下，便开门迎降，燕兵即刻冲入金陵。

燕军入城后，明惠宗朱允炆不知所终。其下落有两种说法，都各有道理，但又难以定论，遂成为明史一大疑案。

其一，当燕王朱棣"靖难军"打入京师，惠宗闻报，在命人点起大火后,含泪偕同皇后等人,投火自尽。

其二,惠宗并未"阖宫自焚",而是化装从地道逃出京城,以后隐姓埋名,剃度为僧,在江浙一带上岸之后,浪迹天涯数十年,云游于滇、黔、巴、蜀之间。史载朱棣即位后,自永乐三年(1405)始,派太监郑和率领庞大的船队七下西洋,不只为加强中外经济文化交流,还带有寻找惠宗踪迹、以防后患的秘密使命。

另有史籍记载,惠宗在正统年间(1436—1449)恢复本来面目,得到明英宗认可,从而入居宫中,寿年而终。去世后葬于北京西山。

明成祖朱棣

朱棣(1360—1424),明朝第三位皇帝。朱元璋第四子,生母有诸说。早年独得父爱,十岁受封燕王,驻守北平。后抗拒惠宗削藩,借"清君侧"之名,发动"靖难之役",夺取皇权。明成祖朱棣是个颇有作为的皇帝,他对内积极发展生产,对外建立邦交,国势强盛,一时无两。他诏命编纂的《永乐大典》及郑和下西洋的壮举,其业绩震古烁今。

一、少年英杰 军威卓著

明太祖朱元璋一生得子二十六个,其中相貌奇伟、聪明伶俐的朱棣,自小就备受父亲钟爱。明太祖常常自豪地对朝臣夸赞,棣儿酷似自己("棣儿类我。"鲁思俊《西子丛话》)。在朱棣刚满十岁的时候,父亲就封他为燕王。洪武十一年(1378),宫廷要为朱棣诸兄弟确定宫城制式,太祖特别关照说,除燕王宫殿按元朝皇宫制式外，其他各王府均不得引以为式。由此可见，少年的朱棣已经成了父皇心中的明珠。

从洪武十一年（1378）开始，明太祖陆续将诸亲王派到各自的封国去。洪武十三年（1380），二十岁的朱棣也进驻了燕都北平。当时，徐达奉命镇守北平，朱棣有了这样的军事家做老师，军事谋略与武艺都迅速提高。

徐达不仅是朱棣的师长，也是他的岳父，而月下老人正是明太祖。徐达的长女自幼贞静，尤好读书。明太祖听说后，便将徐达叫到跟前说："咱们俩是布衣之交，过去君臣深相投契的，大都结为婚姻。你有好闺女，就与朕的儿子朱棣相配吧。"（"朕与卿，布衣交也。古君臣相契者，率为婚姻。卿有令女，其以朕子棣配焉。"《明史·后妃列传一》）徐达当然求之不得，也就欣然应下了这门亲事。洪武九年（1376），徐氏册为燕王妃。

朱棣在徐达的严格教授下，练得一身好武艺，逐渐显露出杰出的军事才能。后来，明王朝胡惟庸、蓝玉案发生后，当年跟随太祖的元勋宿将几乎全给杀光了，如此则北部防御蒙古侵扰的任务，就只能交给二子秦王、三子晋王和四子燕王承担了，时称他们为"塞王"。但秦、晋二王都先后死于父亲之前，这样就只有燕王朱棣的军权最大。朱棣还得到父亲的特许，军中小事立断，大事方报知朝廷。由此可见，明太祖对他的器重与其权力之大。

当然，朱棣也没有辜负父皇的期望，他不仅武艺高强，而且胸怀大略。在与蒙古军队的交战中，屡建战功。如洪武二十三年（1390）正月，元朝残余势力南侵，太祖命令朱棣和晋王率军北征。晋王胆怯，而朱棣置生死于度外，独自率傅友德等大将挥师深入。进军途中，正遇大雪，不少将领主张停止深入。朱棣以为，正因天降大雪，敌人才毫无戒备。他出其不意地逼近敌营，迫使元朝残余势力不战而降。捷报传到京师，太祖大喜，说：

"将来肃清蒙古沙漠者,还须靠燕王!朕不必为北疆忧虑了。"("清沙漠者,燕王也!朕无北顾之忧矣。"《明太祖实录》卷二百一)后来,朱棣多次受命北征元军,多有战功,军权日重,威名大震。

朱棣权力愈盛,兵马愈强,太子朱标早死,明太祖有意立他为太子,而为众大臣所阻,朱棣愤愤不平,更滋长了他夺取皇位的欲望和野心。

就在朱棣对不能当上太子继承皇位而愤愤不平时,七十一岁的朱元璋撒手抛开他紧握了三十一年的皇权,离开了忧心忡忡的皇太孙朱允炆,与世长辞。

二、反对削藩 靖难夺位

洪武三十一年(1398)六月,二十二岁的朱允炆继位。而身居北平的叔父燕王朱棣,也从此日夕窥伺着侄儿的皇位。这样,一场争夺皇权的血战就一触即发了。

明惠宗朱允炆对于藩王叔父们的权力过大,不是没有警觉。早在祖父朱元璋在世的时候,就已经意识到这个问题的严重性。有一次,太祖非常自信地对惠宗说:"我把防御蒙古的任务交给诸王,边防既有保障,你就能做个太平皇帝了。"惠宗沉思后说,"边境不安定有诸王抵御,诸王不守本分,由谁来抵御呢?"明太祖反问说:"你的意见如何?"惠宗回答说:"用德来怀柔他们,用礼来制约他们。这两条不灵,就削去他们的地盘,更换他们的封地。到再不行的时候,就只好用武力讨伐。"明太祖闻言有理,便高兴地说:"对,再没有其他更好的办法了。"

但明惠宗是个有识无胆、仁柔寡断的年轻天子。继位之后,为了应付局面,他首先起用了齐泰和黄子澄两个亲信,后来又采用他们的建议,先后削去四王的王爵,湘王朱柏则自焚而死。

朱棣虽远离京城，身居北平，但京中发生的事情，他却无不知晓。闻听五王的命运，左右权衡，觉得与其束手就擒，不如举兵造反。

建文元年（1399）七月五日，朱棣以"清君侧"为借口，说朝廷出了齐泰、黄子澄等奸臣，必须举兵予以诛杀。于是，燕王削去建文年号，自置官属，布告天下，下令讨伐。历史上著名的"靖难之役"爆发。

朱棣起兵后，以闪电战术连拔怀来、密云、蓟州、遵化数县州，抢先攻占了北平北面和东面的一些军事重镇，补充了兵源，排除了后顾之忧。接着，集中兵力对付朝廷的问罪之师。

当时朝中的元勋宿将在胡、蓝大案中，已经诛杀得差不多了，侥幸活着的寥若晨星。战事爆发，闻报朝廷，惠宗几经斟酌，只好命令年已古稀的老将耿炳文，率军三十万北伐燕军。两军交战不久，南军先锋部队全军覆没。八月，南军主力部队又再败于滹沱河北岸。

这样，明惠宗只好以李景隆代耿炳文为大将军。李景隆本是个膏粱子弟，素不知兵。朱棣设计撤去卢沟桥防线，诱敌深入。他把固守北平的重任交给儿子朱高炽，自己领兵直趋永平、大宁，逼宁王交出精锐部队，包括朵颜三卫的蒙古骑兵收归己有，由此增添了几万精锐兵力。

无勇少谋的李景隆，果然上了朱棣的圈套。他听说燕王出师援救永平，便于十月驱兵直指北平。南军中唯有都督瞿能勇敢善战。他率领自己的儿子及前锋部队，直杀入张掖门。正当胜利在望的关键时刻，心胸狭窄的李景隆怕瞿能得了头功，竟然命令暂停进攻，说是要等大军全部到达，一起发动总攻。这就给了燕军喘息的机会。当时正值隆冬，气温骤降。朱高炽命将士连夜向城墙泼水，瞬时便结下厚厚的一层冰。待李景隆率大军赶来，早已失去了战机。南军久攻不下，反而被从大宁、永平回师的朱棣大败于城下。李景隆率先逃遁，连夜奔回德州。南军士兵见主帅已逃，也都潮水般一泻千里，落荒而逃。

不久，李景隆又纠集六十万大军北上，与朱棣大战于白沟河，又遭大败，南军将士被杀死、溺死的有十几万人。又经过几番苦斗，建文四年（1402），朱棣率领大军，从馆陶渡过黄河，在击败阻击的南军后，一路不计城池得失，挥兵直取扬州。惠宗见势不妙，急忙派使臣到燕军营中议和，答应割地休战，但此举被朱棣拒绝。

六月初三，朱棣挥师渡江。燕军舳舻相接，旌旗蔽天，金鼓如雷。南岸的守兵见状吓得魂飞胆破，一经交战，即全线崩溃。惠宗又派人议和，朱棣根本不予理睬，驱兵直逼南京城下。据守金川门的谷王朱橞和李景隆，见燕兵杀来，便开门迎降，京师遂破。惠宗去向不明。建文朝亡，历时三年的皇族夺权之战，终于以朱棣的胜利而告终。

同年，四十三岁的朱棣在文武群臣的拥戴下，登上了皇帝的御座，以明年为永乐元年（1403）。

三、铁血怀柔　削藩集权

即位之初，全国上下局势严峻，明成祖朱棣审时度势，采取镇压和怀柔并用的两手政策，以稳定动荡危急的政治局势，巩固皇位。

明成祖将惠宗时的旧臣陆续捕获后，稍有不屈，就严刑处罚，不是击齿，就是割舌，甚至截断手足，有的被杀死后，还要诛灭三族。

左佥都御史史景清，平时倜傥尚大节。朱棣即位后，令他继续任旧职，史景清也受命不辞。有人见他这般行为，说他偷生怕死,有愧先帝。对此,他毫不介意。两个月后的一天,他偷藏匕首上朝,刺杀皇上未成。明成祖将他剥皮,悬于城门。事发后,不仅史景清全家遭诛,而且顺藤摸瓜,株连左邻右舍,甚至连他出生的村子也都斩尽杀绝。这种空前绝后的大清洗,史书称为"瓜蔓抄",先后被杀的人达数万之多。

在严厉镇压建文朝部分反抗旧臣的同时,朱棣对跟随他"靖难"夺位的文武功臣,都予以提拔重用,并给予丰厚的奖赏;对战死的将士,也尽行追封。周、齐、代、岷四王,全予恢复原爵,各令归国。对朱允炆的故吏,只要能够真心归附新朝,明成祖也有选择地量才施用。

郑赐原是建文朝的北平参议,在燕王朱棣手下办事极为卖力。后被惠宗调升工部尚书,并曾任督师讨伐过朱棣,因此也列入奸臣的名册而遭逮捕。明成祖审问他:"你到底是为何背叛我呢?"郑赐回答:"我不过是对皇上竭尽臣职罢了。"明成祖闻言大喜,遂任命他为刑部尚书。这样一来,原来惠宗的故吏就渐渐归附,一心一意帮助新皇帝治理大明江山了。

为了尽快改变即位之初滥杀故臣所造成的恐怖紧张局面,在处理建文旧臣后,明成祖多次叮嘱司法机关各大臣,办理案件一定要依法办事,宁缓勿急。有一次,刑部送上判处死刑的三百多人名单,请他审批。他看后说:"给这三百多人所定的罪,恐怕未必个个都属实,你们再仔细复审一遍,一定不能叫任何一个蒙冤受屈。"刑部按照皇上的指令重新复审后,果然发现错案,有二十多人无罪获得释放。

明成祖是以藩王起兵"靖难"而夺取皇权的,他自然深知藩王拥兵过重对中央皇权造成的威胁。当了皇帝之后,为掩人耳目,稳定当时的局势,他曾一度恢复周、齐、代、岷四位亲王的封藩。但几个月之后,他就寻找罪名,首先削夺了代王和岷王的护卫军队,接着又将齐王废为庶人。永乐十年(1412),辽王的护卫军队被削除;拥有护卫军队最多的宁王,也早于永乐二年(1404)被改封南昌。永乐十八年(1420),周王被指控企图谋反。朱棣召他入京,把揭发他的状纸拿给他看。周王慌忙跪下请罪,并主动献出了自己的护卫军。

这样,经过几年的努力,威胁最大的几位塞王的护卫军全部解除,进一步加强了中央集权。

四、迁都北京 强盛国力

削藩之后,如何加强北方的军事力量,以防外寇入侵,明成祖经过深思熟虑,决定迁都北平。北平是他的发祥地,距北面边防很近,且屯集有重兵。天子居中,正所谓可以居重御轻。

永乐四年(1406),明成祖在不惜杀掉反对迁都的某大臣后,下令修建北京宫殿,并重新改造北平旧城。

永乐十八年(1420),北京宫殿工程竣工。就在这一年,明成祖宣布自明年起,以北平为京师,改南京为留都。永乐十九年(1421)春,明成祖正式车驾北迁。

首都北迁后,南京为留都,并称南北两直隶。这样,南京除了没有皇帝外,其他各种官僚机构和设置,与首都北京几乎完全一样。明成祖任命自己的亲信驻守留都,掌管着南京的一切留守、防护事务。

其实,明成祖夺位之初,就打定了迁都的主意。永乐元年(1403),他钦定北平为"北京",并着手组织力量修浚京杭大运河,以沟通北京与南方各地的联系。永乐九年(1411),又命令工部尚书宋礼疏浚会通河。并沿运河建闸三十八座,以提高水位。至此,京杭大运河开始真正畅通,使南方的粮米和丝帛等物资通过漕运源源输往北京,北方物产也通过运河南下,大大增强了南北经济的交流，为迁都北京准备了条件。

明成祖即位后，在加强皇权、创造安定局面的同时，在经济上继续推行明太祖休养生息、移民屯田和奖励垦荒的政策，努力恢复和发展遭受战争破坏的社会生产。

长达三年的"靖难之役"，淮河以北的广大田地杂草丛生，荒凉衰败。再加上蝗虫灾害，使刚刚发展起来的农业生产开始出现大幅度的滑坡。明成祖对此采取一系列措施，努力振兴农业经济。首先是迁移苏州等十郡和浙江等九省的灾民，充实淮北地区。不久又先后迁移山西、山东、湖广等地少地的农民和无业流民，到北京及北方地区屯垦。在"靖难"战争中遭受严重破坏的地区，政府还发给耕牛、农具，帮助百姓尽快恢复生产。同时，明成祖还采取严厉措施惩处贪官污吏，限制僧道发展，赈济灾民。

由于上述措施得到了有力的推行，使永乐朝的农业经济比洪武时代又有了新的发展。各地每年上缴京师的赋粮达数百万石以上。全国府县的仓库里还积存着大量的粮食，由于囤积经年，以至红腐不可食。

随着农业的繁荣，手工业和商业也有了长足的进步和发展。遵化冶铁场是永乐年间所建的最大的手工业工场，山场分布在蓟州（今天津蓟县）、遵化、丰润、玉田、滦州（今河北滦县）、迁安等地，占地面积四千五百多亩。场内有民夫、工匠、军夫达二千五百多人。永乐时代的造船业也有了相当大的发展，所修造的航海宝船，最大的长四十四丈，宽十八丈，可乘载一千多人，并备有航海图和罗盘针等先进航海设备，中国也成为当时世界上最先进的造船国家。

在长期的实践中，明成祖渐渐体会到，金玉之利是有限的，而书籍之利则是无穷的。所以执政期间，他特别重视科学文化的发展，注意文化典籍的搜集整理。

永乐元年（1403）七月，明成祖授命解缙组织编纂大型类书。他要求，"书的内容要务求详备，凡有文字以来的经、史、子、集百家之言，以至天文、地志、阴阳、医卜、僧道、技艺之言都要收罗进去，毋厌繁浩"。

根据皇上的指令，永乐二年（1404）十一月，该书初稿编纂完成。明成祖审阅后，认为取材不够完备，下令重修。同时加派人员，与解缙一起监修；并降旨礼部，选拔内外官员、全国宿学老儒及著名学者充任纂修，选派生员充当缮抄员。这样，先后调集三千多人，用了四年的时间，终于完成了这部拥有二万二千九百三十七卷，约三亿七千万字的当时世界上最大类书的编纂。成祖审阅后十分满意，赐名《永乐大典》，并亲自作序，还命人抄写了两部。可惜后来八国联军入侵北京时，此书大部分遭焚毁，剩下的也多被劫走。

五、数下西洋　发展邦交

在对外关系上，明成祖一面广泛吸引外国使臣来中国贸易，一面派使团走出国门，出访外国。永乐年间，郑和七下西洋的伟大壮举，就是在皇帝亲自授命下组织的一项规模浩大、影响深远的外交活动。

对于这次大规模的外交活动，明成祖做了多方面的周密准备。永乐五年（1407），下令在翰林院开设"八馆"，训练培养通晓外国语言和国内少数民族语言的人才。同时，还命令福建沿海修造大批海船，仅永乐元年（1403），福建造船场就建造海船一百三十七艘，永乐五年（1407），又改造海运船二百四十九艘。此外，还考察选拔了一批忠于职守、才貌出众、能够执行外交政策的人才。

永乐三年（1405），明成祖经过多方考察，终于选定了内官监太监郑和为出使西洋各国的外交使节。郑和是明朝初年云南昆阳（今昆明普宁）回族人。原姓马，后因随成祖参加"靖难之役"有功，赐姓郑。洪武十五年（1382），郑和十二岁，被明军俘至军营。因祖父和父亲生前都曾到麦加朝拜，因而郑和从小就对外洋风土人情有所了解。

永乐三年（1405）七月，郑和率领二万七千八百多人的远航队伍，带着大量的丝织品、瓷器、铁器、布帛和充足的口粮、日用品等，分乘六十二艘宝船，自刘家港（今江苏太仓浏河镇）集合起航。

郑和的船队首航直抵占城（今越南），然后往南到达爪哇、苏门答腊（今印度尼西亚），再往西航行到满剌加（今马来西亚）、古里（今印度南部）等国。

自此之后，郑和历经永乐、洪熙、宣德三朝，先后二十九年，七次下西洋，行踪遍及今东南亚、印度洋沿岸和非洲东海岸等三十几个国家和地区。每到一个国家，都以明朝使节的身份，向当地的国王或首脑赠送明成祖的礼品，表达愿意建立邦交、发展两国友好关系的诚意，并邀请他们来中国访问。此外，还同当地官府进行贸易，从各国收购了许多象牙、珍珠、珊瑚、香料等物品，受到当地人们的热情欢迎，人们称大明船队为"宝船"。

郑和遵照明成祖的命令，远航西洋，不仅大大促进了我国和亚洲、非洲国家的政治、经济、文化交流，增进了各国人民的友谊，而且把我国古代的航海事业推向了一个新的高峰。

在郑和下西洋之后，许多国家的国王、首脑或使臣，纷纷来到中国访问，建立了邦交和贸易关系。中国到东南亚去的侨民，也迅速增加，他们带去了先进的生产技术和文化知识，为南洋的开发作出了重大的贡献。

六、通好女真　通邮东北

明成祖虽然是以非传统方式登上皇位的，但他确实是一位治国安邦的好皇帝。当他雄心勃勃从惠宗手中夺过大明御玺的时候，他面临的不仅是前朝旧臣的激烈反抗，而且还要对周边少数部族的侵扰做出恰如其分的及时反应。即位之后，继承父亲的未竟之业，以通好和防御两种策略，巩固和发展了明朝多民族国家的统一事业。

自古以来就居住在白山黑水之间的女真人，是一个古老的部族，为我国满族的祖先。明成祖于永乐元年（1403），即派邢枢等使臣，前往奴儿干地区诏谕。女真各部首领相继归附，甚至连一些元朝故臣也入京，进贡马匹。对此，明成祖下令，在开原设立马市，同海西、建州两部进行交易。同时，发给女真酋长许可证，每年都可到指定地点做买卖。对于参加马市贸易的女真人首领，还命当地官员赏以猪羊酒席，以资鼓励。因此，在整个永乐朝，女真人都按时入贡，奉职唯谨。明朝有所征调，每调必赴。各族人民和睦相处，友好往来。

后来，明成祖继父亲在辽阳建立辽东都指挥使司后，又下令设立了奴儿干都指挥使司，在当地先后设置了三百七十卫、二十所，任命当地部族酋长担任卫所官员，且代代承袭。建州卫指挥阿哈出，还以军功被赐名李思诚，兄弟子侄也都做了明朝的官吏。

为了便利运输军需、贡赋物品和传递公文，明成祖下令在元代驿站的基础上，扩建、新建驿站，延长或新辟线路。当时，从辽东通往东北各地有六条交通干线，开原为六条干线的起点。这些干线东至朝鲜，西达今蒙古国，东北抵达满泾站，西北通向满洲里以北，形成了四通八达的交通网。

奴儿干都司设置后，宦官亦失哈等人曾多次奉命到此地，对当地部族进行宣谕抚慰。永乐十一年（1413），亦失哈第三次到奴儿干时，在都司城的西南，黑龙江河口对岸的山上建永宁寺，记述设置奴儿干都司的经过及亦失哈等屡次宣谕镇抚其地的情况。它记载了我国各族人民共同开发黑龙江、乌苏里江流域的历史业绩。

七、五征鞑靼　大漠辞世

尽管在发展大明与周边各族关系中做出了积极贡献，但真正展示明成祖雄才大略的，是他五次远征漠北的战绩。

元顺帝逃往漠北后，于洪武三年（1370）在应昌（今内蒙古多伦县东北）去世。春去秋来，几代逝去，蒙古贵族内部逐步分裂成鞑靼、瓦剌和兀良哈三部。其中鞑靼部最为强盛。三部之间经常仇杀，但更时常南下侵扰明朝边境。明成祖仍然采取父亲"威德兼施"的对蒙政策。一方面与之修好，封各蒙古部落酋长为王，赐予金银、布帛、粮食等物品；另一方面积极防御，从嘉峪关起沿着长城进入辽东至鸭绿江一线，先后建立了九个边防重镇，即所谓"九边"。这九个军事要塞都配有精锐部队，以抵御蒙古贵族的南下侵扰。

永乐七年（1409）四月，明成祖遣都督指挥金塔卜歹、给事中郭骥带着大量绢币前往蒙古各部招抚。其中，瓦剌接受招抚，成祖即敕封其首领马哈木、太平、把秃孛罗为顺宁王、贤义王和安乐王。而鞑靼可汗本雅失里，不仅拒不归附，还杀了使臣郭骥，发兵进攻明朝边境。

明成祖闻讯，即授淇国公邱福为征虏大将军，统兵十万，北征鞑靼。临行前，成祖叮嘱邱福，"毋失机，毋轻犯敌，一举未捷，俟再举"（《明史·外国列传八·鞑靼》）。但邱福却有负众望,轻敌妄进,全军覆没于胪朐河(今蒙古国境内克鲁伦河)。败讯传到京师,明成祖怒不可遏,追夺邱福的封爵,以书谕皇太子监国,决意立即选练兵马,来春亲征。

永乐八年(1410)春,明成祖率师北征,命户部尚书夏元吉留守北京,接运军饷。自领武将文官,督师五十万出塞。五月,人马行至胪朐河,本雅失里不敢接战,北逃斡难河。明成祖挥师追杀,两军遂大战于斡难河畔。成祖率军冲锋掩杀,大败敌众。本雅失里丢弃辎重牲畜,只带着七骑渡河逃走。

明成祖首次北征鞑靼告捷后,又先后在永乐十二年(1414)、二十年(1422)、二十一年(1423),四次亲征漠北。明成祖数次发动对蒙古贵族的征战,一方面有效防御和打击了其侵扰,但也耗费了大量的人财物力。第三次出征,仅运输粮草一项,就用驴三十四万匹,车一万七千七百五十辆,民夫二十三万五千多人,合计运粮三万七千万石。户部尚书夏元吉、兵部尚书方宾等廷臣,力谏罢兵,休养兵民,严敕边将守备。但明成祖不听,且把反对北征的朝臣逮捕入狱,有的迫害致死。在力排众议的情势下,永乐二十二年(1424),明成祖又发动了第五次亲征阿鲁台的战争。

征伐大军在漫漫荒漠日夜兼程,但放眼百里,不见敌人的踪影。以后根据闻报又多次扑空,将士死伤疲惫,劳而无功。明成祖方知边报不实,心里不免怅然。他望着漠漠荒沙,懊恼不已。但终因军粮将尽,不敢久留,只好下令班师回京。大军行至一处叫清水源的地方,明成祖见路旁有一石崖陡峭数十丈,便命大学士杨荣、金幼孜刻石记功。刻石记功后,明成祖突感身体稍有不适,几日之后,病情猛然加重。

永乐二十二年(1424)七月下旬,明成祖率师到达榆木川(今内蒙古多伦西北)时,已是气息奄奄,无药可治。他知道自己不能再亲理朝政了,便召英国公张辅入内,嘱咐后命,传位皇太子朱高炽,丧礼一律照父亲的遗制办理。言毕,当即与世长辞。

噩耗降临,张辅、杨荣、金幼孜含泪议定,六师在外,不便发丧,严密封锁消息,载着遗体,仍然是翠华宝盖,亲兵侍臣拥护前行。暗中派太监海寿,驰赴京师急报太子。太子朱高炽闻报,含恸迎入仁智殿,加殓纳棺,举丧如仪。葬于长陵。

马大脚为首的女人们

明太祖的后宫比较宁静而和平,这不仅在于马皇后堪称楷模的风范,使后宫没有争风吃醋、奢侈淫靡之事发生;更在于朱元璋残暴冷酷、动辄杀戮的个性,使妃嫔们噤若寒蝉,不敢有半点非分之想和僭越之举。在这些女人中,皇后马秀英形象鲜明、栩栩如生,与唐太宗长孙皇后同为千古贤后;而其余的,大多眉目不清、默默无闻,几乎就是一个个符号……

皇后马秀英

马秀英（1332—1382），明太祖朱元璋皇后。宿州（今安徽宿县）人。她是元末义军首领郭子兴的养女，并由养父做主许配朱元璋，朱元璋称帝后立为皇后。在早期征战中，她对丈夫多有帮助；富贵之后，不奢不骄，不忘民间劳苦，不改勤俭本色，对朱皇帝加以规劝、影响，多所匡正。她与丈夫伉俪情深，去世后明太祖没再另立皇后。

一、秀外慧中　克难助夫

马秀英家祖上曾是当地豪富。马秀英的父亲，史称"马公"，他仗义好施，导致家业日渐消乏。马秀英的母亲郑媪，生下女儿不久就去世了。

马公无子，视女儿马秀英为掌上明珠。马秀英自幼聪明，能诗会画，尤善书史，性格亦颇倔强。按当时习俗，妇女皆缠足，马秀英却坚决不缠，人称"马大脚"。

马秀英的父亲马公为杀人避仇，逃往他乡，临行时将爱女托付给生死之交友郭子兴，不久马公客死他乡。郭子兴喜欢结交豪侠之士，重义气，他把马秀英收为义女，当亲生女儿看待，悉心抚养，亲自教她读书识字，夫人张氏则手把手教她针织刺绣。十几岁的马秀英聪明无比，凡事一经指导，马上知晓，不但女工灵巧过人，而且喜欢读书，写得一手好文章。年近二十的马氏已经出落得秀外慧中，无论碰到什么难事，都能够从容干练地解决，深得郭子兴夫妇的钟爱。

当时正值元朝末年，政治腐败，社会黑暗，阶级压迫和民族压迫使老百姓处于水深火热之中。又遇黄河大决口，连年河水横流，大规模的农民起义随之爆发。

元顺帝至正十二年（1352），郭子兴在濠州（今安徽凤阳）起兵抗元，响应韩山童和刘福通在颍州（今安徽阜阳）发起的红巾军起义。一天，濠州城门外，来了一位身材魁梧、衣衫褴褛的年轻和尚，喧嚷着要见郭主帅。门卒将他捆缚至主帅帐前，郭子兴见他龙形虎躯，立即命令松绑，收入麾下做了亲兵。这个和尚就是朱元璋。

朱元璋能征善战，机智勇敢，屡建战功，深得郭子兴的赏识。为了培植自己的势力，郭子兴进一步拉拢朱元璋，便与夫人张氏做主，将义女马秀英许配给他。自从做了主帅的女婿，人们便改称朱元璋为"朱公子"，他在军中的地位也大大提高。马秀英与朱元璋志同道合，感情深厚。马氏随朱元璋南征北战，忧勤相济，成了丈夫的得力助手。

朱元璋在郭子兴部逐渐受到重用，但却遭到周围人的忌恨排挤。郭子兴性情暴躁，主意多变，听信谗言，猜忌朱元璋，甚至把他监禁起来，不准吃饭。每当遇到这种情况，马氏一面将自己的饭食偷偷送给丈夫，一面求义母张夫人说情，使之化险为夷。打仗的时候，其他将领往往把部分掠获物献给郭子兴，朱元璋所到之处则秋毫无犯，即使有所缴获，也尽数分给部下。马氏怕义父不察实情而耿耿于怀，就拿出自己平时所有的积蓄献给义母，请求义母向义父说情，使郭子兴消除了对朱元璋的猜疑。

郭子兴的儿子天叙、天爵二人，目光短浅，气量狭窄，对朱元璋被重用心怀不满，常常乘机诋毁。一次，由于年景歉收，朱元璋又被郭子兴怀疑，幽禁别室，闭门思过。这两人便暗中命令伙夫，不给朱元璋送饭。眼看丈夫饿得不行了，马氏悄悄来到军营伙房，乘人不备，从蒸笼里拿出两块蒸饼就跑，不巧与张夫人撞了个满怀。她迅速将蒸饼藏入怀中，低头向夫人请安，神色极为慌张。张夫人见状，心知有异，将她挈入内屋，仔细询问。马氏伏地大哭，说出了偷饼的事。张夫人忙令她解衣，拿出饼子，只见马氏胸前已经烫起了燎泡，那饼还热气腾腾的。张夫人不禁潸然泪下，一面为她敷药，一面问明了事情的缘由。后来经张夫人解释，郭子兴明白了事情的真相，释放了朱元璋，并把天叙、天爵狠狠训斥了一顿，朱元璋得以稍安一时。

不久，郭天叙、郭天爵突然邀请朱元璋出城宴饮，其实是想用毒酒谋杀。马氏闻知，立即密告朱元璋。朱元璋假装赴宴，骑马至中途，忽然下马，对天念念有词，然后上马急驰而归。后来他对天爵、天叙说，是天上神明指示，说他们置毒酒中，令其迅速回家，以免中毒。郭氏兄弟真以为有神人暗助，吓得汗流浃背，从此再也不敢加害。只有朱元璋自己清楚，那"神人"就是妻子马秀英。

马氏帮助丈夫排除了天叙、天爵的阻碍，朱元璋便放开手脚南征北战，发展自己的势力，积聚力量。他在军中名声渐大，同时也坚定了夺取天下的雄心。这时"红巾军"建立了自己的政权，立韩林儿为皇帝，号"小明王"。

二、相夫教子　助成霸业

元至正十五年（1355），郭子兴病逝，小明王任命郭天叙为都元帅，朱元璋为左副元帅。不久，郭天叙战死，朱元璋便升为大元帅，郭子兴的旧部全都归他指挥。

作为大元帅的夫人，马氏身上的担子更重了。此时，马氏已经怀孕，但战事极为紧张。朱元璋率大军向南挺进，准备渡江夺取南京，以建立巩固的根据地。在与元军大战后，得以顺利渡江。马氏随军来到太平（今安徽当涂），生活极其艰难。朱元璋目光远大，以夺取天下为目标，约束军队，不许掳掠，并以身作则，与士卒同甘共苦。贤明的马氏十分理解丈夫的所作所为，虽有身孕，仍然率领将士的妻妾随军渡江。在军需供给十分困难的情况下，她经常储备食物供朱元璋急需，不使乏绝，而自己有时竟饿着肚子。马氏在朱元璋的随从文吏陈迪家里产下长子朱标，从此，她又担起了良母的重任。后来又生下朱樉、朱棡、朱橚及宁国公主、安庆公主等子女。

马氏在生活上对朱元璋照顾周到，在家中抚儿育女井井有条，为朱元璋解除了后顾之忧。不仅如此，平日在军中，她还是朱元璋的得力助手。渡江作战时，朱元璋率主力先行渡江，马氏带领眷属后勤尾随。考虑到元军有可能采取断后的行动，马氏不等朱元璋下令，便果断地指挥后勤人员紧急渡江。果然刚渡过江，大批元军便席卷而来，企图切断朱元璋军队的前后联系。由于马氏的机智果断，使元军扑空，并保障了这次行动的顺利完成。又有一次，忽然遭遇敌人，朱元璋受了伤，混战中人们各不相顾。在万分危急的情况下，马秀英毅然背起朱元璋，以村姑的打扮逃出虎口。

马氏深知，朱元璋是个有胆有识的人，不但打仗机智勇敢，而且平时豁达大度，礼贤下士，将来必能像刘邦、李世民那样，实现创建帝业、治国平天下的理想。她更知道，作为朱元璋的妻子，她不仅要有贤妻良母的美德，还要具备国母仪范，为丈夫创建基业献计献策，当好贤内助。

在许多重大军事行动中，马氏都在朱元璋身边出谋划策，提出一些很好的建议。她认为，定天下在得人心，人心才是天下之本。她曾多次规劝朱元璋："用兵不能不杀人，但主帅不能嗜杀，这样才能避免不必要的伤亡，定天下应以不杀人为本。"朱元璋对此极其赞赏，每逢将士出征，他都反复强调：攻克城池，不许妄杀，不许掳掠，并让人写成布告，到处张贴，同时派执法队沿街巡逻。因而仁义之声远近传闻，许多地方举城归附，这正是朱元璋战胜群雄的关键所在。

渡江之后，朱元璋夺取江宁（今南京），以此为根据地，颇有"称王以威定天下"之意。后来，他接受了朱升的建议："高筑墙，广积粮，缓称王。"他认识到，群雄未灭，鹿死谁手，尚不可知。在这种情况下，谁先称王，谁就成为众矢之的，给人以进攻的借口。于是，朱元璋一面在形式上对小明王保持臣属关系，一面东征西讨，开拓疆土。

经过几年时间，朱元璋建立起一支强大的队伍，这支队伍足以与元末其他义军和元军匹敌。随着军事实力的增强，朱元璋与各部义军割据政权的矛盾日益尖锐，至此，群雄逐鹿中原、决战天下的时机到了。

至正二十年（1360），陈友谅率兵东下，攻下太平，直逼江宁，朱元璋亲赴前线迎敌。为了做好后勤工作，马氏亲自率领军士家属及其他后勤人员，日夜赶制军衣军鞋，及时送往前方，保证将士的衣用供给。在强敌压境、开始处于劣势的危急关头，城中部分官兵开始动摇，而马氏却镇静自若。她散尽府中金帛衣服，犒赏将士，不但稳定了军心，而且使军士大受鼓舞，个个奋勇杀敌，因而大败陈友谅。接着朱元璋乘胜扫平各路义军，自立为吴王，马氏成为吴国夫人。随后，朱元璋与元军展开决战，攻入大都，平定北方。至此，统一全国的大业已基本实现。

在朱元璋率军驰骋大江南北、创建帝业的过程中，马氏亲自掌管所有的文札，无论是行军作战的军状文书，还是朱元璋随手写下的札记、备忘录，她都保管得井井有条，不论什么时候来取，她都能准确地拿出所要的一份，从不出错。马氏聪明过人，又好读书，对于朱元璋来说，实在是一个机要文书。朱元璋能成霸业，妻子马氏是功不可没的。

三、仁厚之治　婉谏刑戮

元至正二十八年（1368）正月，朱元璋登基于应天（今南京），国号"大明"，建元"洪武"，马氏被册立为皇后，是年三十六岁。

从此，马皇后以"为妻之道"佐助明太祖朱元璋，以皇后之尊留心政事，关心百姓、礼待臣下，与明太祖同心同德巩固大明王朝。

马皇后身居后位，但不骄不躁，仍然保持艰苦朴素的作风和宽厚仁慈的性格。她勤于内治，讲求古训，力倡仁厚之道。以宋多贤后，命女史录其家法，朝夕省览。有人说宋朝过于仁厚，皇后说："过于仁厚，不比过于刻薄好吗？"（"或言宋过仁厚，后曰：'过仁厚，不愈于刻薄乎？'"《明史·后妃列传一》）

马氏提出"仁厚之治"的主张，将汉代与宋代两家思想合二为一，得出了"仁厚"胜过"刻薄"的结论。据此，她命女史官总结历代仁厚典范，写成家法古训，请求明太祖予以表彰。

朱元璋称帝后，接受历史教训，不许后宫干预政事。在这种情况下，马皇后既要做到不出头露面，又要做到以其特殊的身份、卓越的见识和杰出的才能，悉心补救、纠正丈夫政事上的漏洞和弊病。所以，在明初的政治生活中，马皇后的特殊作用，明太祖贴切地喻为"家之良妻，犹国之良相"（《明太祖实录》卷一四七）。在某种情况下，这位"良妻"还起到了"良相"所不能起到的作用。

一日闲谈，马皇后问夫君："现在天下的老百姓安居乐业了吗？"明太祖回答："这不是你应当问的。"马皇后说："陛下是天下百姓之父，妾也算为天下百姓之母，子女是否安居乐业，怎么不能问吗?"("陛下天下父,妾辱天下母,子之安否,何可不问!"《明史·后妃列传一》)马皇后此次进谏,旨在劝明太祖关心民生疾苦,爱民如子。

马皇后经常劝夫君以尧舜为法,行仁厚之政,以求天下太平、百姓安乐。她认为要达到尧舜之治,就要重法治、重贤才、重教育。因而在这几个方面,她帮助明太祖补弊救失,做出了很大贡献。

在重视法治方面,马皇后提醒明太祖说:"法律经常变动,定会产生弊端;一旦出现弊端,奸邪就会发生;百姓屡受扰乱,必然陷入困苦;百姓陷入困苦,就会产生动乱。"("法屡更必弊,法弊则奸生;民数扰必困,民困则乱生。"同上)明太祖认为是"至言"(至理名言),命史官书之于册。朱元璋生性刚烈,好发脾气,动辄杀人。马皇后劝他"不以喜怒加刑赏"。太祖在前殿决事,有时震怒,欲开杀戒,马皇后等他还宫,就婉言劝谏,由此缓刑免戮的人很多。

有人报告参军郭景祥之子萌生杀父之心,太祖大发雷霆,下令把这个不孝之子杀掉。马皇后得知,劝道:"郭景祥只有一个儿子,要谨防小人别有用心。如果枉杀,郭景祥就会绝后。不如派人查明,再作结论。"太祖派人调查,果属冤枉。

李文忠守严州(治今浙江建德东北),中书左丞相杨宪诬其不法。太祖打算召回李文忠,给予处罚。马皇后认为:严州是与敌交界的重地,将帅不宜轻易调动。而且李文忠一向忠实可靠,杨宪的话怎么能轻易相信呢?"太祖向来信赖马皇后,便派人去严州调查,果然又不实。后来李文忠一直戍守严州,从无疏忽。

四、义保宋濂　智救全城

宋濂是明初的谋士,也是太子朱标的老师,明太祖对他恩礼有加，在他年老返乡后，仍不断派人慰问。不幸的是，宋濂之孙宋慎犯罪，他也受到株连，逮赴京师，判处死刑。

对于此事，马皇后竭力劝谏，对太祖说："民间请个老师，还始终不忘恭敬，何况宋先生已经告老还乡，并不知道朝中发生的事情，又怎能因子孙犯罪而牵连致死呢？"话虽入情入理，但皇上还是不肯赦免。到伺候御食的时候，马皇后不备酒肉，太祖问是何故，她回答说："妾为宋先生作福事也。"（《明史·后妃列传一》）明太祖听后有所感动，第二天就下令赦免宋濂死刑，安置茂州。

吴兴富民沈秀（传说中的沈万山），出资帮助修筑都城，事后又请求出钱犒赏军队。明太祖认为百姓出钱犒军不吉祥，因而大动肝火，下令将其处死。马皇后劝谏道："我听说，法律是惩罚不守法的，不是惩罚不祥的。沈秀富可敌国，是他自己不祥。不祥之百姓，老天会降灾于他，怎么用得着陛下诛杀呢？"（"妾闻法者，诛不法也，非以诛不祥。民富敌国，民自不祥。不祥之民，天将灾之，陛下何诛焉！"同上）太祖觉得有理，便将沈秀释放，派去戍守云南。

有一年的元宵节，明太祖化装外出，杂在众人中观灯，见一灯上写着："女子肩并肩，乘艭；风荡舟去。忽然少一人，却向月边住。"谜底是"好双大脚"。太祖认为这是讽刺马皇后，大发雷霆，要严惩"刁民"，如若查不出具体的人来，全城百姓一律遭殃。马皇后闻听，进谏道："妾是大脚，自己不嫌，陛下不嫌，别人纵然是嫌，有什么相干呢？陛下不是曾说幸亏妾脚大，才能背着陛下逃出死地吗？何况天子为民之父母，子女们随便说说自己的父母，并没有伤害父母之心，做父母的怎能大怒不止，要置子女于死地呢？"一席话，说得太祖怒火全消，遂收回了成命。

明太祖经常法外用刑，随意治罪，马皇后总是时刻加以提防，遇事设法补救，往往从细枝末节中拾遗补缺，以匡不逮。一次，明太祖发脾气责骂宫女，马皇后也假意发怒，命将宫女交付宫正司论罪。太祖问"何为"，马皇后解释说："帝王不能以喜怒施加刑罚和奖赏。当陛下大怒时，用刑可能会过重。交给宫正司，就能公平处理。即便是陛下给人定罪，也应该下诏给有司啊。"（"帝王不以喜怒加刑赏。当陛下怒时，恐有畸重。付宫正，则酌其平矣。即陛下论人罪，亦诏有司耳。"同上）

五、创设红仓　视贤如宝

在用人方面，马皇后非常爱惜人才，而且懂得贤才对于治国的重要性。她认为，帝王虽有圣人之聪明，也不能一人独理天下；要达到天下大治，必须择贤而用。但对贤才也不可求全责备，要宽其小过而发挥其才能。她提出"愿得贤人共理天下"的建议，被明太祖奉为至理名言。

明太祖称帝后，多次提出要给皇后的宗族亲戚封官赏爵，马皇后断然谢绝，说："爵禄私外家，非法。"（《明史·后妃列传一》）她还一再劝谏太祖，不论亲人外人，如果真有贤才，就应当加以重用；如果授官给平庸之辈，必将恃宠致败。鉴于前代外戚干政覆败的教训，对自己的亲戚多给赏赐，使其安居乐业足矣。

马皇后有一句名言："人主自奉欲薄，养贤宜厚。"（同上）意思是君主应该过简单朴素的生活，但在发展教育、培养贤才方面则要舍得花钱。为了国家的长治久安，不仅要重视选拔贤才，更要培养大批人才以供选拔。一次，太祖视察太学（国子监）回来，马皇后问太学有多少学生，太祖答曰"数千"。马皇后说："数千太学生，可谓人才济济。可是太学生虽有廪食（生活补贴），他们的妻子儿女靠什么生活呢？"针对这种情况，马皇后征得太祖同意，征集了一笔钱粮，设置了二十多个红仓，专门储粮供养太学生的妻子儿女。红仓制度一直延续到明代中后期,是明代发展教育的重大措施,也是中国教育史上的重大事件。明代高等教育事业的发展,可以说马皇后有其一份功劳。

有了贤才,还要尊重、团结他们,才能发挥其作用。特别是要处理好君臣关系,才能使贤才为国家尽忠效力。明军攻克大都后,在元朝国库里获得了很多珠宝,将领们献给皇上,举朝为之庆贺。朝庆时,马皇后故意问太祖:"元朝有这些东西却守不住,是不是帝王本应有别的财宝呢?"太祖领悟了她的意思,立即答道:"我知道皇后是说'得贤为宝'。"马皇后拜谢道:"确实如陛下所说。妾与陛下起于贫贱,到了今天,总担心骄纵因奢侈逸乐而生,危亡从细微小事而起,所以希望得到贤人共同治理天下。"("诸将克元都,俘宝玉至。后曰:'元有是而不能守,意者帝王自有宝欤?'帝曰:'朕知后谓得贤为宝耳。'后拜谢曰:'诚如陛下言。妾与陛下起贫贱,至今日,恒恐骄纵生于奢侈,危亡起于细微,故愿得贤人共理天下。'"《明史·后妃列传一》)视贤才为国宝,充分显示了马皇后的远见卓识。

明太祖从一个贫苦和尚,变成称孤道寡的帝王,随着地位的改变,思想感情也发生了很大的变化。他害怕臣下功高震主,因此采用极其残酷的手段,株连屠杀大批文臣武将,借以树立至高无上的权威。这种高压政策,使许多开国谋臣良将辞官隐退。对皇上的这种做法,马皇后很不满意,她极力主张对下属不能过于苛刻,不能求全责备,而要仁厚待之。

一天,明太祖在群臣面前称赞马皇后的贤德,如同唐太宗的长孙皇后。退朝后,他告诉了马皇后,马皇后却说:"妾听说夫妇互相保护容易,君臣互相维持很难。陛下不忘与妾曾同处贫贱,也愿陛下不要忘了与群臣同经艰难。况且妾怎么敢比长孙皇后呢!"("妾闻夫妇相保易,君臣相保难,陛下不忘妾同贫贱,愿无忘群臣同艰难。且妾何敢比长孙皇后也？"同上）借以劝止太祖过于苛刻的做法。她从夫妻关系推及君臣关系，从治家之道推及治国之道，考虑得极为细致周到。

六、躬行节俭　以严为爱

马皇后为人富而不奢、贵而不骄，虽居高位，但仍保持节俭朴实的作风，总是严于律己、宽以待人。她劝勉丈夫：身处富贵，要不忘布衣。她告诫子孙：生长富贵，当知耕田种地的艰难。自己则躬行节俭，言传身教，堪称德行高尚的贤妻良母。

明朝建立之初，社会残破，经济困难，马氏虽贵为皇后，但平时仍穿粗丝织的衣服，衣被破旧了也舍不得更换，还把宫里每次缝制衣服剩下的边边角角拾起来，拼成被褥，供严冬御寒；织工治丝，她也不让丢掉一点乱丝败缕，要他们把坏乱的丝疙瘩织成次等的绢帛，赏赐给王妃、公主，并对她们说："虽然是次等绢帛，在民间仍然难得，赐给你们，使你们知道蚕桑之不易。"

马皇后还亲自带领公主、王妃刺绣纺织，告诫她们，身为妇女，要勤于女工；想当好贤妻良母，首先要学会良家妇女的治家本领。她自己以身作则，缝补旧衣，制作新衣，样样不落。丈夫的膳食，她一直亲自操办，甚至连皇子皇孙的饭食、穿戴，她也亲自过问，无微不至。

在饮食方面，马皇后从不特别讲究，平时一律粗茶淡饭。她安排丈夫的生活，同样也以俭朴为原则。有时，明太祖因御服不满意而小有怒气，马皇后就劝道："陛下难道忘记了过去的贫贱吗？"由于皇后的影响和规劝，加上太祖本是布衣起家，在朝中也极力提倡俭朴，开国之初，一切建筑设备都不过分华丽，凡是雕饰之物，一律禁用。太祖还借用马皇后的话告诫臣下："穿衣要思织女之勤劳，吃饭要念耕夫之劳苦。一切兴作都不得劳民伤财。"

马皇后对后宫子女、妃嫔的教育，也非常重视。明太祖有二十六个儿子、十六个女儿，这些皇子、公主的教育，大都由马皇后亲自负责；特别是亲生的四个儿子，马皇后管教极其严格。

有一次，皇子的老师李希颜，因小孩顽皮不听话，用笔管戳伤其额角。小皇子哭着向父皇告状，明太祖非常生气，正要发作，马皇后急忙从旁劝解道："李先生以圣人之道教育训导我们的孩子，有什么过错呢？制锦的人受剪刀之伤，能责怪他的师傅吗？"明太祖深感有理，不但没有惩处李希颜，反而提升他做了左春坊右赞善。

身为母亲，马皇后对子女以严为爱。她教育子女戒骄戒躁，特别是对太子朱标，要求他仁慈友爱，以便将来做个开明君主。幼子朱橚性格放荡不羁，长大后被封到开封做周王。马皇后对他极不放心，朱橚临行时，便派江贵妃随往监督，还把自己身上的纰衣（边缘绽开的衣服）脱下来交给江贵妃，并赐木杖一杆，嘱咐说："周王有过错，就令他披纰衣杖责。如敢违抗，驰报朝廷。"从此一见到慈母的纰衣，周王便生出敬畏之情，不敢胡作非为。

以严为爱，是马皇后对待子女的原则。对宁国公主、安庆公主等，马皇后要求她们勤劳俭朴，不能"无功受禄"。对明太祖所收义子朱文正、李文忠、沐英，她也细心照顾，视为己出。

七、孝慈贤良　后妃楷模

身为"国母"，马皇后时刻关心民间疾苦。洪武五年（1372），发生严重春旱，秧苗不能入土，百姓忧心如焚。马皇后为此焦急万分，告诫后宫节约衣食，准备迎度荒年。一天夜里，下了一场春雨，第二天，她亲自上朝庆贺，太祖感动地说："皇后能同心忧勤，真是天下百姓的洪福啊！"

马皇后与明太祖忧乐与共三十年，无论是在动荡的艰难岁月，还是在贵为"天下之母"的太平盛世，始终相敬如宾，相辅而行。她不仅时刻留心政治，帮助丈夫治国安民，而且生活上对丈夫体贴关心，穿衣吃饭皆亲自侍奉。无论春夏秋冬，她都比丈夫早起晚睡，辛勤操劳；遇到丈夫心情不畅，她总是问长问短，细语相慰。明太祖对她不仅尊重信赖，而且充满深情。

马皇后与明太祖在动乱中起家，在富贵中相处，既没有借天子之威残害忠良，也没有恃后宫之宠结党营私。她的许多见解和建议，被太祖听取并采纳，甚至誉为至理名言，载之史册，垂范后世。她以"良妻"的身份，发挥了"良相"的作用，成为封建时代贤明后妃的楷模。

洪武十五年（1382）八月，马皇后病逝，享年五十岁。病重期间，群臣请祷祀，求良医诊治，马皇后自知难以痊愈，坚决不肯。她对太祖说："人的生死，是由'命运'决定的。祈祷祭祀有什么益处呢？而且医生只能治病，不能治命，得了死症的人，良医也无力救活。假使服药不效，岂不是因为我的缘故而使医生蒙受'无能'或'不尽职'之罪吗？"她临终嘱咐太祖："希望陛下求贤纳谏、有始有终，子孙个个贤能，臣民安居乐业。"（"愿陛下求贤纳谏、慎终如始，子孙皆贤，臣民得所而已。"《明史·后妃列传一》）言毕溘然长逝。太祖放声恸哭，文武百官无不垂泪，连边陲龙州（今四川江油）百粤也上表吊唁。

马皇后去世后，明太祖悲伤不已，命令设立普度大斋，亲自烧香祭悼，从此再也没有册立皇后。当年九月葬孝陵（今南京孝陵卫），谥曰"孝慈"。永乐元年（1403），明成祖即位，上尊谥为"孝慈昭宪至仁文德承天顺圣高皇后"。嘉靖十七年（1538），明世宗又追赐尊谥为"孝慈贞化哲顺仁徽成天育圣至德高皇后"。

马氏死后,宫人怀念她,作歌曰:

我后圣慈,化行家邦。抚我育我,怀德难忘。
怀德难忘,于万斯年。念彼下泉,悠悠苍天。

马氏以她卓越的见解、高尚的品德、超群出众的举止,成为历代后妃的楷模。

贵妃孙氏

孙氏(1343—1372),明太祖朱元璋贵妃。陈州(今河南淮阳)人。早年避乱扬州,为人收养。后纳入宫中,洪武三年封贵妃。她禀性贤淑,言行遵循礼法,"勤于事上,慈以抚下",对皇上及皇后皆有佐助之功。卒谥"成穆"。

孙氏世居陈州,父亲孙和卿曾在元朝做官,因而迁居江南毗陵(今江苏常州)。母亲晁氏。但孙氏很小的时候,父母就都不幸去世了,家里由长兄孙榠掌管。

元末战火连绵,民不聊生。孙氏十三岁的时候,为了躲避兵灾,二哥孙蕃带着她,流落到了扬州。而唐、宋以来一直非常繁华的扬州,此时也残破不堪。孙氏在扬州过着颠沛流离的生活,衣衫褴褛,食不果腹。

至正十六年(1356),刘福通的红巾军兵分东西两路,由李喜喜率领的西路军一部,一度曾攻陷兴元(今陕西南郑),到达凤翔,进逼长安。后在各路元军围攻下,李喜喜率部退入四川,改称"青巾军",史称"青军"。后青军东进,攻占扬州,孙氏和二哥孙蕃离散。孙氏得遇青军将领马世熊,马世熊之妻收她做了义女。直到这时，孙氏才算有了相对安稳的落脚处。

元至正二十年（1360），朱元璋派兵攻克扬州，马世熊投降。此时的朱元璋已经是吴国公，他听说孙氏年满十八，颇有"容德"——相貌和品德都比较出色，尚未出嫁，便把她纳入了后宫。

孙氏禀性贤淑，聪慧过人。入宫之后，她"言行皆有礼法，如古昔贤女"（宋濂《故成穆贵妃圹志》）。其间，她曾请朱元璋访求长兄孙㮨，得以兄妹重逢。

洪武三年（1370）五月，孙氏被明太祖册立为贵妃，地位在众妃之上。（"册封贵妃，位众妃上。"《明史·后妃列传一》）成为贵妃后，孙氏侍奉皇上非常恭敬谨慎，且有警醒帮助的作用；同时，辅佐马皇后打理内部，使后宫庄严清静、整齐和谐，上下之间都没有怨言。（"妃益小心恭谨事上甚至，有儆戒相成之助；佐皇后以理内，治宫壶肃雍，上下咸无怨者。"宋濂《故成穆贵妃圹志》）

孙贵妃总共侍奉了朱元璋十五年，育有三女。长女临安公主，入宫当年十月生。次女早卒，三女为怀庆公主。

洪武七年（1374）九月，孙贵妃病逝，终年三十二岁。明太祖为之感悼，诏谥"成穆"，册文有"贵妃孙氏，以笃慎之资，纯淑之行，勤于事上，慈以抚下，当国家开创之初，备警戒相成之道，德实冠于嫔御，功有助于中闱"的评价。

此外，对孙贵妃的丧礼安排，也颇见皇帝宠爱。因孙贵妃无子，明太祖命吴王朱橚为其服慈母之服，斩衰三年，主持丧事；并敕皇太子朱标及诸王，也都服期年之丧。另赐孙㮨田租三百石，用以四时祭祀；每年四时节序、忌日，礼部备仪物祭祀。葬南京褚冈，后附葬孝陵。

淑妃李氏

李氏（约1352—1385），明太祖朱元璋妃嫔。凤阳府寿州（今安徽寿县）人。出身将门，性格温淑，胸有大度，入宫后颇得皇上喜爱。马皇后去世后，李氏被册立为淑妃，摄掌六宫大事，虽无皇后之名，却行皇后统掌六宫之实。

李氏出身将门，其父李杰，是早年间就跟随朱元璋的将领，曾任广武卫。

李氏容貌美丽、性格温和，朱元璋称王之后，她被选入王宫。温文尔雅、秉性贤淑的李氏，很得吴王朱元璋的喜爱。

元至正二十七年（1367），朱元璋派徐达、常遇春率师北伐。李氏的父亲李杰，也率部参加。他作战勇敢，身先士卒，不幸在战斗中阵亡。李氏作为战将的遗孤，朱元璋自然对她更好一些。

朱元璋称帝后，册立马秀英为皇后，李氏也被册立为妃子。但由于朱元璋与马皇后患难与共、伉俪情深，所以其他妃子的名位都不显贵。

洪武十五年（1382）八月，马皇后病逝。此前，后宫事务均由马皇后料理。马皇后去世后，后宫之事实际上由李氏掌管，但直到洪武十七年（1384）九月马皇后丧礼服除，她才被册为淑妃，开始名正言顺地统掌六宫。

李氏把后宫治理得井然有序，为朝政繁忙的皇帝减轻了负担。她对明太祖朱元璋的所作所为，都全力给予支持。比如明太祖不爱奢华，讲究实际，身体力行倡导节俭，后宫的嫔妃也都十分注意，先是在马皇后、后是在李淑妃的带领下，她们从不乔装打扮，都不穿十分华丽的衣着。

李氏对明太祖百般体贴,见他事事繁忙,也学马皇后开导他,说:"疑人不用,用人不疑。陛下不必对忠实你的臣民抱有疑心。"明太祖听后哈哈一笑:"爱卿只知其一,不知其二,朕要是不经常了解他们的情况,又如何能治理朝政呢?"李氏听后点头称善。

但不幸的是,不久李氏就去世了。享年不高,掌管六宫不足一年。

宁妃郭氏

郭氏(生卒年不详),明太祖朱元璋妃嫔。濠州(今安徽凤阳)人。李淑妃去世后,郭氏接掌六宫。她雍容大度,后宫和睦;关怀皇上,体贴备至。他的父兄也都因功封公、封侯。

郭氏与朱元璋是同乡,但父亲郭山甫与朱元璋并不认识。后来,一个偶然的机会,郭山甫看出朱元璋必能出人头地,就把女儿嫁给了他。当时,朱元璋还没有成事,地位低下。

郭氏的父亲郭山甫会看相,在周围数十里远近闻名。一次,朱元璋路过郭山甫家,郭山甫见到朱元璋,非常惊异,对他说:"您的相貌,贵不可言,日后必有大任焉!"("公相贵不可言。")接着,郭山甫把儿子郭兴、郭英叫出来,对他们说:"我看你们都可以封侯,但必须仰仗这位贵人。"("吾相汝曹皆可封侯者以此。"《明史·后妃列传一》)就这样,郭山甫让两个儿子跟了朱元璋,并让女儿也去侍奉他。

此后,郭氏与马秀英一样,一直跟随朱元璋四处征战,过着十分艰苦的军事化生活。其间,她辅助马秀英料理朱元璋的生活和身边琐事,助力不少。直到朱元璋称王、称帝,定都建元,生活才算安定下来。

郭氏在后宫宽容大度,从不争风吃醋。洪武十八年(1385)李淑妃去世后,她接替了李妃,执掌六宫之事。

洪武二十四年(1391),社会经济开始出现空前繁荣的局面。郭氏在明太祖大刀阔斧治理国家的时候,对他多加体贴、关怀备至,使之无后顾之忧。太祖对她感情甚笃,其父郭山甫最后封至营国公,兄弟郭兴、郭英均以功封侯。

郭宁妃生有鲁荒王朱檀。根据郭氏家谱中保存的家书,在朱檀之前,她还生了两个女儿。

后来,郭氏平静地走完了她的人生道路,年份不详。也有史料认为,她也是被明太祖赐死的。

曹国长公主

曹国长公主(1317—1352),明太祖二姐,李文忠之母。或名"朱佛女",濠州(今安徽凤阳)人。追封曹国长公主。

曹国长公主是朱世珍的第二个女儿。出生在贫困家庭,她养成了勤劳节俭的性格,小小年纪便帮助父母干农活、做家务。她对弟弟朱元璋尤为疼爱,姐弟感情很深。

到谈婚论嫁的年龄后,她嫁给了盱眙人李贞。李贞的家境也不算富裕,她勤劳持家,任劳任怨,孝敬公婆,夫妻俩也很恩爱。一年后,儿子李文忠降生。从此,公主相夫教子,操持家务,一家人其乐融融。但这样的日子没有持续多少年,她便去世了,终年三十六岁。

当时,农民起义风起云涌,濠州也燃起了战火。朱元璋参加郭子兴义军后,为躲避战乱,李贞也并离乡,带着儿子李文忠到滁阳投靠了朱元璋。

明朝建立后，洪武元年（1368）二月，明太祖追封二姐为孝亲公主，册封李贞为恩亲侯、驸马都尉。在这之前，由于战乱，公主一直没有安葬，太祖命有司备办礼仪，将公主葬于李氏先祖墓地，并下诏说："公主祠堂碑亭，其形制完全比照功臣中授赠爵位为王的人。"

洪武三年（1370），明太祖改封公主为陇西长公主，李贞加封特进、荣禄大夫、驸马都尉、右柱国、曹国公。洪武五年（1372），因李文忠的缘故，又加册为曹国长公主。

李贞生性纯孝友爱，恭敬谨慎。当初，李文忠镇守严州，多次因为征伐之事外出，都委托李贞代理掌管军务。李文忠攻克桐庐，把俘获的士卒送到严州。严州城内兵力空虚，俘虏阴谋叛逃。李贞用酒食款待，等喝醉后把他们捆绑起来，送归应天（今江苏南京）。明太祖嘉奖了他，积功所授官爵和他的儿子一样，并在西华门玄津桥西赐予宅第，明太祖多次驾临李贞的府第，太子朱标和诸王，也时常前往问候。明太祖对李贞的亲近推重，没有人能与之相比。

李贞晚年更加屈己尊贤，谦逊有加，他曾说："富贵了就忘记贫贱，君子不做这样的事情。"（"富贵而忘贫贱，君子不为也。"《明史·公主列传一》）洪武十二年（1379）冬，李贞去世。追赠陇西王，谥曰"恭献"，赠李贞"三世皆王爵"。

宁国公主

宁国公主（1364—1434），明太祖嫡长女，成祖异母妹，母皇后马秀英。初封宁国公主，后进封宁国长公主。她深受父母钟爱,丈夫梅殷在诸驸马中亦最为明太祖喜爱。在"靖难之役"中,梅殷忠于太祖之托,尽力辅佐惠宗。永乐时期,成祖兄妹关系亦较好,赏赐众多。

一、驸马坚守　公主血书

宁国公主是明太祖朱元璋的嫡长女,皇后马秀英所出;按总排行,则是次女。

宁国公主从小聪明伶俐,深受明太祖和皇后的疼爱。公主喜欢读书写字,不喜好奢华浮靡,这得益于父母的言传身教。

在父母的宠爱下,公主逐渐长大。到了出嫁的年龄,明太祖为爱女选中梅殷做丈夫。

梅殷字伯殷,是汝南侯梅思祖的侄儿,年轻有为,才华四溢,为人恭敬谨慎,富有谋略,擅长骑马射箭。洪武十一年(1378),公主受封,并嫁入梅家。

婚后,宁国公主与梅殷情投意合,生活得非常幸福。而在十六个女儿的驸马中,明太祖也最喜欢梅殷。("太祖十六女诸驸马中,尤爱殷。"《明史·公主列传一》)当时,曹国公李文忠主管国学,而梅殷督察山东学政。明太祖赐予敕文褒奖梅殷,说他精通经史,可作儒生师宗。当时的人都以结识他为荣耀。

明太祖年事已高,分封到各地的藩王势力强大。梅殷曾接受密令,辅佐皇太孙朱允炆。明太祖去世后,朱允炆继位,梅殷尽心尽力辅佐他。但没过多久,燕王朱棣拥兵"靖难"。等到燕军日渐逼近,明惠宗命梅殷充任总兵官,镇守淮安。梅殷尽心防御,军纪严明。

燕军打败惠宗所派的何福的军队后,抓获了平安等几个将领,朱棣派使者以进香为名,向梅殷借道。梅殷答复说:"对于进香,父皇有禁令,不遵守就是不孝。"朱棣十分恼怒,复信说:

"我现在发兵杀尽君主身边的恶人,天命将归于我,不是别人能够阻挡的。"梅殷割去使者的耳鼻,放他回去,并说:"留下你的嘴巴,为燕王讲解君臣大义。"("留汝口为殿下言君臣大义。"同上)燕王见到使者,恼羞成怒。因为梅殷的坚守,延缓了燕军的南下。

宁国公主听说燕王发兵时,曾写信给他,以大义责备,燕王当时没有答复。等燕王率军到达淮北,派人送信给公主,让她迁居到太平门外,以免遭受战祸,宁国公主也没有答复。

燕军涉过泗水,经过天长,取道扬州,攻占了南京。朱棣登上帝位后,梅殷仍带兵驻守淮上。朱棣逼迫宁国公主咬破指头,写血书给梅殷。宁国公主被逼无奈,只好写了血书。梅殷见信放声痛哭,遂返回京城。入宫进见时,明成祖上前慰劳说:"驸马劳累辛苦了。"梅殷说:"劳苦而无功啊。"明成祖听了,沉默不语。

二、丈夫遇害 帝为报仇

宁国公主与梅殷团聚后,仅过了一年多的平静生活,灾祸便从天而降。永乐二年(1404),都御史陈瑛上奏梅殷豢养逃亡者,与女秀才刘氏勾结起来诅咒朝廷。明成祖说:"朕自会处置他。"于是,他命令户部核查公侯、驸马、伯的护卫随从人数,又命令锦衣卫逮捕梅殷家人送往辽东。

第二年十月,梅殷入京朝见,前军都督佥事谭深、锦衣卫指挥赵曦,二人早就与梅殷有矛盾,打算这次借机报复。在梅殷走过水边时,他们把他推挤到水里,致其溺死。随后,二人以梅殷投水自尽奏报。都督同知许成揭发了此事。

宁国公主听到梅殷的死讯,就说皇上果然杀了梅殷,拉着成祖的衣服大哭,追问驸马在哪里。明成祖说:"我一定为公主找寻奸贼，请你不要再难受了。"明成祖命令法司治谭深、赵曦有罪，斩杀二人，没收家产。成祖还派官员为梅殷办理丧事，赐谥曰"荣定"。

瓦剌灰是降服的蒙古人，侍奉梅殷很久，主仆感情很好。他对梅殷之死深表哀痛和愤怒，上奏请求砍断陷害者的手脚，剖出肠子来祭祀梅殷。做完这些事，瓦剌灰也自缢而死。

为了安慰妹妹，不久之后，明成祖封她的两个儿子为官：梅顺昌为中府都督同知，梅景福为旗手卫指挥使，还给公主写信说："驸马梅殷虽有过失，因为他是最亲之人，为兄不予追究。当听说他淹溺而死时，为兄极为惊疑。都督许成前来告发，已经加封爵位赏赐，谋害他的人全被处以重刑，故此专门回复，让妹妹知晓。"

永乐三年（1405），明成祖加封公主为宁国长公主。永乐二十二年（1424），又进封宁国大长公主。

明成祖素来敬重宁国公主，一年四季赏赐的财物多得无法计算，众王没人能相比。

宣德九年（1434）八月，宁国长公主去世，终年七十一岁。

早逝太子与九大塞王

明太祖后宫充牣,皇子多达二十六个。他重视皇子的教育、历练,战争年代即聘请才高德劭者予以教导,并接受军事训练,获得实战经验。建国之后,亦是如此,并效法汉高祖,封皇子为藩王,以拱卫朝廷、防止边患;其中封地在北方重镇者,谓之"塞王",有"九大塞王"之说。太子朱标因病早逝,格于传统而以皇太孙继位,正是塞王之一的燕王朱棣发动了"靖难之役"。

懿太子朱标

朱标（1355—1392），明太祖嫡长子，母马皇后。先后册为吴王世子、皇太子。他天性善良，宅心仁厚，其仁厚言行使父皇意识到为政过严的问题，深悟太子"以仁治国"的苦心，并对早年政策多有修正。他一生都生活在父亲的庞大身影之下，谨小慎微，紧张郁闷，卒至英年早逝，未及登极继位。

一、巡察民情　受教贤能

元至正十五年（1355），朱标出生。当时，朱元璋正在率军攻打太平府，长子的出世，给酣战中的他带来了莫大的欣喜。得报后，朱元璋在当地的一座山上刻石曰："到此山者，不患无嗣。"兴奋之余，也对儿子抱以极大希望。

朱元璋自称吴王后，按照传统的封建继承秩序，以朱标为继承人，立为吴王世子，并让饱学大儒宋濂给朱标当老师。

吴元年（1367），朱标已经十三岁，朱元璋派他巡视、拜祭濠州的祖先陵墓，下诏说：

> 当年商高宗（商汤）经常巡视在外，周成王很早就牢记《无逸》的训诫，这两位帝王十分了解黎民百姓的疾苦，他们在位期间都很勤俭，从不挥霍浪费，是历史上著名的守成之主。如今世子朱标从小就生长在富贵之中，习惯了安静平和的生活，没有经历过任何的挫折，应该利用这次出巡附近郡县的机会，让他明白路途的艰辛和鞍马的劳顿，观看纺织、耕种，从而了解衣物、饮食的来之不易，体察民情的好

恶，明白民间风俗的美与丑，这就是我们祖先曾经的生活；访求家乡的父老，了解我们当初起兵渡江创业的事迹，牢牢地记在心里，从而明白创业的艰难。

即便如此，朱元璋仍然担心朱标不能受到应有的教育，还指示中书省选择得力的官员陪伴他一同出行。朱标一路走访了许多农家，察看了他们起居住处、饮食用具，深感农民生活十分辛劳。到了泗水、濠州两地，朱标亲自祭祀祖先的陵墓，圆满完成了巡视的任务。

这年冬天，明太祖到城郊举行祭祀仪式，朱标也随同前往。太祖命令左右引导太子到农家做客，让他详细观看农民饮食所用的器皿，身上穿着的衣服，体察民间的疾苦。归途中，太祖看到路旁的荆棘，对太子说："古人曾经用这个作为刑罚的工具，不但能够打击罪犯的气焰，而且仅仅伤人，不会导致人死亡，从中可见古人的仁厚。对此，你应该牢牢记住。"朱标频频点头。

洪武元年（1368），朱标被册立为皇太子，带刀舍人周宗主动请缨，担任教导太子的重任。明太祖非常高兴，特地予以嘉奖宗。中书省都督府提议，仿照元朝的制度，让太子担当中书令。明太祖认为元朝的制度并不科学，否定了这个建议。

接着，太祖命詹同考据历代东宫的官员制度，选择那些学术成就斐然、道德品行端正的老学者和聪明贤德的年轻人，担任东宫的官员。根据这个标准，左丞相李善长兼太子少师，右丞相徐达兼太子少傅，中书平章录军国重事常遇春兼太子少保，右都督冯宗异兼右詹事，中书平章政事胡廷端、廖永忠、李伯升兼同知詹事院事，中书左、右丞赵庸、王溥兼副詹事，中书参政杨宪兼詹事丞，同知大都督康茂才、张兴祖兼左右率府使，大都督府副使顾时、孙兴祖同知左右率府事，金大都督府事吴桢、耿炳文兼左右率府副使，御史大夫邓愈、汤和兼谕德，御史中丞刘基、章溢兼赞善大夫，治书侍御史文原吉、范显祖兼太子宾客。这个教育班子可谓阵容宏大，可见在明朝初期，皇帝对于储君的教育是非常重视而且用心的。

在教学中，太子的一言一行，都被要求按礼法行事。太祖自己也时常赐宴赋诗，商榷古今。他曾特地对教育太子和诸王等人的儒臣说："朕的孩子们将来是要治国管事的。……教育的重点，要紧的是正心。心一正，万事就能办好；心不正，诸欲交攻，很要不得。你们要用实学教导他们，仅仅记诵辞章，一无益处。"

明太祖还特地下谕令说：

> 朕在东官不另外设置府僚，而派以上各位官卿兼任。现在国家尚未安定，战事仍然频生，如果朕要亲征外土，一定会让太子监领政务。如果设置府僚，官员一旦认为太子听取意见不充分，判断问题不明智，一定会指责太子的府僚，这样很容易滋生嫌隙，产生矛盾。现在设置宾客谕德的官员，特地选拔著名的儒者，指点教育太子，这是朕的目的。当年周公教周成王学习兵戎，召公教导康王指挥军队，都是具备远见、居安思危的举措，和平期间不忘武备。作为继承人选的太子，大多生长于富贵之中，养尊处优，不熟悉军旅，一旦事情紧急，便会不知所措。朕也要做类似的准备，预防这样的事情发生。

同年，明廷又从国子监的学生中选择品学兼优的国琦、王璞、张杰等十余人，陪侍太子读书。明太祖叮嘱这些人，跟太子相处时应该帮助太子端正心术，不要让太子过于浮躁，并且重赏了这些人。不久，又任命梁贞、王仪为太子宾客，秦庸、卢德明、张昌为太子谕德。

明太祖还下令修建大本堂，搜集古今书籍陈列其中，征集在学术上颇有盛名的四方名儒教导太子和各位藩王，并且选择才俊，按照轮值陪同皇子读书。

二、行事以仁　投池救师

太子朱标天性仁慈，为人友爱，秦王、周王曾多次犯错，太子都为他们求情，使他们得以返回封国。后来有人举报晋王谋反，太子流着眼泪在父亲面前求情。太祖问道："他要是真的造反，你要怎么处置？"太子回答："用仁爱感化他。圣人云，仁孝为上，重礼轻刑。一个君主，必须用仁爱之心去统驭天下。"太祖跳起来说："胡说！他要是讲仁孝就不会造反了！宋濂怎么把你教成这个样子！"

后来，明太祖试图把太子朱标从宋濂的阴影里拉出来，跟着自己历练，学习自己的雷厉风行和治国方略，以猛临民。譬如让太子断案，太子把所有犯人都减罪一等，从轻发落。太祖很不满意，但不愿流露出对太子的不满，也就没有追究。太子也发现，父皇虽然教导自己要做仁德之君，但他本人却不这样做。父亲的言行不一，让太子感到迷惑不解。

一天，明太祖又大开杀戒，太子劝谏说："陛下杀人过滥，恐伤和气。"太祖不作声。第二天，太祖故意把一条棘杖放在地下，叫太子拿起来。太子面有难色，明太祖说："你怕有刺不敢拿，朕把这些刺都去掉，再交给你，岂不是好？朕杀的都是天下的坏人，内部整理清楚了，你才能当这个家。"出乎太祖意料的是，他的口气并没有吓倒太子，太子说："上有尧舜之君，下有尧舜之民。"（徐祯卿《翦胜野闻》卷一）意思是说，有什么样的皇帝，就会有什么样的臣子，你自己不贤明，怎么能怪大臣？太祖惊呆了，老实巴交的太子居然敢挖苦自己！他勃然大怒，拿出当年打天下的气势，随手操起武器——座椅，朝太子掷去。太子身手敏捷，躲了过去，却还是吓得不轻，回去就生了病。由此可见，朱标虽然忠厚仁慈，但并非没有主见和原则的逆来顺受之辈。

宋濂有一次触怒了皇上，皇上要下杀手。太子和老师关系很好，遂在父皇面前为老师求情。太祖大怒，变脸变色地说："等你做了皇帝再赦免他吧！"（"候汝为天子而宥之。"徐祯卿《翦胜野闻》。王鏊《王文恪公笔记·詹徽》作："俟汝有天下为之！"）这句话很重，甚至有告诫太子急于继位的意思。被训斥之后，朱标不知如何是好，想到劝不了父亲，又救不了老师，觉得愧对老师，情急之下就投了宫中的太液池。这可把明太祖急坏了，虽然平常他觉得太子柔弱了一些，处理大臣时老来求情，碍了手脚；可仔细一想，太子宽以待人，将来一定是个守成令主。他急忙来到太液池边，看到太子已经救上来了，才松了一口气。

事后，明太祖下令将所有入水救太子的人记下来，凡是穿着衣服、鞋子下水的，都升三级；凡是脱衣服、鞋子再下水的都杀头，并说："太子落水，还等你们从容脱衣服救他吗？"同时，他还下令赦免宋濂，自己则在床前日夜守护太子。

三、牴牾太祖　储君无期

明太祖虽雄才大略，但生性猜忌，权力欲极强。为了稳固自己的统治，他不惜大兴党狱，大肆屠戮功臣。洪武十三年（1380）以后，明太祖屡兴大狱，特别是胡惟庸和蓝玉两案，分别株连残杀多达三万和一万五千余人，诛杀之惨烈，恐怕足可称作"历史之最"。

太子是自家人，与外人固然不同，但在皇位的争夺上，以往父子相残的事情也绝非罕见。所以，以其为人处世，明太祖就是对太子，恐怕也不会全然无所顾虑和防范。特别是洪武十年（1377）后，太子对一些政事的处理，往往与太祖意见相左，这必然更会促成他的猜忌。

有一次，明太祖让太子朱标审决刑囚，并令吏部尚书詹徽佐助。在审批中，太子想宽大处理，而詹徽则要从重处罚。太祖则明确支持詹徽，太子争辩说："立国应以仁为本。"太祖怒极了，说道："孺子难道想这就当皇帝吗？来教导我！"（"孺子欲遂君耶？而教我！"《名山藏·继体记·懿文太子》）太子顿时惊悸不已，吓得不知所措。

朱标明知道父皇喜好严猛之政，但他始终不改自己凡事宽仁的主张，甚至不顾冒犯龙颜的危险，屡屡据理力争。实际上，他的这一个性，在尚未被要求帮助处理政事以前，就表现出来了。洪武七年（1374），孙贵妃去世，太祖命太子服丧，太子以其不合礼法而拒绝执行，气得太祖要用剑击打他。后来在众人的劝解下，事态得以平息，但父子间的嫌隙还是由此形成了。

出身皇家，而且贵为太子，是多少人梦寐以求的事情。然而，对缺乏足够强健的身体和坚韧的心理承耐力的朱标来说，太子之尊却没有给他带来多少生活的幸福。他一出生，就具备了继承父亲权位的资格，且被父皇寄予厚望。但望之愈切，责之愈严，他从小就被严厉管教。特别是立为太子后，身边围着众多名儒和正人君子，轮番对他训导和规劝，一言一行都严格要求按礼法从事。长大之后，他也没有获得决定自己命运的权利，只能一如既往地生活在父亲的阴影之下。

父子俩出身不同，所受教育不同，生活境遇不同，思想作风和处事方式自然也就不同。太祖主张以猛治国，运用法庭、监狱、特务和死刑震慑官民，使人知惧而莫测其端，太子却生性仁厚，又长期接受儒家教育，所以往往讲仁政、讲慈爱，认为杀人越少越好；太祖要用全力消灭内部的敌对力量，巩固皇家统治，太子却要照顾臣下的功劳，照顾亲戚情谊、兄弟友爱，向父亲说情争执。

一个严酷，一个宽大；一个从现实政治出发，一个从私人情感出发；一个欲树立绝对的权威，一个却总有自己的原则而不肯屈服。如此这般，父子间的分歧日渐扩大，冲突不断升级，也就难以避免了。这类的矛盾和冲突，如若出现在寻常人家的父子之间，也就罢了，但发生在生性善良的太子和性情暴戾的皇帝身上，这给太子朱标造成的心理压力之大，也便可想而知。在这样的情境中，朱标不仅难以意气风发、踌躇满志，相反，不得不常常在漫长而没有期限的等待、紧张、郁闷甚至惊恐之中苦忍度日。

一人之下、万人之上的储君之位，历来都是政权斗争的焦点。朱标的太子地位，虽然未见受到明显的威胁，不过弟兄众多，且立为世子时，他已是十三岁的少年，而太祖不过四十一岁，正是年富力强之时。这就预示着，他必须经受不知何日是终点的漫长等待。俗话说："夜长梦多。"因此，在对人人觊觎的皇位继承的漫漫等待中，朱标也不大可能完全安之若素，无所用心。事实上，随着与太祖矛盾的加剧，他也不是完全没有防备。据《名山藏》记载，明太祖在征战中，曾经被敌军追击，皇后马氏背着他逃命。马皇后去世后，太子可能是考虑到从此失去与父亲缓冲的余地，便将此事件绘作图像，藏于怀中，以备不测。

四、协同理政　壮年病逝

尽管生于皇家，但朱标并无纨绔之习，应该说，他没有辜负乃父的寄托。他生性聪颖、忠厚，颇能领会，而且还尽心受教，对宋濂等人言必称先生。长大后，他温文儒雅，慈仁殷勤，颇具儒者风范。史籍多称他："为人友爱"，"孝友仁慈，出于至性"。方孝孺曾称颂他："三朝兼庶政，仁孝感婴孩。""懿文光典册，善美过昭明。"(《懿文太子挽诗》) 虽不无溢美，但也反映了一定的事实。

洪武十年（1377），朱标二十二岁。明太祖见他年纪已长，遂令今后一切政事并启太子处分，然后奏闻，有意让太子"日临群臣，听断诸司启事，以练习国政"(《明史·列传第三》)。并告诫说："我之所以要你每日和群臣见面，听断和批阅各衙门报告，学习办事，要记住几个原则：一是仁，能仁才不会失于疏暴；一是明，能明才不会惑于奸佞；一是勤，只有勤勤恳恳，才不会溺于安逸；一是断，有决断，便不致牵于文法。朕从做皇帝以来，从没偷过懒，一切事务，唯恐处理得有毫发不当，有负上天付托。天不亮就起床，到半夜才得安息，这是你亲眼所见的。你能够学朕，照着办，才能保得住天下。"

从此，朱标开始学习并协助父亲处理日常政务。在此过程中，他每每希望实行"宽通平易之政"，但终多因与父皇意趣不合而难行其道。作为储君，他的任务只能是学习和协助。

洪武二十四年（1391）八月，明太祖命太子朱标巡抚陕西。原来，太祖以应天、开封为南、北京，临濠为中都。御史胡子祺建议说："天下地形优异、可以作为都城的，只有四个地方，河东（今山西西南部）地势高，可以控制西北，尧帝曾经定都在那里，但那里气候寒冷。汴梁临近黄河、淮河，宋朝曾定都那里，但地势平旷，无险可守。洛阳是周公卜筮过的地方，周代和汉代都迁都在这里，但嵩山、邙山没有殽函、终南那样的险关，瀍、伊、洛河流没有泾、渭、灞、浐河流那样的雄伟。拥有河山之胜，令诸侯悬望的地方，只有西安！"明太祖表示同意，于是让太子去秦地，考察迁都的可行性，并选择得力的文武官员陪同。

朱标顺利完成了秦地的巡视，并绘制了关中一带的详细地图。也许是过于操劳之故，一回来他就病倒了，病中还不忘给太祖建议营建迁都的事情。

洪武二十五年（1392）四月，朱标去世，明太祖非常悲伤，到了应该去除丧服的时候，太祖仍然不忍心下令。八月，明太祖将朱标安葬在孝陵东，赐谥曰"懿文"。

朱标去世后，著名文士方孝孺不胜悲切，作挽诗十章以志纪念。其中有诗云：

盛德闻中夏，黎民望彼苍。少留临宇宙，未必丑成康。
已失群生望，空余万世传。长江一掬泪，留恨绕虞渊。
德隆尊未及，仁与寿难全。圣子承皇业，能疏四海哀。

斯人已去，究竟他是否真的"能疏四海哀"，已经成了永远无法验证的假想。不过，封建时代对于明君贤臣的期望，确实是人们永远的心愿。

朱标的妻子，是开平王常遇春之女。朱标育有五子：长子朱雄英，洪武十五年（1382）八岁时去世。次子朱允炆，即建文帝。三子朱允熥，建文元年（1399）封吴王，封国在杭州，未就藩。明成祖朱棣即位，降为广泽王，居漳州；不久召还京师，废为庶人，囚禁凤阳，永乐十五年（1417）卒。四子朱允熞，建文元年封衡王，朱棣即位，降为怀恩王，与朱允熥一起召还京师，囚禁凤阳，后来去世。五子朱允熙，建文元年封徐王，朱棣即位，降为敷惠王，随母亲吕氏守太子朱标陵墓；永乐二年（1404）改为瓯宁王，奉太子朱标香火；永乐四年（1406）十二月，邸中起火暴死。另外，朱标还有四个女儿：江都公主洪武二十七年（1394）下嫁长兴侯耿炳文子耿璿；宜伦郡主永乐十五年下嫁于礼；三女，不详；南平公主，未下嫁，永乐十年（1412）去世，追册。

秦愍王朱樉

朱樉（1356—1395），明初藩王，九大塞王之一，谥曰"愍"。明太祖次子，母马皇后。十一岁封秦王，二十三岁就国，在位二十七年。幼年聪慧、英武，成年后性情乖戾，荒唐无度，作恶多端，耸人听闻，一度召回京师。后曾统军征伐土番获胜，不久为宫中老妇毒杀。

一、受封秦王　才能初显

朱樉与兄长朱标等，都是在朱元璋南征北战的岁月里出生的。朱樉出生的至正十六年（1356）十一月，父亲已经自称"吴王"。

秦王世子，自然与众不同。一方面，生活上与父亲少时大不相同，虽然战乱仍在进行，但世子的生活条件已经很是优越。另一方面，父亲志在天下，对儿子们自然寄予特殊期望，即具备群雄逐鹿、羽翼皇室的本领，首先就是能带兵征战，然后是掌握各种知识等，亦即能武能文。

就是在这样的培养教习中，朱樉渐渐长大。洪武三年（1370），朱樉十五岁，此时父亲朱元璋称帝已经三年多。这年夏四月，朱樉被封为秦王，封地在西安；同时被封的，还有他的八个弟弟，包括后来的明成祖朱棣。他们是：秦王朱樉，晋王朱棡，燕王朱棣，吴王朱橚，楚王朱桢，齐王朱榑，潭王朱梓，赵王朱杞，鲁王朱檀。

皇子们的封地，自然是遍布全国，并各有侧重。北方沿边的藩王，侧重军事上的考虑，大多建藩于北方重镇，意在镇守边塞、扩土开疆。因此，这些藩王有"塞王"之称。

明太祖所封塞王共十三位，分布在从东北到西北的漠北边防线上，分别是：开原韩王、沈阳沈王、广宁辽王、大宁宁王、北平燕王、宣府谷王、大同代王、太原晋王、西安秦王、宁夏庆王、甘肃肃王。

塞王分封的顺序，基本上体现了明军攻取其地的先后，其次序为：北平燕王、大宁宁王、太原晋王、大同代王、广宁辽王、西安秦王、宣府谷王、甘州肃王、宁夏庆王、平凉安王、开平齐王、沈阳沈王、开原韩王。

十三塞王中，又有"九大塞王"之说，他们是：秦王朱樉、晋王朱棡、燕王朱棣、代王朱桂、肃王朱楧、辽王朱植、庆王朱㮵、宁王朱权、谷王朱橞。

明太祖如此安排，显然是希望皇子能协助边镇驻军保卫边疆，共同抵御北元的入侵。此时，元朝政权虽已退往长城以北，但军事力量仍然强大，且不时对明朝边境发动小规模骚扰和侵袭。

刚刚封王的皇子，还不能立即前往封地就国，不仅年纪尚小，更主要的是，还没有经受过战争的洗礼，缺乏实际带兵作战的经验。因此，明太祖把皇子们送往中都凤阳，让他们在那里接受系统的军事训练，包括习武和战略战术的学习。教授他们的，都是最优秀的将军，如徐达、常遇春、汤和、冯胜、傅友德等。当然，为了使皇子们成为帝国未来合格的统治人才，也配备著名儒士作为老师，如刘基、宋濂等。

许是从小受到战争气氛陶冶的缘故，几位年长一些的皇子，对军事表现出浓厚的兴趣，似乎天生具备军人的气质和禀赋。过了几年，他们就成长为气宇轩昂的赳赳武夫。明朝第一代开国将领去世时，年轻的皇子们开始出现在北方的军事舞台上，显露其锋芒。

洪武十一年（1378），秦王朱樉前往西安就国。这一年，他已经二十三岁。

二、雄踞首藩　阻止迁都

朱樉为明太祖的次子，在藩王中年龄最长，封地最要，兵权最重，担负着拱卫西北边疆的重任。所以，秦藩有"天下第一藩"之称。

对于各地藩王，明太祖正是按"羽翼皇室"的目标安排和使用的。所谓"羽翼"，不仅在于抵御外敌，还包括防备内患——武将手握重兵对皇家构成威胁。因此，在边地的藩国，既有朝廷的驻军，藩王本身又拥有自己的护卫亲兵。

藩王们利用护卫亲兵在边境、前线练兵，并奉命出征作战。每次出征，朝廷都以藩王为最高统帅，以久经战阵的将领统兵作战，以确保战争的胜利。平时，这些将领也协助皇子处理藩国的军务，如大将耿炳文就担任过秦王的军事顾问。

然而，朝廷的封藩制度，遭到一些大臣的反对。批评最激烈的是叶伯巨，他认为授予藩王过多的土地和军队，长期下去，有可能使藩王势力过度发展，形成尾大不掉之势，从而构成对中央皇权的威胁和挑战，甚至会酿成西汉"七国之乱"那样的祸患。叶伯巨主张实行强干弱枝的政策，限制藩王的封地和权力，削减各藩王所领护卫亲兵，使他们无力与朝廷抗衡。明太祖读过叶伯巨的奏章，勃然大怒，认为他离间父子骨肉，将其逮捕并处死。

不过，明太祖拒绝了叶伯巨的忠告，却也无法回避一个敏感的问题，即未来的皇位继承人是否会遇到来自皇族内部的挑战，而后来的情形，也确实未出叶伯巨所料。

正是针对藩王的潜在危险性，洪武二十八年（1395），明太祖对以前制定的《祖训录》作了修改，削减了藩王的俸禄，规定俸米最高为年一万石；同时大大限制了藩王在封地享有的实际主权，对其统辖的护卫亲兵也规定了最高数额。

然而，"上有政策，下有对策"，朝廷的措施，并不能从根本上限制藩王的势力。秦王朱樉，就通过陕西都指挥使司，扩充了自己的护卫亲兵。显然的是，各地的武官，不论地位高低、功勋大小，大多应该是不会和藩王作对的。

早年间，朱元璋曾从谋士那里闻听天下可都之地，其中西安最为形胜，又是汉唐故都。因此，王朝建立后的一段时间里，他曾考虑过迁都西安的计划。得知父皇打算迁都西安，秦王朱樉心中不快。经过几年的经营，自己的国都已粗具规模，藩国势力强大，无异于一方诸侯。如果父皇迁都西安，自己的一番心血岂不白费？于是，他忍不住发了几句牢骚。

没想到的是，他的牢骚话，却传到了父亲的耳朵里。明太祖对此很是生气，再加上秦王平时骄狂无礼，行为多有过失，便将他召回南京，禁锢起来，让他反省和悔过。

三、一度征番　身死三妪

朱樉幼年聪慧，严毅英武，长大之后却荒唐无度，干了不少坏事。因此，朱樉就国后的当年五月，明太祖曾赐予玺书，书中说："关里的百姓，自从元朝政治腐败以来，已然疲惫不堪。如今我平定天下，又有运粮纳税的劳苦，百姓仍未得到休养生息。你到藩地之后，如果宫殿已经完工，就暂且将其他不急之务全部停止吧。"（"关内之民，自元氏失政，不胜其敝。今吾定天下，又有转输之劳，民未休息。尔之国，若宫室已完，其不急之务悉已之。"《明史·诸王列传一》）

然而，朱樉不以为然，依然故我，种种恶行，其残酷恶劣，耸人听闻。

在其封地，朱樉年年命军民人等收买金银，人们因此陷入困窘，以至卖儿鬻女。百姓到王府求饶，朱樉却下令对他们大打出手，当场杀死老人一名，捉拿了近百人。

明太祖千方百计安抚土番百姓，而朱樉出征时，却将其中孕妇搜捉入府，使之夫妇生离。他出征西番，掳掠一百五十名幼女，又将一百五十五名幼男阉割，许多被阉割的男童因恢复不好而导致死亡。

父皇劝其停止不急之务，朱樉却役使军民，在宫中大兴土木，建起亭台池塘，与次妃邓氏在其中折磨宫人取乐。太祖斥责为"不晓人事，蠢如禽兽"（《太祖皇帝钦录》）。

朱樉宠爱次妃邓氏（邓愈之女），将正妃王氏（王保保之妹，名观音奴）软禁别处，用粗劣器皿装些不新鲜的食物给她吃。为了讨好邓氏，他专门派人到沿海布政司收买珠翠，使百姓家破人亡。他还曾派人制作皇后的服饰给邓氏穿，又把自己的床做成五爪龙床。明太祖得知后，斥责秦王"僭分无礼，罪莫大焉"（同上），并将邓氏赐死。

朱樉经常在宫中滥用私刑，或者割去宫人的舌头，或者埋于雪中冻死、绑在树上饿死、用火烧死，不一而足。秦王府内的罪人，按律应解赴京城治罪。但朱樉担心这些人到了京城，泄露自己胡作非为的事实，竟然将这些人全部灭口。

洪武十五年（1382），马皇后去世，秦王与晋王、燕王，都奉旨赴南京奔丧。

洪武二十二年（1389），明太祖把大宗正院改为宗人府，因朱樉为诸王之长，遂任命他为宗人令。

洪武二十四年（1391），明太祖以朱樉过失太多为由，将其召回京城；同时命皇太子朱标巡视关陕，并考察西安是否适合作为首都。朱标回到京城，呈上陕西地图和奏疏，并为秦王求情调解。第二年，太祖才让朱樉返回藩地。

洪武二十八年（1395）正月，朱樉受命率领平羌将军宁正，前往洮州（治今今甘肃临潭）征伐叛番。如前所言，宁正作为将军，负责指挥战役，但却是"协助"，要听从秦王的节制。这次出征大获全胜，多有擒获，叛番畏惧投降。明太祖高兴秦王取胜，颇多赏赐。

这次出征回来不久，即当年三月，秦王朱樉去世，终年四十岁，在位二十七年。

朱樉之死，非伤非病，而是被三个老妇人毒死的。《太祖皇帝钦录》记载，由于秦王残酷虐杀宫人，"老幼宫人见之，各忧性命难存。以致三老妇人，潜地下毒，入于樱桃煎内，既服之后，不移刻而死"。

朱樉死后，余怒未消的明太祖下令，削减其葬礼规模，赐谥曰"愍"（《谥法》："使民悲伤曰愍。"）赐谥册文写道："哀痛者，父子之情；追谥者，天下之公。朕封建诸子，以尔年长，首封于秦，期永绥禄位，以藩屏帝室。夫何不良于德，竟殒厥身，其谥曰愍。"祭文有云："自尔之国，并无善称。昵比小人，荒淫酒色。肆虐境内，贻怒于天。屡尝教责，终不省悟，致殒厥身。尔虽死矣，余辜显然。"

晋恭王朱棡

朱棡（1358—1398），明初藩王，九大塞王之一，谥曰"恭"。明太祖第三子，母马皇后。十二岁封晋王，二十岁就国，在位三十年。早年骄奢，多有乖戾不法之事，为太祖所不喜。后谦恭有礼，行事谨慎，并有征伐之功，为明朝北疆有名的藩王。

一、早年乖戾　多有不法

朱㭎出生于元至正十八年（1358），父亲朱元璋已经在两年前称"吴王"。关于他的生母，《明史》记为孝慈高皇后，即马秀英。对此不无争议，或说他与兄长太子朱标、秦王朱樉，都是李淑妃所生。

明太祖很注意对皇子的全面教育，希望培养文武兼擅的治国之才。武艺之外，文学家宋濂教授文史以及儒家经典，书法家杜环（又作"还"）教授书法。在诸皇子中，朱㭎是深受老师喜爱的一个，年纪虽小，却表现出优异的天资，聪颖机智，但有时又很粗野，不服管教。

洪武三年（1370），朱㭎十二岁，与其他兄弟一起被父亲封王。朱㭎封晋王，封地在山西，王都太原。

洪武十一年（1378），朱㭎奉命前往太原就国，开始了戍卫边关的藩王生活。

朱㭎身材魁梧，修目美髯，仪表堂堂，颇有将帅风度。不过，他生性骄纵残暴，就封之后，更是目中无人，虐待属下，经常干些违法乱纪的事。

就在赴太原就国的路上，朱㭎因为一点儿小事，鞭打了自己的厨师。明太祖知道后，给了他一顿训诫。朱元璋认为，厨师掌管饮食，随意处罚，恐遭其下毒。他说自己讨平天下期间，任何人有过错，都会不折不扣地给予处罚，绝不姑息；唯独二十三年来，没有责备过厨师徐兴祖。（"十一年就藩太原，中道笞膳夫。帝驰谕曰：'吾帅群英平祸乱，不为姑息。独膳夫徐兴祖，事吾二十三年未尝折辱。怨不在大，小子识之。'《明史·诸王列传一》）太祖的告诫，不是没有道理，后来秦王朱樉，正是被人在饮食中下毒遇害的。

朱㭎的残忍，有时令人发指。他曾多次车裂活人，或者把人让奔马拖死。《明史》说他"在国多不法"，还有人告发他图谋不轨。明太祖闻知，勃然大怒，要治他的罪，还是兄长太子朱标调护，才得以幸免。

洪武二十一年（1388）二月，元朝的故元四大王势穷力孤，无路可走，不得不到晋王府投降。晋王朱㭎派人，把他们送到了京师。

洪武二十三年（1390）正月，明太祖因北元丞相咬住、太尉乃儿不花、知院阿鲁帖木儿等多次骚扰明朝边境，诏命晋王朱㭎燕王朱棣，分兵两路北征。西路由晋王朱㭎率定远侯王弼出山西，但因事提前返回，没遇到北元的人马。原来，皇太子朱标要到山西视察，太祖命晋王返回藩国迎接。

二、屏藩北境　亦守亦防

明太祖分封藩王，目的鲜明，那就是屏藩皇室。因此，皇子们都要学习兵事，以便能够亲临战阵；为了保卫边防，封在边地的藩王，更要直接参与军务。而大明王朝的威胁，主要来自北方的游牧部族，尤其是北元。因此，晋王朱㭎、燕王朱棣，都被寄以重托。

洪武二十三年（1390）春天，明太祖命晋王朱㭎、燕王朱棣出兵塞外，讨伐元朝退往大漠的残余势力。

其时，残余的元军，由前丞相咬住和太尉乃儿不花指挥，经常南下偷袭明朝的北部边境，明太祖打算消灭他们，以保障边境的安全。同时，这次出兵的另外一个目的，就是让晋、燕两王，在实际征战中经受考验，锻炼其指挥能力，获得实战经验。

在这之前，不论晋王还是燕王，都只参加过军事演习和小规模战斗，从来没有独立指挥过战役。为了确保战役的胜利和两位藩王的安全，明太祖派傅友德和王弼协助他们。这两位将军都身经百战，战则能胜，屡建功勋。他们分别受燕王和晋王节制，同时也向藩王提出必要的参谋与建议。

这次出征大获全胜，迫使咬住和乃儿不花投降。这一胜利，充分显示了两位年轻藩王过人的胆略和杰出的指挥才能，受到了明太祖的嘉奖。此后，他们多次率军出征塞外，并在那里修筑城堡，实行屯田。

长期的边境征战生活，使晋王朱棡逐渐成为能征善战的藩王将军，但他的骄傲情绪也滋长起来。洪武二十四年（1391），明太祖命太子朱标巡抚陕西，朱标返京时路过太原，晋王没有得到父皇许可，便擅自随兄长回到了京城。此举违犯了朝廷法令，因为根据明太祖制定的《祖训录》，藩王没有皇帝诏令，不得擅自离开封地到京师来，否则将被视为渎职甚至是图谋不轨。不过，明太祖宽恕了朱棡，敕令他立即回到太原。

此后，朱棡傲慢的性格有所收敛，对部下不再那么颐指气使，在其他将领面前也不再居功自傲。他变得更加小心谨慎，对属下也谦恭有礼。而且他严于治军，勤于职守，多次立下战功。

晋、燕二王，同守大明王朝北部边境，但关系并不融洽。晋王朱棡与太子朱标关系密切，并且交结贵戚，为自己树立声誉。同时，他还不断搜求燕王朱棣的过失，打算将其扳倒；他节制沿边兵马，实际上也有监视燕王的意思。因此有人说，如果不是晋王早逝，燕王朱棣能不能起事，尚在两可。

洪武三十一年（1398）三月，朱棡病逝，太祖哀痛，辍朝三日，谥曰"恭"，葬山西黑驼山（在太原东南）。

代简王朱桂

代王朱桂（1374—1446），明初藩王，九大塞王之一，明朝第一代代王，谥曰"简"。明太祖第十三子，谷王朱橞同母弟，母郭惠妃。五岁封豫王，十八岁改封代王，在位五十五年。他性格暴躁，多有不法，曾被削夺护卫和官属。

洪武七年（1374）七月，朱桂出生于皇都金陵。洪武十一年（1378）五岁，受封豫王；二十五年（1392）十八岁时，改封代王，封地大同，同年就国。

代王朱桂王妃，是开国元勋中山王徐达的次女，洪武二十四年（1391）九月册立为王妃。两年后，徐妃生长子朱逊煓。

代王朱桂性格暴躁，多有不法之事。建文元年（1399），因罪被废为庶人。（"桂性暴，建文时，以罪废为庶人。"《明史·诸王列传二》）

燕王朱棣即位后，恢复了朱桂的王爵。然而，朱桂不知悔改，多次被人控诉行为不轨。为此，明成祖赐玺书给他，列举其三十二条罪状。书中说："听说老弟你纵容杀戮、聚敛钱财，藩国百姓非常痛苦，控告你的很多。你难道不记得建文帝时候的事情了吗？"（"闻弟纵戮取财，国人甚苦，告者数矣，且王独不记建文时耶？"同上）

成祖召代王入朝，但朱桂没来。第二次召他时，走到半途，又将其遣还，没让他入朝，干脆革去了他的三护卫和属官，直到永乐十六年（1418）才予以恢复。同时成祖下令：自此之后，王府不得擅自役使军民、聚敛财物。

代王妃徐氏，与明成祖皇后是姐妹，但性情大为不同。代王妃既骄横、又嫉妒，她曾虐待代王侍女，用漆把两个侍女弄成了癞子。事情上报后，成祖因中山王徐达的缘故，没有治罪。而朱桂却把怒气转向了世子朱逊煓，把他们母子驱逐到外边去居住。

朱桂年老之后，仍然横行不法。他经常与两个儿子"窄衣秃帽，游行市中，袖锤斧伤人"（同上），不仅妆扮怪异，还肆意伤人。后来王府教授杨普上报，说代王的另一个儿子，与军中的武亮交往密切，博戏的时候，曾捶死过士兵。朝廷处置了武亮，并下敕斥责训诫，代王父子才稍稍收敛了一些。

正统十一年（1446）十二月，代王朱桂去世，享年七十三岁，谥曰"简"。史称"代简王"。因世子朱逊煓早逝，由孙朱仕壥继承王爵。

肃庄王朱楧

朱楧（1376—1420），明初藩王，九大塞王之一，明朝第一代肃王，谥曰"庄"。明太祖第十四子，母郜氏。三岁封汉王，十六岁改封肃王，在位四十二年。

洪武九年（1376）九月，朱楧出生于皇都金陵。洪武十一年（1378）三岁，受封汉王。

洪武二十四年（1391）四月，肃王朱楧奉太祖之命，与卫王朱植、谷王朱橞、庆王朱㮵、宁王朱权、岷王朱楩，一起在临清练兵。这自然是明太祖一贯思想的体现，即皇子们要能文能武，熟悉战阵，有事的时候能够作战御敌，而这也正是"塞王"们的职责所在。

洪武二十五年（1392），朱楧十六岁，改封肃王，封地甘州（今甘肃张掖）。不过，因陕西各卫的兵卒尚未聚集，命暂时驻平凉府（今甘肃平凉）。两年后，册立指挥使孙继达之女为肃王妃。

洪武二十八年（1395）六月，朱楧就藩于甘州，并受命管理陕西行都司甘州五卫的军务。

洪武三十年（1397）正月，太祖又命肃王楧督率军队、屯垦种粮，由长兴侯耿炳文跟随辅佐。

建文元年（1399），朱楧请求内徙，明惠宗准其移镇兰州。

燕王朱棣登基后，当年九月，肃王朱楧到金陵朝见。后来，又分别于永乐三年（1405）、九年、十五年入京朝见，成祖曾两次赐宴于华盖殿。

永乐六年（1408），肃王朱楧因捶杀卫卒三人，以及接受哈密进献的马匹，肃王府长史等官属被朝廷逮捕问罪。后来，朱楧又听信百户刘成之言，罪责平凉卫军，朝廷敕命械系刘成等送至京师。

永乐十七年（1419）十二月，肃王朱楧去世，享年四十四岁，谥曰"庄"，史称"肃庄王"。长子朱赡焰继承王爵。

辽简王朱植

朱植（1377—1424），明初藩王，九大塞王之一，明朝第一代辽王，谥曰"简"。明太祖第十五子，母韩妃。两岁封卫王，十六岁改封辽王，在位三十三年。

洪武十年（1378）二月，朱植出生于皇都金陵。第二年正月，初封卫王；二十五年（1392）十六岁，改封辽王，建藩于广宁（今辽宁北镇）。

洪武二十六年（1393），辽王朱植就就藩。不过，当时因辽王宫尚未兴建，所以暂驻大凌河北岸，树栅为营，建造简易宫室，以供居住。当年九月，辽王宫开工建设。但两年后，太祖又下令停建。原因是，武定侯郭英督造辽王宫，劳役繁重，催促急迫，太祖担心将士艰苦；同时，高丽从国中至鸭绿江，均聚集粮食，太祖顾虑其阴谋攻击辽地，所以下诏停工。

洪武二十七年（1394）十月，册封武定侯郭英之女为辽王妃。

洪武三十年（1397）五月，辽王宫及永宁府城恢复兴建，由都督杨文负责，督率辽东诸卫的士卒进行，尤其是增修城池的雉堞，以加强防卫能力。

明朝的威胁，主要来自北部，东北尤其重要。明太祖十分重视北疆边防，他曾谕示辽王朱植和宁王朱权，从东北的辽东，到西部的宁夏，沿边地带，凡是军民屯田耕种的地方，不准放牧；其他荒旷之地以及山场，则任凭诸王、驸马放牧樵采，可以东西来往，随处安营驻扎，以便随时练兵防寇。（"凡军民屯种地，毋纵畜牧。其荒旷地及山场，听诸王、驸马牧放樵采，东西往来营驻，因以时练兵防寇。"《明史·诸王列传二》）

辽王朱植在边疆，熟悉军旅，屡建军功，军事实力不弱。而且封地与燕王朱棣邻近，朱允炆继位后，担心二王结成同盟，颇不放心。"靖难之役"爆发后，明惠宗当即召辽王朱植入朝。朱植从海上到达京城，建文帝将其改封荆州。

燕王朱棣登基后，永乐元年（1403），朱植入朝。永乐三年（1405）、九年、十五年，辽王朱植入京朝见，成祖两次赐宴于华盖殿。

永乐十年（1412），明成祖朱棣因辽王当初没有和自己一起"靖难"，心怀不满，削夺了他的护卫及仪卫司，只给军校和厨役三百人，供其使唤。（"帝以植初贰于己，嫌之。十年削其护卫，留军校厨役三百人，备使令。"《明史·诸王列传二》）

永乐二十二年（1424）五月，辽王朱植去世，终年四十八岁，谥曰"简"，史称"辽简王"。次子长阳王朱贵烚继承王爵。

庆靖王朱㮵

朱㮵（1378—1438），明初藩王，九大塞王之一，明朝第一代庆王。明太祖第十六子，母余妃。十四岁封庆王，在位四十八年。

洪武十一年（1378）二月，朱㮵出生于皇都金陵。洪武二十四年（1391）十四岁，封庆王，封地庆阳（今属甘肃）。

洪武二十六年（1393），庆王本应移驻封地于宁夏镇（今宁夏银川），但因其邻近边外，为新设立的卫所，难以承受王府庞大的经济负担，朝廷命庆王暂时改驻韦州城（今宁夏同心县韦州镇），就近以延安、绥德、宁夏的租赋供给王府。

洪武二十七年（1394），册立指挥孙继达之女为庆王妃——肃、庆二王之妃，为姐妹。庆王朱㮵成婚于韦州，并在那里居住长达九年。

洪武二十八年（1395），朝廷授权庆王朱㮵管理庆阳、宁夏、延安、绥德诸卫的军务，负责镇守塞上疆土。

洪武三十年（1397），宁夏镇城开始建筑庆王府邸。建文三年（1401），宁夏军卫建制完善，屯垦经济有所发展，边塞大局基本稳固，朝廷遂命庆王迁往宁夏镇城，暂时以宁夏卫衙署作为临时王府。

燕王朱棣登基后，朱㮵地位未变。永乐五年（1407），朝廷派内官太监杨升、工部主事刘谦等到宁夏，共同负责建造新王府。但朱㮵想回内地，曾阻止建造工程，后朝廷不允内迁之请，才陆续扩建王府，使之成为当时塞上宏伟的建筑群。

朱㮵好学有文，忠孝出于天性，明成祖非常赞赏。因其思亲内徙心切，且宁夏镇条件不佳，成祖令其每年到韦州度夏。（"王好学有文，忠孝出天性。成祖善之，令岁一至韦州度夏。"《明史·诸王列传二》）

宣德初年（1426），庆王朱㮵上言宁夏卑湿、水泉恶，请求仍旧居住韦州。明宣宗不许，令其每年一度往来，就像明成祖的时候。不久，有护卫人员参奏庆王不法，宦官马安住也诽谤他，庆王朱㮵颇不自安。宣德五年（1430），他请求入朝，宣宗不许。

正统初年（1436），宁夏总兵官史昭参奏庆王不法，罪状包括阻碍边务，占据灵州的草场放牧，派使者往来蛊惑煽动土著居民。朝廷还没有做出处理，就又有人告发庆王检阅军队、打造兵器，购买天文术数之类的书籍。朱㮵认为，这些都是史昭安排的。

正统三年（1438），朱㮵请求迁徙藩地，以躲避史昭，明英宗没有答应，并以书信告谕安慰。朱㮵却因此郁郁成疾，一病不起，当年八月病逝，享年六十一岁，葬韦州罗山，谥曰"靖"，史称"庆靖王"。嫡长子朱秩奎继承王位。

庆王朱㮵历经洪武、建文、永乐、洪熙、宣德、正统六朝，享藩四十七年。朱㮵曾编撰《宁夏志》，是书为宁夏第一部地方志，而他本人也成为历史上唯一亲自撰写方志的亲王。

宁献王朱权

朱权（1378—1448），明初藩王，九大塞王之一，谥曰"献"。明太祖第十七子，母杨妃。十四岁封宁王，十六岁就国，治理有方，以"善谋"著称。"靖难之役"爆发后，为燕王朱棣胁迫，卷入其中。燕王即位，留置金陵，形同囚禁；仁宗继位，出居南昌，过起了文士生活。年逾古稀而逝，著述甚丰。

一、年轻有为　多谋善断

与前面的几位兄长不同，朱权出生于皇都金陵。他出生的洪武十一年（1378），父亲朱元璋做皇帝，已经是第十一个年头；而这一年，洪武三年册封的藩王，陆续开始就国。

比较来说，较之战争年代出生的兄长们，朱权等生在王朝建立后的皇子，接受了更为全面系统的教育，条件更为优越。

朱权是洪武二十四年（1391）封王的，时年十四岁，跟二哥秦王朱樉封王的年龄相近；两年后就国，却要比兄长们早了许多。这与他的藩国有关：朱权封宁王，封地大宁（今内蒙古宁城），地处辽东，而那里正是元朝残余势力活动较多的地区。

洪武二十四年（1391），捕鱼海之战后，有大批元朝投降的蒙古人，居住在大宁都司。因对马匹交易不满，没能达到目的，许多人又背叛而去。其中元朝的旧臣，如左丞相失烈门、丞相咬住、太尉乃儿不花、知院阿鲁帖木儿、辽王阿札失里、会宁王塔宾帖木儿等，相继背叛明朝。因此，明太祖在东北设立宁、辽、沈、韩诸藩，以震慑这一地区。

朱权虽然年轻，却很有智谋，深得父皇的器重。也正是因这一点，才把他封为宁王。宁王的藩地大宁，地处喜峰口外，属古会州之地，东连辽西，西接宣北，处于军事要冲，自古为兵家必争之地，是明朝在关外的一个战略要地。

宁王属下有护卫兵八万，战车六千辆，尤其是元军归顺过来的朵颜三卫骑兵，更是一支骁勇善战的精锐之师。宁王朱权依靠着这些部队，与其他藩王一道，在讨伐北元军队的战斗中立下了显赫军功。宁王出色的智谋运用,尤其令人将领们印象深刻,在当时边防部队里,"燕王善战,宁王善谋"的说法流传广泛。

二、轻信燕王　卷入靖难

鉴于历史教训,明惠宗朱允炆(建文帝)即位后,对握有重兵的诸位藩王多所猜忌和防范。在近臣的鼓动下,他不仅大肆削弱藩王权力,进而将他们的王位废除,并大肆杀戮。一时之间,闹得藩王们人心惶惶。

在众多藩王中,朱允炆对宁王朱权和燕王朱棣最为顾忌,担心他们结成军事联盟。这两位藩王不仅手握重兵,而且一个善战、一个善谋,最是让他放心不下。于是,他诏令宁王朱权和辽王朱植回朝,辽王服从诏令,从海路坐船进京;宁王却没有服从——他害怕遭到其他几位被废藩王那样的命运。朝廷以此为由,下令解除宁王属下的三支护卫兵。

这时候,燕王朱棣已经举起了"靖难"的旗帜,公开走上了与朝廷对抗的道路。他在北平听说宁王被削夺护卫兵一事,心中很是高兴,跟手下将领商议说:"以前我出巡塞外,见到宁王的各种军队勇猛骠悍。我若得到大宁,不仅可以截断辽东守军的退路,还能得到边镇骑兵助战,大业一定能够成功。"("曩余巡塞上,见大宁诸军慓悍。吾得大宁,断辽东,取边骑助战,大事济矣。"《明史·诸王列传二》)

建文元年(1399)九月,朝廷任命江阴侯吴高,率军攻打燕王管辖下的永平城(今河北卢龙)。燕王朱棣亲率援军赶往永平,击退了吴高的进攻。永平离宁王封地大宁很近,于是,朱棣抄小路来到大宁城下,谎称被朝廷军队打败而逃到这里,要求宁王朱权放他入城。朱权对他的话半信半疑,准许他单人独骑入城。

朱棣进城后,握着朱权的手放声大哭,哭诉自己起兵反抗出于万不得已，是为了捍卫太祖立下的祖训，替朝廷清除奸佞小人，请求宁王代替自己起草一份向朝廷谢罪的表章。燕王这番真诚的话语，打消了宁王的戒心，就留他在城里住了几天，两人谈得很投机，感情日益密切。

好心的宁王哪里想得到，就在燕王跟他推心置腹交谈的同时，随他而来的精锐士卒早已埋伏在城外，几个亲信也已进入城中，分头去结交宁王三支护卫兵的高级军官，策划他们跟随燕王发兵"靖难"。这些策反活动秘密进行，宁王毫无觉察。

几天之后，燕王告辞，宁王到城外给他饯行。两人分手道别之际，突然伏兵四起，不由分说，将惊讶的宁王推拥而行。到了此时，宁王才明白自己落进了圈套，但为时已晚。他回头所见，是自己的三卫骑兵和守城部队，群起响应，归附燕王。而此时，大宁城守将朱鉴已被反叛的士兵杀死，宁王的妃子和长子也被带往北平，大宁顿时成了一座空城。

宁王朱权被胁迫加入了燕王的"靖难"之师，但他对与朝廷军队作战没有多少热情。因为他知道，燕王发动的"靖难"，实质上是一场争夺皇位的内战，实属大逆不道的犯上作乱。对此，宁王朱权怀有一种罪恶感和恐惧感。所以在长达三年的"靖难之役"中，宁王表现平平，没有展示出固有的足智多谋的军事天才。他勉强去执行燕王交给他的比较次要的任务，而他完成最多的任务是替燕王起草战争檄文。

然而，由于宁王特殊的亲王身份，他的归属具有重大的象征意义。燕王朱棣利用他，向天下表明自己起兵获得了充分的道义支持，因为有宁王等其他几位藩王和自己站在一起，共同对建文帝的不法行为及其身边的奸佞小人宣战，而这是明太祖在《祖训录》规定的藩王的权力和义务。

三、靖难成功　宁王落难

宁王朱权在"靖难之役"中没有立下显赫战功，但他属下的数万军队，却对燕王的最后胜利起到了不可忽视的作用。

燕王曾经对宁王许诺说，夺得帝位后，当以一半的国土封赏宁王——当然这是永远不可能兑现的空口诺言。事实上，燕王朱棣在南京即位后，宁王朱权就被留在了南京。表面上看，这是赏赐给宁王的至高恩宠，而实际上，明成祖的真实意图，是要把宁王置于自己的监视和控制之下。宁王朱权绝非一般平庸之辈，如果把他派往外地，对成祖来说，总是一个叫人不放心的潜在对手，他担心宁王会效法自己，转而来反对自己——宁王具备这样的能力。

就这样，宁王朱权在南京过着半囚禁式的生活，他的一举一动都得分外小心，因为皇上派来的暗探时刻监视着他，稍有不慎就会招致杀身之祸；私下里，他也不能结交大臣，那样做容易引起皇上的猜忌。

过了些日子，朱权终于无法忍受这种半囚徒式的生活，要求成祖赏他一块封地，好让他离开充满危险的首都。明成祖不情愿地答应了他的请求。然而，对选择哪里作为封地，朱权却有些为难。以前的大宁城是不可能了，不但因为那里已经遭受战火破坏，而且成祖早已将那里赏赐给了"靖难"有功的兀良哈蒙古将军。于是，朱权请求改封南方的某地。

朱权先是请求苏州，成祖以苏州毗邻首都为由予以否决；又请封钱塘（杭州），成祖说以前封在钱塘的两位藩王结果都不好。成祖说建宁、重庆、荆州、东昌都是好地方，让宁王随意选择。最后，朱权选择了南昌，成祖便将他改封南昌。只不过，改封南昌也并不那么顺利而已。

四、全身远祸　著述颇丰

永乐元年（1403）二月，宁王动身前往南昌就国，明成祖为他举行了隆重的送行仪式，并亲自写诗赠别，以示两人的手足亲情。成祖诏令将南昌城的布政司官署改为宁王府邸，王府的建筑规模不许改变。从此，宁王朱权在南昌度过了自己平静悠闲的后半生。

朱权到南昌后，明成祖仍未彻底打消对他的戒心，暗地里派锦衣卫特务进行监视。不久，就有消息传来，说宁王私下里诽谤诅骂皇帝，以发泄自己的不满和怨恨。成祖派密探去验证消息的真伪，密探回京的报告，证明这不过是谣言而已。

此时的宁王，早已厌恶了血腥残酷的政治斗争，对个人的功名事业和荣华富贵也失去了热情。从政治舞台上隐退后，他便开始了一种文人学者式的生活，这种生活方式使他远离朝廷权力斗争的漩涡，得以平安地度过自己的后半生。

朱权在王府里构筑了一座精致的小别墅，作为书斋。他将全部精力和聪明才智，都投入到了琴棋书画之类艺术消遣之中，像在野的文人隐士一样，过着读书抚琴、诗酒自娱的闲适生活。刚开始，他只是将此作为全身远祸、韬光养晦的手段，逐渐地，他也喜欢上了这种清静优雅的艺术化生活，并表现出极其优异的禀赋，进而达到了高超的造诣。因此，成祖也认为他不再有夺权的野心，放松了警惕，使他安然度过永乐朝的二十一年。

明成祖去世后，太子朱高炽即位，是为明仁宗。这时，宁王已在南昌居住了二十多年，他上书皇帝，说南昌并非自己的封地，想换一个地方，明仁宗没有答应。

明宣宗继位后，朱权曾请求皇帝赐田土给他，又议论说宗室不应确定品级。宣宗十分生气，颇有指责之意。朱权不得不上书谢罪。

此后，朱权安心待在南昌，与当地的文人雅士诗酒唱和，流连光景。他还对道教养生术产生了兴趣，结交道友，潜心修炼，并自号为"臞仙"等。晚年的宁王朱权，身体非常健康，精神矍烁，鹤发童颜，神情飘逸。其实，这可以说是多年远离政治、修身养性的结果。

朱权一生著述甚丰。他曾经奉皇帝敕命编写《通鉴博论》二卷，又撰写《家训》六篇，《宁国仪范》七十四章，《汉唐秘史》二卷，《史断》一卷，《文谱》八卷，《诗谱》一卷。朱权善古琴，编有古琴曲集《神奇秘谱》和北曲谱及评论专著《太和正音谱》，后者为我国现存最早的杂剧曲谱，是中国戏曲史上重要的理论著作。

正统十三年（1449）九月，宁王朱权去世，享年七十一岁，是明代比较长寿的藩王之一；谥曰"献"，世称"宁献王"。

谷王朱橞

朱橞（1379—1427），明初藩王，九大塞王之一。明太祖第十九子，母郭惠妃。十三岁封谷王，十七岁就国。"靖难之役"爆发后，自知不敌，逃往南京；燕王朱棣大军围城，他审度形势，开门迎入。后改封长沙，多行不义，并密谋反叛，事泄被废为庶人，在囚禁中去世。

一、受封谷王　迎入燕王

朱橞是明太祖的第十九个儿子，母亲郭惠妃，是滁阳王郭子兴的女儿。

洪武二十四年（1391）朱橞与朱权等一同封王，时年十三岁。朱橞封谷王，封地是长城沿线的边塞重镇宣府（今河北宣化）。因宣府古时为"上谷郡"，故有"谷王"之称。

洪武二十八年（1395）三月，朱橞赴宣府就国。到藩地后，朱橞一边兴建谷王府，一边进行戍边建设。他主持扩建宣化城，将始建于唐代的城垣加以扩展，沿城垣设"一关七门"。同时，修建了常峪口至大境门一百余里的长城，兴建了独石口和锁阳关的关隘，为抵御北方部族的袭扰、巩固明朝疆域，起到了一定作用。

建文六年（1399年）六月，燕王朱棣发动"靖难之役"后，首先率军攻陷了北平附近的蓟州、通州、遵化、永平、密云等城镇，军威大振。由于宣府邻近北平，自然成为燕军的下一个进攻目标，谷王朱橞自知不是燕王对手，便放弃宣府，逃往南京。建文帝相信谷王对自己的忠诚，把他留在南京，继续委以重任。

到了战争的第三年，形势逐渐明朗。六月，燕王率领"靖难"大军渡过长江，直抵南京城下，胜利已经无可争议地属于燕王一边。谷王见建文帝大势已去，内心渐生倒戈归顺燕王之意。这时，建文帝派大将李景隆和谷王朱橞，到南京城外的燕军驻地与燕王谈判，要求停战议和。燕王当然不会放弃即将到手的胜利果实，谈判没有结果。

"靖难"大军将南京城围得水泄不通，随时准备攻城，而此时建文帝也决心决死一战。他命令在南京的几位藩王分别负责把守城门，谷王朱橞守金川门，而那里正是燕军主力进攻的方向。六月十三日，朱橞和守城将军李景隆密谋，决心倒戈。他们在城楼上望见远处燕王的华盖，就打开金川门，迎接燕王的军队入城。

由于谷王朱橞在最后决战中有开门迎降之功，明成祖朱棣颇为感激，即位后赐给他一支七人的乐队（皇帝对大臣的最高褒奖），以及一支三百人的亲兵卫队，另外还赏赐了大量的金银财宝，把他的封地改为长沙，年俸增加了两千石。

二、密谋反叛　被废庶人

谷王朱橞凭借自己的特殊地位，在封地长沙横行霸道，胡作非为。忠诚伯茹瑺经过长沙时，没有前往拜谒，朱橞便怀恨在心，到明成祖面前诬告茹瑺有罪，最终将其迫害致死。

自此以后，朱橞变得更加骄横放肆，公然抢夺民田，侵吞国家税收，滥杀无辜。长史虞廷纲多次劝谏，他不但不听，反而诬告虞廷纲诽谤，并用酷刑将其杀害。

朱橞还在长沙大力扩充实力，积极图谋叛乱。他接纳四方的亡命之徒，把他们组织起来进行军事训练，并大量建造兵器和战舰。同时修建佛寺，网罗上千名僧人，命他们用咒语诅咒明成祖朱棣。

朱橞每天与都指挥张成、宦官吴智、刘信，在王府里密谋。他称呼张成为"师尚父"，称吴智、刘信为"国老令公"。手下的术士为奉承他，就编造了谶语，说谷王是真命天子，日后一定会当上皇帝。朱橞听后得意非凡，想入非非地做起了天子梦。

谋士张成等人商议，准备趁元宵节向皇宫献灯的机会，挑选一批壮士，让他们练习音乐，届时混入皇宫，伺机发动政变。朱橞还写信给在成都的蜀王朱椿，约他共同举兵，反抗朝廷。蜀王回信，痛斥了其大逆不道的阴谋罪行，并劝他及早悔改自新，谷王不听。

这时，蜀王朱椿的儿子因为犯了过错，为逃避父亲的惩罚，来到长沙，躲进谷王府寻求叔父的保护。朱橞见侄儿来到自己府中，喜不自禁，认为是天赐良机，助他成就大事。于是对人诡称："当年我在南京打开金川门放出建文皇帝，他并没有死，现今还在我的府中。我要为建文帝伸张大义，兴兵起事的日子不远了。"这一谣言很快传播开来，一时间闹得沸沸扬扬，人心慌乱，以为新的内战又要爆发了。

谷王手下的护卫张兴，察觉到了主人反叛的阴谋，害怕将来会祸及己身，遂来到北京报告了明成祖，但成祖不相信谷王会谋反。张兴又赶到南京，向太子朱高炽揭发了谷王的阴谋，并说："希望日后朝廷不要把我牵连进去。"

这时，蜀王朱椿也向成祖告发谷王图谋不轨，成祖方才相信，感叹说："我待朱橞够优厚的了，可他还要背叛我。先前张兴向我报告，我还不相信，现在果然是事实。"于是立即命使者带着圣旨去告诫谷王，令他把蜀王之子送归蜀王府，并召他入朝。谷王来到北京，成祖把蜀王告他谋反的奏章给他看。朱橞看了，吓得魂不附体，马上伏地请死。朝廷大臣纷纷出来揭发谷王的罪状，请求皇上将他处死，以谢天下。成祖说："谷王是我的弟弟，我还是让我的兄弟们来商量如何处理吧。"

永乐十五年（1417）正月，周王朱橚、楚王朱桢、蜀王朱椿等藩王纷纷上书成祖，说："朱橞违背太祖的祖训，图谋不轨，罪证确凿，大逆不道，罪不容赦。"明成祖念及谷王当日的开门之功，说："各位大臣与诸王坚持国家大局，要求严惩，按照国法，该当如此。但我还是想留他一条活命。"随后，下令将谷王朱橞及其两个儿子一同废为庶人，与家人一同囚禁于徽州新安卫公署内，谷国废除。谷王手下参与策划阴谋的人多被处死，只有张兴因事先告发，赦免无罪。

宣德三年（1428年），谷王朱橞在囚禁中去世，其家属取赴京城，后安置凤阳、庐州。

大明开国"六王"

大凡王朝开国之后,总不免论功行赏,明朝自然也不例外,洪武三年大封功臣,十七年复定功劳名次。其中有开国"六王""六公"之说。其实,所谓开国"六王"——徐达、常遇春、李文忠、邓愈、汤和、沐英,起初多只是封公,封王大多是在卒后。这些异姓王最早追随朱元璋,而且是其主要中坚力量,无论打天下还是安天下,他们无不功勋卓著、可歌可泣。

中山王徐达

徐达（1332—1385），明开国"六王"之一，位列第一。字天德，濠州钟离（今安徽凤阳东北）人。早年投靠朱元璋，深受倚任，南征北战，先后大败陈友谅、平灭张士诚、攻取元大都等，功勋卓著。累官至中书右丞相、参军国事兼太子少傅，封魏国公，追封中山王，谥曰"武宁"。虽曾任丞相，但长年在外指挥作战，故武功多于文治。长于谋略，治军严整，战功显赫，又不矜不伐，谦恭谨慎，受人好评。

一、少有大志　刚毅武勇

徐达家族世代务农，到了他这一代，正值元末乱世，民不聊生，农民都在死亡线上苦苦挣扎。徐达从小就有远大的志向，看到这种世道，就再也不思农耕。二十二岁那年，徐达投奔到了朱元璋的帐下。

当时，朱元璋正在郭子兴麾下担任统帅，他见徐达身材高挑，神气刚毅，与之交谈，又发现他胸有大志，就高兴地收留了他。徐达参加义军之后，很快就表现出非凡的军事才能和过人的胆略。

元至正十三年（1353），朱元璋准备攻打定远（今安徽定远），以期向南发展。他准备带三四十人前往，在军中挑选精壮的军士。徐达平日与朱元璋交往较多，而且身体强健，头脑聪明，有勇有谋，朱元璋第一个挑上的就是他。从此，徐达紧随朱元璋几十年，南征北战，东挡西杀，扫平各方割据的势力，战胜强大的元军，为统一全国、建立明王朝立下了不朽功勋。

至正十三年七月，朱元璋率兵攻打滁阳（今安徽滁州），徐达随军出征。在路上，朱元璋遇到李善长，一番交谈之后，发现其人有头脑、有谋略，就把他留下来当了自己的文书参谋。由此，李善长和徐达成为辅佐朱元璋平定天下的一文一武。在进攻滁阳时，徐达一马当先，冲锋在前，在滁州涧与元军展开殊死搏斗。在战斗中，徐达镇定自若，表现得非常英勇，很快打败了元军。

朱元璋趁势进占和州（今安徽和县）。这一仗中，朱元璋让三千士兵穿上青色衣服，伪装成元军的样子，用四匹骆驼驮着慰问用品，声称是送使者到和州犒劳将士的。三千青衣士兵的身后，是一万多穿绛色衣服的士兵，相距大约十多里。等到了和州城下，青衣军还没有进城，城上元军就赶紧拉起吊桥。汤和见势不对，急忙拔剑砍断了桥索，青衣军乘机入城，占领了和州。徐达被郭子兴任命为镇抚，朱元璋开始总领和州兵马。

在战斗中，徐达从来不顾个人安危，总是为全局着想。一次，郭子兴抓住了敌将孙德崖，但敌军也抓住了朱元璋。朱元璋被抓，大家很着急，但又都一筹莫展。这时，徐达挺身而出，对大家说："用我去把元帅换回来吧。我对于全军关系不大，而元帅可不能没有。"大家都十分佩服徐达的胆略和勇气，就让他去了。（"子兴执孙德崖，德崖军亦执太祖，达挺身诣德崖军请代，太祖乃得归，达亦获免。"《明史·徐达传》）

徐达只身来到孙德崖的部队，对敌人说："我有一个朋友，他家里上有八十多岁的老母，下有嗷嗷待哺的孩子。你们抓了他，就等于把他们全家都杀了。我一无亲、二无故，没有拖累，既然你们只想抓个人请功，就让我换回我的朋友吧！"对方见他说得很诚恳，又不知道朱元璋是什么人，就把朱元璋放了，留下了徐达。过了几天，他们说："这样讲义气的人，我们若杀了他，也是不讲道义。"就把徐达也放了回来。从此，朱元璋对徐达更加器重。

二、用兵持重　晋升元帅

徐达深谙用兵之道，他以用兵持重、勇谋兼备而驰名。在战争中，他既着眼于战役、战斗局部情况的考虑，也注重对战略全局的分析。因此，往往能出其不意地打击敌人、取得胜利。

元至正十五年（1355）六月，朱元璋率大军驻防和州，但军中缺少粮草，十分着急。朱元璋召集手下将军，对他们说："我们虽然占领了和州，但军粮匮乏，如果元军来攻打，很难对抗。"大家也都认为应该另谋出路。这时徐达站起来说："和州地方并不富裕，筹措粮草比较困难。如果我们南渡长江，占据那里的鱼米之乡，今后就不愁粮草供应。立稳了脚跟，才能图谋大计啊！"徐达说得很有道理，于是朱元璋准备渡江攻占太平（今安徽当涂）。

这时，赵普胜、俞通海手下有好几万人、战船上千艘，盘踞在巢湖一带，见朱元璋占领了和州，声势浩大，就率兵来投归。朱元璋大喜，说："这真是老天有眼，看来我一定能攻下太平。"朱元璋军队先在峪溪口大败元将海牙，然后准备渡江。渡江之前，有人说："集庆（今南京）是个藏龙卧虎之地，应直接去攻占它。"徐达表示反对，他对朱元璋说："采石矶是金陵的门户，占领了采石矶，就等于占领了太平，金陵也就唾手可得。如果我们直接攻打金陵，既不好打，打下了又不好守。"

朱元璋听从徐达的建议，命令大军进攻采石矶（在今安徽当涂东北）。廖永安、廖永忠等在长江中，受朱元璋之命，先攻牛渚矶。岸上元军在矶上布阵，朱元璋的船总靠不了岸。这时常遇春赶来，从船上用力一跃，一下子就跳到了距离三丈远的岸上，大枪一摆，东挑西刺，元军大败，朱元璋军占领了采石矶。随后大军趁势一路猛打，攻克了太平。

朱元璋攻克太平后，脚跟还没站稳，元军就水、陆两路，纠集数万兵马包围合击。在采石矶渡口，元朝水军用大船封锁水路，堵截朱元璋军的退路；陆路大军在陈野先率领下，对太平城加紧攻击。朱元璋军腹背受敌，形势十分危急。战斗紧张持续，双方损失都很大。

这时，徐达想："如果这样打下去，元军只会越来越多，而我军却会越来越少。不能再这样继续打下去了，只能智取。"徐达仔细分析战局，总结前一段的作战情况，突然发现：陆路的元军只顾围攻，而不顾自己的背后；如果率队绕到敌军背后，前后夹击，必能消灭敌军。

在和朱元璋商量之后，徐达亲自率领一队年轻精干的骑兵，迅速绕到陈野先军的背后，突然发起猛攻。太平城里的朱元璋见徐达已开始进攻，亦率军冲出。如此前后夹击，元军做梦也没想到，以为是神兵天降，顿时乱了阵脚。徐达率骑兵左冲右突，打得敌人丢盔解甲，狼狈不堪。此时，陈野先还没有完全明白状况，正在对属下大喊大叫。徐达一见，冲上来把他一把提起，扔在地下，叫手下人绑了。元军一见主帅被擒，全都仓皇逃命；来不及跑的，不是成了刀下之鬼，就是做了俘虏。

这一仗打得很顺利。徐达料定，陈野先被擒，他的儿子陈兆先肯定要率水军前来营救。于是，徐达立即率军东进，占领了溧水（今江苏溧水），以期在这里挡住陈兆先。果然不出所料，陈兆先听说父亲被俘，心急如焚，立即率自己统领的水军赶来营救。徐达因早有准备，迅速打败陈兆先，并把他也活捉了。至此，元军的包围解除，陈氏父子也投降了朱元璋。

朱元璋占领太平后，又立即挥师攻克集庆，并将集庆路更名"应天府"，设天兴建康翼统军大元帅府，升徐达为元帅。

三、转战两淮 升职相国

元至正十六年（1356），张士诚占据常州（今属江苏），挟持在江东叛变的将领陈保二，发水军进攻当时为朱元璋占领的镇江。徐达在龙潭与张士诚军开战，他身先士卒，冲在最前面，打垮了张士诚的队伍。随后，徐达率军乘胜进攻常州，并向朱元璋请求部队增援，准备包围常州。

这时，张士诚已经派他的弟弟张士德，率领数万大军来援救常州。徐达得知这一情报，立即召集众将研究对策。他对大家说："张九六（即张士德）不但狡猾，而且作战也很勇猛，过去打过很多胜仗。我们不能轻敌，否则会吃亏。如果和他硬拼，他现在士气正旺，我们不好轻易取胜。既然他很勇猛，我们就来个骄兵之计，让他先尝到点甜头，然后把他装到口袋里，一网打尽。"大家认为这个计策很好。

徐达先派部将王均用，率骑兵在远处设下两处埋伏，让一小股军队和张士德遭遇，假装不敌，很快败逃。徐达立即率大军撤掉包围，远离常州城十八里。张士德以为朱元璋的大军真的败了，挥师追击。徐达见张士德进如伏击圈，军旗一挥，早已准备好的骑兵立即冲上来，一下子就把张士德的军队冲乱了。撤退的军队也反身杀回，徐达亲自督战，将士勇猛冲杀，愈战愈勇，大败敌军，生擒了张士德。常州也因此在第二年被顺利夺取。

元至正十八年（1358），陈友谅率军东侵，占领安庆（今属安徽）、池州（今安徽贵池）、南昌等地，与朱元璋建立的根据地接壤。此时，朱元璋正准备以重兵略取浙东诸郡，陈友谅的部将赵普胜却进占枞阳水寨，派使者来往窥伺。朱元璋担心遭到他们的袭击，打乱自己的部署，十分忧虑。徐达见状，请命攻击赵普胜。征得同意后，徐达派手下将领率精兵偷袭赵普胜，成功缴获敌船数百只，且乘势夺回了池州。朱元璋得到池州收复的消息，十分高兴，徐达因此升任奉国上将军、同知枢密院事。

接着，徐达又奉命进攻安庆。他率军从无为（今属安徽）出发，趁夜袭击淳山寨，又打败赵普胜的部将，攻克了灊山（今潜山）。回去镇守池州时，徐达经过和常遇春商量，在九华山设下伏兵。陈友谅大军经过时，徐、常两军把他们打得大败，斩首上万，俘虏三千多。

常遇春见俘虏了这么多敌人，就对徐达说："这支队伍很能打仗，必须把他们全都杀掉，否则后患无穷。"徐达说："能收编的收编，不愿参加的遣返，怎么会有后患呢？"常遇春不同意，徐达便上报朱元璋，请他定夺。但常遇春固执己见，趁朱元璋的命令尚未下达，在当天晚上把一半以上的俘虏都活埋了。朱元璋对此十分不满，把常遇春叫去狠狠训斥一顿，剩下的俘虏全都放了。

此事过后，徐达开始受命统辖各部。陈友谅侵犯龙江（在应天郊外，今南京城郊），徐达的军队在南门外与各将领协力将其击败，一直追到慈湖，赶上后烧毁了敌军的战船。

至正二十年（1360），徐达跟随朱元璋征讨陈友谅，夺取了江州（今江西九江）。陈友谅撤到武昌时，他穷追不舍。陈友谅在沔阳（今湖北仙桃）派出战舰，徐达便在汉阳沌口宿营，以抗御他。此时，徐达已升任中书右丞相。次年，朱元璋大军平定南昌，降将祝宗、康泰叛变。徐达用驻在沌口的部队讨伐他们，平定后又跟随朱元璋援救安丰，打败了张士诚的将领吕珍，包围了庐州（今安徽合肥）。

这时，正赶上陈友谅的汉军进犯南昌，朱元璋把徐达从庐州召回，合兵一处，对付陈友谅的汉军。部队在鄱阳湖与汉军遭遇。汉军当时士气很盛，自觉天下无敌。徐达身先士卒，全军将士无不奋勇拼杀，击败汉军前锋，杀死一千五百多人，俘获一只大船。此时，朱元璋明知可以打败汉军，战胜陈友谅，但他担心张士诚从后方打上来，腹背受敌，处于被动，于是急令徐达率部回守应天，自己亲自统帅众将领和汉军苦战，最终汉军兵败，陈友谅阵亡。

至正二十三年（1363），陈友谅在鄱阳湖战败后，其子陈理突围，据守武昌，自立为帝。徐达根据陈理初立、人心未定的情况，一面写信招降，一面兴兵讨伐。陈理派部将刘勇屯兵益州拒敌，徐达命部下精选数十名兵勇潜入敌营，烧其粮仓，迫敌出城。刘勇见粮仓被烧毁，遂弃城夜遁，徐达设伏兵一阵猛杀。随后，徐达与常遇春又乘胜兵临武昌，陈理率众投降。

至正二十四年（1364），朱元璋称"吴王"，建百司官位，置中书省左右相国，以李善长为右相国，徐达为左相国。

徐达再次率军围攻庐州，围困了好久，守将张焕不得不放下武器，打开西城门，把徐达的大军带进城里，庐州从此成为吴王朱元璋的地盘。接着，徐达率军相继攻克江陵、辰州、衡州、宝庆，湖、湘平定。

不久，朱元璋召回徐达，命他率领常遇春等进攻淮东，攻克了泰州；又回师援救宜兴并收复了它。徐达又率大军渡过长江，攻克高邮，俘虏张士诚的将士一千多人。这时，正好常遇春攻打淮安，在马骡港打败了敌军，守将梅思祖举城投降。接着徐达又率军攻破安丰，俘虏元将忻都，来援的庐州左君弼虽然逃脱，但其运输船全部被缴获。元兵进犯徐州，徐达给予迎头痛击，元兵大败，被俘虏、打死的元兵数以万计。淮南、淮北至此全部平定。

四、翦除湖杭　复取平江

元至正二十六年（1366），朱元璋准备讨伐张士诚，与徐达、李善长商量如何进军。李善长说："张士诚兵多将广，储粮又多，这几年一直打胜仗,攻下了许多城镇。我们现在羽翼未丰,若兴兵攻打,恐怕凶多吉少。我看还是再等一等,等咱们兵强马壮,那时再攻不迟。"

朱元璋又问徐达,徐达说:"我看可以攻打。张士诚现在虽然兵精粮足,但他们都胸无大志。张士诚这个人贪图享受,生活非常奢侈,对待属下又十分苛刻,属下对他早有怨言。他的统军大将李伯升等人,更是泛泛之辈,心思全用在了寻求美女和财物上,对战备一点也不抓紧,这些所谓的将军很容易解决。在张士诚的队伍里,真正起作用的是三个参军,一个姓黄,一个姓蔡,一个姓叶,历次打仗,都是他们给张士诚出谋划策。但他们都是书生,没有远大的眼光和计划,也没有什么可怕。所以我想,如果我们兴师讨伐,凭主上您的威望和德行,加上我们大军对他们的逼迫,三吴肯定能平定,只是时间早晚的问题。"

朱元璋听了徐达的话,说:"我也认为是这样,那么我们就准备攻打张士诚吧!"于是,朱元璋拜徐达为大将军,常遇春为副将军,率领二十万大军,向太湖进发。

张士诚见朱元璋派兵来攻,即以平江(今江苏苏州)为中心,以湖州和杭州为羽翼,三路抗拒徐达、常遇春的进攻。朱元璋认为:湖、杭两州是张士诚的左右臂,如果砍断左右臂,平江唾手可得,便命徐达和常遇春先攻打湖州和杭州。

湖州守军兵分三路来拒,徐达也三路迎战,另派骁将王国定切断敌人的退路。经过一番激烈的战斗,敌人渐感不支,想退入城中,但王国定已经切断退路。于是双方又展开一场恶战,徐达把敌军打得大败,俘虏将士二百多人,进而包围了湖州城。

这时,张士诚派吕珍等率军六万来援,驻扎在旧馆(今浙江吴兴东),筑了五个营寨自守,以牵制徐达。徐达认为,敌人的旧羽翼还未根除,就又长出了新羽翼,如不除掉援兵,湖州和杭州也就很难攻破。于是决定暂缓攻城，命常遇春等建十个堡垒，以此来阻塞敌军。随后，徐达派兵夜袭敌营，切断了吕珍的粮道。旧馆的援兵因粮饷不继，又遭夜袭，投降的人很多。

不久，旧馆五寨之敌被消灭，旧馆的阻碍拔除。张士诚见势不妙，亲自率精兵援救，徐达在皂林（今浙江桐乡）把他打得大败，张士诚逃跑。徐达又趁势夺取了升山水陆寨，五太子、朱进、吕珍等投降。徐达命大军加紧攻城，在湖州投降后，接着又攻克了杭州。张士诚的左右臂被砍断，平江成了一座孤城，徐达随即率大军从太湖出兵将之包围。

五、俘虏士诚　受封国公

包围平江后，徐达驻军葑门，常遇春驻军虎丘，其余诸将分驻各门，筑起很长的壁垒群围困敌人。徐达又命人架起和城中佛塔一样高的木塔，还筑了三个台，在上面可以俯瞰城里的动静，台上安放弓弩火筒，装上大炮，可以炮击城中的任何地方。平江城守军一看朱元璋如此厉害，大为震动，军心开始有些涣散，士气也日渐低落。

徐达写信派使者向朱元璋汇报情况，请示下一步行动的方案。朱元璋写了一道敕，慰劳他说："将军有超群的智谋和勇敢，所以能够制止叛乱和阴谋，削弱群雄的势力。现在遇事都向我报告请示，更体现了将军的忠心，对此我非常赞赏。但是，将在外，君命有所不受。我不能过分牵制你。部队里的各种事情，将军可以斟酌情况自行处理，我不从中控制。"

徐达于是命部队加紧攻城。张士诚的部将熊天瑞，教守城士兵制造飞炮，拆掉祠庙、民居，用作大炮的材料。徐达命令部队制成许多像屋子一样的木架，顶上用竹子编起来，将士躲在下面，就可以避开城里打出来的石头、飞箭。徐达督促将士很快攻破了葑门，常遇春攻破了阊门新寨，于是率军渡桥攻到了城下。张士诚的枢密唐杰亲自登城率兵防守，最终还是不敌，唐杰等敌将投降。

徐达命吴军迅速登城，敌军士兵见城已被攻破，顿时大乱。此时，张士诚命副枢密刘毅收拾残兵，大约有二三万人。在万寿寺东街，张士诚亲自率军与徐达所率吴军展开巷战，但很快又败，刘毅也投降了。张士诚带领仅剩的几人跑回家中，他的妻子刘氏把木柴堆在齐云楼下，听说城破便自焚而死。张士诚也跑进屋里，打算自缢。李伯升一脚踹开门冲进去，与赵世雄把他救下。

很快，徐达占领了平江，俘虏了张士诚，把他押送应天，收编张士诚所部二十五万人。在城将要攻破时，徐达和常遇春约定："部队进城以后，我驻扎在左面，你驻扎在右面。"又命令将士说："抢掠老百姓财物的，处死；拆毁民房的，处死；离开驻地二十里的，处死。"部队进城后，秋毫无犯，吴地的老百姓和往常一样安居乐业，丝毫没有受到军队骚扰。徐达班师回朝后，朱元璋封他为信国公。

六、智取山东　勇夺北平

元至正二十七年（1367），朱元璋任命中书左丞相、信国公徐达为征虏大将军，中书平章政事、掌军国重事常遇春为副将军，率步、骑二十五万，由淮河入黄河，北进夺取中原。

当时的人一谈到名将，都首推徐达和常遇春，两个人的才能和勇敢类似，都深受朱元璋的倚靠和重用。（"是时称名将，必推达、遇春。两人才勇相类，皆太祖所倚重。"《明史·徐达传》）常遇春彪悍敏捷，敢于深入敌阵；而徐达擅长出谋划策。常遇春脾气暴躁，攻下城邑时，难免会杀人；徐达却性格温和，他统率的部队，所到之处从不扰民，即使抓到了壮士和间谍，也都以恩义相待，使他们为己所用，因此多数人都乐于归附。出发前，朱元璋告谕各将领，带兵稳重而纪律严明，攻取城池和战争得胜，最有将领风度的是大将军徐达。（"太祖谕诸将，御军持重有纪律，战胜攻取得为将之体者，莫如大将军达。"同上）他又告诉徐达，下一步的行动，应当从山东开始。

十一月，徐达率军进军山东。开始，徐达大军到达淮安，派使者去沂州招降王宣和他的儿子王信。王信派使者来表示投降，而且还写了封贺信，对徐达扫平张士诚表示祝贺。朱元璋知道此事后，派遣使臣到沂州，任命王信为江淮行省的平章政事，其部下仍旧官任原职，但兵马都要听徐达指挥。

徐达率军到达下邳（今江苏睢宁西北），命都督同知张兴祖由徐州进取山东。后来，王信及其父王宣两面三刀，表面上投降，暗地里却加紧备战，准备打击吴军。密探得知，密报朱元璋。朱元璋赶紧派人秘密传达给徐达，命他停止行军，赶到沂州静观其变。很快，王宣就发兵劫持了吴使徐唐等，徐达则立即率军攻打沂州。王信逃到山西，王宣被徐达杀了。

接着，徐达又率军相继攻下了峄州（今山东峄县）、莒州（今山东莒县）、海州（今江苏连云港），派韩政分兵扼守黄河。张兴祖此时也夺取了东平、济宁。徐达率大军攻克益都（今山东青州），占领了淮、胶各州县。济南守军不得已，宣布投降。此后，徐达又分兵夺取登州、莱州。山东从此全部平定。

洪武元年（1368），朱元璋在应天（今江苏南京）称帝，国号"明"，建元"洪武"。大明王朝正式建立，太祖朱元璋授任徐达为右丞相；册立皇太子朱标后，又加兼太子少傅。

不久，明太祖来到汴梁，召见徐达，设酒宴慰劳他，并计划北伐。徐达说："大军平定齐鲁，扫荡河洛，王保保（扩廓帖木儿）正在徘徊观望；潼关已经攻克，李思齐等人狼狈西逃。元朝的声援已经断绝，现在乘胜直捣元朝大都，不用打什么大仗就可以占领了。"（"大军平齐鲁，扫河洛，王保保逡巡观望；潼关既克，思齐辈狼狈西奔。元声援已绝，今乘势直捣元都，可不战有也。"《明史·徐达传》）明太祖说："很好。"徐达接着又问："元朝大都攻克后，元主向北逃跑，还要穷追吗？"明太祖说："元朝气数已尽，会像水的干涸一样慢慢消失，不必竭尽兵力去追赶。他们出塞以后，只要加强边境的守卫，防止他们进犯就可以了。"（"元运衰矣，行自澌灭，不烦穷兵。出塞之后，固守封疆，防其侵轶可也。"同上）

徐达接受了明太祖的命令，与副将军常遇春在河阴（今属河南荥阳）会师，分派人马攻占河北各地，接连拿下了卫辉、彰德、广平。部队驻扎在临清时，徐达命傅友德修筑陆路，以便骑兵通过；又疏通了河道，以便水师通行。准备工作完成后，徐达挥师北上。很快，常遇春攻克了德州，双方合兵攻占了长芦，控制了直沽（今天津），造了大量浮桥让士兵渡过。

徐达命令水陆两军同时进发，在河西务（今天津武清西北北运河西岸）大败元军，进而夺取了通州（今属北京）。元顺帝一见，命淮王帖木儿不花监国，左丞相庆童留守，自己带着太子、后妃，出大都健德门，由居庸关仓皇北逃，到了上都（开平）。隔了一天，徐达列兵齐化门，下令填平城外壕沟登城。

元大都很快攻克，徐达率军入城。元朝监国淮王帖木儿不花、左丞相庆童、平章迭而必失、朴赛因不花、右丞相张康伯、御史中丞满川等拒不投降，徐达把他们杀了，其余不杀一人。徐达命人查封仓库，造册登记图籍、珍宝、文物；又命令指挥张胜率领一千兵士守卫宫殿门，让宦官保护照顾各宫人、妃嫔、公主，禁止士卒无礼侵犯。官吏百姓都得以安居，市内的作坊店铺也都照常营业。

七、奇袭太原　平定陕西

明太祖收到捷报后，下诏将元朝的京城大都改为北平府，设置六个卫，让孙兴祖等留守，命徐达与常遇春进取山西。常遇春先攻下了保定、中山（今河北定州）、真定，冯胜、汤和攻下怀庆（今河南庆阳），越过太行山，攻占了泽州、潞州，徐达亦率大军开到。

当时，扩廓帖木儿正领兵出雁门关，准备由居庸关进攻北平。徐达得讯后，与各将领商议说："扩廓帖木儿远出，太原必定空虚。北平有孙都督守卫，足以抵御。我们正好可以出其不意，直捣太原，使他进不能攻、退无处守，正所谓抓住要害乘虚而入。如果他领兵向西来自救，正好把他抓住。"众将听了，都说这是个好主意。

徐达挥师太原，扩廓帖木儿到了保定，听说太原吃紧，赶忙回军自救。徐达选派精兵夜袭他的营地，扩廓帖木儿只带十八骑逃脱，其余部众被俘虏收编。就这样，徐达攻占了太原。接着，明军又拿下了大同，分兵攻取了还未占领的州县，山西遂全部平定。

洪武二年（1369），徐达率大军西渡黄河，到了鹿台（今陕西高陵西南），张思道闻讯遁逃，奉元（今西安）于是不攻自破。当时，李思齐据守陕西凤翔，让部将张德钦等守关中，让张思道守奉元，结果他们都不战而逃。徐达率大军继续前进，泾河、渭水之地的老百姓都出来迎降。徐达把奉元路改为西安府，让耿炳文守在那里。常遇春率大军到了凤翔，李思齐因惧怕明军，逃到了临洮（今甘肃岷县），凤翔遂被轻松占领。

此时，徐达召集众将商议下一步的进军方案。许多将领都说："张思道的能力不如李思齐，攻打庆阳比攻打临洮更容易些，所以应该先打庆阳。"徐达听了，微微一笑说："你们说的虽然有道理，但事情并非如此简单，庆阳城池险峻、部队精锐，一下子不容易拿下来。临洮北面与黄河、湟水相连，西面控制着羌、戎，如果我们将其占领，那里的人足以补充兵员，那里的物产也完全可以补充军需。我们率大军去逼迫，李思齐若是不走，就只能束手就擒。临洮拿下，其他郡县就更不在话下。"

于是，徐达力排众议，渡过陇水，攻克秦州，拿下了伏羌、宁远，进入巩昌（今甘肃陇西），派右副将军冯胜进逼临洮。李思齐果然不战而降。徐达又分兵攻克兰州，打跑了元朝豫王阿剌忒纳失里，将其部落辎重全部收缴。

接着，徐达回兵出萧关，拿下了平凉。张思道跑到宁夏，被扩廓帖木儿抓住，他的弟弟张良臣举庆阳投降。徐达派薛显去受降，孰料张良臣忽又叛变，晚上出兵袭击，打伤了薛显。徐达指挥部队包围张良臣，扩廓帖木儿派兵前来援救，徐达打跑了他们，攻破了庆阳。张良臣父子一看不妙，投井自杀，明军捞出斩首。陕西地区从此平定。

明太祖下诏徐达班师，赐予大量的金银和布帛。

八、豪取定西　土剌失利

明太祖正准备论功行赏，扩廓帖木儿却攻打兰州，杀了指挥使。此时，副将军常遇春已经去世。洪武三年（1370）春天，明太祖再以徐达为大将军，平章李文忠为副将军，分道出兵：徐达从潼关出西路，直捣定西，攻打扩廓帖木儿；李文忠从居庸关出东路，穿越沙漠，追赶继位的元主。

徐达到了定西，扩廓帖木儿已退到沈儿峪（今甘肃定西西北）屯守。徐达进兵逼迫，命人隔壕沟砌起堡垒，每天与敌人碰触数次。扩廓帖木儿派精兵从小道强夺东南堡垒，左丞相胡德济仓皇失措，部队惊慌骚动，徐达率军打退了敌人。胡德济是胡大海的儿子，徐达因他是功臣之子，所以给他戴上刑具押往京师，他手下的几个指挥官则就地斩首示众。第二天，徐达整顿队伍，抢夺壕沟，拼死作战，大败扩廓帖木儿军，俘虏了元郯王、文济王，以及国公阎思孝、平章韩扎儿以下文武部属一千八百六十五人，将士八万四千五百多人，马、骆驼和其他牲口数万头（匹）。扩廓帖木儿仅带着妻子等数人跑到了和林（今蒙古国乌兰巴托西南哈尔和林）。

徐达打败扩廓帖木儿后，立即率部队赶到略阳（今陕西西南部），攻克了沔州，进入连云栈，攻克兴元（今陕西南郑）。副将军李文忠亦攻克应昌，俘获元廷嫡孙、妃、公主、将相。捷报先后传来，明太祖命休整军队，班师还朝，并亲自到龙江慰劳、迎接。

大军还朝，明太祖下诏大封功臣，授予徐达"开国辅运推诚宣力武臣"、特进光禄大夫、左柱国、太傅、中书右丞相参军国事，改封魏国公，年俸五千石，赐世袭铁券。

洪武四年（1371），徐达率盛熙等，到北平操练军队、修缮城池，调动山后军兵充实各个卫府，设置了二百五十四个屯，开垦荒地一千三百多顷。这年冬天，徐达奉召回到京师。

洪武五年（1372），明太祖再派大军征讨扩廓帖木儿，徐达任征虏大将军由中路出，左副将军李文忠从东路出，征西将军冯胜从西路出，各率五万骑兵出塞。徐达派都督蓝玉在土剌河打败了扩廓帖木儿。扩廓与贺宗哲合兵顽强抵抗，徐达失利，死了几万人。明太祖因徐达功劳大，不予追究。

第二年，徐达再率将士巡行边境，在答剌海打败敌人。徐达随即回军北平，在那里守了三年才回到京师。

后来，由于蒙古军事力量一时难以消灭，明朝的北方战略从以攻为主转为以防御为主。从此，徐达长期在北平、山西一带练兵备边，镇守北平十余年。

洪武十四年（1381）正月，元将朵儿不花等进犯永平。徐达奉命与汤和、傅友德率军征讨，朵儿不花逃遁。第二年正月，徐达再度出镇北平。

九、以正以诚　唯忠唯勇

徐达每年春天出去，冬末奉召回京师，已经经习以为常。回来后，总是立即交还将印。明太祖赐给他假期，设宴接见，与他痛饮。明太祖和徐达有"布衣兄弟"之称，而徐达却更加谦恭谨慎。（"每岁春出，冬暮召还，以为常。还辄上将印，赐休沐，宴见欢饮，有布衣兄弟称，而达愈恭慎。"）太祖曾对他说："徐兄功劳大，却没有合适的宅第，可以把我的旧邸赐给你。"（"徐兄功大，未有宁居，可赐以旧邸。"《明史·徐达传》）

所谓"旧邸"，是明太祖当年称吴王时所居之地。徐达坚决推辞。有一天，太祖与徐达到旧邸宴饮，把徐达灌醉，然后用被子裹着，抬到正中寝室里去睡。徐达醒来后，吓得赶快跑下台阶，俯伏在那里高呼自己死罪。明太祖偷看到了，非常高兴，便命令在旧邸前起盖封侯的宅第给他，旌表他的牌坊题为"大功坊"。

胡惟庸做丞相后，想和徐达拉关系，徐达鄙薄其为人，不予理睬。胡惟庸便贿赂徐达的门人福寿，让他设法加害徐达。福寿揭发了此事，徐达亦不追究，只是经常对皇上说胡惟庸不能胜任丞相。后来胡惟庸的阴谋败露，明太祖更加看重徐达。

徐达说话不多，但考虑问题却很周到。在军队里，发布了命令就不再更改。各将领都敬畏地尊奉他的领导。但在明太祖面前，他恭敬谨慎得好像不会说话。他很会关心慰问别人，和部下同甘共苦，兵士没有不感激他的关怀而愿意效死力的，因此他的军队才能所向披靡。他尤其注意整饬军队，他所平定的大都有两个，省会三个，郡邑上百个，所到之处都是里巷、市井平静，百姓没有受到士兵的骚扰。回京师的时候，他轻车回家，礼貌地接待儒生，整天和他们交谈议论，非常和谐。明太祖曾经称赞他说："徐达接受命令就立即出动，成功了便很快归来，从不居功自傲，不贪女色，不取财宝，不偏不倚，没有过失，像日月一样光明的，只有大将军一个人。"（"受命而出，成功而旋，不矜不伐，妇女无所爱，财宝无所取，中正无疵，昭明乎日月，大将军一人而已。"同上）

洪武十七年（1384）正月，徐达仍旧出镇北平。其间背上长疽，不久稍微好转。明太祖派徐达长子徐辉祖带着敕书前去慰劳，不久召回南京。

第二年二月，徐达病情加重，不久去世，享年五十四岁。明太祖为之辍朝，并对群臣哀叹说："老天为什么夺去我的良将这么快呀！"（"天何夺吾良将之速！"《明太祖实录》卷一百七十一）参加葬礼时，他悲恸不已。下诏追封徐达为中山王，谥曰"武宁"，赐葬在钟山的北面，亲自撰写了神道碑文。牌位供于太庙附祭；肖像供于功臣庙，位列第一。

开平王常遇春

常遇春（1330—1369），明开国"六王"之一，位列第二。字伯仁，号燕衡，安徽怀远人。历任中翼大元帅、中书平章军国重事、左副将军等；始封鄂国公，追封开平王，谥曰"忠武"。他深沉内向，勇猛果敢，常能身先士卒，却又不乏谋略，忠贞不贰,从不居功自傲,堪称一代名将。洪武二年,在北征回师途中病逝。

一、胸怀大志 梦遇神主

常遇春出身于贫苦农家。青少年时期,不甘心老死田间,便随人习武。由于家贫无力支付学费,就以多出力做杂工换取学习机会。就这样,身材魁梧、膀大腰圆的常遇春,练就了一身好武艺,臂力过人,尤其善于射箭,有百步穿杨之能。

起初,因生活无着,常遇春投奔了当地的土匪刘聚,跟着他落草为盗。刘聚见常遇春颇有勇力,就让他当了什夫长,并引为心腹。常遇春跟随刘聚拦路抢掠,入宅为盗,解决了生活问题。但他胸有大志,见刘聚不是打家劫舍,就是吃喝玩乐,而且心胸狭窄,便决心离他而去。

当时,朱元璋已经跟随郭子兴起义,占领了安徽的许多地方,声势很大,常遇春准备前往投奔。听说朱元璋在和阳(今安徽和县),他就带着手下的十几个人赶往那里。

据记载,常遇春一行在路上走得又困又饿,就在路边田间睡着了。睡得正香的时候,常遇春梦见一个披着金甲、举着金盾的神人向他跑来,到他跟前喊道:"快起来,快起来,你的主君来了!"常遇春一惊,从梦中醒来,向远处望去,只见一队人马朝这边奔来,渐行渐近,大旗上赫然一个大大的"朱"字。常遇春赶忙跑上前去,跪地迎候拜见。("初从刘聚为盗,察聚终无成,归太祖于和阳。未至,困卧田间,梦神人被甲拥盾呼曰:'起起,主君来。'惊寤,而太祖适至,即迎拜。"《明史·常遇春传》)就这样,元至正十五年(1355)四月,常遇春投归朱元璋麾下。

过了不久,常遇春自告奋勇请求做前锋。朱元璋说:"你不过是因为饥饿来我这里找饭吃的,我收留你已经不错,你怎么能当先锋呢？"常遇春再三请求，朱元璋说："等渡江的时候，你再为我效力也不晚。"常遇春听了，只好等待渡江。（"无何，自请为前锋。太祖曰：'汝特饥来就食耳，吾安得汝留也。'遇春固请。太祖曰：'俟渡江，事我未晚也。'"同上）

二、争当先锋　飞身杀敌

至正十五年（1355）六月，因和州城内缺少粮饷，朱元璋准备渡江，夺取采石矶（在今安徽当涂东北），占领太平府（治今安徽当涂）。

此时，正好廖永安、俞通海带领一千多艘战船、一万多名士兵前来归附。朱元璋决定打过江去，进攻采石矶。廖永安率水师乘风而下，不久便到了对岸的江边。但元军已在矶上列好队伍，用弓箭、长枪抵挡朱元璋的军队，使他们无法靠岸。廖永安命兵士向前冲，可总是距岸边三丈多远，冲不过去。大家一时非常着急，而元军的箭又急又频，伤了许多将士。

这时，常遇春乘着一艘小船飞快赶到了江边。朱元璋一见，大喊道："常遇春，率队伍冲上去！"常遇春用长枪作篙，往船上一顶，用力一跃，腾空而起，飞向江边。岸上的元军一见常遇春飞了过来，惊慌失措，叫喊着挥舞长枪大刀，想在他落地时杀死。只见常遇春在空中一手挥过长枪，一手拔出背上的大刀，在落地的一刹那，长枪一扫，大刀左右一挥，岸上的元军士兵顷刻便倒地十余人。

常遇春落地不等站稳，把冲过来想置他于死地的两个元兵左一个一刀、右一个一枪，结果了性命。元兵见常遇春如此勇猛，又力大惊人，纷纷溃逃，岸边顿时就乱了套。常遇春大喝一声，挥刀挺枪，左冲右杀，所向披靡。后面的大军见常遇春勇猛异常，纷纷叫好，迅速登岸。顷刻间，朱元璋的大军就占领了采石矶。

采石矶攻下后，沿江的各处守军见采石矶已破，知道守江已经无用，纷纷望风而逃。于是朱元璋整队进发，直抵太平城下，命大军急攻。常遇春冲杀在前，元军已溃不成军，太平府很快攻下。朱元璋改元"太平路"为"太平府"，常遇春因勇猛有功，被授予总管府先锋，又晋升为总管都督。

这时，朱元璋军中将士的家眷和部队的辎重都在和州，而元朝的中丞海牙派水军袭击并占据了采石矶，和州与太平之间的水路被元军阻断。朱元璋亲率大军攻打元军，命常遇春在各处多设疑兵，分散敌人的兵力，以达到一举全歼敌军的目的。

战斗开始后，常遇春按朱元璋的吩咐，亲自驾着一条小船，一手摇橹，一手握长戈，在江上穿梭如飞，冲入敌人的船队。元军船队被常遇春在中间一冲，散成了两部分，首尾难以照应。朱元璋立即命大军从左右两面出击，夹攻元军。江面上立刻杀声震天，元军死的死、伤的伤，溃不成军，被打得大败。战斗结束，缴获了元军所有的战船，江上的道路从此又畅通无阻。接着，常遇春又受命去守卫溧阳，配合攻打集庆（今南京）。

三、伏击常州　谋定衢州

至正十六年（1356）三月，常遇春跟随大将军徐达攻占镇江，接着进攻常州。张士诚的军队在牛塘包围了徐达，常遇春率军援救，攻破敌方的包围，活捉了敌方将领，升任统军大元帅。张士诚又以水师进攻镇江，徐达、常遇春率大军抵御。

徐达出发前，朱元璋告诫说："张士诚过去是一个小商贩，为人诡计多端。他现在来攻镇江，说明他与我们已经反目。你们要迅速去打毗陵（今江苏常州），掌握主动，阻止张士诚的阴谋。"徐达和常遇春率军进攻常州，张士诚赶紧派军增援。徐达、常遇春在离城十八里的地方设下埋伏，并命总管王均用率铁骑作为奇兵，徐达亲自督军。双方在龙潭展开激战，王均用率铁骑袭击张士诚军的侧面，张士诚大军败退；后又遇上伏兵，大败而还。常州因此很快攻克，常遇春又被提升为中翼大元帅。

攻占常州后，常遇春又随徐达去攻打宁国（今安徽宣城）。元军的长枪元帅谢国玺逃走，但朱亮祖等人却坚守城池，朱元璋的军队久攻不下。这时，常遇春身先士卒，顶着箭雨进攻，结果中箭被抬了下来。常遇春拔出箭来，士兵为他裹好伤后，他又冲了上去。朱元璋听说久攻不下，亲自督战，见城内流矢厉害，便暂缓进攻，命军械师制造飞车，前面用竹子编成垂帘，使飞箭不能伤后面的人，下面装上轮子，能飞快地进退。

飞车造好之后，朱元璋命令大军把宁国城团团包围，发动了全方位的进攻。城内朱亮祖等仍用旧法应付，但已失去效力。飞车不但速度快，能遮挡射来的箭，而且很高，里面的人能迅速从云梯爬上城墙，宁国城很快就攻了下来。守城元帅朱亮祖被俘，朱元璋见他长得像个莽张飞，心里十分喜欢，就招降了他。

宁国攻下之后，常遇春又攻占了马驮沙，并率领水师攻下了池州（今安徽贵池），因此晋升为行省都督马步水军大元帅。

至正十八年（1358），朱元璋准备攻打婺州（今浙江金华）。军至徽州时，朱元璋把儒士唐仲实召来问道："汉高祖刘邦、光武帝刘秀、唐太宗李世民、宋太祖赵匡胤、元世祖忽必烈，他们能够统一天下的原因是什么？"唐仲实回答说："他们不喜欢杀人，所以能统一并安定天下。但现在我看天下百姓，还未能避开战乱、休养生息。"朱元璋深以为然，他知道常遇春等人过去每次占领城池，喜欢抢掠百姓，因此婺州城投降后，大军入城，朱元璋严令士卒不许抢掠百姓，违令斩首。这样，婺州城中百姓十分安定。

第二年九月，朱元璋命常遇春率军攻打衢州（今属浙江）。

谁知连续围攻两个多月，仍未能攻克。常遇春分析敌情，发现衢州城池坚固、防守严密，必须智取。于是，他先派兵四面围困，迫使敌人四面设防，平分兵力；然后改变战术，以奇兵重点突破敌人的南门。元枢密院判张斌偷偷派出部下到常遇春营中，商量投降之事。当晚，张斌潜出城外，迎接常遇春大军入城。常遇春占领衢州城，元将伯颜不花被俘，元军被俘一万多人。这一仗后，常遇春升任佥枢密院事。

后来，在进攻杭州时，常遇春所率部队失利，他被召回应天府，有好长一段时间没打大仗。

四、克制吕珍　赴援洪都

至正二十一年（1361），朱元璋大举进攻陈友谅。他先命邓愈攻克浮梁（今属江西），陈友谅守将侯邦佐弃城逃走；又派于光复进攻乐平州（至今江西乐平），守将总管肖明大败，遂取乐平。接着，朱元璋命徐达、常遇春为先锋，自己乘龙骧巨舰，到达安庆。陈友谅坚守不战。

朱元璋以陆军作疑兵，又命廖永忠、张志雄率领水师打败敌人的八十余艘战船，遂占领安庆。接着长驱而进，到小孤山，陈友谅的守将傅友德及丁普郎投降。常遇春乘胜率军追击至江州（今江西九江），陈友谅亲自率军督战。朱元璋命水军分成两部分夹击，大败陈友谅，缴获舟船一百多艘。陈友谅携妻儿老小仓皇逃到武昌，江州遂被占领。

至正二十三年（1363）二月，张士诚趁红巾军刘福通统兵援救益都（今山东益都）的时候，派大将吕珍为先锋，弟弟张士信率大军，进攻刘福通的根据地安丰（今安徽寿县）。围困多日之后，城中粮食渐渐接济不上，出现了人吃人的现象。

刘福通派使臣到建康向朱元璋告急，请求援救。朱元璋认为："如果安丰被张士诚攻破，那他必然会更加嚣张，对我们也会构成威胁，不可不救。"但刘基进谏说："陈友谅在看着我们，我们一动，他必然会抄我们的后路。"朱元璋说："如果张士诚占领安丰，就会形成与陈友谅前后夹击我们的态势，那不是更危险吗？"遂统兵援救安丰。不过，等朱元璋率军赶到，安丰已被攻破，吕珍杀了刘福通。

当时，吕珍兵势正旺，守备也很严密。朱元璋命常遇春出战。常遇春不畏强敌，率精骑横冲吕珍的军阵，三战三胜。庐州左君弼出兵援助吕珍，也被常遇春打败。当时，吕珍的部队集结抵抗，打败了朱元璋的左右两路大军。但常遇春一出现，立即大败吕珍，俘获吕珍的兵士车马不计其数，安丰之围遂解。

朱元璋占领安丰后，还师建康。常遇春又配合徐达围攻庐州。在庐州即将攻下时，陈友谅乘机围攻洪都（今江西南昌）。洪都守将都督朱文正和将领们商量，一面向朱元璋求救，一面分工拒守。参政邓愈守抚州门，元帅赵德胜等守宫步、士步、桥步等门，指挥薛显守章江、新城两门，元帅牛海龙守琉璃、澹台两门，朱文正居中节制诸将。

洪都被陈友谅围困后，就和外界断了音信。朱文正派千户张子明到建康求救，张子明划一条小舟，晚上行驶，白天潜伏，过了半个月才到达建康。见到朱元璋后，报告了洪都被围的情况。朱元璋说："你回去告诉朱文正，只要再坚守一个月，我当可赶到解围。"张子明返回时，在湖口被陈友谅抓住。张子明假装投降，等到了南昌城下，他大声向城上喊道："救兵马上就到，你们一定要坚守住！"陈友谅一听大怒，拔刀砍死了张子明。

朱元璋亲率水师二十万向洪都进发，徐达、常遇春、冯国胜、廖永忠、俞通海随行。走到半路，大风把冯国胜的船吹翻了，朱元璋认为是不祥之兆，就让冯国胜回了建康。

当时，陈友谅围困洪都已达八十五天。朱元璋率大军到达后，在鄱阳湖的康郎山与敌军展开激战。陈友谅大军号称六十万，战船有数百艘，又高又大，且在上游，连舟布阵，其锋甚锐，大有一举吞掉朱元璋的势头。朱元璋见此情况，就把自己的大军分成十一队，每队均备齐火器、弓弩。他又告诫常遇春等将领："此次与陈友谅将是一场恶战，估计不会很快结束，所以要先消耗敌人的有生力量，不要过分浪费自己的精力和物力。在接近敌船后，一定要先发火器，然后再向敌人射箭；如果两船相遇，就用手中的长枪大刀搏斗。成败在此一举，请以百倍信心击垮陈友谅。"众将纷纷表示，一定要和陈友谅血战到底。

五、危急救主　大胜汉军

战斗打响以后，常遇春与其他将领面对强敌毫无惧色。在战斗中，常遇春奋勇当先。在他的影响下，将士们无不以一当十、以一敌百，喊杀声震天动地。

鏖战正酣，陈友谅的骁将张定边，忽然驾船径直冲向朱元璋的座船，而朱元璋的船恰恰又搁浅了。张定边大喊大叫着扑来，形势十分危急。朱元璋身边的护卫纷纷挺枪拔刀，准备与敌人决一死战。无奈张定边骁勇异常，十几个人硬是抵挡不住。

在这千钧一发之际，常遇春驾船来至。此时，张定边已经把护卫纷纷打落水中，跳上了朱元璋的战船。朱元璋已拔出宝剑，与张定边的士兵斗在了一处。说时迟、那时快，常遇春见划船过去已来不及，便摘下宝雕弓，张弓搭箭，照张定边一箭射去，正中张定边后胯。张定边正要举刀砍朱元璋，不料中箭，仓促间从船上掉到了水里；朱元璋和剩下的两个侍卫，也把其余几个敌兵杀了。一场危难化险为夷。

常遇春刚射跑了张定边，自己的船却又搁浅了，怎么划也划不出去。说来也巧，这时正好有一条无人乘坐的战船顺江漂了下过来，撞在常遇春的船上，搁浅的船一下子被撞了出来。常遇春立即高声大喊，命人驾船向敌阵杀去。

这场大战整整打了三天三夜，最后，朱元璋命大军火烧敌船，七条船载着火药、捆满草人，然后乘风向敌船冲去。顿时火光冲天，陈友谅水寨中的数百艘船都被烧毁，陈友谅的弟弟陈友仁、陈友贵及其平章陈普略等都被烧死。俞通海、廖永忠、张兴祖、赵庸等人又驾着六条小船深入敌阵，勇猛杀敌。一番厮杀下来，陈友谅军已死伤过半，朱元璋也损失不小。

陈友谅下令退却。这时，朱元璋手下的一些将领认为陈友谅还很强大，想放他逃走，但常遇春却黑着脸，一言不发。朱元璋和常遇春想法一样，因此当军队出了湖口，众将想放船顺流东下时，朱元璋下令：发船上溯，把守上游，切断陈友谅的归路和粮道。常遇春第一个率船沿江而上，众将也跟着驾船驶向上游。

陈友谅见朱元璋已经占据上游，阻住了自己的归路，而且断了粮道，只好选择一拼。陈友谅率一百多艘战船向上游突围，但顶风逆流而上，速度极慢。而朱元璋的军队占据上游，能上能下。双方又展开了激战。五天后，陈友谅由于粮道被切断，军力大减，只能拼死突围。朱元璋军乘机拦截袭击，把陈友谅的大军冲散，士兵纷纷溃逃。陈友谅此时欲回武昌，但被飞箭射中眼睛，穿透颅骨而死。朱元璋的将士听说这一消息，士气更振，俘虏了陈友谅的太子善儿、平章姚天祥等。第二天，平章陈荣等率舟师五万余人来降。只有张定边夜里驾着小船，载着陈友谅的尸体和其次子陈理逃到了武昌，并立陈理为帝。

这次大战，以朱元璋取得决定性胜利而告终。凯旋之后，论功行赏，常遇春功排第一，赏赐了丰厚的钱财、丝帛和土地。

至正二十三年（1363）九月，朱元璋命常遇春、康茂才、廖永忠等亲征陈理。骑兵、步兵和舟师水陆并进。到了武昌城外，朱元璋命常遇春等分兵守住四个城门，并立起栅栏围墙，又在江中把船连接起来作为水寨，开始围攻武昌。

至正二十四年（1364）二月，朱元璋见武昌久攻不下，就亲往督师。这时，正好陈理的太尉张定边派人到岳州（今湖南岳阳）所请援兵——丞相张必先也到了。张必先带兵已到洪山，距城只有二十里。朱元璋立即命令常遇春前去攻打。常遇春趁敌军立足未稳，带领五千人马迅速出击，活捉了张必先。朱元璋命人把他绑着推到武昌城下，张定边的汉军知道援兵已经没有指望，士气顿时一落千丈。傅友德又率领数百人占领了城东南的高冠山。朱元璋派陈友谅的旧部罗复仁入城招降，于是陈理脱光上衣，将自己五花大绑，嘴里叼着玉玺，率领着张定边等人出来投降。武昌城顺利攻下。

六、计赚吉安　连克援敌

至正二十四年（1364）正月，朱元璋即吴王位，升任常遇春为平章政事。

朱元璋的吴军占领武昌后，常遇春随即又占领了荆、湖各地。接着，他跟从左相国徐达攻克了庐州，还打下了临江的沙坑、麻岭、牛陂等地，擒获了陈友谅的知州邓克明。之后，常遇春移师吉安（今江西吉安）。

吉安守将饶鼎臣是陈友谅的宿将，勇猛且有胆略，人称"饶大胆"。常遇春、邓愈为了减少伤亡，决定智取，便派使者面见饶鼎臣，说："我们准备去攻打赣州，请您出城来，我们有句话要告诉您，然后就带兵走了。"饶鼎臣害怕其中有诈，便派小儿子出城。常遇春明白饶鼎臣的用意，对其幼子以礼相待，给了很多财物，并说："回去告诉你父亲，他这是什么意思嘛，藏起来不和我们见面？不见面就算了，我们马上就走了，也不能再留你了，你自己回去吧！"随即，常遇春派邓愈佯攻赣州（今江西赣州）。饶鼎臣信以为真，当夜弃城去安福（今江西安福），与其党羽联合为营。常遇春乘虚攻下了吉安。

接着，常遇春又率军去围攻赣州，赣州守将熊天瑞坚持抵抗，常遇春久攻不下。朱元璋派遣使者对常遇春说："攻打城市不能多杀人，如果得到土地却没有百姓，那又有什么意义呢？"（"克城无多杀。苟得地，无民何益？"《明史·常遇春传》）于是常遇春挖壕沟，竖木栅，以围代攻。赣州城被围六个月后，熊天瑞见人力财力都已耗尽，只好投降。常遇春果然没有杀戮无辜，朱元璋知道后十分高兴，亲自写信予以表扬。常遇春趁兵势正盛，去劝谕南雄、韶州的敌人投降，并获得成功。接着，常遇春又回师平定了安陆、襄阳。

至正二十六年（1366）八月，朱元璋以徐达为大将军、常遇春为副将军，率兵二十万进攻张士诚。张士诚以平江（今江苏苏州）为中心，以湖州、杭州为屏障，抗御吴军的进攻。常遇春率领前锋在湖州港口击败张士诚的守军，擒其将领尹义、陈旺，兵临湖州城下。张士诚唯恐湖州有失，派吕珍等率兵六万来援。吕珍兵屯湖州城东旧馆，筑垒自固。为断绝旧馆之援，徐达、常遇春等率所部扎营于旧馆东边东阡镇南的姑嫂桥，筑垒御敌。

九月，张士诚又派徐志坚率部乘轻舟出东阡镇，欲攻姑嫂桥。途中，徐志坚与常遇春相遇。当时，狂风暴雨，天昏地暗，常遇春以此为掩护，命令兵勇乘数百艘小船，悄悄划向徐志坚军营，突然发起袭击。敌人仓促应战，被打得大败。常遇春军俘敌两千余人，徐志坚亦被生擒。

徐志坚兵败后，张士诚更加恐惧，又派右丞徐义至旧馆观察形势。徐义返回时，被常遇春切断了归路。张士诚再派其女婿潘元绍率赤龙船队支援，常遇春又率舟师放火烧了他们的赤龙船。至此，张士诚援兵断绝，粮饷不继。常遇春等一举攻下旧馆，俘敌六万。旧馆援兵被歼，湖州成了孤城，不久即被徐达、常遇春率军攻克。

接着，徐达、常遇春率军进攻平江。常遇春驻军虎丘，张士诚暗中派部队向其逼近。常遇春在北壕与对方交战，打败了敌人，而且差一点活捉张士诚。这时，苏州城外，徐达命大军架木塔，名曰"敌楼"，共三层，每层皆可向城中施放弩矢及火枪；又设襄阳炮轰击，城中非常恐慌。相持一段时间后，别的将领攻破葑门，常遇春也攻破阊门，进入平江城。张士诚见不敌，在室中自缢，但被救醒，随即被俘。此役之后，常遇春升任中书平章军国重事，封鄂国公。

七、单骑陷阵　奇袭扩廓

至正二十七年（1367），常遇春再次被拜为副将军，与大将军徐达统帅二十五万大军北征，由淮河入黄河，北取中原。行前，朱元璋告谕常遇春说："面对大军百万，摧折敌人的锐锋，攻陷对方的坚阵，没有人能比得上你副将军。我不担心你不能作战，但很担心你轻敌。你身为大将，却喜欢和小校官们争强斗胜，这不是我所希望的。"（"当百万众，摧锋陷坚，莫如副将军。不虑不能战，虑轻战耳。身为大将，顾好与小校角，甚非所望也。"《明史·常遇春传》）常遇春恭敬地接受了。

部队出发后，常遇春配合徐达攻克山东各郡，夺取汴梁，转而进攻河南。元军五万人在洛水北岸列阵布防，常遇春单枪匹马冲向敌阵，敌骑二十多人一起将手中长槊刺来。常遇春大吼一声，手中大枪一摆，拨开敌人的兵器，张弓搭箭，一箭射死了对方的前锋，然后高声呼喊着策马突入敌阵，部下壮士紧随前进。

敌人大败，常遇春率兵追击五十多里。逼降梁王阿鲁温后，河南郡县便相继攻下。

常遇春到汴梁拜见朱元璋之后，又与大将军徐达攻打河北各郡县。他先驱兵取下德州，随后统帅水师沿黄河而进，在河西务击败元兵，旋即又攻克了通州，最后进入元大都，另外还夺取了保定、河间、真定。

洪武元年（1368），明太祖朱元璋派大将军徐达、副将军常遇春率征西军，去消灭元朝的残余势力。明军兵至太原，元将扩廓帖木儿前去援救。常遇春向徐达献计说："我军骑兵虽然已经调集，但步兵还没有到。现在就和他们交战，一定会有较大伤亡。如果夜间去偷袭，就可以达到目的，战胜敌人。"徐达说："这个主意很好。"

这时，正好扩廓帖木儿的部将豁鼻马前来约降，并且请求让他做内应。于是明军挑选精良骑兵，口中衔枚，前往偷袭。当时，扩廓帖木儿正点着蜡烛在研究兵书，遇到偷袭，措手不及，仓促之间竟不知从哪里逃跑。他光着一只脚，骑上一匹劣马，只带了十八个骑兵往大同方向逃去。豁鼻马应约来降，常遇春收俘了他的四万兵士，取下了太原。

常遇春见扩廓帖木儿逃走，又带领人马追击，一直到忻州才返回。朱元璋下诏改常遇春为左副将军，位居右副将军冯胜之上。常遇春又率军往北攻克了大同，转而又扫平了河东各地，攻下了奉元路（今陕西西安），与冯胜会合，向西打下了凤翔。

八、忠贞不贰　勇武谦逊

当初，朱元璋任用的将帅里，最有名的有三个：平章邵荣、右丞相徐达和常遇春。（"先是，太祖所任将帅最著者，平章邵荣、右丞徐达与遇春为三。"《明史·常遇春传》）他们三人当中，邵荣是员老将，尤其善于打仗，但渐渐开始居功自傲，慢慢地连皇帝也不放在眼里。当时朱元璋还只是吴王，但邵荣已心怀不轨，他和参政赵继祖谋划，想用伏兵来搞反叛。事情被察觉后，朱元璋想饶邵荣一死。这时，常遇春径直上前说："身为臣子的，既然都已经想谋反了，那还有什么可以宽宥的？基于道义，我绝不与他共生！"（"人臣以反名，尚何可宥？臣义不与共生。"同上）朱元璋只好请邵荣喝酒，在酒宴上流着眼泪下令处斩了邵荣。从此，朱元璋更加喜欢和器重常遇春了。

常遇春性格比较内向，为人也很深沉。他文化水平不高，不熟悉经籍文史，但用兵却往往与古代兵法相符。他比大将军徐达还长两岁，但一生位置都在徐达之下，多次随从南征北战，很听徐达管束，恭敬谨慎。当时可称名将的，只有徐达、常遇春二人。常遇春自己曾经说："我能统帅十万大军，驰骋天下。"因此，军中又称他"常十万"。（"遇春尝自言能将十万众，横行天下，军中又称'常十万'云。"《明史·常遇春传》）

洪武二年（1369），元朝丞相伊苏率骑兵一万屯驻白河，想攻占通州。明太祖调常遇春回守通州，并派平章李文忠辅助。常遇春统率步、骑九万，从北平出发，路经会州（今河北平泉），在锦州（今辽宁锦州）打败了敌将江文清，在全宁（今内蒙古翁牛特旗）战胜了也速。在进攻大兴州（即兴州，在今河北承德双滦）时，常遇春将一千骑兵分八面埋伏，元守将夜间逃跑，结果全部都被俘，开平（元上都，在今内蒙古多伦西北）遂告攻克。元顺帝向北逃亡，常遇春率军追赶了几百里，俘虏了元宗王庆生及平章鼎住等将士一万多人，缴获车一万多辆、马三千匹、牛五万头，百姓和其他珍宝无数。

当年七月，常遇春还师北平，行到柳河川（在今河北宣化），突然得了暴病，不治身亡，年仅四十岁。明太祖闻讯，大为震悼，悲痛不已。常遇春的遗体运到龙江，明太祖亲自祭奠，命令礼官讨论天子为大臣志哀的礼仪。礼官报上，建议依宋太宗哀悼韩王赵普的先例行事。赐葬钟山之下，追赠翊运推诚宣德靖运武臣、开府仪同三司、上柱国、太保、中书右丞相，追封开平王，谥曰"忠武"，配享太庙，绘像功臣庙，位列第二。

岐阳王李文忠

李文忠（1339—1384），明开国"六王"之一，位列第三。字思本，小字保儿，泗州盱眙（今江苏盱眙）人。他是朱元璋的外甥，十四岁投奔舅舅，十九岁带兵打仗，南征北讨，英勇善战，智计过人，几乎战无不胜。历任枢密金事、行省平章政事、大都督府左都督等，封曹国公。英年早逝，追封岐阳王，谥曰"武靖"。

一、骁勇善战 战抚并用

李文忠的祖上，世居泗州盱眙县；到李文忠的父亲李贞，移居濠州的东乡。李贞生性友善，娶朱元璋的姐姐朱氏（明初追封曹国长公主）为妻，生子保儿。

朱元璋幼时，亲戚都比较贫寒，唯有李贞家还能吃得饱饭，经常给他接济，因而朱元璋对李贞一家格外亲厚。

李文忠十二岁的时候，家乡大旱，瘟疫流行，母亲不幸病逝。后来乱兵入境，为避开战祸，父亲领着他到处流浪，有好多次差点没命。

十四岁那年，李贞听说朱元璋在滁州，做了郭子兴的将领，便带着李文忠前往投奔。父子俩风餐露宿，经过一个多月的跋涉，在腊月到达滁阳。朱元璋见到李文忠，十分喜欢，就把这个外甥当成亲生儿子抚养，并给他改姓朱，叫"朱文忠"。

从此，李文忠刻苦攻读兵法，认真练习武艺。因为聪明，又肯学，所读之书没有不精通的。为了教育李文忠，朱元璋还给他请了老师。数年之后，李文忠不但能文，尤其擅长武艺，他自己也对武更为偏重。从十九岁开始，李文忠就带兵打仗了。

至正十七年（1357），十九岁的李文忠统领亲军，跟着朱元璋去援救池州（今安徽贵池），大破元军，李文忠也以骁勇善战在诸将中声威大振。接着，他率军攻克青阳、石埭、太平、旌德（均在今安徽）等地，在万年街打败了元将院判阿鲁灰，在於潜、昌化（均在今浙江）打败元军的地方武装苗军。李文忠生怕将士们连战连捷而恃骄丧志，于是烧毁所获财物，同时激励大家："大丈夫生于世，功名富贵不是什么难以得到的东西，怕就怕你们不努力去作战，只要你们努力作战，还愁没有富贵吗？"

后来，李文忠率军夜袭淳安（今浙江淳安），俘虏一千多人。因作战有功，被授予帐前左副都指挥兼领元帅府事。不久，李文忠又和邓愈、胡大海等共同进攻建德（今浙江建德），将其占领，朱元璋下令将建德改为严州府，由李文忠镇守。

严州新下，城垒未固，元朝地方武装苗军首领杨完者，率苗、僚数万水陆大军来犯。李文忠根据杨完者杀害异己、抢掠民女、众将离心的情况，决定采取战抚并用的策略。于是，他先率领了一支轻骑，去打杨完者的陆军。经过一番激战，李文忠打败敌军，把敌兵的耳朵和头割下来，放在浮筏之上，放其顺江而下。筏子漂到杨完者的水军那里，士卒见到这些头颅和耳朵，无不吓得心惊肉跳，仓皇逃遁。杨完者连忙纠集部队来攻，结果又被李文忠打得大败。

李文忠乘机率军攻打浦江（今浙江浦江），并很快攻克。入城之后，李文忠贴出安民告示，严禁将士烧杀抢掠，如有违反，格杀勿论。百姓见了安民告示，又见李文忠部下真的不烧杀抢掠，十分高兴，奔走相告。李文忠爱护百姓的名声也就传开了。

杨完者战败后，死在乱军之中，他手下的人请求投降。李文忠以礼优待自愿投降的人，杨完者部下三万多人全都归顺。李文忠好生安抚，这些降兵遂成为自己的有生力量，军威随之大振。

二、计保严州 智守诸全

至正十九年（1359），李文忠与胡大海率军攻占诸全（今浙江诸暨），张士诚则乘机率兵攻打严州。为了尽快战胜对手，李文忠使用奇兵，出奇制胜。原来，张士诚进攻的是东门，李文忠一面派重兵守住东门，另外又派遣将领带着一队精锐之师，从小北门悄悄出城，出其不意地绕到张士诚人马的背后，对其发动猛攻。此时，城中人马也乘胜出击，前后夹击，打得张士诚大败。

过了才一个多月，张士诚又派军来攻打严州。李文忠率军迎敌，在大浪滩又大败之。张士诚见一计不行，又生一计，派陆元帅据守三溪，以威胁严州。李文忠决定拔掉这颗钉子，便率兵攻打三溪，杀了守将陆元帅，烧了敌军的营寨。从此以后，张士诚再也不敢打严州的主意了。严州得以巩固，李文忠晋升为行枢密院事。

胡大海抓了陈友谅的部将李明道、王汉仁，押送到了李文忠处，李文忠非但没杀，还给他们松绑，对他们以礼相待。二人投降之后，李文忠就让他们去招降建昌守将王溥。在李明道、王汉仁二人的说服下，王溥也投降了李文忠。

至正二十二年（1362），苗军叛将蒋英、刘震、李福投降张士诚，杀害了金华参政胡大海及郎中王恺、总管高子玉，占据了金华。李文忠听到消息后，派人去打跑了蒋英等人，然后亲自到金华安抚其部下。处州的苗军元帅李佑之、贺仁等,得知金华叛变的消息,也立即反叛,杀了院判耿再成、都事孙炎、知府王道同以及朱文刚等,占据了处州。李文忠闻讯后,派手下将领率兵屯驻缙云,准备攻打处州。这时,李文忠又担任了浙东行省左丞,总管严、衢、信、处诸州的军事。

张士诚以十万大军进攻诸全,守将谢再兴告急,李文忠立即派同佥胡德济率兵前去营救。谢再兴认为兵力太少,还不能击败敌军,因此再次要求李文忠增援。李文忠见到第二次求援信,召集手下的众将说:"诸位将军,目前诸全被围,情况紧急,谢再兴将军遣人来搬兵,我已派胡德济率军前往。但刚才谢将军又快马来信,说张士诚有十万大军,而我们增援的人太少。但目前我们这里的军队即使都去增援,也未必能达到十万人。况且那样的话,严州也就空虚了。诸将有什么好主意,请说出来。"

这时,一位将军说:"目前敌众我寡,若是硬拼,吃亏大的正是我们。我认为有两种办法:一种办法是请大将军徐达、平章邵荣率兵火速来援,另一种办法是我们智取张士诚。"李文忠说:"大将军那里战事也很吃紧,况且从建康率大军来诸全,时间也怕来不及,我们只有智取了。"大家认为可以。

李文忠考虑了一会儿,又听了大家的意见,最后说:"张士诚十万之众犯我诸全,而我们又必须智取,因此必须先守住诸全、严州,然后出奇兵,一举歼灭他们。我看咱们先散布言论,就说右丞徐达、平章邵荣已率大军十万从建康出发,前来援救,打击张士诚的气焰。然后乘敌人气馁之时,突然袭击其营寨,攻其不备。再命胡德济、谢再兴从前夹击,必能大获全胜。"众将一致称善,于是分头行动。

很快,徐达、邵荣率十万大军向诸全进发的消息到处传开,而且说再有几天就到了。张士诚的人马听到这个消息,士气大为低落，而诸全城中却大为兴奋。张士诚召集手下人商量之后，决定乘徐达未到，先行撤走，免得三面受敌，全军覆灭。

李文忠得到张士诚要撤的消息，立即命诸全城中的谢再兴、外围的胡德济，迅速夜袭敌营，又派了一拨人马在后面策应。谢再兴、胡德济接到命令，挑选精锐之士组成敢死队，在半夜偷袭敌营。张士诚部正准备逃走，哪里想到对方会偷营，顿时大乱。张士诚命手下且战且退，深恐徐达等援军已到。谢、胡乘机追杀，张士诚大败而走。诸全于是安定下来。

三、锐师胜敌　恩威并用

至正二十三年（1363），谢再兴叛变，投降了张士诚，并率领大军来攻东阳。李文忠与胡深在义乌迎战，并击溃了谢再兴所率军队。

打败谢再兴之后，胡深对李文忠说："谢再兴盘踞诸全，易守难攻。我们若想战胜他们，应该在诸全附近再筑一城，与诸全形成掎角之势，即使占不了诸全，也可以防守严州，诸全也就不重要了。"李文忠认为胡深说得对，就命人在离诸全五十里的地方修筑新城，和诸全形成掎角之势。张士诚见李文忠新筑了一座城，立即派司徒李伯升率十六万大军前来进攻。但李文忠的守军顽强抵抗，敌军竟然没有攻下来。

第二年，张士诚率领二十万大军，大举进攻新城。李文忠率领朱亮祖等人前去援救，在距新城十里的地方列阵。胡德济从新城派人来，告诉李文忠说："张士诚的军队士气旺盛，硬拼恐怕不行，是不是先在这里驻扎着，等待大军来援救？"李文忠说："打仗全凭谋划，哪里是靠人多？"（"兵在谋，不在众。"《明史·李文忠传》）他命人回传胡德济，并对部下说："敌人是很多，号称二十万，因此自以为不得了，但骄兵必败。我军虽然人数上不占优势，但都是精锐之师，士气旺盛。我们的精锐之师去打他们的骑兵，哪有不胜的道理？敌人此次带来了大量的辎重物资，这是上天赐给我们的东西。我们大家一定要努力作战，一举打败敌人！"正好当时天空出现异常变化，远远见一片白雾从东北方向铺天盖地笼罩了军营。李文忠命人占了一卦，卦兆显出战则必胜，因此信心更足了。

第二天双方决战，清早起来，天地一片白雾茫茫，数步之内看不清人。李文忠召集诸将仰天发誓说："国家的安危成败在此一举，我李文忠决不贪生怕死，落在三军将士的后面！"（"国家之事在此一举，文忠不敢爱死以后三军！"同上）随后，李文忠下令，徐大兴、汤克明率领左路人马，自己亲率中路大军，迎击敌人。

这时候，恰好从处州发来的援军也赶到了。李文忠大喝一声，率领将士向敌人冲去，直杀得天昏地暗。张士诚部抵抗了一会儿，很快就溃不成军，向北逃窜。李文忠哪里肯让敌人逃走，一声令下，大军追杀数十里，歼灭敌人数万，尸体几十里到处都是。在这一战中，李文忠部俘虏了敌将校军官六百多人，士兵三千多人；铠甲、军械、粮草辎重等不计其数，点了一天还没清点完。只有李伯升本人单身独骑逃跑了。

朱元璋听说李文忠打了大胜仗，命人把他召回到建康，设宴款待了好几天，赏赐他衣服、宝马，然后又命他回到严州镇守。

至正二十四年（1364），朱元璋率大军攻打陈友谅，命李文忠率朱亮祖等人迅速攻克了桐庐、新城、富阳，最后来到余杭。

当时余杭的守将叫谢五，是谢再兴的弟弟。李文忠命人前去招降，并许诺他投降后不杀任何人。谢五经过一番考虑，率领谢再兴的四个儿子，举城出降。

谢五等人投降后，许多将领对李文忠说："谢再兴辜负了大王对他的恩惠，反叛我们，应该杀了他们全家。"李文忠说："谢五叔侄献城投降，我曾许诺不杀他们任何人。若杀了他们，就是我不讲信用，也是大王不讲信用。况且谢五献城，使我们少损失很多人。如果他拼死力战，虽然城池早晚能够攻下，但损失也必然很大。他献城投降，我们反而杀他，将来其他地方的敌人怎么会不拼死抵抗呢？从长远考虑，虽然他有罪，但也不能杀。"

接着，李文忠率军攻打杭州城，守将潘元明见谢五都未被杀，因此也投降了。李文忠率大军入城，潘元明组织了一些美女奏乐迎接。李文忠见了，命令撤去，然后才肯入城。

占领杭州城后，李文忠扎营于丽谯（高楼）中，下令说："不可擅入民居，擅入者斩。"有个士兵拿了百姓一口锅，李文忠知道后，下令斩首示众。城中百姓肃然，军纪也立即严整起来。这一次，李文忠得了士兵三万，粮食二十万斤。朱元璋给他加官荣禄大夫、浙江行省平章事，恢复他的李姓。

后来，朱元璋大军征讨福建，李文忠率军驻扎浦城，以策应大军。还师后，当地土匪金子隆等到处骚扰百姓，李文忠率兵征讨并平定了他们，金子隆被生擒。建州、严州、汀州从此平定。在归途中，李文忠命大军收养路上的弃儿，受到救济的人不计其数。

四、出塞征虏　剿灭元朝

洪武二年（1369）春天，李文忠以征虏偏将军之职跟随常遇春出塞，攻克了元朝的上都，元帝北逃。大军追奔数百里，俘虏了宗王、平章等，收俘将士万人，车万辆，马三千余匹，牛五万余头。

这年七月，常遇春、李文忠奉命入陕，常遇春在柳河川得病去世，李文忠代替他掌管军事，奉诏与大将军徐达会师攻庆阳

（今甘肃庆阳）。李文忠率军走到太原时，听说大同被元军包围，十分紧急。李文忠对左丞赵庸说："我们奉命攻打庆阳，但只要是有利于国家的事就可以做，虽然没有援救大同的命令，但我们应该去救。将在外，有些事情要灵活处理，救大同正好是很便利的事情。"

于是，李文忠率军北出雁门关，到达马邑（今山西朔州），打败了元军的一些散兵游勇，活捉了元平章刘帖木。队伍开到白杨门，赶上天降雨雪，本来已经扎营，但李文忠命队伍前移五里，阻水为营，以防来犯之敌。元军果然趁夜偷袭，李文忠早有准备，因此坚壁自守，不乱阵脚。到了天亮，敌人的人马大批来到，李文忠命令两营的兵马与敌人死战。等打到敌人疲倦的时候，李文忠派出两支精兵从左右两面夹击，一阵冲杀，元军大败，生擒敌将脱列伯，俘虏和斩首一万多，并一直追击元军至莽哥仓（在今内蒙古托克托）才返回。元帝知道大势已去，从此再也不向南边来了。

洪武三年（1370），李文忠拜征虏左副将军，与大将军徐达分道北征。徐达出潼关取扩廓帖木儿，李文忠出居庸关至沙漠追元帝，使他们彼此不能援救。李文忠率大军十万，出野狐岭，至兴和（今属内蒙古），降服了那里的守将。随后，李文忠进军察罕脑儿，生擒元平章竹贞。接着，李文忠驱兵至骆驼山，打跑了元平章沙不丁；到开平（元上都）后，又收降了元平章上都罕等。

此时，正好元顺帝去世，爱猷识理达腊（元昭宗）继位。探马报告了这一消息，李文忠命大军星夜兼程，赶往应昌（今内蒙古多伦）。元昭宗慌忙向北逃跑，李文忠俘虏了其子买的里八剌及其后妃宫人、诸王将相等数百人，还缴获了宋、元两朝的传国玉玺、金宝共十五枚，玉册两本，镇圭、大圭、玉带、玉斧各一个。至此，元朝作为一个政权的象征已经不复存在。

李文忠派精锐部队追击元昭宗,直到北庆州(亦称"庆州",今内蒙古巴林右旗西北)才返回。路过兴州(今河北承德双滦)时,李文忠又打败元军,活捉元朝国公江文清等,俘敌三万七千多人。到了红罗山,李文忠打败杨思祖,俘敌一万六千多人。

捷报传至京师,明太祖在奉天门接受大臣、使节等的朝贺。这一年大封功臣时,李文忠功劳大,在群臣中名列前茅,被授为开国辅运推诚宣力武臣、特进荣禄大夫、右柱国、大都督府左都督,封曹国公,同知军国大事,年俸三千石,赐世袭铁券。

五、激战土剌　智退元军

洪武四年(1371)秋,汤和、傅友德等率大军南进,讨伐四川的明升(明夏政权君主,明玉珍之子)。四川平定后,李文忠受命治理蜀地。到达成都,李文忠修筑成都新城,派兵把守各处要害,然后还师。

第二年(1372),李文忠以左副将军身份,与徐达、汤和一起北征。兵分三路,徐达出雁门关走中路趋和林,冯胜西路走甘肃,李文忠出居庸,走应昌。李文忠军至口温,元人逃走。接着,李文忠率军追至胪朐河,命部将韩政等人守卫辎重,自己亲率大军北进,每人带足二十天的干粮,轻装上阵,迅速抵达了土剌河(在今蒙古国境内)。

元军太师哈剌章见明军来到,想趁其立足未稳,打个措手不及。他率元军渡过土剌河,排好阵势,向明军杀来。李文忠见元军来势汹汹,命令将士严阵以待,伺机出击。等元军过来后,明军突然出击,冲散了元军。哈剌章见一招不行,立即命大军后退。元军退到阿鲁浑河后,又纠集大批军队,借地利全面进攻明军。

面对当时形势,李文忠对将士们说:"我们北进荒原,为的就是杀尽元军。现在深入不毛之地，要想胜利，就必须拼死一战，否则只有全军覆没。"他亲自指挥，率军奋勇冲杀。在战斗中，李文忠策马扬枪，第一个冲入敌阵。众将士见主帅身先士卒，无不信心倍增、以一当十，愈战愈强，终于又打垮了元军。元军开始溃逃，明军继续追杀，共歼灭、俘虏元军一万多人。元将见驻军不住，只得继续北逃。李文忠率大军追击，一直追到了称海（元称海等处宣慰司都元帅府，在今蒙古国）。

这时，明军经过几次大的奔袭，损失较大，而且疲惫不堪，敌军却乘机聚集残部前来挑衅。李文忠见形势险峻，就和部下商量说："现在我们已深入不毛，而且地形不熟，再加连续作战，人困马乏，如再硬拼，恐会招致失败。不如用计退敌，我们先回师休整，再图战胜。"众将认为可行。于是，李文忠命军队集结，占据险要地势，扼守要冲，然后让士兵杀牛宰羊，大吃大喝，并将缴获的马匹放出去，在草原上奔驰。元军远远望见明军大吃大喝，并放马于荒野，恐怕有伏兵，遂撤兵而去。这样，李文忠得以率大军返回。

这一仗，两军胜负相当，损失相当，但宣宁侯曹良臣、指挥使周显、常荣、张耀都战死，所以明太祖既没惩罚李文忠，也没赏赐他。

洪武六年（1373），李文忠率军到北平、山西，在三角村打败了元军。第二年，李文忠派遣手下将士分道出塞，到了三不剌川，俘虏了元平章陈安礼。到达顺宁、杨门时，李文忠杀了真珠驴；打到白登时，又生擒了元太尉不花。

这年秋天，李文忠率兵攻打大宁、高州，攻克城池，杀了元朝宗王朵朵失里，活捉了元承旨百家奴，追杀元兵到毡帽山，杀了鲁王，俘虏了王妃及其司徒答海等。李文忠随即进军丰州（今内蒙古河套东南、陕西东北部地区），生擒元朝官员十二人，缴获众多马驼、牛羊等。一直追杀元军到百干儿，才班师返回。从这以后，李文忠经常北出边塞，练兵备战。

六、直言敢谏　死后尊荣

洪武十年（1377），李文忠受明太祖之命，"与韩国公李善长议军国重事"（《明史·李文忠传》。《李善长传》云："寻命与曹国公李文忠总中书省、大都督府、御史台，议军国重事。"）成了实际上的丞相。

洪武十二年，洮州（今甘肃临洮）十八族的部族首领反叛，李文忠与西平侯沐英合兵共讨，平定了叛乱；他们还在东笼山南川修筑城池，设洮州卫镇守。返回京师后，李文忠奏明西安城里的水咸卤含量太大，苦涩不堪饮用，希望皇上能下令引龙首渠水入城，太祖降旨同意。李文忠返京后，执掌大都督府之事，并兼领国子监事。

李文忠为人器度深沉，又很稳重，颇有些高深莫测。他平时显得不激不励，但一上战场却像换了个人，总是踔厉风发，而且越是遇上强敌，他的胆子越大、信心越足。他用兵从不盲目行动，战前精心研究敌情、制订策略；在战场上，他从不因循守旧，而是灵活应用各种战术。对待降兵降将，李文忠一贯施以礼遇；但对顽固之敌则毫不留情，必以全力战胜之。

在家里，李文忠谈论起兵法来如数家珍，而且侃侃而谈，很像学者。朱元璋一直非常喜欢、器重他。李文忠平时也很爱学习，经常向老师请教，因而也通晓诗书。他写的诗歌十分雄峻，很有气魄，颇受人喜欢。

朱元璋刚占领应天时，因缺乏军费，增了加农民的田租。李文忠觉得百姓太苦，上书请求减轻，朱元璋很快就批准了。平时家里客人很多，而且无所不谈，听了客人的话，李文忠就劝说皇上少杀人。明太祖要东征日本，李文忠又直言谏阻。他还说宫里太监过多，而且这些人大多不仁不义，劝皇上少接近他们。

就这样，劝来谏去，李文忠多次违背皇上的心意，不免受到谴责。

洪武十六年（1383）冬天，李文忠患病。明太祖亲往探视，并命令淮安侯华中亲自负责医治。洪武十七年（1384年）三月，李文忠不幸去世，年仅四十六岁。

因怀疑李文忠中毒而死，明太祖贬了华中的爵位，将其全家放逐建昌卫（今江西南城）。其他医生及其妻子、儿女，全都斩首。

明太祖亲自为李文忠写了祭文，追封他为岐阳王，谥曰"武靖"，配享太庙，绘像功臣庙，位列第三。李文忠的父亲李贞早逝，追封陇西王，谥曰"恭献"。

宁河王邓愈

邓愈（1336—1377），明开国"六王"之一，位列第四。原名友德，赐名"愈"，泗州虹县（今安徽泗县）人。十六岁领兵抗元，后率部众万余投归朱元璋，历任管军总管、佥行枢密院事、御史大夫等，封卫国公，追封宁河王，谥曰"武顺"。他为人简重慎密，智勇兼备，不惮危苦，严于治军，善抚降附，功勋卓著。洪武十年，回师途中病逝。

一、有勇有谋　屡战屡胜

邓愈的父亲邓顺兴，元末时参加红巾军起义，带着两个儿子占据临濠，与元军周旋。后来，父亲在战斗中牺牲，哥哥邓友隆掌管了军中大事。可是不久，哥哥也不幸病逝，手下人就推举邓愈（当时名"邓友德"）做首领，掌管军事。这一年，邓愈才十六岁，但他从不怯懦，每次打仗都带头冲锋陷阵。大家都十分佩服他的勇敢，因而他在军中威望非常高。

朱元璋兵起滁阳（今安徽滁县）时，邓愈从盱眙（今江苏盱眙）率兵来前来投奔，被授为管军总管，并赐名为"愈"。

至正十五年（1355）六月，邓愈随朱元璋渡过长江，攻克采石矶，占领了太平（今安徽当涂）。但立足未稳，就遭到元朝水、陆两路大军的包围。水路的元军由海牙率领，他们占据江中，封锁了采石矶渡口，堵住了朱元璋退往滁阳的路；陆路元军由陈野先率领，围攻太平。朱元璋率军与元军打了几仗，但都未能取胜，形势十分不利。这时，邓愈和徐达率领一支轻骑绕到敌人的背后，突然发起袭击。一场混战，元军大败，陈野先被生擒。海牙见势不妙，狼狈而逃。邓愈率大军乘胜追击，连续攻占了溧水、溧阳、集庆、镇江（均在江苏）。邓愈在这几次战斗中功劳显赫，被晋升为广兴翼元帅。

接着，邓愈又率军攻打广德（今安徽广德）。元朝的长枪元帅谢国玺赶来争夺，被邓愈打败，擒获其总管武世荣，俘虏士兵一千多人。为了扩大地盘，邓愈进而移军镇守宣州，准备攻占徽州。进攻徽州之前，他首先占领了徽州的外围城镇绩溪和休宁；然后又与胡大海联合作战，一举攻下了徽州。邓愈由此升任枢密院判官，负责镇守徽州。

元朝江南地方武装苗军头领杨完者，率领十万大军来攻徽州，自恃兵多将广，而徽州的防守十分单薄，因此气焰十分嚣张。邓愈对将士们说："我们守城的人没有杨完者多，但我们是打不垮的军队。我从十六岁开始领兵，出生入死，还没有打过败仗。只要在士气上压倒他们，那我们就能以一当十。而杨完者纠集来的所谓十万大军，其实都是乌合之众，只要我们一心一意，一定能打垮他们！况且胡大海将军现在正在他们后面，我已派人去通知，我们前后夹击，杨完者肯定有来无还！"士气因之大振。胡大海和邓愈前后夹击，杨完者的军队大败而逃。邓愈连战连捷，声威大震。

元军婺源（今江西婺源）副守将汪同，慑于邓愈的声势，暗中联系，准备献城投降。于是，邓愈派骁将王弼、孙虎等进攻婺源，军至城西，与元守将帖木儿不花交战，自晨至暮，杀伤敌军五百余人。这时，汪同暗中作内应，邓愈又分兵三路并进，大破元军，帖木儿不花被杀，三千多士卒全部投降。邓愈顺利地占领了婺源。

随后，邓愈又同李文忠、胡大海联合进攻建德（今属浙江），在经过遂安时，元朝的长枪元帅余子贞率兵抵抗，邓愈等大败余子贞，收降所部三千余人。遂安守将又率兵五千来援，胡大海等与敌人交战，俘虏敌军将士四百余人。邓愈等率军直抵建德，元朝守臣已全部逃走，民众举城投降。

这时，杨完者又纠集徽州战役后的残兵败将，想与邓愈再决雌雄。一仗打完，邓愈生擒杨完者部将李副枢，三万大军也被迫投降。过了一个多月，又在乌龙岭大败杨完者。因邓愈屡战屡胜，朱元璋晋升他为金行枢密院事。

攻打临安时，敌将李伯升来援救。邓愈在闲林寨打败李伯升，然后派使臣说降饶州守将于光。不久，邓愈移师镇守饶州（治今江西鄱阳）。饶州紧挨彭蠡湖（即鄱阳湖），与陈友谅毗邻。陈友谅经常派兵来侵犯，都被邓愈打退。不久，邓愈升任江南行省参政，统领各翼军马。

二、夺取洪都　坚守城池

至正二十一年（1361），邓愈根据朱元璋的命令，准备夺取陈友谅的战略要地洪都（今江西南昌）。邓愈率大军进驻临川的平塘（今江西抚州东北），朱元璋又派部将吴宏率兵进攻临川。吴宏派使者去招降驻守临川的陈友谅部将邓克明，邓克明拒绝投降，但又深知邓愈的厉害，害怕邓愈迅速进攻，便施用缓兵之计，派使者到平塘来游说，假意说愿意献地给邓愈。

邓愈经过侦察，发现邓克明是诈降，是缓兵之计，想等援兵到来，好与自己决一死战。因此，邓愈当即命大军星夜兼程，精锐之师飞驰二百里，对邓克明发起了猛烈进攻。邓克明没想到邓愈识破了自己的鬼花招，被打了个措手不及，只身单骑仓皇而逃。邓愈一举攻占了临川。进入临川后，邓愈号令严明，士卒对百姓秋毫无犯，抚州得以安定。邓克明见大势已去，只好把抚州四路十八县的大印交出，归降了邓愈。

邓克明兵败，统领龙兴路（治今江西南昌）的陈友谅的丞相胡廷瑞，变得势单力孤。他没有办法，也只好投降了邓愈。朱元璋闻报，改龙兴路为"洪都府"，任命邓愈为江西行省参政，与大都督朱文正等共同镇守洪都，降将祝宗、康泰率领部下跟随邓愈。

祝宗、康泰两个降将，开始就不想投降，此时又萌生了谋反之心。他们乘船到女儿港后，率兵返回，乘夜打破新城门，进了城里。邓愈仓促之间听说祝宗、康泰谋反，只带了数十个人逃跑，一路多次与祝宗和康泰的人马相遇，随从先后战死。邓愈变得十分狼狈，连着换了三匹马，结果马全都扭伤了蹄子。最后是养子换马给他，他才从抚州城门逃出，逃到了应天。朱元璋没有怪罪他。随后徐达还师收复洪都，朱元璋又命邓愈重新镇守南昌城。

至正二十三年（1363）四月，陈友谅造大楼船数百艘，以号称六十万的大军围攻洪都。朱文正见陈友谅来攻洪都，和邓愈等人做了充分准备，一起坚守。邓愈等为了防范陈友谅从水路进攻，准备了大量火铳、砲石、火箭等；还组织军民把洪都靠近江边的一段做了移动，使敌舰不能直接靠近城池。

陈友谅的大楼船驶抵洪都城下，把洪都城围了个水泄不通，大有"黑云压城"之势。朱文正和邓愈等商量后认为，陈友谅兵强马壮，锐气正盛，不能硬碰硬，应该采取避敌锐气、固守城池的战略，准备打持久战，慢慢消耗敌人的兵力。大家商议后，决定分头守城门，邓愈守卫最要害的抚州门。

陈友谅亲自率领主力大军攻打抚州门，邓愈边打边竖防御城池的木栅栏，并在城上不断向陈友谅的军队发射砲石、火铳、檑木、火箭，杀伤的敌人特别多。守城将士在邓愈的指挥下，团结一心，越战越勇，多次打退了敌军的进攻。

陈友谅围城越来越急，洪都与外界音信断绝。朱文正派千户张子明到建康去向朱元璋求救。守城将士听说大军就要到了，全都信心百倍，一时间，敌人越是攻城，明军守城反而越是坚定。陈友谅屯兵围城，久攻不下，士兵日趋疲惫，士气低落。

七月，朱元璋率大军二十万来解洪都之围。陈友谅见朱元璋大军赶到，就退到了鄱阳湖，洪都终于在邓愈等将士的坚守下保住了。等到朱元璋大军打跑陈友谅，城中将士已经整整坚守了八十五天，而邓愈与将士们同甘共苦，昼夜奋战，人不解甲也近三个月。

不久之后，朱元璋引兵与陈友谅在鄱阳湖大战三十六日，打得陈友谅大败。

三、东平赣粤　西征豫甘

陈友谅在洪都和鄱阳湖被朱元璋打败后，实力已经消耗殆尽，再也没有力量与朱元璋争雄天下。但他的残余势力还占据着赣江流域的临江、吉安、赣州、南安、南雄、韶州等地。因此，朱元璋又派常遇春、邓愈率军去消灭这些残余势力，以便集中兵力解决东吴割据势力张士诚。

至正二十四年（1364），邓愈和常遇春商定先攻取临江，后攻取吉安。这两个地方都有敌军重兵把守，且都有外围防线。邓愈首先率军进攻临江外围的永丰。

当时，永丰由邓克明的弟弟邓志清把守，手下有两万士兵，实力比较强。但邓愈勇猛无比，率兵打败了邓志清，生擒其大帅及其他将领五十余人。占领永丰后，邓愈又随常遇春攻克了沙坑、麻岭、牛陂等营寨，最后攻下了临江。

不久，邓愈和常遇春合兵全力进攻吉安。吉安守将饶鼎臣，彪悍而有胆略。邓愈和常遇春共议制敌之策，认为作战要因人而异，对饶鼎臣这样的悍将，应该以智取为上。于是，常遇春派使者去见饶鼎臣，扬言要先攻赣州，请饶鼎臣"善自为计"。饶鼎臣担心中计，先派小儿子打探虚实。邓愈假装率军进攻赣州，却在暗中窥伺饶鼎臣的行动。饶鼎臣信以为真，连夜弃城奔往安福。邓愈和常遇春见饶鼎臣中计，立即杀了个回马枪，攻取了吉安，接着又连续攻克赣州、南安（今江西大余）、南雄（今属广东）、韶州等城池。

邓愈因功晋升为江西行省右丞，这一年他刚刚二十八岁。在当时，如此年轻就担任高官的，只有邓愈和李文忠。（"兵兴，诸将早贵未有如愈与李文忠者。"《明史·邓愈传》）

朱元璋称吴王后，设立御史台，邓愈任御史大夫，总管御史台事务。朱元璋称帝后，邓愈又兼任太子谕德。

大军北定中原时，邓愈任征戍将军，率领襄、汉两地的兵马，收复了南阳以北尚未归附的地区。邓愈率大军攻克唐州（今河南唐河），进攻南阳，在瓦店地区大败元军，一直追到南阳城下，随即攻克南阳，活捉了史国公等二十六人。随州、叶州、舞阳、鲁山等州郡县，也相继归附明朝。等攻下牛心、光石、洪山等山寨后，均州、房州、金州、商州等地也都随即平定。

洪武三年（1370），邓愈以征虏左副将之职，随大将军徐达西征，到甘肃定西追剿元朝残余势力。元将扩廓帖木儿屯兵定西西北的车道岘，与明军对峙。邓愈率兵直取其垒，将扩廓帖木儿打败。扩廓帖木儿的王公、将校一千八百多人、士卒八万、马一万五千余匹，均被俘获，扩廓帖木儿仅与妻子儿女数人北逃，渡黄河奔和林（在今蒙古国）。邓愈率大军追至宁夏，没有追上，只好返回。

打败扩廓帖木儿后，邓愈分兵从临洮出发，进攻河州，并对未降之敌进行分化瓦解，徘徊者予以招抚，抵抗者则集中兵力征伐。他采取这一策略，先后招降了吐蕃诸酋长。元宣慰何锁南普等人也纳印请降。接着，邓愈率军追击元豫王阿剌忒纳失里，西过黄河，一直追到黑松林，大破豫王，杀了他的大将。这样，河州以西的杂甘、乌斯藏（今均属西藏）等部全都归附。

邓愈在甘肃西北转战数千里，然后才凯旋。因其功勋卓著，明太祖授他为开国辅运推诚宣力武臣、特进荣禄大夫、右柱国，封卫国公，同参军国事，年俸三千石，赐世袭铁券。

四、治军严明　征伐有方

邓愈为人很直率，办事和考虑问题都很全面周到。每次作战，他都身先士卒，从不怕苦怕累。邓愈治军也很严格，但他更善于安抚属下，招降敌人归他所用，这一点与徐达非常相似。

当年，邓愈率军打到安福，部属有的抢掠百姓财物，有的抢劫民女。时任判官潘枢来到邓愈军中，把这些事情告诉了他，并当面责备说："大军所至，靠武力征地夺旗斩将，但对百姓却不能这样。古人云：'得民心者得天下，失民心者失天下。'将军所到之处，如果对属下不加约束，任由他们烧杀抢掠，民心就会尽失。失去了民心，占领城池还有什么意义呢？"邓愈听了，又惊又喜，惊的是手下人竟有如此恶行；喜的是，潘枢竟也这样直率。他赶紧从座位上站了起来，对潘枢拜了三拜说："先生您说得真是有道理，都怪我对属下管教不严，才酿成今日之事。我先向先生赔罪，进而向全城百姓赔罪。"

接着，邓愈命手下把掠夺百姓的那些人推出去斩了。然后下令遍搜军中，凡藏有女子的，一律把女子放出去。邓愈还对潘枢说："以后还请先生多多赐教，也请先生帮助我，严肃军纪。"

原来，在此事发生之前，有一天，潘枢把家门关好，在屋外煮了一锅粥，坐在那里吃。正好有个士兵乘黑夜跑来偷东西，被潘枢抓住，所以才告到了邓愈那里。邓愈鞭打了那个士卒，叫他交代所有盗窃情况，那个士卒就全招了。邓愈命人把士兵偷窃的东西还给了潘枢和其他百姓。老百姓都十分高兴。

后来，常遇春攻克襄阳，明太祖任命他为湖广行省平章，在那里镇守。常遇春走后，明太祖给邓愈写了一封信，御书里说：

> 你现在镇守襄阳，责任重大，我希望你能严肃军纪、谨守法度，扬我军威。如果有草寇流民投奔你们，一定要收留，不管原来是干什么的。在他们归顺后，原来是普通士兵或普通百姓，仍旧按原来的情况登记造册，管理他们。凡是小校以下的军官士兵，一律命令他们屯田耕种，一边垦荒，一边打仗，这样就不愁军粮供给不上了。
>
> 你所驻守的襄阳，与元将扩廓帖木儿的驻防接壤，是个既有利又不利的因素。如果你能爱护百姓，教他们安居乐业，严整治军，法令严明，那么，扩廓帖木儿的部下因羡慕你的仁义和治军有方，有可能来投归于你，认为是离开了虎

口,找到了慈母。我依赖你就像依赖长城,你定要更加努力。("我赖尔如长城,尔其勉之!"《明史·邓愈传》)

邓愈收到明太祖的信后,深感自己责任重大,于是率大军在当地开荒屯田,披荆斩棘,修建了大军营、大粮仓,把那里搞成了一个军事基地。对来归附投降的,恩威并施,使附近百姓官兵争相归附,一时名声特别大。

洪武四年(1371),明朝派兵大举讨伐四川,邓愈奉命到襄阳操练兵马,给前方供应粮草。

洪武五年(1372),辰州(今湖南沅陵)、澧州(今湖南澧县)的部族发生叛乱。朱元璋命邓愈为征南将军,江夏侯周德兴、江阴侯吴良为副将,讨伐叛乱。邓愈又率杨璟、黄彬到达澧州,把散毛等四十八峒的部落全部平定,又挥师把房州(今湖北房县一带)的反叛分子抓起来杀了。

洪武六年(1373),邓愈任右副将军,跟随大将军徐达巡察西北的边防情况。

洪武十年(1377),吐蕃阻断乌斯藏贡道,经常掠夺各地进献明朝的贡品,还杀害来往使者。朱元璋闻讯大怒,命邓愈为征西将军,沐英为征西副将军,前往讨伐。

西出之后,邓愈对沐英说:"这些劫道的土匪,都是些乌合之众,怕是一打就逃散,我们返回后,他们又集结起来,继续作乱,那样岂是不白来了?你有什么妙计能一劳永逸?"沐英在马上沉思了好一会儿,说:"现在咱们来征讨,他们必然已有消息。我们若奔一处去,有可能会扑空;即使有,也不会是全部。所以我想,如果咱们兵分三路,形成包抄之势,这样就更易全歼他们。"邓愈说:"和我想到了一起。他们能分散逃跑,我们就能分散袭击,就是追到天涯海角,我也要消灭他们。"

随后，邓愈和沐英下令，兵分三路，袭击敌人。当地吐蕃人听说明朝大军来了，开始还集结队伍和他们打了一仗，但明军军容严整、训练有素，而吐蕃兵则不堪一击，纷纷溃逃。邓愈率三路大军追赶，追上便杀，投降者便俘虏。这样一直追到了昆仑山，连斩首带俘虏的吐蕃军共有一万多人，缴获的牛、马、羊十多万头（匹、只）。邓愈见这里虽已平定，但恐怕再生乱事，就留下守军，沿途守卫要害之地。不久，邓愈与沐英等班师。

这年十一月，班师至寿春时，邓愈因病去世，年仅四十一岁。朱元璋听说邓愈病故的消息，十分悲痛，辍朝三日，下诏追封宁河王，谥曰"武顺"，绘像功臣庙，配享太庙。

关于邓愈在开国"六王"中的名次，有第三、第四、第六诸记载。唐枢《国琛集》叙"六王元祀"，邓愈列第三，在李文忠之前；然述"功臣庙祀二十一人"，邓愈在第四。而《明史》列传，徐达、常遇春与李文忠、邓愈、沐英、汤和各一卷，邓愈在李文忠后，亦列第四。

东瓯王汤和

汤和（1326—1395），明开国"六王"之一，位列第五。字鼎臣，濠州（今安徽凤阳）人。他与朱元璋同乡，参加义军不久转入其麾下，身经百战，屡立功勋。先后担任统军元帅、枢密院同佥、左御史大夫等，封信国公，追封东瓯王，谥曰"襄武"。他为官谨慎，对上恭谨，独能幸免被杀，而年逾古稀、功名终身。

一、浴血擒顽　屡建大功

汤和与朱元璋都是濠州人，住在一个巷子里。少年时代，汤和就有特别的志向，喜欢玩骑马、射箭。每次玩游戏，他都是孩子王，指挥别的孩子。（"幼有奇志，嬉戏尝习骑射，部勒群儿。"《明史·汤和传》）长大以后，汤和身高七尺，不但长得英俊，而且很有谋略，在乡里很有名气。

郭子兴开始起义的时候，汤和带着二十多人参加了他的队伍，屡建战功，被提升为千户。后来，汤和到了朱元璋的麾下，跟着他打下了大洪山、滁阳，被授任管军总管。

汤和比朱元璋大三岁，但甘心接受约束指挥，朱元璋也特别喜欢他。（"和长太祖三岁，独奉约束甚谨，太祖甚悦之。"同上）。当时，有的将领因朱元璋出身卑微，有些看不起他，但汤和从来没有，始终都是恭恭敬敬。

汤和作战非常勇敢，先后跟随朱元璋攻克了许多地方，可谓身经百战。在一次追击陈野先的战斗中，汤和被飞箭射中左大腿，他咬紧牙关拔出箭来，没做包扎就又投入战斗，最终活捉了陈野先。后来，汤和跟随徐达攻克镇江，晋升为统军元帅；攻下常州后，又升任枢密院同佥，镇守常州。

常州与张士诚的地盘连接，张士诚派出很多间谍，想打探汤和的城防情况。但汤和布置得特别周密，防守也很严，间谍始终没能获得任何消息。张士诚派兵两次攻打，都被汤和击退，而且还俘虏了不少士兵。汤和乘胜追击，进攻无锡，在锡山大破吴军，敌将莫天佑逃跑，家眷被汤和俘获。因这次战功，汤和升任中书左丞。后来他又从水上进军，攻打黄杨山，打败吴军，千户以上的将领就俘虏了四十九个，因此晋升为平章政事。

长兴被围后，汤和奉命率军前去解围，与张士诚在城下开战。长兴城里的军队也出兵夹击，结果把张士诚打得大败，俘虏八千多人，长兴之围遂解。永兴守将周安后来叛变，汤和率军前去平叛，连破敌人十七座营寨，围城三月，将周安生擒。后来大军大举进攻张士诚，汤和率军攻克太湖水寨。在阊门战斗中，汤和被飞炮打伤左臂，只好返回应天养伤。伤势稍好一点，汤和又上了前线，终于率军拿下了阊门。

刚建御史台时，汤和被拜为左御史大夫兼太子谕德，又拜为征南大将军，与副将军吴祯率常州、长兴、江阴的大军讨伐方国珍，俘虏了他的两个大帅，缴获二十五艘海舟，斩首不计其数。返回时，对原属方国珍的城镇进行了安抚，因此民心稳定。接着，汤和又派人去招降方国珍。方国珍见大势已去，就投降了，他的两万四千多人、四百多艘大船都被汤和收编。

安定浙江后，汤和又与副将军廖永忠攻打陈友谅。他们从明州（今浙江宁波）由海道直奔福州的五虎门，大军驻扎南台，派人去招降陈友谅。陈友谅不肯投降，汤和就派大军把他们团团包围。打败陈友谅的平章曲出后，另一参政表仁请求投降。洪武元年（1368）正月，汤和率大军大举入城，进而攻克延平（今福建南平），活捉了陈友定。

明军北伐，汤和奉命在明州造船，往直沽（京、津）运送粮草。当时海上经常刮飓风，只好把粮草运送到镇江，随即返回。接着，汤和奉命任偏将军，跟大将军徐达西征。他和右副将军冯胜统军从怀庆走太行，占领了泽、潞、晋、绛等州郡，跟大将军徐达攻克了河中。第二年，张良臣投降明军，但很快又反叛，汤和率军围困庆阳，将其活捉并斩首示众。

洪武三年（1370），汤和跟随大将军徐达攻打定西的扩廓帖木儿，平定了宁夏，向北一直打到察罕脑儿（在今内蒙古鄂尔多斯），生擒敌军猛将虎陈，俘获马牛羊十余万头只。这一年，汤和因攻打东胜、大同、宣府有功，返回后，被授以开国辅运推诚宣力武臣、荣禄大夫、柱国，封中山侯。

二、远征四方　建功立业

洪武四年（1371），汤和被拜为征西将军，与副将军廖永忠沿江而上，讨伐明夏明玉珍。明夏人占据有利地势，明军久攻不克，又赶上江水暴涨，只好扎营于大溪口，很长时间无法西进。而此时，傅友德已从秦、陇深入西夏，攻取了汉中。廖永忠也攻破了瞿塘关，占领了夔州，汤和只好跟着进了重庆。班师还朝后，傅友德、廖永忠都受到了奖赏，汤和却赶不上他们。

洪武五年（1372），汤和又跟大将军徐达北伐，在断头山打了败仗，还战死了一名指挥官，但明太祖没有追究，命他和李善长营造中都的宫殿，镇守北平。在征察罕脑儿时，汤和率军取得大捷。

洪武九年（1376），伯颜帖木儿为患边疆。汤和奉命以征西将军驻防延安，直到伯颜请求议和才还朝。洪武十一年（1378），汤和晋封信国公。

洪武十四年（1381），汤和以左副将军身份率军出塞，征讨乃儿不花，在灰山营大破敌军，获敌平章别里哥、枢密使六通，班师还朝。洪武十八年（1385），思州（今贵州东北）土人发生叛乱，汤和以征虏将军身份，跟随楚王朱桢讨平叛军，俘获四万多人，抓住了他们的首领。

汤和为人沉着机智，很有心计。在军中，他地位仅次于徐达和常遇春。但他有个毛病，就是爱喝酒。在镇守常州时，有一次他有事要请示，结果没被召见，便喝得酩酊大醉，口出怨言："我镇守此城，就像坐在屋脊上，向左边看就可以去左边，向右边看就可以去右边。"朱元璋听说后，对他挺不满意。（"尝请事于太祖，不得，醉出怨言曰：'吾镇此城，如坐屋脊，左顾则左，右顾则右。'太祖闻而衔之。"《明史·汤和传》）因此在第一次大封功臣时，没有封他为公，只封了个中山侯。后来才又加封他为信国公，而且是先把他的过失数落一番，并刻在铁券之上。

洪武十八年（1385），明太祖年事已高，魏国公徐达、曹国公李文忠已相继故去。太祖不想再让老将掌握兵权，但又找不出借口削夺其兵权。汤和看出皇上的心思，就说："我年纪已经大了，不能再带兵征战，希望能回到故乡，找一块放得下棺材的地方，终养天年。"（"臣犬马齿长，不堪复任驱策，愿得归故乡，为容棺之墟，以待骸骨。"同上）明太祖听了非常高兴，立刻拨给他许多钱，让他在明中都（今安徽凤阳）建养老府，同时也为其他公侯修建好了府第。

三、老有所为　整饬海防

洪武十九年（1386），倭寇骚扰海上，明太祖非常担心海防，就对汤和说："你虽然老了，希望你勉强为朕走一趟。"（"卿虽老，强为朕一行。"《明史·汤和传》）汤和请求让方鸣谦和他一起去，太祖同意了。

方鸣谦是原浙东割据首领方国珍的养子，熟悉海上的事情，对海上作战也很精通，经常做海上防御的顾问。汤和到了上海，问他怎样防御倭寇。方鸣谦说："倭寇是从海上来的，应该在海上防御。我们在陆地上按距离远近修建卫所，在海上布置战舰，这样倭寇就无法侵入，来了也上不了岸。只要把当地百姓集结起来，从有四个男丁的家里选一个人当兵，然后就在当地镇守，连其他地方的军队也无需调来驻扎。"

听了方鸣谦的话，汤和认为很有道理，就准备在浙江沿海修建五十九座防御城池，挑选了三万五千名壮丁，把当地州县钱粮用作资金。因为人手不够，还调用了一些囚犯。结果囚犯经常骚扰百姓，当地百姓很不愿意。有人对汤和说："老百姓有怨言，怎么办？"汤和说："想要长远安宁，就不能只看眼前小利，做大事就不能照顾小节。谁要再有怨言，就吃我一剑。"吓得没人敢再提此事。

第二年，城修好了。汤和又从有四个男丁的家庭征一人当兵，共征得五万八千七百多人。又过了一年，福建和海中的哨所也竣工了，汤和返朝交差。此时，中都新府第也建好了，于是汤和辞了官，带着全家到中都住。太祖赏赐他许多金银布匹，还降诏把他大大褒扬一番。从此以后，汤和每年去京城面圣一次。

洪武二十三年（1390），汤和上早朝时突然生病，不能说话。明太祖见他病了，赶紧跑下殿，抓住手臂看着他，叹息了好半天，让人把他送回了家。在汤和病情稍有好转时，太祖又把他请到宫里，请他吃酒，并赏了很多东西。

洪武二十七年（1394），汤和终于病倒在床，不能起来，也不能说话。明太祖想他的时候，就用软轳辘车把他拉进宫里。太祖拉着他的手，摸着他的脸，和他叙说小时候一起玩耍的事情，又说起兵的艰难。所说的事都很详细、动情。（"帝思见之，诏以安车入觐，手拊摩之，与叙里闬故旧及兵兴艰难事甚悉。"同上）汤和这时已经无法说话，只能点头。太祖看着汤和变成这个样子，不禁流下了眼泪，又赏赐了许多金帛，作为他的安葬费。

洪武二十八年（1395）八月，汤和去世，享年七十岁。太祖追封他为东瓯王，赐谥"襄武"。

汤和晚年十分谨慎，在宫里听闻国事，从不外传。他有一百多个小妾和女仆，卧病之后，都给了许多钱打发走了。他自己得到的赏赐，大部分给了乡亲；见到平民时候的老友，也十分融洽欢喜。当时许多公侯宿将成了奸党而获罪，先后被绳之以法，很少有幸免的，只有汤和得享古稀之年，以功名寿终正寝。（"当时公、侯诸宿将坐奸党，先后丽法，稀得免者，而和独享寿考，以功名终。"同上）这大概是因为他从小跟朱元璋一起长大，深知其性情，从未冒犯；且晚年早早交了兵权，没有任何不轨迹象，所以朱元璋才没有把他赐死。

黔宁王沐英

沐英（1345—1392），明开国"六王"之一，位列第六。字文英，濠州定远（今安徽定远）人。父母早逝，朱元璋夫妇收为义子，十二岁随军征战，十八岁即镇守一方。为人机敏，勇猛善战，军事、政务兼擅；长期镇守云南，多有德政，黎民感戴。封西平侯，追封黔宁王，谥曰"昭靖"。因马皇后、太子朱标去世哀毁过度患病，英年早逝。

一、少年孤苦　明敏勇猛

沐英出身贫苦，小的时候父亲去世，他随母度日，家境贫寒，战乱兴起后，母子到处逃难，颠沛流离。不久之后，母亲也不幸去世，沐英就成了孤儿。

八岁的时候，沐英流浪到濠州城，遇到了朱元璋。当时，朱元璋和妻子马秀英膝下无子，就收养了沐英，认为螟蛉义子，并让他改姓"朱"。（"太祖与孝慈皇后怜之，抚为子，从朱姓。"《明史·沐英传》）此后，沐英一直在朱元璋夫妇身边生活，不仅得以识字读书，还学习了带兵打仗的本领。

至正十六年（1356），朱元璋亲率水陆大军，第三次进攻集庆（今江苏南京），沐英随军出征，侍奉朱元璋，不辞辛劳。

至正二十二年（1362），沐英十八岁，做了帐前都尉，驻守镇江。洪武元年（1368），朱元璋称帝，沐英升任指挥使，在广信驻守。后来，沐英跟随太祖进攻福建，攻破分水关，占领崇安，又攻下闵溪十八寨，活捉了陈有定部将冯谷保。鉴于立有大功，太祖命他恢姓"沐"姓，并移师镇守建宁，管辖邵武、延平、汀州（均属福建）三个卫所。

洪武三、四年（1370—1371），沐英先后升任大都督府佥事、同知。在大都督府时，公务既多又杂乱，但沐英为人机敏、头脑灵活，处理问题干净利索，从不拖泥带水。马皇后经常称赞他的才能，太祖也很器重他。（"府中机务繁积，英年少明敏，剖决无滞。后数称其才，帝亦器重之。"同上）

洪武九年（1376），沐英受命到关、陕去了解民情，体察百姓疾苦。洪武十年，任征西副将军，跟随卫国公邓愈讨伐吐蕃。因吐蕃阻挡了乌斯藏的进贡之路，所以一路追杀，越过四川、西藏，一直追到昆仑山，俘虏和斩杀吐蕃兵一万多人。因沐英勇猛善战，屡建战功，被封为开国辅运推诚宣力武臣、荣禄大夫、柱国、西平侯，年俸二千五百石，并赐世袭铁券。

洪武十一年（1378），西番骚扰边境，沐英拜任征西将军，前往讨伐，在土门峡打败了西番军队。第二年，又穿过洮州，俘虏了敌首阿昌失纳。又在东笼山修筑城池，然后出击敌人，生擒了敌首三副使瘿嗉子等人，平定了朵甘纳儿，开辟新疆土数千里，俘虏男女两万多人，牲畜二十多万头，然后班师还朝。

洪武十三年（1380），元朝国公脱火赤驻军和林，多次骚扰明朝边境，沐英受命率陕西军队前往讨伐。沐英率领大军，一路星夜兼程，扫荡了亦集乃路，然后北渡黄河，西登贺兰山，穿过沙漠，只用七天时间就到了脱火赤的驻地，分兵四路为侧翼趁夜袭击，沐英自己带领精锐骑兵从正面进攻对方的中坚力量。脱火赤没料到明军来得如此神速，结果被生擒，部众亦被俘虏。

第二年，沐英随大将军徐达北征，分路北出关塞。沐英率军从古北出发，一路过关斩将，占领了公主山长寨和全宁四部，渡过胪朐河，活捉了元朝的知院李宣，俘虏了许多敌人。

二、声东击西　智取强敌

洪武十三年（1380）九月，元朝梁王把匝剌瓦尔密占据云南，连续两次杀死明朝使者，明太祖大怒，命颍川侯傅友德为征南将军，蓝玉、沐英为左右征南副将军，率大军三十万征讨。

元梁王派司徒平章达里麻，率兵十余万驻扎曲靖，想借此阻挡明军。正好赶上天有大雾，沐英在浓雾掩护下，赶到白石江边。其时雾散日出，达里麻一看大惊。傅友德打算渡过白石江进攻，沐英连忙阻止说："我军远道而来，人困马乏，而对方扼守江边，我们不好攻打。不如另想主意。"命令部队在江边严阵以待，做出要渡江的样子，却暗中派出一支队伍，偷偷从下游渡江，绕到敌人背后，在山谷里布满疑兵，战士人手一只铜号角，使劲吹响，顿时鼓角相鸣，如千军万马在敌人背后。

元军一听背后号角声大作，以为明军即将从背后上来，一下子就乱了阵脚。这时，沐英命令大军立即渡江，会游泳的将士先渡。沐英冲锋在前，手拿长刀冲入敌阵，杀退敌军，后面的大军也很快全都渡过，与元军展开激烈肉搏。战斗异常激烈，几经反复，不分胜负。沐英命铁骑军加入战斗，很快把元军打得大败，生擒了达里麻，俘虏两万多，双方各有伤亡，尸体绵延十余里，血流成河。

明军占领曲靖后，长驱直入，元梁王见大势已去，驱赶妻子、儿女投滇池而死，自己和左丞相也自杀了。右丞相观音保开城投降，梁王所属州郡随之全都收复。只有大理凭借苍山、洱海，扼守龙首、龙尾两道关隘，负隅顽抗。

龙首、龙尾两道关隘，原本是南诏修筑的，由当地首领段世镇守。沐英率军抵达下关，派王弼从洱水往东去上关，胡海从石门渡河,沿点苍山而上,在山上立旗为号。沐英见胡海、王弼均已到达指定位置,亲率大军冲进下关,山上的胡海也率军冲下,两面夹击,生擒守将段世,攻占了大理。

接着,沐英分兵出击,去消灭尚未归附的当地各部落,并在当地设立官府、卫所镇守。随后挥师返回,与傅友德在滇池会师,又分道讨平了乌撒(今贵州威宁)、东川(今云南会泽)、建昌(今四川西昌)、芒部(今云南镇雄)的部落,在乌撒和毕节设立了两个卫所。当地的首领杨苴等,煽动许多部落围攻昆明城,沐英率军援救,把这些土人打得纷纷溃逃山谷。明军分兵搜捕,逐一歼灭,共杀了六万多人。云南局势从此稳定下来。

三、镇守云南　威震边关

洪武十六年(1383),明太祖命傅友德和蓝玉班师回朝,沐英则留下镇守云南。

洪武十七年(1384),曲靖部落首领亦德叛乱,沐英率军征讨,将其打败并收降。普定、广南的其他部落也都平定下来,通往田州的粮道开始畅通无阻。

洪武二十年(1387),沐英奉诏从永宁到大理,每隔六十里设一堡,留下军队屯田。第二年,百夷的思伦发生叛乱,沐英诱敌深入,把叛军引到摩沙勒寨,派都督宁正一举消灭。

洪武二十二年(1389),思伦发再次侵扰定边,纠集军队,号称三十万。沐英挑选三万精锐骑兵,飞驰至定边援救,并带有火炮强弩。沐英率军刚赶到定边,叛军便用上百头大象来攻击。大象披着坚硬铠甲,叛军士卒坐在象背上、手拿大盾牌,两旁的叛兵手持竹子削成的锋利标枪。沐英见此情形,立即把军队一分为三,都督冯诚率前军,宁正率左路军,都指挥同知汤昭率右路军。

开战之前,沐英对将士们说:"今天这场战斗非同寻常,敌人来势很凶猛，我们只能进，不能退。"将士们高呼响应。趁着天刮大风，明军大喊着发起进攻，火炮弓箭一齐向敌人飞去。叛军的大象见炮火强烈，吓得转身回跑。

思伦发手下有一员猛将叫昔剌亦，和明军拼死搏斗，左路军有些后退。沐英在高处观察战场，见左路军退却，拔下佩刀，命左右随从去砍左路将领的头颅。左路军将领见有人握刀骑马从高处飞奔而下，心里恐慌，赶紧率军向前冲去，与敌人展开殊死搏斗。三路大军乘胜追击，杀死敌人四万多，活捉三十七头大象，其余的大象都被杀死；叛军的各路首领都身中百箭，趴在象背上死去。思伦发见势不妙，仓皇逃走。

自此之后，当地部落再也不敢造反了。随后，沐英又和颍国公傅友德会师，去讨伐东川的叛军，平定了越州的阿资和广西的阿赤两个部落。

这年冬天，沐英回到都城南京，明太祖在奉天殿设宴招待，赏赐黄金二百两、白银五千两、纸钞五百锭、彩帛百匹，然后让他继续返回云南驻防。在离开京城时，沐英告辞，太祖亲切地抚摸着他说："最能使我高枕无忧的，就是你沐英了。"（"陛辞，帝亲拊之曰：'使我高枕无南顾忧者，汝英也。'"《明史·沐英传》）

沐英返回云南后，两次打败百夷。思伦发请求投降，并要向皇帝进贡大批财物。思伦发投降后，沐英本以为这下子安定了，不料没过多长时间，阿资又叛乱，沐英只好率军攻打，并降服了他。

这之后，云南安定下来。随后，沐英派出使者，去招降其他一些部落，各部落首领畏惧强大的明朝，又害怕沐英的勇猛，纷纷归附。就这样，各部落又开始向明朝进献贡品。

四、忠心卫国　客死他乡

沐英为人沉稳，性格刚毅，不苟言笑，话不多，但说出来却很有分量。他礼贤下士，广结朋友，对待属下和部卒都很关心，从不滥杀无辜。

镇守云南时期，沐英努力扩大生产，促进农业发展，精简了所有的繁文缛节。他还派兵屯田，每年按粮食产量确定赏罚，其间军队开垦农田达一百多万亩。

过去因雨水多，滇池年年要闹水患。沐英命人将之挖深挖大，从此滇池没再发生过水患。沐英还在云南开凿了盐井，使商业也开始繁荣起来。他制定了一系列的规定，都很符合当地实际，从而使老百姓安居乐业、生活富足，且年年向朝廷交纳大量税金，保证了国家经济的需要。

沐英平时十分勤奋好学，没事的时候经常读书，手不释卷，而且经常把有学问的人请到家里，和他们谈论文学、历史等各方面的知识。通过学习，沐英增长了知识，开阔了眼界。明太祖朱元璋早年收养了许多义子，后来打下天下，二十多个孩子都派出去镇守边关，只有沐英在云南的功劳最大。后来，沐氏的后代一直为明朝镇守云南，而且和明王朝相伴始终。

洪武二十五年（1392）六月，沐英在云南听说皇太子朱标逝世，大哭不止。他觉得自己与太子亲如兄弟，而太子却先他而去，十分哀伤。当年马皇后去世的时候，沐英就哭得死去活来，最后哭得吐了血。因为吐血，从此得了病，身体一直欠佳。太子之死，他又哀伤过度，病体每况愈下。太子去世不久，沐英也在云南逝世，年仅四十八岁。

沐英去世的消息传出后，军民都痛哭失声，当地部族百姓也都为他下泪。随后，沐英遗体被运回南京安葬，明太祖追封他为黔宁王，赐谥"昭靖"。后塑像功臣庙，配享太庙，

从两到无的丞相

"国之大事,莫过于置相",刘基早年即如是进说。朱元璋称吴王、建百司,效法元朝,置中书省左右相国,以李善长为右相国、徐达为左相国;称帝,一如既往。但明王朝的丞相却是从两到无——因为相权对皇权的威胁,胡惟庸之后,明朝不再设立宰相。另一个"从有到无"的是,明太祖的丞相没有一个寿终正寝,无论是李善长的晚节不保,还是胡惟庸的一贯狂妄……

中书左丞相李善长

李善长（1314—1390），明朝开国丞相。字百室，安徽定远人。他早年投奔朱元璋，任幕府书记，参与机要，深获信任，曾建议"行仁义，禁杀掠，结民心"。朱元璋四出征战时，他往往留守后方，调度粮饷，有萧何之功。朱元璋称帝后，任中书左丞相，封韩国公，主持制定了明初的主要制度。后因胡惟庸案牵连被杀。

一、投身太祖　出谋划策

李善长年少时读过一些书，很有智谋，熟习法家学说，预料事情的发展多能应验。朱元璋攻占滁州一带时，李善长前往拜见。朱元璋知道他是当地知名人士，很是礼待，并留他做了幕府书记。

一天，朱元璋问李善长："四面八方都在打仗，天下何时才能平定呢？"李善长回答说："秦末大乱，汉高祖刘邦从普通百姓中崛起，豁达大度，知人善委，不胡乱杀人，五年便成就了帝王的基业。如今元朝纲纪已经紊乱，天下土崩瓦解。您出生在濠州，距离汉高祖的家乡沛地不远，山山水水呈现出的帝王气象，您当然是禀受了的。只要效法汉高祖的所作所为，天下很快就能平定。"（"秦乱，汉高起布衣，豁达大度，知人善任，不嗜杀人，五载成帝业。今元纲既紊，天下土崩瓦解。公濠产，距沛不远。山川王气，公当受之。法其所为，天下不足定也。"《明史·李善长传》）朱元璋听后深以为是，从此将其视为心腹，参与机密谋议。

李善长擅长筹划粮饷、制定战略，非常能干，因此更得朱元璋的信用。随着朱元璋的威名越来越大，投靠的人也越来越多。对前来投靠的人，李善长考察他们的才干，荐举给朱元璋；又代朱元璋表达诚恳招纳人才的心意，使众将都能安心。将领之间有因事闹意见发生不和的，他耐心地为他们调解。

当时，朱元璋还在郭子兴的麾下。由于听信流言蜚语，有一段时间，郭子兴对朱元璋起了疑心，夺去他的部分兵权，又想把李善长要过来辅佐自己。李善长坚决辞谢，朱元璋由此更为倚重。朱元璋屯军和阳（今安徽和县），亲自率军攻打鸡笼山寨，只留下少数兵士帮助李善长留守和阳。元朝大将探听到情况后，袭击和阳。李善长设下埋伏，击败了元军，朱元璋对他更是十分欣赏。

朱元璋收编元朝巢湖水军后，李善长极力劝说他渡江攻占集庆（今南京），作为自己发展的根据地。朱元璋接受这一建议，先率军攻下采石矶（今安徽当涂东北），大军直逼太平（今安徽当涂）。李善长事先书写好禁止军队掳掠的告示，攻下城池后，马上派人张贴在大街小巷。因此，朱元璋的军队纪律严明，没有人敢违反禁令。在攻夺镇江之前，朱元璋担心众将不能约束部下，要重重处罚曾经违反军纪的人。李善长出面营救，这些人才得以解脱，但都受到了一次深刻的教育。所以，在占领镇江后，朱元璋的部队秋毫无犯，百姓甚至不知道有大军到来。（"镇江下，民不知有兵。"同上）

后来，朱元璋成为江南行中书省平章，任用李善长为参议。当时宋思颜、李梦庚、郭景祥等都是中书省属官，然而军机进退、赏惩章程，大都由李善长决定。枢密院改为大都督府后，李善长兼任大都督府司马，后又被提升为行省参知政事。

二、开国宰相　深得宠信

至正二十四年（1364）正月朱元璋称"吴王"后，任命李善长为右相国，同时任命徐达为左相国。到了吴元年（元至正二十七年，1367），"命百官礼仪俱尚左，改右相国为左相国，左相国为右相国。洪武元年，改为左、右丞相"（《明史·百官志一》）。

李善长熟悉前朝制度，处理政事很有效率，又善于起草文书。朱元璋打算招降敌将时，就命他撰写劝降文书。朱元璋亲自率军征战的时候，都命李善长据守大本营，将领和官吏都服服帖帖，百姓安居乐业；同时，李善长转运调配军队的粮饷，也从来没有缺乏。

李善长曾经请求官卖两淮产盐，制定茶法，都是反复考量元朝的制度，除去其中有害法令之后决定的。后来，李善长又制定钱法，开矿冶炼，铸造铜钱，规定鱼税，朱元璋政权的资财由此日益富足，百姓的日子也好过了。

平定苏州张士诚之后，朱元璋论功，封李善长为宣国公。官职制度改变后，左官高于右官，又任命李善长做了左相国。

朱元璋刚渡江时，由于天下大乱，军纪很难维护，因而许多时候都用重法。有一天，他对李善长说："法律中有三条一人犯法、亲属连带治罪的条文，是不是过于严重了？"李善长乘机请求，除犯有叛逆大罪者，都免除连坐。于是，朱元璋命李善长和御史中丞刘基等，主持制定法律条令，颁布天下。

朱元璋称帝后，追尊自己的祖父母和父母，册立皇后妃嫔、太子、各王，都是由李善长充当大礼使。设置东宫太子的官属时，明太祖朱元璋以李善长兼太子少师，加授银青荣禄大夫、上柱国、录军国重事，其他职衔照旧。

李善长还奉命率领掌管礼仪的官员，制定帝王祭祀天地和祖先的仪礼。明太祖巡幸汴梁的时候，李善长留守南京，朝政听凭他酌情处置。不久，李善长上奏制定了六部官制，提议规定官员和百姓服丧的装束，以及百官朝贺东宫太子的礼仪。他还奉命监修《元史》，编纂《祖训录》《大明集礼》等书。确定全国高山大川神祇的封号、分封亲王、功臣封爵行赏等，事无巨细，明太祖全都委任李善长和各位文臣谋划进行。

洪武三年（1370），明太祖大封功臣。他说："李善长虽说没有战功，但服事我很长时间，军队粮饷的供给方面，功劳很大，应当进封大国。"（"善长虽无汗马劳，然事朕久，给军食，功甚大，宜进封大国。"《明史·李善长传》）于是授予他"开国辅运推诚守正文臣"、特进光禄大夫、左柱国、太师、中书左丞相，封为韩国公，每年俸禄四千石，子子孙孙世袭；赐给铁券，可免本人死罪两次、儿子死罪一次。

当时封公的人，有徐达、常遇春之子常茂，以及李文忠、冯胜、邓愈和李善长六人，李善长位居第一。明太祖在制书里把李善长比作汉代的萧何，赞扬达到了极点。（"善长位第一，制词比之萧何，褒称甚至。"同上）

三、功高而骄　受牵胡狱

由于长期位高权重，李善长慢慢有了骄纵之心，外表宽厚温和，内心却爱嫉妒，待人苛刻，排斥异己。参议李饮冰、杨希圣，只是稍微冒犯了其权威，他便立即找寻过失，上奏免去了他们的官职。后来连老臣刘基因某一案件与他发生争辩，由于压力太大、自感不安，也告老回乡了。

李善长位居人臣之首，富贵至极，生活也逐渐奢侈起来，明太祖一贯节俭，因此开始暗暗讨厌他。洪武四年（1371），太祖赐给他临濠的田地若干顷，设置守坟户一百五十家，又给佃户一千五百家，仪仗户二十家；同时任命他主持修建临濠的宫殿，主管迁徙江南一带的富有百姓十四万到濠州种田。为此，李善长留居濠州数年。洪武七年（1374），太祖提升李善长的弟弟李存义做太仆寺丞，李存义的儿子李伸、李佑都做了朝廷的重要官员。由此可见，太祖虽然开始有些厌恶李善长，但对他还是优礼有加。

洪武九年（1376），明太祖把长女临安公主下嫁给李善长的次子李祺，封李祺做驸马都尉。婚后，公主秉承为人儿媳之道，对待公婆很是恭敬。李善长家因与皇帝结亲而荣耀显赫，很使当时满朝文武羡慕。李祺娶公主之后一个月，御史大夫汪广洋上疏说："李善长依仗皇上宠信，骄傲放纵，陛下生病不能上朝理事将近十几天，他也不问候；驸马李祺六天不朝见，把他叫到殿前，他又不知认罪自责，这是很大的罪过。"为此，太祖定罪削去李善长年俸一千八百石。不久任命他和曹国公李文忠掌管中书省、大都督府、御史台，共同议定军国大事，监督圜丘工程。

胡惟庸起初不过是宁国县的知县，因为李善长的推荐，才提升为太常寺少卿，后来又成为丞相，因此两个人交往密切。而李善长弟弟李存义之子李佑，又是胡惟庸的侄女婿。洪武十三年（1380），胡惟庸谋反被杀，牵连为胡党而判罪被杀的人非常多。在这一事件中，李善长起初并未受到牵连，御史中丞出缺，太祖还让他充任。但到了洪武十八年（1385），有人告发李存义父子勾结胡惟庸，太祖下诏书免去死罪，安置崇明。李善长并未因此感谢恩典，太祖对此心怀不满。

四、株连被杀　未获平反

又过了五年——洪武二十三年（1390），李善长已经七十七岁，因年老不能约束属下，打算建造府邸，就向信国公汤和借了三百名侍卫兵士。汤和将此事秘密报告了太祖。

这年四月，京师有一批判罪应当迁徙边地的官员，亲信丁斌等人也在其中，因而李善长多次请求不要迁徙。太祖为此大为生气，审问丁斌。丁斌曾在胡惟庸家做事，供出了李存义等人以前与胡惟庸交结的情况。太祖命令逮捕李存义父子审讯，他们的供词牵连到了李善长。

原来，胡惟庸准备谋反的时候，曾派李存义暗地去劝说李善长。当时，李善长吃惊地大声呵斥："你说什么胡话！要是让人知道你干的事，这是要灭九族的！"后来，胡惟庸又派李善长的老部下杨文裕前来游说，说："事情如果成功的话，当用淮西地方封你为王。"李善长没有答应，但很有些动心。（"善长惊不许，然颇心动。"）于是，胡惟庸亲自游说李善长，可他还是没有答应。过了很久，胡惟庸再次派李存义前来游说，李善长叹着气说："我年纪大了。等我死以后，你们自己去干吧。"（"吾老矣。吾死，汝等自为之！"《明史·李善长传》）

有人又告发李善长说："大将军蓝玉领兵出塞外，到捕鱼儿海，逮住了胡惟庸派去结交蒙古的使者，李善长隐瞒不予上报。"于是御史们一起上奏弹劾李善长。而李善长的奴仆卢仲谦等人，也揭发李善长与胡惟庸互赠财物，私下密语。

至此，李善长的罪行已经昭彰，人证俱在，于是被捕入狱。太祖认为：李善长身为功臣元勋、皇亲国戚，知道谋反的阴谋而不告发，怀疑观望，首鼠两端，确属大逆不道。

正巧这时有人报告星象有异常变化，预示着应当改换重臣、禳解天灾。于是李善长及其妻子、儿子、兄弟、子侄全家七十多人，一起被诛杀。而吉安侯陆仲亨、延安侯唐胜宗、平凉侯费聚、南雄侯赵庸、荥阳侯郑遇春、宜春侯黄彬、定南侯陆聚等，都同时作为胡惟庸同党被杀；已经死去而追加定罪的人，也有许多。太祖亲手书写条列他们的罪状，附上狱中的供词，作为《昭示奸党三录》，布告天下。李善长的儿子李祺和公主迁徙江浦居住；李祺与公主所生之子李芳、李茂，因公主的缘故得到恩惠，没有定罪。李芳为留守中卫指挥，李茂为旗手卫镇抚，都免去了世袭。

李善长去世的第二年，工部郎中王国用上奏疏说：

> 李善长和陛下同心，出生入死而取得天下，是功臣第一人。生前封为公，儿子娶了公主，亲戚都任命了官职，作为人臣的名位到了顶点。假如他自己要图谋不轨，或许还说得通；如今说他打算辅佐胡惟庸，那就大错特错了。从人伦上说，爱自己的儿子必然超过爱兄弟的儿子；安定地享受万金富贵的人，肯定不会怀着侥幸心理去追求可能性只有万分之一的富贵。
>
> 李善长和胡惟庸，不过是子侄辈的亲戚罢了，而他和皇上却是亲子女间的亲属。假使李善长辅佐胡惟庸谋反成功，他也不过是功臣第一而已，太师国公封为王而已，儿子娶公主、女儿成为妃嫔而已，难道还会比今天更加尊贵吗？况且李善长难道不明白天下并非能侥幸可以取得的吗？元朝末年的时候，想要取得天下的人不知有多少，结果没有不粉身碎骨、灭绝宗祀的，能够保全脑袋的有几个人？李善长为什么亲眼见到这种情况，却又在衰老之时亲自尝试呢？凡是干这种事的人，一定有深重仇恨，激起事变。在非常不得已的情况下，父子之间或许会互相挟制而希求逃脱灾祸。
>
> 如今李善长之子李祺，完全是陛下的骨肉至亲，没有一点仇怨，何苦做这种事情呢？如果说天象告变、大臣当灾，杀李善长以应上天的警诫，那就更不合适了。臣担心天下人知道这件事后，会说功劳之大如李善长尚且有这样的下场，四方将会因此而瓦解。如今李善长已经死去，多说也没有益处，臣只是希望陛下将来以此作为鉴戒罢了。

明太祖看了这封奏疏，竟然没有怪罪王国用，但也没有给李善长平反。

崇祯十七年（1644），南明弘光帝追补开国名臣赠谥，李善长获追谥"襄愍"。

中书右丞相汪广洋

汪广洋（？—1380），明太祖时丞相。字朝宗，高邮（今属江苏）人。早年参加朱元璋义军，任元帅府令史、江南行省提控等。明朝建立后，任中书左丞相，革职或贬官之后，又两度拜相，终因胡惟庸案牵连，在流放途中赐死。作为一介文臣，他为人宽和，博通经史，工诗善书。有《凤池吟稿》传世。

一、两度为相　无所作为

汪广洋性格庄严稳重，为人宽和自守。少年时期，曾跟随余阙学习，通经能文，工诗歌，擅长篆、隶大书。

元朝末年，战乱不息，汪广洋举家流落到太平（今安徽当涂），而那里正是红巾军起义的中心区域。朱元璋参加红巾军，单独组建起一支队伍后，汪广洋即投身朱元璋义军，在帐前幕后侍奉。

元至正十五年（1355），朱元璋渡过长江，攻下采石矶，汪广洋任元帅府令史、行枢密院提控、江南行省提控。两年之后，任照磨，兼知诸州事；至正十九年（1359）设置正军都谏司后，升任都谏官。二十一年，任山南行省都事，升郎中。

至正二十四年（1364），朱元璋设立中书省，汪广洋任中书右司郎中。不久,任骁骑卫指挥使司事,奉命帮助常遇春处理军务。常遇春攻克赣州后,命汪广洋留守,后任江西行省参政,参与机密政务的谋划与决策。

洪武元年(1368),徐达率军进攻元大都,为建立进攻基地,先平定了山东。明太祖因汪广洋办事稳重、周详,任命其为山东行中书平章,负责治理山东,安抚当地官吏、百姓,接纳新来的归附者。当年冬天,汪广洋又奉召入宫,担任中书省参政。第二年,又出任陕西参政。

洪武三年(1370),左丞相李善长患病,中书省没有负责人,汪广洋被召为中书左丞。当时,右丞相杨宪专权断事、威福恣行,汪广洋虽然模棱两可,但仍遭其忌恨。于是,杨宪唆使侍御史刘炳,弹劾汪广洋"奉母无状"——不尽心赡养老母。明太祖注重孝行,对汪广洋非常不满,严加责备,并罢免了左丞之职,让他回家尽孝。杨宪担心汪广洋再度进入朝,因而再次教唆刘炳上奏,汪广洋又被责令迁往海南居住。

当年七月,杨宪因触犯皇上被杀,明太祖召还汪广洋。十一月,又封他为忠勤伯,食禄三百六十石。太祖在诏书中称赞汪广洋善于理繁治剧,多次进献良策忠谏,可与张良、诸葛亮相比。("诰词称其剸繁治剧,屡献忠谋,比之子房、孔明。"《明史·汪广洋传》)

洪武四年(1371),李善长因病去职,明太祖遂任命汪广洋为右丞相。当时,胡惟庸任左丞相,独揽大权,汪广洋只是陪衬而已。汪广洋深知自己也担负着丞相职责,无奈胡惟庸权势熏天,他无能为力。因他无所建树,太祖遂命他出任广东行省参政。不久,又调回京师任左御史大夫。

洪武十年(1377),汪广洋再度出任右丞相。明太祖对他特别优厚,他有病休假,曾赐敕慰劳。但汪广洋沉溺酒色,荒于政事，多有耽误。他与胡惟庸同为丞相，但对其不法情事知而不言，只是随波逐流，保持官位而已。太祖对此不满，多次告诫他，要有自己的担待与作为，汪广洋内心不安。占城进贡的使者来到，省部之臣却没有及时引见，太祖以其蔽遏远人，下敕书切责执政者，汪广洋愈加惶恐。

二、治政庸懦　诗风凛冽

洪武十二年（1379），中书省中丞涂节，告发刘基被胡惟庸投毒害死，并指出汪广洋应知晓其事。明太祖招汪讯问，汪广洋予以否认。太祖大怒，责备他欺君结党，贬往广南。走到安徽太平时，明太祖又追究汪广洋在江西包庇朱文正，在中书省不揭发杨宪阴谋等罪过，说他"通经能文，非愚昧者。观尔之情，浮沉观望。朕欲不言，恐不知者谓朕薄恩，特赐尔敕，尔其省之"。汪广洋看到敕书，愈加惶恐，自缢而死。《明史》本传谓"赐敕诛之"，

汪广洋博通经史，为人宽和厚重，但性格懦弱，对胡惟庸专权作恶不敢抵制、揭发，而终受其害。

客观地说，汪广洋能文能武，在朱元璋集团中的地位略逊李善长，但高于刘基。在洪武三年（1370）大封功臣时，文臣封伯的有两位：汪广洋和刘基，汪广洋排名在刘基之前，食禄三百六十石，而刘基仅二百四十石。可见汪广洋对朱元璋的事业不无襄助之功。

汪广洋的诗文很得宋濂推崇，宋濂曾评价说："公以绝人之资，博览群书，素善属文，而尤喜攻读诗书。当皇上龙飞之时，仗剑相从，东征西伐，多以戎行，故其诗震荡超越，如铁骑驰突，而旗纛翩翩与之后先。及其治定功成，海宇敉宁，公则出持节钺，镇安藩方；入座朝堂，弼宣政化。故其诗典雅尊严，类乔

岳雄峙，而群峰左右如揖如趋。此无他，气与时值，化随心移，亦其势之所宜也。"（《凤池吟稿序》）毕竟是战阵中历练出来的，诗风沉郁苍凉，读后令人想见当日情怀，甚或泪下者。

至正二十四年（1364），汪广洋受朱元璋之命，招降死守赣州的熊天瑞（陈友谅部将），遇到二十年前的故交穆尔萨，追忆题诗往事，百感交集，写了一首诗。穆尔萨本为元朝大臣，天下大乱后归隐田里。诗云：

> 我对青山倦着鞭，君垂白发赋归田。
> 偶来把臂三千里，却忆题诗二十年。
> 零落亲朋逢乱日，萧条松菊委荒烟。
> 临风展玩长挥泪，谩想当时思惘然。

汪广洋是高邮人，天下平定后，曾路过家乡，写了《过高邮有感》，追寻老友，多已不存，令人感慨，其意与上一首相同。

> 去乡已隔十六载，访旧惟存四五人。
> 万事惊心浑是梦，一时触目总伤神。
> 行过毁宅寻遗址，泣向东风吊故亲。
> 惆怅甓湖烟水上，野花汀草为谁新。

另外，汪广洋还有《画虎》："虎为百兽尊，罔敢触其怒。惟有父子情，一步一回顾。"《登南海驿楼》："海气空濛日夜浮，山城才雨便成秋。冯唐头白偏多感，倚遍天南百尺楼。"这些诗也无不彰显大气，颇见功力。或许，汪广洋更适合做个文人，而不是朝官。

中书左丞相杨宪

杨宪（？—1370），明太祖时丞相。本名杨毕，字希武，太原阳曲（今山西太原）人。朱元璋攻克集庆后，他前往投奔，任职幕府，职掌文书，因办事干练而成为亲信。明初任中书参知政事，次年升任左丞相。任中书省执政时，他罢去旧吏，任用亲信，专决国事。终因结怨太多，为李善长弹劾"放肆为奸事"而被杀。

一、办事干练　称职检校

杨宪虽然隶籍山西，但父亲在江南为官，所以早年就生活在江南建康一带。

元至正十六年（1356），朱元璋攻克集庆（今南京）后，杨宪前往投奔。由于是文人，遂留在幕府，掌管文书。此外，他经常奉命出使张士诚、方国珍部，因为办事干练，受到朱元璋的信用。

至正二十七年（1367），朱元璋打败张士诚，随即将其地盘——原元朝江南行省，改称浙东行省，派外甥李文忠担任行省右丞，总管军务；命杨宪为行省属官，随行辅佐。临出发前，朱元璋告诫杨宪说："李文忠是我的外甥，年纪还小，没有什么历练，浙江方面的事务都由你做主。如果出了问题，我只拿你问罪。"

杨宪不只是李文忠的属官，更是朱元璋不放心外甥掌管军务而派出的检校。没多久，杨宪就向朱元璋报告，说李文忠不听自己的话，任用儒士屠性、孙履、许元、王天锡、王祎等人干预公事。当地许多读书人都在张士诚手下做过事，朱元璋对这些人始终不大放心。听到杨宪的报告，立刻派人把这五个人押解应天，结果屠性、孙履被杀，其余三个人充军发配。

明太祖朱元璋猜忌心重，对任何人都放不下心，即便是至亲。杨宪受命，可谓尽心尽责，不负重托，得到了皇上的进一步信用，后来也就步步高升。

二、放肆为奸　终被诛杀

"国之大事，莫过于置相"，这是明太祖君臣的共识。早在洪武初年，明太祖朱元璋就曾与刘基讨论过李善长之后的丞相人选问题。对于皇上提出的三个人选——杨宪、汪广洋和胡惟庸，刘基都不同意，他对杨宪的评价是："杨宪有丞相的才能，但没有丞相的器度。"（"宪有相才无相器。夫宰相者，持心如水，以义理为权衡，而已无与者也，宪则不然。"《明史·刘基传》）不过，明太祖并没有听刘基的，后来先后任用这三个人做了丞相。

洪武三年（1370），李善长因病回家休养，另一位丞相徐达领兵在外，中书省一时没了主事者，朱元璋遂把汪广洋从陕西调回，担任中书左丞。

早在洪武元年（1368），杨宪就被任命为中书参知政事（习称"执政"），与汪广洋共事。在中书省，汪广洋虽然地位比杨宪尊贵，却时时处处受到杨宪的制约和排挤。为了达到一人之下、万人之上的目的，杨宪可谓势焰熏天，无所不用其极。他罢去旧吏，任用亲信，专决国事。汪广洋的谏议，他必反对；汪广洋的行事，他必阻挠。后来，他干脆嗾使侍御使刘炳弹劾汪广洋，说他"奉母无状"。明太祖极为讲究孝道，杨宪可谓一击而中，借皇帝之手把汪广洋赶出了中书省。

汪广洋罢相后，杨宪又嗾使侍御史刘炳再次弹劾。结果，汪广洋被流放海南。短短一个月内，杨宪把汪广洋赶出中书省还够，进而赶到了天涯海角。可见刘基说他"没有丞相的器度"，言之不虚。

汪广洋被赶走的当年七月，杨宪就被任命为中书左丞相，成为中书省的实际负责人；同时又将胡惟庸调入中书省，担任参知政事。

排挤走了汪广洋，杨宪自以为得志，没有虑及胡惟庸进中书省是为了制衡他。当时，在杨宪的眼里，胡惟庸根本就没有威胁——胡惟庸一直担任中下层官吏，无论在反元建明中的功劳，还是与明太祖本人的亲密程度，都不能和杨宪相提并论。

此前，参议李饮冰、杨希圣偶尔冒犯李善长，专横的李善长马上将他们罢了官。而这位杨希圣，正是杨宪的兄长。任职丞相之后，杨宪表面上对李善长恭恭敬敬，私下里却极力诋毁，多次向皇上进言说："李善长无大才，不堪为相。"

作为功臣第一的李善长，那时在明太祖心中的地位是不可动摇的。杨宪的冒进之举，只能把祸害引向自己。后来，李善长弹劾杨宪"放肆为奸事"——而且杨宪确实有不少不法之事，因而在担任丞相的当月，杨宪就被明太祖杀了。

中书左丞相胡惟庸

胡惟庸（？—1380），明太祖时丞相，知名奸臣。安徽定远人。历任知县、通判、太常寺卿及中书省参政知事，官至左丞相，为明初重臣之一。任丞相期间，结党营私，打击异己，进而网罗党羽、通倭通元，图谋叛乱，终被诛杀，而与之共谋或受牵连者达三万余人，史称"胡狱"。

一、亲信重臣　专权用事

胡惟庸早期经历失载，元至正十五年（1355），他在和州（今安徽和县）投靠朱元璋，被任为元帅府奏差。不久转宣抚使，又转任宁国主簿，后升为知县，再升为吉安通判，到他担任湖广按察佥事时，已经是至正二十六年（1366）。

至正二十七年（1367），胡惟庸贿赂李善长二百黄金，经其推荐，第二年亦即洪武元年（1368），他担任了太常寺少卿，不久升任太常寺正卿。

洪武三年（1370）正月，明太祖任命胡惟庸为中书省参知政事，成为"执政"。第二年，李善长告老还乡，汪广洋担任右丞相，他又代替汪广洋担任了左丞相，为百官之首。

洪武六年（1373）正月，右丞相汪广洋被贬，降为广东行省参政，明太祖因人选难以择定，很长时间没有设置右丞相，胡惟庸以左丞相的身份独专相府事务。同年七月，胡惟庸改任右丞相。洪武十年（1377），明太祖又改任胡惟庸为左丞相，重新起用汪广洋为右丞相。

杨宪被诛杀后，明太祖认为胡惟庸才干突出，很是宠用。胡惟庸也自勉勤事，常以小事迎合皇上的意图。太祖对他的恩宠日盛，让他好几年独任丞相。甚至处死和黜陟某些官员，他都不用奏请皇上，而是自行决定。内外诸司大臣上书奏事，他都要取来疏奏查看，凡是对自己不利的，就扣下不上呈。四方急于求取功名之徒和失去职位的武夫，争相来到胡惟庸家，送给他大量的金帛、名马、珍玩等，数量多得无法计算。

大将军徐达对胡惟庸的奸行深为痛恨，在皇上面前列数其罪。胡惟庸十分忌恨，便诱使徐达的门人福寿，图谋陷害，结果被福寿告发，但明太祖却并未深究。御史中丞刘基也曾说过胡惟庸的短处，后来刘基患病，明太祖派遣胡惟庸带领医生去探病，刘基不久就去世了。

刘基去世后，胡惟庸做事更加无所顾忌。他和太师李善长相互勾结，把自己哥哥的女儿嫁给李善长的侄子李佑为妻。学士吴伯宗弹劾胡惟庸，几乎惹来灭顶之灾。从此，胡惟庸的势力更加炽张。

胡惟庸老家定远县的旧宅有口井，有一天井里忽然生出了石笋，高出水面好几尺。阿谀逢迎的人们纷纷征引符瑞，又说胡惟庸父祖三代的坟冢上夜里都有照亮夜空的火光。胡惟庸听了更加高兴，以为自己有人主之命，遂生出图谋不轨之念。

二、心中不满　暗中谋反

胡惟庸排斥异己，陷害于己不利者，同时又结党营私，暗中培植自己的势力。产生不轨图谋之后，这方面更是变本加厉。

洪武六年（1373），吉安侯陆仲亨从陕西回来，擅自乘坐驿车。明太祖大怒，斥责说："如今中原战火刚刚熄灭，百姓刚刚恢复生产，驿站户（承担驿站事务的专业户）购买马匹，生活十分艰苦。假如官员们都像你，老百姓即使卖掉所有子女，也不能满足这样的奢求！"罚他到代县去捕捉盗贼。

平凉侯费聚奉命安抚苏州军民，却整天沉湎于酒色。明太祖很是恼怒，责令他前往西北地区招降蒙古人。费聚到西北后，又没有取得什么进展，太祖又对他加以申斥。

陆仲亨、费聚二人受到皇上申斥，十分恐慌，胡惟庸却暗里胁迫、引诱他们，为己所用。两人看到胡惟庸正当权用事，便与其密相往来。

有一次，陆仲亨、费聚到胡惟庸家宴饮，酒喝到兴头上，胡惟庸打发走左右的人，对陆、费二人说："我们所作所为大多非法,一旦被发觉,该怎么样?"("吾等所为多不法,一旦事觉,如何?"《明史·胡惟庸传》)陆、费二人听了,不知所以,十分恐慌。于是,胡惟庸把自己谋反的想法和盘托出,让他们两人在外面招兵买马。

胡惟庸曾与心腹陈宁到兵部查阅全国各地的兵马簿籍,命都督毛骧把卫士刘遇贤以及亡命之徒魏文进等人作为心腹,并说:"我以后会用到你们。"太仆寺丞李存义是李善长的弟弟,又是自己女婿李佑的父亲,胡惟庸便叫他暗中去动员李善长。李善长已经年迈,无法坚决拒绝,开始时不同意,最后只好模棱两可。这样,胡惟庸便以为谋反成功更有把握。

为了谋反,胡惟庸还勾结外部力量,以为援助。他先是派遣明州卫指挥使林贤渡海招诱倭寇,让倭寇按期响应。接着,又派元朝旧臣送信给北元君主,表示愿意俯首称臣,请求蒙古军队在外响应叛乱。

造反的事还没来得及实行,正赶上胡惟庸的儿子在街上骑马,摔死在车下。胡惟庸不经官府,就私自处死了驾车的人。明太祖知道后十分生气,命令胡惟庸给死者偿命。胡惟庸乞求给死者家属一些金帛,太祖不准许。胡惟庸非常害怕,于是就和御史大夫陈宁、御史中丞涂节等人,密谋提前起事,并暗中通知全国各地以及追随自己的武将,让他们予以响应。

三、事泄身死　株连九族

洪武十二年(1379)九月,占城国来向明朝进贡,胡惟庸等人没有报告皇上。宦官外出见到占城贡使,入宫向皇上奏明。明太祖知道后十分愤怒,下敕责怪有关机构的大臣。胡惟庸和汪广洋顿首谢罪,将责任归咎于礼部。而礼部尚书等官吏,又推诿到了中书省头上。明太祖更加气愤,把诸大臣都关起来,追问主要责任人。

没过多久，明太祖贬谪并赐死汪广洋，其妾陈氏要求殉葬。经过询问陈氏，明太祖得知陈氏正是没入官府的陈知县的女儿，勃然大怒，说道："没入官府的女子，只分配给武将功臣家，文臣怎么能得到呢？"于是命令司法机构进行调查。一番查究下来，胡惟庸及六部堂属官员都受牵连，按律应当抵罪。

洪武十三年（1380）正月，御史中丞涂节上书，告发胡惟庸企图政变的罪行；另有一御史中丞，也把胡惟庸的秘密活动报告了朝廷。明太祖得知，极为愤怒，下令把胡惟庸和牵连的官员交给廷臣严加审讯。供词中也涉及了陈宁和涂节两个人。廷臣们说："涂节本来也参与了胡惟庸等人的谋反计划，只是发现事情不能成功，这才开始揭发胡惟庸的谋反举措，涂节本人不能不处死。"于是，明太祖下令诛杀胡惟庸、陈宁以及涂节等人。

胡惟庸虽已处死，但他谋反的情状还没有完全暴露出来。到洪武十八年（1385），李存义被人首告，免于一死，安置崇明县。洪武十九年（1386）七月，林贤的案件审讯确定后，胡惟庸同倭寇勾结之事才败露。洪武二十一年（1388），蓝玉进攻沙漠地区，获得胡惟庸勾结蒙古的信件，并上报时任丞相李善长，但被李善长扣压。到洪武二十三年（1390），这件事被人告发，明太祖逮捕了李善长的管家卢仲谦，他证实了胡惟庸与李善长的勾结往来。不久又查明了陆仲亨、费聚、赵庸三侯与胡惟庸勾结图谋不轨的行为。

得知这些宠信大臣的所作所为，明太祖大怒，将所有参与阴谋的人及其家族全部斩除，前后多达三万余人。仅李善长一家就七十余口被杀，胡惟庸家更是被诛灭九族。

胡惟庸案影响巨大。一方面，受株连至死或已死夺爵的开国功臣，有公李善长、南雄侯赵庸、荥阳侯郑遇春、永嘉侯朱亮祖、靖宁侯等一公、二十一侯。另一方面，胡惟庸被杀后，明太祖遂罢丞相，革中书省，并严格规定嗣君不得再立宰相；臣下敢有奏请重立者，处以重刑。宰相废除后，其事由六部分理。此举对明、清两代五百多年的政治体制产生了深远影响。

明人唐枢指出："明初设中书省，置左右丞相，管领枢要，率以勋臣领其事。然徐达、李文忠等数受命征讨，未尝专理省事。其从容丞弼之任者，李善长、汪广洋、胡惟庸三人而已。惟庸败后，丞相之官遂废不设。故终明之世，惟善长、广洋得称丞相。"（《国琛集》卷上）就是说，徐达、李文忠均为武将，常年在外征战，有丞相之名，无丞相之实；实际任职的，只有李善长、汪广洋、胡惟庸三人。而胡惟庸《明史》打入"奸臣传"，没有作数；此外还有杨宪，担任左丞相不足一月即被杀，忽略未及。

几无子遗的开国功臣

明太祖推翻元朝统治、消灭割据群雄，自然少不了能征善战的武将。其麾下武将，大多亦是出身平民。有的很早就一直追随，可谓患难与共；有的中途加入，也是同进退、共忧乐。他们有的早已喋血沙场，有的等到了开国盛宴。这些开国功勋，大都分享到了圣上赐予的公侯显爵；同样的是，他们也都分享到了圣上的猜忌和杀戮，在明太祖生前即几无子遗。

越国公胡大海

胡大海（？—1362），明朝开国功臣。字通甫，泗州虹县（今安徽泗县）人。早年投奔朱元璋，历任前锋、统军元帅、枢密院事等。他屡破敌阵，攻城夺寨，又讲求诚信，颇有威望；为人豪爽，喜欢交友，乐于荐贤，刘基、宋濂等均为其所荐。后被叛军杀害。朱元璋称王后，追封越国公。

一、屡破敌阵　诚信待敌

朱元璋刚刚起兵时，胡大海就听说了。他早就知道朱元璋，一直想去结交，苦于没有机会。后来他下决心，离家直奔滁阳（今安徽滁州），前去投奔——当时，朱元璋正率军攻打滁阳。等他到达时，朱元璋已经占领了那里。

朱元璋听说有人来投奔，叫来跟前仔细一看，嗬！只见胡大海腰圆膀阔，高高的个头，面黑如铁，威风凛凛。朱元璋十分高兴，立即任命他为前锋。

胡大海从军之后，跟随朱元璋渡江，与众将一起占领了许多地方，因功被授为右翼统军元帅。

不久，胡大海跟随邓愈攻破宁国（今安徽宣城），占领徽州（今安徽歙县），把这一带都平定了，他就留在这里镇守。过了不久，元朝地方武装苗军首领杨完者以十万兵马前来攻打，胡大海在城下与敌军交战，战斗十分激烈。胡大海身先士卒，冲入敌阵，左冲右突，一柄大刀使得虎虎生风。元兵纷纷后退。胡大海挥军迅速追击，大败元军，迫使他们逃得远远的。

随后，胡大海与邓愈、李文忠一起，从昱岭关出发，去攻打建德（今浙江建德）。在淳安，胡大海等人率军又大败元军，占领了建德。接着，胡大海又连续击败杨完者，俘虏敌军三万多人，因功升任枢密院判官；攻占兰溪和婺州之后，又被提升为佥枢密院事。

胡大海率军攻占诸暨后，元军守将趁黑夜仓皇逃走。投降的万户沈胜，不久却又反叛，胡大海率军击破叛军，活捉了四千多人。朱元璋将诸暨改名为"诸全"，然后命胡大海带兵援救绍兴，胡大海多次打败张士诚的部队。

朱元璋认为宁州、越州是重要的地方，因此命胡大海前镇守。张士诚经过几次失败后，又派大将吕珍围攻诸全。胡大海率军营救。吕珍掘开河堤，以水灌城，企图将胡大海他们淹死在城里。胡大海率军冲上大坝，占领了河堤，然后把水反道泄向吕珍的大营。

吕珍见形势紧迫，被迫来找胡大海，请求罢兵。胡大海不听，吕珍在马上从箭壶中抽出一支箭，"啪"的一声折为两段，对胡大海说："我退兵不攻打你们，也请你们退兵。我如果违背今天所言，又带兵来攻打你们的话，这支箭就是我的下场。"胡大海这才同意。

胡大海手下的郎中令王恺说："吕珍这个人很狡猾，他的话不可全信。他现在处于劣势，我们不如立即去攻击，肯定能将他打败。"胡大海说："我已经答应罢兵不战，如果出尔反尔，那就是不讲信用。放走人家却又去攻打，就是胜了，也算不得威风。"（"言出而背之，不信；既纵而击之，不武。"《明史·胡大海传》）等到班师时，人们都特别佩服胡大海的为人，认为他既讲信用，又有威望。

过了不久，胡大海领兵攻打处州，元将石抹宜孙逃走，处州的七个邑很快就都被平定了。

二、善于用兵　乐于荐贤

至正二十年（1360），陈友谅侵犯龙江，朱元璋命胡大海领一路兵，去攻打广信（今江西上饶），以作牵制。

在攻打之前，胡大海先派元帅葛俊带兵前往，衢州都事王恺止住葛俊，对胡大海说："广信是陈友谅的门户。如果你轻易拿下广信，那陈友谅也就容易打败了。现在的问题是：陈友谅既然敢率倾国之师侵犯我们，他怎么能不在广信安排重兵把守呢？所以，只派葛俊去，恐怕无济于事。要想攻克广信，必须您亲自统领全部兵马去攻打不可。"

胡大海听了王恺的话，亲自率大军前往攻打广信。到了灵溪，广信城中的步、骑数千出来迎战，胡大海迅速大败之，进而领兵追至城下，指挥将士攻城。守城军队抵抗一阵，就抵挡不住了，纷纷溃逃，胡大海便顺利攻占了广信。

占领广信后，胡大海先安抚百姓，继而察看仓库，发现广信已经断粮。这时，手下有人提议班师，胡大海说："广信是闽、楚的咽喉之地，决不能放弃。"于是，胡大海命人修筑城墙，疏浚护城河。军粮不够用，胡大海就在所占郡县向百姓征集，把这叫做"寨粮"。因为征粮过多，当地百姓苦不堪言。胡大海见百姓生活确实困苦，就把这事上报给了朱元璋。朱元璋下令，军队不再向百姓征粮。"寨粮"不征，百姓的日子就好过多了。

胡大海善于用兵，但又很谦虚。他经常对别人说："我是个武人，没读过什么书，只晓得三件事：一不胡乱杀人，二不抢夺妇女，三不烧百姓房屋。"（"吾武人，不知书，惟知三事而已：不杀人，不掠妇女，不焚毁庐舍。"《明史·胡大海传》）因此，胡大海的军队不管打到哪里，附近的军兵都纷纷前来归附。

胡大海为人豪爽，喜欢结交天下朋友。大凡打到一个地方，都要去拜访当地的名士豪俊。至正二十年（1360），胡大海举荐刘基、宋濂、章溢、叶琛，朱元璋立即派使臣带上书信、金银，去聘请青田的刘基、龙泉的章溢、丽水的叶琛和金华的宋濂。

朱元璋把这几位请到建康后，设宴款待。席间，朱元璋对他们说："我为了讨平天下、安定黎民，只好把四位先生屈尊请来。现在天下豪杰纷争，不知什么时候才能安定天下？"章溢说："目前形势很乱，一时还不好讲，但只要讲仁德，不以杀人为乐，肯定能第一个扫平天下。"刘基也分析了当时的形势，为朱元璋指明了当务之急。朱元璋非常高兴，多次夸奖胡大海为他举荐了好人才。

三、忠心不反　受诈被害

胡大海对朱元璋忠心耿耿，从无半点私心杂念。当年朱元璋刚刚占领婺州时，下令禁止酿酒，违者立斩。结果胡大海的儿子第一个就犯了法。朱元璋大怒，要把他处死。

当时胡大海正在征讨越地，都事王恺对朱元璋说："现在胡大海正在讨伐越地，如果这时杀了他的儿子，恐怕不利。还是不要杀，这样能稳住胡大海的心，让他在越地好好作战，否则他一旦反叛，我们岂不因小失大？"朱元璋以为，如果令不行、禁不止，就不能进一步安定天下，因而说："宁可让胡大海反了我，也不能让法令行不通。"（"宁可使大海叛我，不可使我法不行。"《明史·胡大海传》）于是亲手杀了胡大海的儿子。后来，胡大海的另一个儿子胡关住，跟父亲一起遇害，胡大海就没了后代。

至正二十二年（1362），朱元璋的军队攻下严州（治今浙江建德）后，胡大海留下镇守。苗将蒋英、刘震、李福从桐庐来归降，胡大海见他们个个彪悍骁勇，十分喜欢，就都留在了自己手下。谁知蒋英等人私下又投降了张士诚，并密谋害死胡大海，然后发动叛乱。

一天早晨，蒋英来到胡大海的官邸，谎说请他去八咏楼，观赏他们收藏的好弓弩。胡大海听了，就上马跟着去了。走到半路，蒋英事先安排好的一个人突然拦在路中，在胡大海的马前"扑通"跪下，喊叫着请胡大海给他做主。胡大海一见，有些吃惊，问他状告何人。那人就开始一把鼻涕、一把眼泪地诉起苦来，说蒋英如何欺辱他。胡大海听不太清楚，也无法回答，就回头看蒋英。就见蒋英从袖子里抽出一个大铁锤，照着胡大海头上就是一锤。这一锤正好打在前脑门上，胡大海当场落马而死。跟着胡大海一起来的人也都被杀了，其中有胡大海的儿子胡关住、郎中王恺等。

蒋英杀死胡大海后，带人在城中大肆抢掠，然后投奔张士诚而去。后来李文忠攻陷杭州，杭州人把蒋英捆绑着送到李文忠面前，向明军投降。朱元璋听说抓住了蒋英，立即下令杀掉，用他的血去祭奠胡大海。

胡大海遇害后，听说的人没有不哭的。朱元璋也十分悲痛。明朝建立后，特赠胡大海光禄大夫，追封越国公，谥曰"武庄"，在功臣庙中塑像，位列第七，配享太庙。

大都督朱文正

朱文正（1336—1365），朱元璋麾下将领，亦是其侄儿。他在叔父起事后，与母亲一同依附，屡立战功。叔父称吴王后，他受任为大都督，掌管全军。在南昌之战中，他与诸将坚守近三个月，立下大功。后因未得封赏，心生怨气，并私通张士诚，遭到软禁，最后郁郁而终。

一、勇猛善战　统领全军

朱文正是明太祖朱元璋大哥朱兴隆的儿子。在元至正四年（1344）的那场自然灾害中，因为贫病交加，朱文正的祖父母和父亲先后去世；不久，另外两个叔叔也去世了。这样，朱家就剩下了朱文正自己和母亲，以及最小的叔叔朱元璋。

朱元璋加入红巾军之后，逐渐获得了一定地位，朱文正遂与母亲王氏依附于他。渐渐长大之后，朱文正开始跟随叔父征战。由于特殊的关系，朱文正很受叔父信任，做了不少事情。比如代表叔父，带着白银、彩绸等，去聘请名宿秦从龙，不辱使命。

朱文正勇猛善战，随朱元璋大军渡江时，攻下了集庆（今南京）。因屡立战功，升任枢密院同佥。当时，朱元璋问朱文正："想当什么官？"朱文正回答说："叔父成就大业，何愁不富贵呢？先给亲戚封爵赏赐，怎么能使众人信服！"（"叔父成大业，何患不富贵。爵赏先私亲，何以服众！"《明史·诸王列传三》）朱元璋听了很高兴，更加喜爱这个侄子。

至正二十三年（1363），朱元璋称吴王，任命朱文正为大都督，节制中外诸军事。年纪轻轻的朱文正，成为统领全部军队的最高长官。朱元璋称帝后，朱文正仍然是大都督，可见叔父对他的信用。

夺取集庆后，洪都（今南昌）成为朱元璋与陈友谅较量的另外一个主要战场。朱元璋得而复失、失而复得，至正二十二年（1362）五月，徐达率军收复洪都。为确保这一战略重镇不至于再度落入敌手，朱元璋觉得非骨肉重臣不可，便派朱文正挂帅镇守。同时命薛显做朱文正的副将，同城的还有参政邓愈等。

二、保卫洪都　足智多谋

陈友谅对自己的疆土日渐缩小恨恨不已，决心与朱元璋决一死战。至正二十三年（1363）四月，陈友谅率数百艘高大战船，载着家眷和文武百官，倾全国兵力，号称六十万，前来攻打洪都。

朱文正见陈友谅率军来攻洪都，与参政邓愈等做了充分准备，决心一起坚守。为了防范陈友谅从水路进攻，朱文正等早已准备了大量的火铳、砲石、火箭等守城武器；还组织军民把靠近江边的一段江堤移动了位置，使敌舰不能直接靠近城池。

陈友谅的大楼船驶抵城下，把洪都城围了个水泄不通。朱文正和邓愈、薛显等将领商量后认为，陈友谅兵强马壮，锐气正盛，不能硬碰硬，应该采取避敌锐气、固守城池的战术，慢慢消耗敌人的兵力。

大家经过商议后，决定城中守将各自把守城门：参政邓愈守抚州门，元帅赵德胜等守宫步、士步、桥步等门，指挥薛显守章江、新城二门，元帅牛海龙守琉璃、澹台二门；朱文正居中节制诸将，同时统率两千精兵，四处往来，互相策应。

陈友谅围城越来越急，洪都与外界音信断绝。朱文正派千户张子明到应天去向朱元璋求救。张子明划着小舟，夜行昼宿，花了半个月才到达应天。见到朱元璋，张子明报告了洪都战况。朱元璋说："你回去告诉朱文正，只要他们再坚守一个月，我当可赶到解围。"

张子明返回洪都时，在湖口被陈友谅抓住。张子明假装投降，并答应劝降，等到了洪都城下，他大声向城上喊道："救兵马上就到了，你们一定要坚守住！"随即被陈友谅杀害。守城将士听说朱元璋的大军就要来到，全都信心百倍，一时间，敌人越是攻城，明军守城越是坚牢。而陈友谅围城久攻不下，士气日渐低落。

眼见形势不利，陈友谅组织发起最后猛攻，威力巨大的撞墙机撞毁城墙二十余丈。朱文正下令立即竖立隔栅,派兵士手持长槊,隔栅刺杀敌军。几番交战后,敌军改变策略,几个人一齐抱住长槊尖头,死命往回拽,夺槊后发动新一轮猛攻,守兵被杀不少。幸亏临时兵械所就设在栅后,朱文正命士兵把长槊的槊尖放入锻铁炉中烧红,再伸出栅外刺敌。汉兵夺槊,一时间皮焦肉烂,哀嚎遍地,终不得进。

见洪都久攻不下,陈友谅又分兵攻陷吉安、临江,把俘虏的几个守将带来,杀死在洪都城下。朱文正等人丝毫不为所动,坚定守卫城池。陈友谅军粮尽,派兵突袭洪都抄粮,朱文正派人放火烧了其快艇,汉军更为窘迫。

朱文正与诸将齐心协力,在洪都坚守了近三个月。七月,朱元璋亲率二十万大军援救,迫使陈友谅解围撤退。在接下来的鄱阳湖之战中,朱文正又派兵切断了敌军粮道,为大败陈友谅做出了贡献。

三、怨忿未赏 囚禁而终

洪都保卫战以及随后的鄱阳湖之战,是朱元璋扭转局势的关键之战。在平定江西的战役中,朱文正功劳很大,同时显示出卓越的军事指挥才能。

朱元璋回到应天后,慷慨赏赐常遇春、廖永忠及诸将士金帛。朱文正有功,但暂时未获封赏,便有些愤怒。心里失去平衡之后,他的行为遂失去常度,纵容部将掠夺部下的妻女。按察使李饮冰得知情实,上奏朱文正骄侈有怨气,朱元璋遣使予以责骂。

正在这时,朱文正的岳父、诸全守将谢再兴,叛降了张士诚。恐惧之下的朱文正,在部下的怂恿下,遂与张士诚有了勾通。这些事很快就被发觉,李饮冰又上奏一本,说朱文正存有异心。

看过李饮冰的奏本，朱元璋立即乘船来到洪都城下，召朱文正前来。朱文正仓卒出迎，朱元璋说了好几次"你打算干什么"，遂把他押回了应天。

按朱元璋的打算，原本是要处死朱文正的。这时，皇后马秀英劝解说："此儿只是个性刚强，没有别的。"宋濂也劝道："朱文正固然当死，但陛下也可以对他体现出亲爱亲戚的仁人道理，要是把他安置到偏远的地方就好了。"随后，朱文正被免官，软禁在桐城，没多久就去世了。

叔父朱元璋当然没有忘掉朱文正是自己的至亲，也没有忘记他为明王朝建立的汗马功劳，洪武三年（1370），朱元璋将朱文正八岁的儿子朱守谦封为靖江王，藩邸桂林——这是明初唯一不是皇子的藩王。

楚国公廖永安

廖永安（1320—1366），明朝开国功臣。字彦敬，巢州（今安徽巢湖）人。出身渔民，元末战乱中，与弟廖永忠自组水师，后投归朱元璋。廖氏兄弟长于水上作战，多次率水师取得胜利。后来为张士诚所俘，被囚八年，不屈而死。朱元璋感其诚，遥封他为楚国公。

一、率舰归附　渡江有功

廖永安与弟弟廖永忠，原本都是巢湖的渔民。在元末战乱的动荡局势下，他们以渔船组成一支水师，并凭借个人威望取得了领导权，成为巢湖流域颇有影响的地方武装。

后来，水师内部发生分裂，大部分士兵和船只跟随赵普胜

（"双刀赵"）投奔了陈友谅。廖永安兄弟和另一位水军领袖俞通海，则带领其余水师归附了朱元璋。目光早已盯着富庶江南的朱元璋，正发愁没有足够的船只渡过长江，如今巢湖水师自动来投，自然喜出望外。

廖永安兄弟和俞通海等人的到来，使朱元璋如虎添翼。不久，他就利用这支舰队去进攻元将海牙驻扎在马肠河（在今安徽无为东北）的水军。元军驾驶着高大的楼船，看起来很威武雄壮，但行动不便，缺乏机动性；而廖永安这些长年出没于风尖浪谷的"混江龙"们，划着小船在水面上穿梭如飞，元军的战舰根本无法接近，而自己却不时地冲上去，向敌舰发动猛烈袭击，然后迅速脱离接触，使敌舰始终无可奈何。

廖永安等运用机动灵活的战术，最终歼灭了马肠河的元军水师。战果充分显示了巢湖水师的战斗力，它完全能对付元军部署在长江的水上力量，这坚定了朱元璋渡江的决心，于是便与部下商量制定渡江作战方案。

至正十五年（1355）七月底，朱元璋的水陆大军从长江北岸的和州（今安徽和县）出发，开始横渡长江。顿时，江面上旌旗飘扬，战鼓震天，千舟竞发。廖永安指挥小船行驶在舰队的最前面，他举着令旗站在船头，劈波斩浪，冲向对岸的采石矶。当时天空刮着强劲的西北风，顷刻之间，舰队就冲到了采石矶岸边。常遇春一马当先，跃下战船，挥刀杀入敌阵，接连砍杀数名敌兵。将士们见主帅如此英勇，无不以一当十、奋力冲杀。元军大败，丢盔弃甲、狼狈逃窜，明军一举占领了采石矶。

明军在采石矶登陆后，乘胜向南进发，攻占了太平（今安徽当涂）。随后，廖永安等率水师继续沿江东下，攻破了海牙设立的水寨，俘虏了元将陈兆先。至正十六年（1356）四月，明军攻入集庆（南京）。廖永安升任建康翼统军元帅、昭武大将军。

二、囚禁八年　不屈而死

朱元璋占领南京后，又派廖永安的水军沿江东下，协助陆军攻克镇江，并击败了张士诚的水军。随后，他又参加了攻打常州的战役，被提拔为江南行省枢密院事。

至正十七年（1357）十一月，廖永安与常遇春一同指挥水陆大军从铜陵出发，联合进攻池州。明军的战舰向池州城北门开炮轰击，士兵们从轰开的城墙缺口涌入城内，拿下了池州，并俘虏了守将。

廖永安与俞通海指挥明军水师，攻下了江阴附近的石牌戍守，为陆路步兵夺取江阴扫除了障碍，降服了张士诚的部将栾瑞。朱元璋很是高兴，提拔廖永安为同知枢密院事。随后，廖永安又率水师在常熟的福山港打败了张士诚的军队，在通州的狼山再度重创敌军，缴获了许多战舰。

廖永安跟从大将徐达收复宜兴，率领水师追击敌人，深入太湖，与敌将吕珍率领的数量庞大的舰队相遇。双方在水上展开混战，由于明军水师数量上处于劣势，又没有后援，渐渐被敌军包围。恰在这时，廖永安所乘战船又搁浅了，不能动弹，他本人最终被敌军俘虏。

张士诚非常敬重廖永安的军事才能，希望他投降，为自己效力。廖永安断然拒绝，张士诚便把他囚禁起来。朱元璋很为廖永安的忠诚所感动，就在南京遥授他为行省平章政事，并封为楚国公。

廖永安被囚禁八年，始终没有屈服，最后竟死在了监狱里，时年四十七岁。第二年（至正二十七年，1367），明军消灭张士诚政权后，将廖永安的遗体运回南京，朱元璋亲自到郊外迎接，并举行了祭奠仪式。

廖永安被囚期间，徐达曾擒获张士诚之弟张士德。张士诚派人和朱元璋商量，以廖永安换张士德，朱元璋不同意，杀了张士德，廖永安最终未能归还。此亦可觇朱重八之为人。

洪武六年（1373），除云南之外，明朝政权已经基本巩固，为开创新朝做出贡献的文臣武将也得到了应有的封赏。洪武九年（1376），明太祖下诏，追赠廖永安开国辅运推诚宣力武臣、光禄大夫、柱国，不久又改封郧国公。

蕲国公康茂才

康茂才（？—1370），明朝开国功臣。字寿卿，湖广蕲水（今湖北蕲春）人。他曾任元朝都元帅，投归朱元璋后主要指挥水师，有将帅才，屡立战功。后在回师途中去世，明朝建立后追封蕲国公。他侍奉母亲极为孝顺，所占之地亦有善政。

一、战败投降　诱敌立功

康茂才年轻时，通晓经史大义，而且事母至孝。

元朝末年，起义军攻陷蕲县。康茂才召聚兵马，保卫乡里，被朝廷封为长，不久改任镇抚。

元朝末年，湖北红巾军攻占蕲水，康茂才召集邻近乡村的义勇结寨自保，阻挡了一些红巾军对家乡的骚扰。由此声望逐渐传开，元政府任命他为长官（官职名），后又授予淮西宣慰使、都元帅的职务。

至正十五年（1355），朱元璋率军准备渡过长江，攻打集庆（今南京）。当时，康茂才驻军长江南岸的采石矶，扼守长江渡口。朱元璋多次派兵攻打，都被康茂才击退。后来常遇春在采石矶附近设伏，歼灭了康茂才的精锐部队，朱元璋才攻占了采石矶。

康茂才在长江中心的天宁洲建立了营寨，但又被朱元璋的军队攻破，康茂才只得逃回南京。次年四月，朱元璋攻克南京，康茂才率部投降，朱元璋命其仍然率领旧部跟随作战。

至正十七年（1357），朱元璋任命康茂才为秦淮水军元帅，驻守南京的龙湾。后来，康茂才指挥水军攻取江阴马驮沙，打败张士诚军队，俘获了敌军的战舰。随后，康茂才又跟随廖永安攻打池州、枞阳。由于连年用兵，很多农民被迫离开土地，无法进行农业生产，朱元璋就让康茂才带领部分军队，到自己控制的区域开荒种粮。

至正二十年（1360），陈友谅的军队攻陷南京上游的太平（今安徽当涂），他想约张士诚联合进攻南京。朱元璋早已做好了准备，希望陈友谅的军队早日到来，以便一举歼灭。因康茂才与陈友谅曾有过交情，朱元璋就利用这一关系设下诱敌之计。康茂才派人给陈友谅送去一封信，表示自己在南京作为内应，配合陈友谅的进攻，并告诉说自己的防区是南京城西的江东桥。

陈友谅接信大喜，急忙率主力沿江而下。他按照康茂才告诉的地点，向江东桥驶来。江东桥原本是座木桥，朱元璋已派人把它改建成石桥，这样敌军的船只就无法通过。陈友谅的船队到达桥下，不禁大吃一惊，陈友谅连呼"康公安在"，却根本无人答应。此时，他才明白中了诱敌之计，立即下令船队退到龙湾。而朱元璋的伏兵四下杀出，康茂才联合其他几路军奋力追杀，双方船队在长江水面展开混战，陈友谅大败而逃。这一仗，康茂才立了大功，朱元璋对他大加赏赐。

二、战功辉煌　死于征途

至正二十一年（1361）九月，朱元璋亲自率领水军沿江西上，征讨陈友谅。康茂才指挥的一支水师参加了攻克安庆、九江的战斗，迫使陈友谅逃往上游。紧接着，康茂才攻克了蕲州、兴国、汉阳等地；又沿长江而下，攻破黄梅寨，夺取了瑞昌，打败了陈友谅手下的八位部将，降服敌军两万人。由于这一系列辉煌战功，朱元璋将他升为帐前亲兵副指挥使。

至正二十三年（1363），康茂才率军攻打盘踞在庐州的左君弼，未能攻下，此时陈友谅又进犯江西，康茂才被调往洪都支援。随后，康茂才又参加了鄱阳湖大战，陈友谅战死后，朱元璋军乘胜攻取了武昌。在这些战役中，康茂才都立下了战功，并升任金吾侍卫亲军都护。之后，康茂才再次跟随大将徐达攻克庐州，接着又攻占了江陵和湖南。由此，康茂才被提升为神武卫指挥使，兼任大都督府副使。

张士诚率军进犯江阴，朱元璋亲率大军迎击，大军到达镇江时，张士诚已经逃走。康茂才率水师奋勇追击，敌舰停泊在长江口，乘着涨潮前来攻击，结果被康茂才打得大败。康茂才率水师追击敌军，进入大运河，一举攻占了淮安。不久，他又攻下了湖州，逼近张士诚的老巢苏州。张士诚派精锐部队出城迎战，两军大战于尹山桥。康茂才手持大戟临阵督战，军队士气高昂，敌人全军覆没。接着，康茂才与其他将领一起包围了苏州城。攻下苏州后，明军回师攻占无锡，平定了张士诚势力。之后，康茂才升任大都督。

洪武元年（1368），康茂才跟随徐达北伐中原，攻占了开封、洛阳，并驻守陕西，负责运送粮饷供应前线。他在黄河上游造浮桥渡过军队，并招降了山西绛州、解州的敌军。康茂才把守潼关，敌人不敢向东进犯。他还在陕西一带招纳流离失所的百姓回家，发给他们安抚金，当地民众立碑歌颂他的功德。

洪武三年（1370），康茂才跟随徐达出征甘肃定西，攻取兴元（今陕西南郑）后，在回师途中去世。明廷追封他为蕲国公，谥曰"武康"，享受庙祀。

滕国公顾时

顾时（1334—1379），明朝开国功臣。字时举，濠州（今安徽凤阳）人。早年即追随朱元璋，参与平定张士诚、攻灭元朝，以及南征明夏、北伐北元的战争，功勋卓著，去世后追封滕国公。他为人潇洒，喜好谋略，善于以少胜多。

一、早年追随 洊臻高位

顾时是朱元璋的同乡，较早归其麾下。元至正十五年（1355），他跟随朱元璋渡过长江，征战四方，屡建奇功，由一名下级军官逐渐升至元帅。

顾时曾先后参加攻取安庆、南昌、庐州、泰州等地的战役。至正二十五年（1365），朱元璋授予其天策卫指挥同知的职务。

当李济占据濠州反叛时，顾时奉命与韩政一道前去讨伐，重新收复了濠州。

至正二十六年（1366），徐达、常遇春率军包围湖州，张士诚派五太子（张士诚养子，绰号"五太子"）率军增援。敌人的援军驻扎在太湖边的升山水寨，该水寨布局巧妙，以天然水域为屏障，环绕水寨密集部署大型战舰，易守难攻。升山水寨牵制了朱元璋军对湖州的进攻，因此必须拔掉这颗钉子。徐达将这一任务交给了顾时。

顾时首先带领几艘小木船，在水寨外面游弋。敌人以为是对方派来侦察水情的，便不放在心上，听任小船接近战舰。与敌方的庞然大舰相比，顾时的小船就像小蚂蚁，在巨人群里穿梭游弋。敌军在高大战舰上俯视这些小玩意儿，禁不住发笑，因此更加掉以轻心。

顾时乘敌人懈怠之际，率领几个壮士高呼着跳上敌舰，乱砍乱杀起来。敌舰顿时陷入混乱。这时，等候在不远处的主力舰队乘机全力冲杀过来。五太子慌忙出来迎战，被薛显击败，最后率部投降，湖州守敌随即也跟着投降。

至正二十七年（1367），顾时随徐达北征，在攻克山东的过程中屡立战功。

二、南征北伐 以少胜多

洪武元年（1368），顾时被任命为大都督府副使，跟从大将军徐达北伐，平定河南、河北。

北伐大军人数众多，因此补给运输任务繁重，不得不投入大量兵力，因而影响了军队的作战能力。如果能利用大运河来运送部分战略物资，就可大大提高明军的战斗力和进军速度，使北伐大军长驱直入，兵临元大都城下。然而，由于元末长期战乱，大运河严重失修，有些河段堤坝坍塌，河道淤塞，已经无法通航。徐达任命顾时负责浚通运河河道，从山东临清直到北直隶通州。顾时不负众望，及时圆满完成了这一艰巨任务，使北伐明军水陆并进，于九月二十日进入大都。

明军攻占大都之后，顾时与其他诸将分兵巡逻长城沿线的古北口等各关隘，防止元军的反攻。随后，顾时跟从北伐大军横扫山西、陕西，攻占兰州，围攻甘肃另一军事重镇庆阳。

庆阳守将张良臣，凭借城墙高险顽强固守，且倚仗扩廓帖木儿为外援，不把明军放在眼里，竟大开城门，耀武扬威地到城外纵马驰骋。顾时引兵奋力厮杀，连斩数员敌将，并生擒敌将九人，大挫敌军锐气。张良臣退回城内，再也不敢轻举妄动。

庆阳攻克后，徐达暂时回京，命顾时率骑兵突袭静宁州（治今甘肃静宁），迫使元将贺宗哲逃往塞北。至此，西北边境基本平定。

洪武三年（1370），明太祖将顾时提升为大都督，封济宁侯，年俸一千五百石，爵位世袭。

洪武四年（1371），顾时被任命为左副将军，协助大将傅友德率河南、陕西的军队，征讨四川的明夏政权。他们从兴元（今陕西南郑）出发，沿途攻克阶州、文州、汉州，第二年八月攻下成都。

洪武五年（1372），顾时协助李文忠北征北元，两人分兵进入戈壁沙漠。顾时在行军途中迷失了道路，所带粮食行将吃完。这时突然与敌军遭遇，士兵们在沙漠里跋涉了数个日夜，已经疲乏得不能作战，顾时只得率手下亲兵数百人，跃马杀入敌阵。敌军抵挡不住，引兵退去，丢下许多粮草、辎重。顾时所部得以补给，最终走出沙漠困境，回到了出发营地。

洪武六年（1373），顾时跟从徐达镇守北平，抵御元军对北方边境的侵扰。过了一年多，他被召回南京，随后又被派往北方边境驻守。同年，因终日饮酒作乐、不谈军事，被剥夺了俸禄。

洪武十二年（1379）十一月，顾时去世，年仅四十六岁。明太祖辍朝两日，追封滕国公，谥曰"襄靖"，葬南京钟山，祔祭功臣庙。

刘崧《明名臣琬琰录》卷五云："公志气倜傥，勇于有为，其始终荣宠，可谓异数矣。"朱元璋的旧日战将，"始终荣宠"的不多。而顾时身后，也还是在胡惟庸案发后，被列为"胡党"之首，其子顾敬因此被杀，侯爵亦被削夺。

永嘉侯朱亮祖

朱亮祖（？—1380年），明朝开国功臣。庐州六安（今安徽六安）人。在元曾任义军元帅，勇猛善战，一时无敌。投降复叛，二次被擒后归心效力，随朱元璋东征西讨，立下不少战功。但他脾气暴躁，随意责罚甚至斩杀部属，纵容家人为害，多有不法之事，终因罪受鞭笞而死。

一、勇悍善战 建功颇多

朱亮祖早年曾召聚乡兵，保卫乡里。因战绩出众，元廷授为义兵元帅。后来因形势所迫，他率军南下江东，驻守宁国府（治今安徽宣城）

元至正十七年（1357），朱元璋命徐达、常遇春率军攻打宁国，元朝的长枪元帅谢国玺逃走，但朱亮祖却驻守城中，勇猛作战，打退了徐达、常遇春的多次进攻。在他的反击下，常遇春中了飞箭，裹伤再战。

朱元璋见朱亮祖骁勇无比，便改变了战法。他命人制造了"飞车"，车前用竹子编成帘子，可以挡住飞箭蝗石，随后分兵数路发起进攻。经过一番血战，宁国攻破，朱亮祖被俘。朱元璋欣赏朱亮祖的豪悍气质和勇武精神，收降了他，还赐予许多金银财宝，让他官居旧职。

不久，朱亮祖竟然反叛，重新投靠了元朝。因其十分勇猛善战，在和朱元璋军队的多次交战中，他都打了胜仗，俘虏士卒达六千多人；他还占领了宣城，以此为据点抗击朱元璋的军队。

当时，朱元璋刚刚占领南京，没能腾出时间讨伐朱亮祖。等到南京安定后，朱元璋命徐达率军围困宣城。朱亮祖向外突围，左冲右突，勇不可当，连常遇春都被他打伤了。诸将谁都不敢上前和朱亮祖交手，只敢围住他，不让他逃脱。手下人报告说朱亮祖勇猛异常，众将不敢与他交战，常遇春受伤，朱元璋大吃一惊，亲自赶来督战。众将见朱元璋亲自督战，一拥而上，终于又把朱亮祖活捉了，五花大绑推到朱元璋面前。

朱元璋看着气哼哼的朱亮祖，心里又好气又好笑，就问他："你出尔反尔，今天又被我生擒了，你认为该怎么办？"朱亮祖看着朱元璋说："你想把我杀了，我就死去；你要是还收留我，我从此会竭尽全力为你效力。"朱元璋听他说得豪气顿生，命人将他放了。从此，朱亮祖东征西讨，为朱元璋立下了不朽的功勋。

朱亮祖归降后，跟随朱元璋打下了南昌、九江，在鄱阳湖激战陈友谅，攻下武昌，他本人也从枢密院判升到了广信卫指挥使。后来，李文忠率大军在新城攻破李伯升的部队，朱亮祖乘胜追击，连烧带夺占领了敌军十余座营寨，俘虏李伯升的同金元帅等官员六百多人，士兵三千，马匹八百，其他辎重铠甲无数；李伯升仅带几十个骑兵逃跑。对这次大胜，朱元璋十分高兴，赏赐了朱亮祖很多财物。

后来，将军胡深请朱亮祖一起攻打陈友谅，朱亮祖从铅山出发，一路连捷，先下浦城，接连攻克崇安、建阳（均属福建）。后来，朱亮祖又率军攻打桐庐，围困余杭，因功升迁为浙江行省参政，给李文忠将军当副将，镇守杭州。朱亮祖率领骑兵、步兵、水师等共几万人，前往征讨方国瑛，攻下天台，继而进攻台州。方国瑛见朱亮祖围攻紧急，只好弃城逃走。朱亮祖率军穷追不舍，追到黄岩的时候，打败了黄岩守将哈儿鲁，并招降了他。过了没几天，朱亮祖率军占领了仙居各县。

二、多为不法　与子受诛

洪武元年（1368），朱亮祖奉命任征南副将军，随征南将军廖永忠从海上进军广东。一路上，朱亮祖过关斩将，广东守将何真投降，四月，朱亮祖平定了广东。

接着，朱亮祖马上进军广西，攻占了梧州。元朝尚书普贤帖木儿在与明军激战中被打死。这样，广西境内的郁林、浔阳、贵阳等州郡都被平定。随后，朱亮祖又跟随平章杨璟攻克了靖江，同廖永忠一起攻克了南宁、象州，广西全境平定。大军凯旋，太子亲自率百官在龙湾迎接他们。

洪武三年（1370），朱亮祖被授为开国辅运推诚宣力武臣、荣禄大夫、柱国，封永嘉侯，年俸一千五百石，获世袭侯爵的铁券。

第二年，朱亮祖奉命征讨四川。明太祖见将军们已经很久没有打仗，只在京城坐享，就任命朱亮祖为征虏右副将军。当朱亮祖率军赶到蜀地时，前面到达的汤和、傅友德、廖永忠等，已经打下了成都、重庆，夏主明升已经投降。于是，朱亮祖只好率军攻打尚未收复的一些小州县。

在行军打仗中，朱亮祖脾气暴躁，经常责骂部属。有的军校不合自己心意，朱亮祖就把他们随意杀死。班师还朝后，他虽然有功，但由于滥杀军校，治军不法、不明，因此没有获得赏赐。

洪武八年（1375），朱亮祖随傅友德率大军镇守北平。从北平归来后，又随李善长一起负责管理屯田事宜，并奉命在海上巡逻，担任航行保护工作。

洪武十二年（1379），朱亮祖受命出镇广东。番禺有个知县，名叫道同，执法很严，得罪了朱亮祖。朱亮祖到了番禺，多次施加压力，或者用利益去打动，但道同不为所动。

当地有许多土豪，欺行霸市，操纵市场，谁不合他们的意，他们就打击报复。道同把土豪头领抓来,在大街上狠狠揍了一顿,其他的土豪就争着贿赂朱亮祖,以求免予处罚。朱亮祖备好酒席,请来道同,把事情跟他说了。道同听后,立即大声说:"您是国家的大臣,怎么能让这些地痞流氓当枪使呢?"

朱亮祖没能说动道同,过了些日子,就找了个借口,把道同抓来,也狠狠打了一顿。有个姓罗的富豪,把女儿送给朱亮祖做小妾,小妾的哥哥因此横行乡里。道同按国法抓了这个姓罗的,结果又被朱亮祖放走了。道同很是气愤,就写了一道奏章,呈报给了明太祖。

谁知,没等道同的奏章呈上,朱亮祖已经先奏了他一本,说他犯上无礼。明太祖不知其中缘由,就派使臣去诛杀道同。正赶上道同的奏折到来,太祖看了,方才明白其中的原因。太祖认为道同职位卑微,但敢于弹劾大臣的不法之事,说明其很有正气,可以大用,赶紧又派使臣去赦免道同。两个使臣同一天到达番禺,但后面的使臣是傍晚到的,等他到达时,道同已经死了。

洪武十三年(1380)九月,明太祖把朱亮祖召回京师,与他的儿子朱暹一同鞭笞而死。太祖念其有功,命以侯的礼节安葬,还亲自为他写了圹志。

洪武二十年(1387),朝廷穷究胡惟庸案,认为朱亮祖是胡党,废除了其爵位,次子朱昱亦被处死。

永城侯薛显

薛显(?—1387),明朝开国功臣。徐州萧县人。早年加入义军,后投归朱元璋,保卫南昌及攻取江西,作用关键;进攻中原、平定西北,亦屡立功勋。先后任亲军指挥、行省参政及右丞等,封永城侯，卒赠永国公。三年后，受胡惟庸案牵连爵位被削。

一、先守洪都　复下新淦

元朝末年，刘福通红巾军横扫黄淮流域时，另一位义军领袖赵均用在江苏北部的沛县起兵，占据了徐州。赵均用任命薛显为元帅，驻守泗州。

至正十二年（1352），元朝丞相脱脱收复徐州，赵均用逃奔濠州，与朱元璋的军队会合。后来，薛显也以泗州城投归朱元璋，担任亲军指挥，跟从朱元璋征战南北。

至正二十二年（1362），朱元璋与陈友谅在江西展开激战，而洪都（今江西南昌）是双方反复争夺的目标。五月，徐达率军收复洪都。为确保这一战略重镇不至于再度落入敌军之手，朱元璋派侄儿朱文正把守，薛显作为副将协助。两人就防守任务作了分工，薛显负责把守章江、新城两座城门。

次年六月，陈友谅率领三十万大军兵临洪都城下，展开了猛烈进攻。薛显沉着应战，采用多种战术，灵活机动地打退敌人的一次次进攻。他乘敌人进攻的间隙，往往出其不意地派出精锐士卒冲杀敌阵，给敌人以突然打击。他运用主动出击的战术，斩杀了敌将刘进昭，擒获了副将赵祥。薛显与朱文正齐心协力，在洪都坚守了三个月，最后朱元璋率军增援，迫使陈友谅解围撤退。

十月，陈友谅主力部队在鄱阳湖大战中被消灭，随后其老巢武昌也被攻克，湖广与江西各城镇望风而降。但江西南部的一些守军，仍然忠于陈友谅的汉政权，据城固守，顽强抵抗。邓仲谦防守的新淦城（今江西新干），尤其是一块难啃的骨头，久攻不下。常遇春派薛显前去攻打，薛显果然不负众望，一举攻下该城，并斩杀了邓仲谦。

新淦一失，其他仍在负隅顽抗的敌人失去斗志，纷纷投降，整个江西很快就平定了。由于薛显的特殊功劳，朱元璋提拔他为江西行省参政。

二、水师灭吴　勇冠三军

至正二十五年（1365），薛显跟随大将徐达出征苏北，讨伐张士诚。第二年，薛显随常遇春围攻湖州，进攻德清升山水寨时，遇到了敌人的顽强抵抗。张士诚派五太子率领大队人马增援，来势凶猛，连常胜将军常遇春也感到难以对付，两军交战，阵线被迫稍稍后退。

这时，薛显率领一支水师，向敌军发起了猛攻。薛显水师战舰如出水蛟龙，向敌人的战船发射无数火箭，顿时，敌人的船队变成一片火海，敌军纷纷逃窜，阵营大乱，常遇春乘势挥军夺取了水寨。五太子及部将朱暹、吕珍等献出旧馆要塞，率所部六万将士投降。升山大捷之后，常遇春对薛显说："这次战役全靠将军的功劳，我常遇春是比不上的。"（"今日之战，将军功，遇春弗如也。"《明史·薛显传》）

五太子等人投降后，张士诚的吴政权内部一片恐慌，湖州于至正二十六年（1366）十二月八日随之投降。接着，朱元璋军直趋平江城下，将其团团围住。第二年十月，平江城被攻破，吴政权宣告灭亡。朱元璋对参战将领论功行赏，薛显升任为江西行省右丞。

至正二十七年（1367）十一月，薛显跟从大将军徐达北伐中原。大军出发之前，朱元璋告诉诸将，说薛显与傅友德两个人勇冠三军，而且富于计谋，可以独当一面。（"濒行，太祖谕诸将，谓'薛显、傅友德勇略冠军，可当一面'。"同上）

北伐大军沿路攻克兖州、临沂、青州、济南，于次年三月攻占了东昌（今山东聊城）、无棣、乐安，收复了山东全境。随后，薛显随北伐大军挥师向西，平定了河南，进捣潼关，直逼陕西。

经过短暂休整之后，大军回师渡过黄河，攻取了卫辉、彰德、广平、临清等地。在临清分水陆两路，水军乘船沿大运河北上，协助陆地部队攻占了德州、长芦，在河西务、通州两地大败元军，于九月二十日进入元大都。

三、追亡逐北　功高封侯

徐达率军占领大都后，薛显带领一支部队在古北口等关隘巡逻，并突袭大同，俘获了元朝高级官员三十四人。九月，大军进入山西，薛显首先攻下七垛寨，击败元军统帅脱因帖木儿。接着，他与傅友德率领三千铁骑，一举拿下定西，于洪武二年（1369）三月攻取了太原，迫使扩廓帖木儿北逃。

薛显在山西石州迎击元将贺宗哲，大败元军。随后与徐达会师平阳，在降将杜旺等人引导下，率军进入关中渭河流域，横扫关中，直抵甘肃临洮。薛显率领一支军队进攻马鞍山西番寨，缴获元军的大量牲畜，随后又在宁夏打败了扩廓帖木儿，再次与徐达合兵进攻平凉。庆阳守将张良臣诈言投降，徐达派薛显前往受降。张良臣派兵埋伏在城外，乘夜偷劫了薛显的营寨。薛显慌忙突围，保住了性命。

张良臣重新据守庆阳城，徐达率军包围，但一时不能攻下。张良臣向扩廓帖木儿求援，扩廓帖木儿派部将韩扎儿攻打原州，以减轻庆阳方面的压力。徐达派冯胜、薛显率军阻击敌人的增援部队，冯胜驻守驿马关，薛显驻守灵州。张良臣被围很久，眼见城中粮食即将断绝，只好出城作战，但多次都被徐达打败。庆阳城中粮绝，甚至开始食人肉，手下将领便开门迎降，张良臣自杀，庆阳城攻克。乘胜追击贺宗哲到六盘山，将扩廓帖木儿逐往塞外，陕西全部平定。

洪武三年（1370），明太祖大封功臣，授予有功将领以公、侯爵位。薛显因擅自杀死过胥吏、兽医、伙夫、士兵以及千户吴富，太祖当面指责一番，封他为永城侯，但爵位不能世袭，并贬居海南。还把俸禄分为三份：一份给被他杀死的吴富和士兵的家属，一份给他的母亲和妻子，一份自用。明太祖作出这样的安排，意在表明功过分明，不能互相掩盖。

谪居海南期间，薛显闭门思过，深有悔意；而明太祖想到他的战功，也很是思念，因而一年后就把他召回京城，赐予爵位世袭，年俸一千五百石。

洪武五年（1372），薛显再次跟从大将军徐达出征漠北，以后又数次奉命巡视河南，屯田北平，练兵山西，跟从徐达巡防北部边境，跟从冯胜出征金山。

洪武二十年（1387）冬天，薛显奉召回京城，行至山海卫，突然患病去世。追赠永国公，谥曰"桓襄"。

洪武二十三年（1390），薛显被认定为胡惟庸党徒，因已死去，不再治罪，但剥夺了爵位。《明太祖宝训》里，有一段朱元璋对薛显的评价："薛显始自盱眙来归，朕抚之厚而待之至，推心腹以任之。及其从朕征讨，皆著奇绩。自后破庆阳、追王保保、战贺宗哲，其勇略意气，迥出众中，可谓奇男子也。朕甚嘉之。然其为性刚忍，朕屡戒饬，终不能悛。"功劳很大，过错却不甚明了，可知朱皇帝杀人之"莫须有"。

定远侯王弼

王弼（？—1393），明朝开国功臣。祖籍定远，后迁临淮。自小习武，善用双刀，人称"双刀王"。投归朱元璋，先后参加平江、西征、南征、北伐等战役，战功卓著。历任大都督府佥事，世袭指挥使，封定远侯。后因受皇帝猜忌，被赐死。

一、败陈友谅　胜张士诚

元末红巾军起义遍布淮河流域时，王弼在家乡组织了一支义军，在附近的三台山结寨自保，以抵御元朝军队和红巾军的骚扰破坏。因为擅使大刀，被称为"双刀王"。

不久，朱元璋的势力在淮河流域崛起，王弼率部投奔。朱元璋也早听说过王弼其人，很赏识他的才干，便留他在中军大帐担任侍卫武官，负责保卫自己的安全。

至正十六年（1356），王弼率军在湖州打败了张士诚的军队。第二年，他又参加了攻打池州的战役，攻占了池州、石埭，随后挥师南下，攻下婺源并斩其守备铁木儿不花，俘虏元军三千名士兵。在这几次漂亮的攻城战斗后，王弼被提升为元帅。

至正十八年（1358），王弼率军接连攻占了浙江兰溪、金华、诸暨等城，随即又赶赴池州增援，后来又收复了被陈友谅军队攻占的太平（今安徽当涂）。至正二十二年（1362），王弼攻占了江西的龙兴、吉安两城。

至正二十三年（1363）八到十月，朱元璋率主力大军，在鄱阳湖与陈友谅展开决战，结果陈友谅遭到惨败，主力舰队被击溃，损失极为惨重。到了十月，战场形势逐渐明朗，元气大伤的陈友谅决定退出战斗，逃往武昌。但朱元璋军早已在鄱阳湖湖口布下重兵，封锁了唯一的水路通道。

十月三十日，陈友谅集合残存战舰，准备突破敌军的封锁，但没能成功，陈友谅的战舰被朱元璋军的船只逼入内湖的泾江口，而王弼所部早已埋伏在那里等候多时。看到敌军到来，大军水陆交攻，将陈友谅的舰队打得七零八落，溃不成军。陈友谅在混战中被乱箭射死，朱元璋获得了彻底胜利。

陈友谅死后，他的儿子陈理在武昌继位，朱元璋军乘胜前进，势如破竹。王弼参加了攻克武昌的战役，至正二十四年（1364）三月，武昌守军投降。五月，王弼跟随徐达、常遇春攻打庐州，并攻下了安丰。随后，又进军襄阳、安陆。

至正二十五年（1365）年底，王弼率军进入苏北，降服了张士诚的部将朱暹。第二年，王弼参加攻打湖州的战役，立下了大功，升任骁骑右卫亲军指挥使。

至正二十六年（1366）十二月，朱元璋军包围了张士诚的大本营太平（苏州），八名将领分别负责封锁一段城墙，王弼领军驻扎在苏州城的盘门外。围攻持续了十个月，张士诚亲自指挥部下精锐士卒，企图杀开一条血路突围，选择西门作为突破口。

封锁西门的是大将常遇春，他派出部分兵力退往护城河以北，准备截住张士诚的退路，只派遣了部分兵力迎敌。敌军由于突围心切，加上张士诚亲自上阵，士气旺盛，人人拼死厮杀，来势极为凶猛。眼看就要招架不住，在这危急时刻，常遇春握着王弼的手臂说："军中将士都说你是勇健之将，能为我杀退敌人吗？"（"军中皆称尔健将，能为我取此乎？"《明史·王弼传》）王弼回答说："行！"

王弼跨上坐骑，挥舞着双刀，直冲敌阵。只见寒光闪耀处，敌兵纷纷落马。王弼一连砍杀了十几个敌兵，所向披靡。敌人被他的神勇气势震慑，纷纷退却，常遇春乘机指挥军队猛烈冲杀。吴军大败，士兵互相推挤践踏，许多人马掉进沙盆潭淹死。连张士诚的坐骑也马失前蹄，把主人掀到水里，差点淹死，部下奋力救出，把他抬进了城里。

经过这场惊吓，张士诚再也不敢出城挑战了。苏州平定之后，朱元璋大大赏赐了王弼。

二、远征漠北　功盖蓝玉

至正二十七年（1367）十一月，王弼跟随大将徐达、常遇春北伐中原，攻取了山东，平定了河南、河北。

洪武元年（1368）九月，明军攻占元大都，随后进入山西，将元军首领扩廓帖木儿赶往蒙古草原。山西平定后，明军渡过黄河，进入陕西，平定了陕西全境，并乘胜追击元军至察罕湖，取得了辉煌战绩。洪武三年（1370），明太祖授予王弼大都督府佥事的职务，并兼任指挥使。

洪武十一年（1378）十一月，王弼协同西平侯沐英出征西藏和四川。他们指挥明军于次年二月在甘肃洮州打了一次大胜仗，降服了藏族首领朵甘及其统辖的十八个部落，俘获了大量的敌军。这次出征胜利后，王弼被封为定远侯，年俸两千石。

洪武十四年（1381）九月，王弼跟随征南将军傅友德出征云南。明军一路攻城略地，所向无敌。第二年，明军兵临大理城下。当地土著首领段世派兵扼守龙尾关——大理的门户，明军必须首先攻下此关。王弼率兵绕道，经由洱水直扑龙尾关侧面，与沐英联合夹攻，终于攻陷大理，活捉了段世。此后，鹤庆、丽江各郡依次攻陷，整个云南平定。此役之后，王弼年俸增加了五百石，爵位世袭。

洪武二十年（1387），明太祖命大将冯胜率军出征辽东，讨伐元将纳哈出，打击其对明朝边境的袭扰。王弼随从出征。此役明军又大获全胜，迫使纳哈出投降。

第二年五月，王弼协助大将蓝玉出征漠北。他们率领十五万大军，深入戈壁腹地，但没有搜寻到敌人。这时蓝玉想撤军，但王弼坚持深入追击。蓝玉听从了他的意见，进军到捕鱼儿海（今内蒙古呼伦贝尔新巴尔虎左旗西南的贝尔湖），在那里发现了大队敌军。

当时狂风大作、扬沙走石，天空一片昏暗，隔一段路便看不见人影。蓝玉命王弼为先锋，向敌军发动出其不意的猛攻。敌军大败而逃，主帅脱古思帖木儿逃走，幼子地保奴和家属、随从一百多人，以及官属两千余人、部众七万多人，还有全部辎重、牲畜，均被明军俘获。这一大捷使朝野上下一片欢腾，人们把蓝玉比作汉代大将卫青。但实际上，王弼在这次大捷中起了至为重要的作用，其功劳甚至要超过蓝玉。不过，由于蓝玉是主将，他是副手，所以明太祖论功行赏，对蓝玉的奖赏要比王弼多。

洪武二十三年（1390），王弼奉诏回到家乡，其后两年中，曾跟随冯胜、傅友德，在北平、山西、河南练兵等。

洪武二十六年（1393）二月，王弼和傅友德、冯胜一同被召回南京。这时，猜忌心理发展到极端的明太祖，对以蓝玉为首的开国将领进行了一次大清洗，蓝玉以谋反罪被处死。

蓝玉被处死之后，王弼拜访傅友德，说："皇上如今年事已高，又严于诛杀，我们这辈的人所剩无几，应当联合起来寻找出路。"（"定远侯王弼谓友德：'上春秋高，行且夕尽我辈，宜图之。'"《国朝献徵录》。《石匮书》末句作"我辈当合纵连横"。）结果为锦衣卫侦知，报告了皇上。不久，傅友德在朱元璋面前自刎，随后王弼被赐死、侯爵废除。

凉国公蓝玉

蓝玉（？—1393），明朝开国功臣。凤阳府定远（今安徽定远）人。初隶姐夫常遇春帐下，屡立战功；后任副将军，在征云南、逐北元战役中，功勋卓著。初封永昌侯，晋封凉国公。他作战勇敢，战功累累；但恃功骄横，多有不法。终以谋反罪身死族灭，牵连"蓝狱"被处置者达两万余人。

一、征讨云南　斗纳哈出

蓝玉是常遇春的内弟，开始从军时，在姐夫帐前效力，任管军镇抚。他作战顽强勇敢，有不怕死的精神，所以只要出兵打仗，没有打不胜的，因此很受器重。常遇春经常在朱元璋面前夸奖他，引起了注意，并因功从管军镇抚升到了大都督佥事，成为明朝能征善战的将军。

洪武四年（1371），蓝玉跟随傅友德率军讨伐四川，一路征讨，攻下了绵州。第二年，又跟随大将军徐达北征，从雁门关出发，打败了扩廓帖木儿的元军，一直追到和林（在今蒙古国）。

洪武七年（1374），蓝玉率大军攻打元军，占领了兴和（今属内蒙古），俘虏了元朝的国公贴里密赤等五十九人。

洪武十一年（1378），因西番的一些部落经常骚扰明朝边境，蓝玉跟随西平侯沐英前往征讨。这一仗蓝玉又建大功，生擒了三个西番主帅的副将，斩杀千余人，还俘虏了许多。第二年，蓝玉随沐英大军班师还朝，因功封永昌侯。

洪武十四年（1381），元梁王把匝剌瓦尔密占据云南，两次杀死明朝的使者，不断骚扰大明边境。明太祖十分恼怒，觉得不予平定，将永世为患，便命令颍川侯傅友德为征南将军，蓝玉和沐英为征南副将军，率步、骑兵共三十万，征讨云南。这一仗，明军活捉了平章达里麻，梁王自杀。蓝玉率军占领了曲靖，云南各地都平定下来。在征讨云南中，蓝玉立下的功劳最多，明太祖下诏给他增加了俸禄，还把他的女儿册立为蜀王朱椿的王妃。

洪武二十年（1387），明太祖任命冯胜为征虏大将军，蓝玉为征虏副将军，攻打元朝的残军。当时元朝残军由纳哈出率领，驻扎在金山。明朝大军北出通州，一路向辽东进发。经过侦察，得知庆州有元兵驻扎，冯胜命蓝玉率一部分军队前去攻打。

当时正是二月，大雪飞舞，天寒地冻。蓝玉乘着大雪的掩护，率领一支骑兵飞奔而至。元军怎么也想不到明军会来偷袭，很快就被消灭了，元平章果来被斩首，儿子不兰溪被活捉，蓝玉大胜而还。

六月，蓝玉率军随冯胜征讨元军，来到了金山。二十万大军压境，纳哈出自觉不敌，就派使臣来到明军大营，请求投降，并送来许多物品慰劳明军。冯胜大喜，一面遣人飞报皇上，一面派蓝玉前往纳哈出营中，接受元军投降。正好纳哈出率一百多骑兵来到营中投降，蓝玉非常高兴。

过了一会儿，纳哈出站起身来，走到蓝玉面前，斟了一杯酒，表示了谢意，并请蓝玉满饮此杯。蓝玉赶紧站起来，脱下自己的外衣，对纳哈出说："既然现在是一家人了，我们也像兄弟一般，你穿上我这件衣服，我就喝了这杯酒。"元人的装束与明人不同，纳哈出不肯穿；同时他觉得，我给你敬酒是尊敬你，你怎能这样？蓝玉见纳哈出不肯穿自己的衣服，也就不肯喝纳哈出敬的酒。两个人争让着推来推去，谁也不肯让步。过了好半天，纳哈出很不高兴，便把酒倒在了地上，然后对属下说了几句话——他说的是蒙语，蓝玉等人听不懂，但看他们的行动是打算走，而且已经往外挪步了。

当时，郑国公常茂也在场，见纳哈出要跑，就从座位上跳起来，拔出宝剑，一剑砍去，砍中了纳哈出的胳膊；都督耿忠也跳起来，冲上去扭住了纳哈出。大家七手八脚把纳哈出提起来，拥着他去见大将军冯胜。纳哈出的随从见纳哈出被砍伤，又被押去见冯胜，飞奔逃回，报告了纳哈出的部将。纳哈出的部属有二十多万，听到这个消息，就全都溃逃了。

冯胜听军士的回报，大吃一惊，命元朝降将观童快去安抚军民。观童赶至元营，晓之以理，说明明军并没有杀纳哈出的意思，只是误伤，并保证军民安全，元军才安定下来，二十多万人都投降了。冯胜、蓝玉率大军和投降的元朝军民，浩浩荡荡地向中原班师，途经亦迷河时，又收降了元朝的一些散落民众。

返回京师后，冯胜因犯错被免职，收回大将军印。明太祖任命蓝玉暂为总管军事。不久，蓝玉就被拜为大将军，带领大军驻扎蓟州。

二、剿灭元师　平定西番

洪武二十年（1387），元顺帝之孙脱古思帖木儿被拥立为帝，屡次骚扰北方边境，明太祖为此特别忧虑。第二年三月，太祖派蓝玉统领十五万大军，前往讨伐。

蓝玉率军从大宁出发，到达庆州。派出的侦察人员回报说，元主脱古思帖木儿此时正在捕鱼儿海（今贝尔湖），蓝玉立即率大军不分昼夜，飞奔赶到。到了离捕鱼儿海四十里的地方，还没有看到元军的影子，以为是情报错了，就想往回返。

这时，定远侯王弼对蓝玉说："我们奉圣旨率领十五万大军，从中原出发到这里，已经走了八千里路，耗费了大量的粮草。如果找不到敌军，一无所获就班师还朝，我们能向圣上交代吗？"蓝玉听了，不禁点了点头，说："你说得很有道理。那咱们现在怎么办？"王弼说："全凭您吩咐了。"蓝玉说："好，那咱们'不破楼兰终不还'！"

蓝玉当即命令全军将士埋锅造饭，但一定要把锅放在深坑里，免得敌人看见烟火。等将士们吃完饭，蓝玉率军立刻赶往捕鱼儿海的南岸。到了海子南岸一打听，才知道元军在海子的东北方驻扎着，离海子还有八十多里。蓝玉听罢，马鞭一挥，命令全军轻装前进，迅速冲向敌营，力争将敌人全歼。全军将士闻言，无不摩拳擦掌，信心百倍。

也是天公作美，这时忽然刮起了大风，一时间风沙遮天蔽日，对面不见人。明军顶风而上，向敌营摸去。元军此时正在扎营休息，总以为明军千里而至，粮草匮乏，一时供应不上，又不熟悉草地情况，水也肯定缺乏，不会很快追到这里，因此营地连岗哨也没设。在大风沙的掩护下，明军突然降临，蓝玉举剑一挥，明军杀声震天，冲向敌营。元军此时许多人还在帐篷里休息、玩乐，有的还在蒙头大睡，猛然听到明军的喊杀声，大惊失色。元将组织抵抗，哪里还是对手？明军冲入敌营，左冲右突，把敌营搅翻了天。

经过一番激烈战斗，元太尉等被杀，元主脱古思帖木儿和太子天保奴率数十骑逃跑。蓝玉亲率精锐骑兵追杀，元主及太子等一直逃到了和林，才没有被追上。

此次战斗，明军俘虏了元主的次子地保奴及其王妃、公主等一百二十多人，又追杀俘虏了吴王朵儿只、代王达里麻，以及其他官员和家眷共三千多人，俘获军士及百姓共七万七千多人；而且还缴获了元朝的玉玺和符敕金牌、金银印等很多东西，收缴马、骆驼、牛、羊共十五万头只，烧毁或破损的铠甲、兵器、帐篷等不计其数。蓝玉清理完战果，命人将大获全胜的情况飞报皇上。大军高奏凯歌，班师还朝。

明太祖闻报大喜，敕令对蓝玉和众将士进行嘉奖，赏了许多东西。在敕文中，太祖称蓝玉是明朝的卫青、李靖。蓝玉成了明朝的大功臣。（"奏捷京师，帝大喜，赐敕褒劳，比之卫青、李靖。"《明史·蓝玉传》）后来，蓝玉又率军进剿哈剌章的大营，俘获人、畜六万多。返回京师后，蓝玉被封为凉国公。

洪武二十二年（1390），蓝玉受命督修四川的城池。第二年，施南、忠建两地的部族反叛，蓝玉率军征讨，歼灭和俘虏一千八百余人，平定了施州（今湖北恩施）。接着，蓝玉又平定了都匀安抚司散毛的部落。

洪武二十四年（1392），明太祖派蓝玉统领兰州、庄浪七个卫所的军队去追击逃寇祁者孙，平定了西番的罕东等地，当地首领哈昝等人逃走。刚刚平定了这些地方，建昌指挥使月鲁帖木儿又发动反叛，蓝玉率军赶去平定。等到了那里时，都指挥使瞿能已经平定了叛乱，只是月鲁帖木儿逃到了柏兴州。蓝玉派百户毛海把月鲁帖木儿的父亲和儿子诱骗来，然后绑缚起来押往京师斩首，月鲁帖木儿的部下随之都投降了。

通过这次平叛，蓝玉认识到这里还是军队太少，就上表请皇上增设屯卫，明太祖很快就批准了。蓝玉又上表请求在当地招兵，然后去征讨朵甘、百夷，结果太祖没有批准。接着，蓝玉班师还朝。

三、恃功骄横　谋反受诛

蓝玉身材高大，紫红脸膛，显得十分英武。在征战中，蓝玉十分英勇，能指挥千军万马，攻无不克，颇有大将之才。中山王徐达和开平王常遇春去世之后，他多次总领大军，立了许多战功。明太祖对他也特别欣赏、重用。

渐渐地，蓝玉的骄横之气潜滋暗长，开始居功自傲，谁都不放在眼里。蓝玉自己养了许多家奴、干儿，这些干儿和家奴假借他的名义，到处搜刮百姓。他们曾经抢占东昌的民田，百姓把状告到了御史那里，御史来调查，蓝玉不分青红皂白，把御史轰出了家门。

当初蓝玉北征还朝，半夜到达喜峰关，命人叫关。把守关隘的官吏因为是半夜，按规矩不给他们开关。蓝玉大怒，命令士兵捣碎关门,长驱直入。明太祖听到后,心里很不高兴。这时又有人告诉太祖,蓝玉在追剿元主时,强奸了元主的妃子。元主妃子自感无颜见人,就自尽了。太祖听说后,叫来蓝玉,狠狠斥责了一顿。

开始,太祖本来想封蓝玉作梁国公,因他屡犯错误,因此改封"凉国公",而且把他的过失都刻在铁券上。但蓝玉仍知过不改,在陪皇上喝酒时,出语傲慢不逊。太祖没有把它当回事,多次都宽恕了他,没有追究。

在军中,蓝玉说一不二,经常打骂责罚官兵,出入军营也十分随便。西征归来后,太祖拜他为太子太傅,位在宋国公冯胜、颖国公傅友德之下。蓝玉十分气愤,说:"我哪一点比不上冯胜和傅友德?本来说好要封我为太子太师,我怎么就当不了太子太师?"因此每次上朝,冯、傅二人向太祖奏事的时候,蓝玉都不听。而蓝玉奏事,提出的建议也多不被采纳,因此更加不高兴,显得有些愤愤然。

洪武二十六年(1393)二月,锦衣卫指挥使蒋瓛告发蓝玉打算谋反,已经策划好了。太祖立即命人将他捉拿归案,交有司审讯。蓝玉对自己的谋反之心供认不讳。案卷上记载下了蓝玉谋反的事:"蓝玉和景川侯曹震、鹤庆侯张翼、舳舻侯朱寿、东莞伯何荣,以及吏部尚书詹徽、户部侍郎傅友文等,在一起图谋政变,准备在皇帝离开京师去外地时起事。"罪证确凿之后,蓝玉全家被杀。牵连其中的侯以下的人不计其数,被杀的有一万五千多人。

事后,明太祖布告天下,并命将蓝玉在史书里列为逆臣。到了九月,才下诏说:"蓝玉等贼人犯上作乱,图谋反叛,但他们的阴谋泄露了,因此灭了他的九族,连坐者共一万五千人。自今以后,凡胡党和蓝党的人一概赦免,不再追究。"

自此以后,大明开国元勋宿将诛、死殆尽。在明朝的《逆臣录》中,共有一个公、十三个侯、两个伯,蓝玉是其中封号最大的。

颍国公傅友德

傅友德(?—1394),明朝开国功臣。字惟学,宿州(今安徽宿州)人。早年曾在李喜喜、明玉珍部下,后投归朱元璋。他转战南北,身先士卒,受伤不下战场,身经百战,战功赫赫,由裨将积功升至大将军,先后封颍川侯、颍国公。明太祖晚年大杀功臣时,亦被赐死。

一、历经转折 初建功勋

傅友德祖籍宿州,后迁至砀山,亦曾在颍州生活。元末农民起义爆发后,他参加了李喜喜义军,后来又跟随李喜喜,投到了刘福通的麾下。

韩林儿政权建立后,龙凤三年(元至正十七年,1357)六月,派兵三路北伐,其中李喜喜等进军关中。第二年四月,察罕帖木儿集结大军,攻李喜喜于巩昌府,李喜喜兵败南下入蜀,傅友德亦随其入蜀。

李喜喜入蜀之后,为明玉珍所败,傅友德又跟了明玉珍。因不为明玉珍重视,傅友德又离开蜀地,到武昌投奔了陈友谅。不过,此后很长时间,他也没有什么名气。

至正二十年(1360),朱元璋攻打江州,到了小孤山,傅友德带领自己的人马归降。朱元璋和他交谈,觉得他很有才学,就拜他为将军,跟随常遇春去援救安丰(今安徽寿县),占领了庐州。回来之后,傅友德与常遇春一起,在鄱阳湖与陈友谅军开战。傅友德率轻舟一马当先，打败了陈友谅的前锋，自己也多处受伤。但他毫不在意，愈战愈勇，和其他将军一起边打边冲，上了泾江口，陈友谅在此战中中箭而亡。

随后，傅友德跟随常遇春征讨武昌。武昌城东南有座山，名叫高冠山，站在山上，正好能把武昌城看得清清楚楚。它是武昌的一个屏障，上面有陈友谅的汉军把守。常遇春想将其夺下，但众将谁也不敢带兵向上冲。傅友德只率领几百人，一鼓作气，攻下了高冠山，飞箭射中了他的脸颊和肋骨，他也没有停住，直到攻下武昌城。

不久，傅友德又随大将军徐达攻打庐州，其他将军攻下了夷陵、衡州、襄阳。傅友德攻打安陆，身上多处受伤，但他顽强支持，攻破城池，活捉了守将任亮。跟随大军下淮东时，傅友德率军在马骡港击溃张士诚援军，缴获战艇上千艘。他又在安丰大败元将竹贞。

傅友德和陆聚共守徐州时，扩廓帖木儿派大将李二前来攻打，驻扎在陵子村。傅友德估计到敌人过于强大，敌众我寡，就和陆聚坚守不战，等待时机。当敌军分散开来，到处去抢掠的时候，傅友德率领两千人马突然出击，沿黄河而上，从吕梁登岸，袭击敌军。傅友德身先士卒，冲在前面，单骑冲入敌阵。敌将李二举槊打来，傅友德一闪身，把敌人的铁槊抓在手中，用力夺了过来，反手一刺，李二应声倒地。敌人见主将受伤，一下子就败下阵去。

傅友德估计敌人不会就此善罢甘休，肯定会再打来，命令部队迅速往回返。返到徐州城外，傅友德命令城门大开，然后率军埋伏在城外的野地里。将士们卧在地上，静静等待着敌人。果然不出傅友德所料，李二先前吃了亏，就带领军队来攻。傅友德见敌军已近，立即下令擂鼓出击。将士听到鼓声，从隐蔽处一跃而起，向敌人冲去，顿时杀声震天。李二的人马被这从天而降的军队搞蒙了，仓促应战。明军以一当十，很快打垮了敌军，活捉了李二。傅友德因功升任江淮行省参知政事。

二、明火驱乱　木牌克敌

洪武元年（1368），傅友德跟随大将军徐达北征，攻克沂州后，直奔寿州。元朝丞相也速带兵前来援救，傅友德按照徐达的部署，亲率轻骑，诱敌深入。元兵见明军不多，便追了上来。傅友德把敌人引入包围圈，一声号令，明军一齐杀出，将元军击溃。大军攻下莱阳、元昌之后，北渡黄河，很快占领了元大都，又相继攻克大同、太原等地。

扩廓帖木儿见山西屡屡败阵，就率军从宝安出发，前来援救，万余骑兵很快就到。傅友德临阵不乱，只带了五十多名骑兵，趁黑夜悄悄奔向敌营，突然发起攻击。敌人不知有多少人马来劫营，顿时就乱了套，扩廓帖木儿在黑暗中趁乱仓皇逃走。傅友德率众追到土门关，俘获了敌人士兵及马匹近万。接着，傅友德率军先后攻下石州、宣府，与西面的徐达会合，共围庆阳。傅友德率偏师驻守灵州，挡住敌人的援军，庆阳很快攻克。

洪武三年（1370），傅友德跟随大将军徐达西征，大破扩廓帖木儿，移师向南，讨伐四川。大军很快打下汉中，但由于粮草接济不上，只好返回西安。蜀将吴友仁趁机骚扰汉中，汉中告急。傅友德带三千人马前去援救。为迷惑敌人，傅友德命士兵在山上点了十堆大火，黑暗之中，擂鼓呐喊。蜀兵以为明朝大军来到，吓得全都逃走。这年冬天，傅友德论功被授开国辅运推诚宣力武臣、荣禄大夫、柱国，同知大都督府事，封颍川侯。

洪武四年（1371），傅友德拜征虏大将军，与征西大将军汤和分道进讨四川。汤和率廖永忠等，乘船从水路西进瞿塘峡；傅友德率顾时等，在陆路从陕西、甘肃出发。出发之前，明太祖朱元璋对傅友德说："蜀人听说我们西伐，肯定会把精锐部队全都派出来，东守瞿塘，北防金牛，在这两个地方阻击我们。如果没有什么特殊情况，你们一定要直捣阶州和文州，这是蜀地的门户，门户一破，蜀地自然就攻破了。兵贵神速，希望你们能勇敢杀敌。"

傅友德率军昼夜兼程赶到陕西，把队伍集结起来。他命人放出风去说要进攻金牛，却率军暗度陈仓，在悬崖峭壁上攀援而行，翻山越岭，昼夜兼程，迅速抵达阶州，出其不意，打败蜀将丁世玲，占领了阶州。蜀人为阻止明军西入，拆掉了白龙江桥。傅友德命人很快修复，渡过白龙江，攻克五里关，占领了文州。接着又渡过白水江，直奔绵州。正赶上雨季，汉江江水暴涨，无法渡过，便命人伐木造船，准备渡江。

这时，傅友德想：应该让瞿塘关的敌人知道明军已经占领阶、文二州，于是命人削了数千块木牌，上面写上明军攻克阶州、文州、绵州以及攻克的时间，然后投入汉江，让木牌沿江而下。沿江的蜀军见到木牌，一下子就全都溃不成军了。

三、身经百战　屡建奇功

起初，听说明军西征，明夏政权的丞相戴寿等，果然把大军驻扎在瞿塘。听说傅友德已经占领阶州、文州，这才分兵来救汉州，以确保成都的安全。还没有等戴寿来到，傅友德已经在城下大破汉中守将向大亨。

听说戴寿派兵来援，傅友德对手下将士们说："敌人的援兵从瞿塘关远道而来，现在听说向大亨被我们打败，肯定已经吓破了胆，没有一点儿士气。我们只要一鼓作气，定能击溃他们。"傅友德率军迎上去交战,果然大败敌人援军,汉州因此顺利拿下。

明朝大军旋即包围了成都,但戴寿等死不投降,坚持与明军战斗,还用大象进攻明军。傅友德见状,命将士用强弓、利箭、火器冲击敌人的象阵,但大象中箭却仍不后退。傅友德振臂一呼,将士们与敌人的大象展开殊死搏斗,大象终于向后逃走,被踩死的夏兵不计其数。这时,戴寿听说夏主明升已经投降,就带上仓库里的所有宝贝,命人把自己绑起来,向明军投降了。

成都攻克后,傅友德又分兵占领保宁,活捉吴友仁并押送京师,四川从此平定。

在傅友德攻汉州的时候,汤和还驻军在大溪口,看到江中的木牌,才开始进军。戴寿撤出精锐回救汉州时,瞿塘关只剩老弱病残,廖永忠趁机攻下,直捣重庆,明升投降。此次战役,傅友德功劳最大,受到皇帝的嘉奖。

洪武五年(1372),傅友德跟随征西将军冯胜西征,担任副将。当时兵分三路,只有傅友德大获全胜。洪武六年(1373),傅友德又出雁门关,打败元将孛罗帖木儿,返回后镇守北平。洪武九年(1376),傅友德大破元军,在延安俘虏了伯颜帖木儿。

明太祖准备讨伐云南,命傅友德巡行于西南各地,修筑城郭,修理关隘、桥梁。一时之间,明军军威大震,许多山寨闻风投降。

洪武十四年(1381),傅友德任大将军徐达的副将,出塞征讨乃儿不花,北渡黄河,沿途一路胜利。

接着,傅友德任征南将军,率左副将军蓝玉、右副将军沐英,带步、骑三十万,大举进军云南。到了湖南,傅友德派都督胡海率兵五万,从永宁进军乌撒(今贵州威宁、赫章县等地),自率大军从长州、辰州直奔贵州,一路征讨,征服了各个部落。

在白石江，傅友德率军与敌军展开大战，生擒元平章达里麻，然后与胡海合兵一处，攻打乌撒，一路扫平了通往永宁的道路。元梁王逃走后死掉，乌撒被傅友德占领。随即，傅友德又率军降伏了云南一带的部落，杀死三万多人，缴获牛马十多万。

洪武十七年（1384），傅友德晋封颍国公。

洪武十九年（1386），傅友德率大军征讨云南。第二年，随大将军冯胜征讨纳哈出。洪武二十一年（1388），傅友德再破东川，移兵征讨越州（今浙江绍兴）的反叛首领阿资，第二年收服了他。

洪武二十三年（1390），傅友德跟随晋王朱棡、燕王朱棣征战于西北沙漠，生擒乃儿不花。班师后，傅友德驻军开平，征讨宁夏。洪武二十四年（1391），傅友德被授任征虏将军，守卫北平。后来，傅友德随燕王朱棣征讨哈昔舍利，乘敌人不设防时，带领大部人马悄悄潜入黑岭，大破敌军而还。这一年，傅友德加拜太子太师。

四、功名赫赫　竟被赐死

傅友德为人寡言少语，但举止潇洒。他身经百战，在历次战斗中上百次遇险，但都奇迹般活了下来。他从当偏裨小将到任统帅全军的大将军，一直身先士卒，哪里有危险，他就出现在哪里。在战斗中，即使浑身多处受伤，也决不退缩，而且愈战愈勇。因此，傅友德多次立功，明太祖曾多次敕令嘉奖。

洪武二十五年（1392），傅友德请求皇上把怀远的三千亩地给他做封地，太祖十分不高兴，说："你的俸禄赏赐够多了，为什么还要侵害百姓的利益呢？"（"禄赐不薄矣，复侵民利何居？"《明史·傅友德传》）没有答应。随后，让他和宋国公冯胜一道去山西，边开垦、边练兵，在大同、东胜一带建立了十六个卫所。这年冬天，两次在山西、河南搞军事演练，后来两人一起被召回京师。

洪武末年，为确保朱家王朝的巩固，明太祖大杀功臣，傅友德也在被杀之列。洪武二十六年（1393）二月，朱元璋将王弼、冯胜、傅友德三人一同召回京城。同月，蓝玉案事发，朱元璋下令诛杀蓝玉三族。二十七年四月，傅友德得到皇上赐予的凤阳宅第。十一月末，被赐死。

关于傅友德之死，张岱《石匮书》记云："蓝玉诛，友德以功多内惧。定远侯王弼谓友德：'上春秋高，行且旦夕尽我辈，我辈当合纵连横。'太祖闻之，会冬宴，从者彻馔，彻且不尽一蔬。太祖责友德不敬，且曰：'召尔二子来。'友德出，卫士有传太祖语曰：'携其首至。'顷之，友德提二子首以入。太祖惊曰：'何遽尔？忍人也！'友德出匕首袖中，曰：'不过欲吾父子头耳。'遂自刎。太祖怒，分徙其家属于辽东、云南地。王弼亦自尽。"（谈迁《国榷》同）傅友德先杀了自己的两个儿子，然后在朱皇帝跟前当面自刎。朱皇帝说"招尔二子来"，卫士却传成"携其首至"，怎么就能传得如此走样？或许是聪明卫士的心领神会，或许根本就是朱皇帝的安排，"何遽尔？忍人也！"落到自己头上最合适。傅友德亦属心领神会，"欲吾父子头"，所云应该正中朱皇帝下怀。

在明朝开国名将中，傅友德名列前茅，紧随徐达、常遇春之后。明人袁裒说："明兴，猛将云从，数倍云台、凌烟，而六王最著。其以骁勇称者莫如常开平，次则傅颍国耳。观其下蜀扫滇，逾险隘，陟荒远，席卷飙驰，譬之良骏，超轶绝尘，而造父为御，奋迅腾骧，一日千里，其用兵方略悉禀庙算，是岂泛驾者哉！"（《国朝献徵录·颍国公傅友德传》）

宋国公冯胜

冯胜（？—1395），明朝开国功臣。初名"国胜"等，冯国用之弟，濠州定远（今安徽定远）人，喜读书，通兵法。元末结寨自保，后投归朱元璋，屡立战功，曾任亲军都元帅等。明初封宋国公，位列功臣第五。后率军远征辽东，降伏纳哈出，肃清元朝在辽东的势力。终以功高遭猜忌，归入"蓝党"赐死。

一、兄弟归附　委以心腹

冯胜最初的名字是"国胜"，又名"宗异"，最后才改名为"胜"。据说他出生的时候，黑气满室，经日不散。长大以后，雄勇而多智略。

冯胜与其兄冯国用，都喜好读书，精通兵法。元末动乱年代，兄弟俩组织乡民武装，结寨自保。后来，朱元璋攻取妙山（在今浙江宁波）时，冯国用带着弟弟归附了朱元璋，很受亲信。

当时，朱元璋曾经以天下大计咨询冯国用，冯国用回答说："金陵龙蟠虎踞，帝王之都，先拔之以为根本。然后四出征伐，倡仁义，收人心，勿贪子女玉帛，天下不足定也。"（《明史·冯国用传》）就是说，冯国用建议朱元璋首先夺取金陵（今南京），建立自己的根据地。朱元璋听他所说，和自己所想一样，十分高兴，就把冯国用留在了自己的幕府。

后来，冯国用跟随朱元璋攻克滁州、和州，激战三叉河、板门寨、鸡笼山，都立了功。又跟随大军渡江，攻取了太平（今苏州）。接着，朱元璋任命冯国用掌管亲兵，委以心腹。

冯国用不仅了解天下局势，也深通谋略。朱元璋擒获陈野先,随之释放,命其去招集自己的部曲。冯国用料定陈野先必定反叛,不如不派出去。不久,陈野先果然反叛,被部下所杀,其从子陈兆先又拥众屯居方山,不受朱元璋号令。

元朝将领蛮子海牙扼守采石矶,冯国用与诸将攻破海牙的水寨。接着又攻破陈兆先的山寨,擒获了他,手下三万余人投降。不过,因为之前有过反复,众人心怀疑惧。朱元璋挑选其中的骁勇者五百人,作为自己的亲军,让他们宿卫帐中,把旧人全部撤走,只留下冯国用一个人在榻侧陪侍,这些人才安心下来。

接着,朱元璋任命冯国用率领这些人攻打集庆(今南京),结果他们人人争先效死,攻陷了集庆。

之后,冯国用与诸将下镇江、丹阳、宁国、泰兴、宜兴,从征金华,攻打绍兴,累积军功,提任亲军都指挥使,成了朱元璋最精锐的亲军的最高指挥。

后来,冯国用在军中去世,年仅三十六岁。明太祖闻讯大哭,十分悲恸。洪武三年大封功臣,追封冯国用郢国公,塑像功臣庙,位列第八。

二、精通兵法　屡战有功

冯胜跟随兄长冯国用,在攻打江浙时屡立战功,逐渐升职担任了元帅。冯国用去世后,冯胜继承兄长的职务,担任亲军都指挥使。

之后,冯胜在朱元璋指挥下,与其他将领一起,大破陈友谅军于石灰山,解安丰(今安徽寿县)之围,取淮安、克平江等。在这些战役中,他均立下了功勋。

江、浙及江西攻克、据守之后,朱元璋挥师北上,经略河南、山西、陕西和甘肃,冯胜大多以副将之职,参与了战斗。

洪武元年(1368),冯胜以征虏右副将军之职,奉大将军徐达之命向西攻克陕州（今河南陕县），进占潼关。元守将李思齐、张思道分别西逃凤翔、鄜城（今陕西洛川），河南至此平定。冯胜奉命镇守汴梁。

在随后的明军攻取山西之战中，冯胜担任右副将军，与偏将军汤和率南路军，在洪武元年十月渡河北上，策应攻晋主力。相继攻克了武陟、怀庆、泽州。攻取潞州（今山西长治）时，冯胜接到徐达的命令，遂日夜兼程迅速北进。之后，他跟随徐达攻克了河中。

洪武二年（1369）元月初五，冯胜与徐达会师太原。当年的明军攻打陕甘之战中，冯胜与常遇春均以副将军之职，率先遣部队渡黄河攻取陕西。军至巩昌（今甘肃陇西），兵分两路，冯胜领一路平定了临洮。

在诸次战役中，冯胜都有出色表现，所以战后论功，他仅次于常遇春，被提升为右都督。大都督本为朱元璋部的全军统帅，起初由其侄儿朱文正担任；后来担心军权太过集中，遂一分为五——前、后、左、右、中，冯胜居其一。

三、北征朔漠　大获全胜

明朝建立后，冯胜最主要的战事，是明太祖朱元璋发起的多次北征，深入大漠，剿灭元朝的残余势力。

洪武三年（1370），明太祖第一次北征之战，以都督冯胜为右副将军。

洪武五年（1372），明军十五万兵分三路，分别由徐达、李文忠及冯胜率领，出击漠北：徐达出雁门关走中路趋和林（在今蒙古国），冯胜西路走甘肃，李文忠出居庸走应昌（今内蒙古多伦）。

徐达的中路军在岭北（泛指和林一带），被扩廓帖木儿（即王保保)打得大败，死伤万余人；李文忠的东路军轻敌冒进，在阿鲁浑河（在今蒙古国）与元将哈剌章激战，几乎战死；冯胜和副将傅友德所率西路军，在甘肃则连战皆捷，取甘州（今甘肃张掖）、兰州，又在瓜州、沙州（今甘肃敦煌）击败北元军，控制了甘肃。

这以后，明朝大将徐达、李文忠先后去世，而元朝的太尉纳哈出拥众数十万，屯居金山（今吉林双辽），屡屡在辽东边境为害。

洪武二十年（1387），明太祖任命冯胜为征虏大将军，傅友德、蓝玉为征虏左右副将军，率军二十万，攻打纳哈出。明朝大军北出通州，一路向辽东进发。经过侦察，得知庆州有元兵驻扎，冯胜命蓝玉率一部分军队前去攻打。蓝玉率轻骑乘大雪天出兵，斩杀元朝平章果来，擒获其子不兰奚，获得人马无数而还。

三月初，冯胜等率师出松亭关，筑大宁（在今内蒙古）及宽河、会州、富峪（均在今河北）四城，驻兵大宁。五月二十一，冯胜留兵五万驻守大宁，率大军直捣金山。六月十九日，明军进至辽河之东，俘获元军屯兵三百余人、马四十余匹，进驻金山之西。

大军进发的同时，明太祖又派遣俘获的纳哈出部将乃剌吾，奉朝廷玺书，前往晓谕劝降。纳哈出见到乃剌吾，吃惊地说："你还活着！"乃剌吾讲述了明太祖的恩德，纳哈出很高兴，派其左丞、探马赤等献马，并侦查冯胜的军队。冯胜大军此时已经越过金山，到了女直苦屯，收降了纳哈出的部将观童。纳哈出自知不敌，遂通过乃剌吾请降。

冯胜接到有关报告，大喜，一面遣人飞报皇上，一面派蓝玉前往营中接受元军投降。蓝玉与纳哈出饮酒，十分高兴，便解下自己的衣服给他穿。因为服饰习俗不同，纳哈出不肯穿，还环顾左右，跟部众商量要逃跑。冯胜的女婿常茂在座，急忙跳起来砍中了纳哈出的胳膊，都督耿忠簇拥着纳哈出来见冯胜。

当时，纳哈出的将士、妻子十余万，驻扎在松花河，听到纳哈出受伤，受到惊吓，都溃散了。冯胜派观童前往晓谕，说明纳哈出只是误伤，并保证军民安全，这些人才安定下来，最终投降。明军得纳哈出所部二十余万人，牛羊马驼、辎重不计其数，绵延百余里。

六月底，冯胜等奉命班师，令傅友德编集新附军士，驻守大宁，以防元朝余众进犯。

四、积功封公　小过夺命

明朝大军和投降的元朝军民，浩浩荡荡地班师中原。走到亦迷河时，明军又收降了元朝的一些散落民众。

冯胜一边率众班师，一边向明太祖奏捷，并报告常茂激变的情状。明太祖得知收降二十万人，十分高兴，派出使者迎接慰劳冯胜等，并械系常茂。

回到京师后，有人报告说冯胜藏匿了很多良马，还让看门人向纳哈出的妻子索要大珠异宝，王子死了才两天就要强娶其女儿，元朝残部因此丧失降附信心，在回师途中，都督濮英殿后被杀，还损失了三千骑兵。而常茂也告发了冯胜的过失。明太祖大怒，收了冯胜的大将军印，命其到凤阳老家居住，奉朝请，诸将士也一概没有赏赐。从此以后，冯胜不再统帅大军。

洪武二十一年（1388），冯胜奉诏调东昌番兵征曲靖。番兵中道反叛，冯胜镇守永宁安抚。二十五年，冯胜又受命登记太原、平阳百姓，设立卫所屯田。皇太孙册立时，冯胜加太子太师，与颍国公傅友德在山西、河南练兵，诸公、侯皆听节制。

冯胜因累积军功而受封宋国公，洪武二十七年（1394）"诏列勋臣望重者八人,胜居第三"。但明太祖晚年越来越猜忌功臣,而冯胜功劳最多,又多次因细故违忤皇上,("太祖春秋高,多猜忌。胜功最多,数以细故失帝意。"《明史·冯胜传》)埋下了杀身之祸。

洪武二十八年(1395),冯胜的亲戚告发其私埋兵器,其实根本没有兵器,而是别的东西。因为这些小事,明太祖便把冯胜算在了"蓝党"里。在蓝玉被诛当月,明太祖召冯胜还京,过了两年,遂将其赐死。

崇祯十七年(1644),朝廷追封冯胜为宁陵王,谥曰"武壮"。

明末史学家谈迁在谈及冯胜之死时,不无惋惜地说:"去傅友德之死才两月,开边之猛将尽矣。"明朝的开国功臣,除了建国前就去世的,至此几无孑遗。

武定侯郭英

郭英(1337—1403),明朝开国功臣。濠州(安徽凤阳)人。早年与兄郭兴投奔朱元璋,成为帐下亲兵。他威猛异常,能征惯战,在消灭陈友谅,以及西征陕甘、南征云南、北伐朔漠及辽东的战役中,立下赫赫战功。初封武定侯,追赠营国公。永乐初罢官,老死家中。

一、勇猛善战 战功累累

郭英、郭兴兄弟,都是明太祖朱元璋的同乡,很早就投奔了朱元璋,成了其亲兵。当时,郭英只有十八岁。郭英作为亲信,一直在朱元璋的大帐中听命,朱元璋亲切地称呼他为"郭四"。

郭英身材魁梧，体格健壮，擅长骑射。至正十三至二十四年（1353—1364），郭英跟随朱元璋，参加了攻取滁州、和州、采石矶、当涂等地的战斗。后来在鄱阳湖战役中，他也立下了战功。据记载，他在鄱阳湖之战中曾负伤，但不肯退却，在泾江口大败陈友谅。

在攻打武昌的战斗中，陈友谅手下猛将陈同金持枪杀入朱元璋军阵内，左冲右突，连杀十几个将士，其勇猛无人敢挡。郭英见状大喝一声，挺枪向陈同金刺去，几个回合便将其斩杀。朱元璋看了不禁喝彩叫好，事后还赏给他一件精美的战袍。

在进攻岳阳时，郭英率兵打败了陈友谅的一支援军，回师时又攻克了庐州、襄阳。由于战功卓著，朱元璋授予他骁骑卫千户之职。攻克淮安、濠州、安丰后，朱元璋将他的官职升迁为指挥佥事。

朱元璋称帝后，命大将徐达等率大军北伐，郭英也参加了战役；他还跟随常遇春攻打太原，迫使元将扩廓帖木儿逃往甘肃。随后，郭英又攻下了兴州、大同；又随大军渡过黄河，进入陕西，参加攻打西安、凤翔、巩昌（今陇西）、庆阳的战斗，并深入漠北草原追击残敌。

洪武三年（1370）初，明军再次北伐，扫荡退往蒙古高原的元军残余势力，徐达是这次北伐的总指挥，郭英任部将参战。他率领一支军队，攻克了甘肃定西，追击元军首领察罕脑儿，歼敌两千。由于这次战功，郭英升任河南都指挥使，即驻河南的最高军队长官。

郭英的妹妹是明太祖的郭宁妃，郭英将赴河南就任时，太祖叫郭宁妃在皇宫里给郭英饯行，并赐给他二十锭黄金和二十匹马。在任期间，郭英招纳安抚流亡的难民，要他们回家从事农业生产，不准到外面流浪逃荒。这些措施收到了良好的效果，河南的社会秩序逐渐恢复稳定。

洪武九年（1376），郭英被调往北平镇守。洪武十三年（1380），郭英被召回南京，升任前军都督府佥事。

二、转战南北　老死家中

洪武十四年（1381）九月，明太祖任命颖川侯傅友德为征南将军，率三十万大军征伐云南。傅友德命郭英和陈桓、胡海，分兵进攻贵州的赤水河地区。

当时由于连降暴雨，河水猛涨，水流湍急，十分危险。郭英命将士砍伐树木编成木筏，乘着夜色渡过赤水河，天亮时全军已抵达对岸的敌军营地。他们向敌营发动猛攻，敌军惊慌失措，四处逃窜。郭英所部生擒了敌军首领乌撒和阿容等，有力地支援了其他方面明军的军事行动。随后郭英率军接连攻占了曲靖、陆凉、越州、关索岭、椅子寨等军事要塞，迫使大理、金齿、广南等地的敌军前来投降，各山寨的部族也都归顺。

洪武十六年（1383），郭英再次跟随傅友德出征蒙化、邓川，渡过金沙江，攻取了北胜、丽江。前后两次出征共消灭一万三千多人，俘虏两千多人，缴获铠甲几万副，还有战船一千多艘。

洪武十七年（1384），朝廷奖赏出征云南各位将领的功劳，封郭英为武定侯，年俸两千五百石，爵位世袭。次年，又加封郭英为靖海将军，镇守辽东。

洪武二十年（1387），郭英跟随大将军冯胜讨伐东北的元军，围攻敌军在金山的大本营，最后迫使元军首领纳哈出投降。明太祖升郭英为征虏右副将军。

第二年，郭英又随同大将蓝玉，出征戈壁大漠中的捕鱼儿海。这次出兵同样取得了辉煌战绩，班师后受到明太祖丰厚的赏赐。之后，太祖命郭英回家乡休养。第二年，郭英又被召回南京，担任京城近卫军指挥。

洪武三十年（1397），郭英协同征西将军耿炳文驻扎在陕西边境，平息了当地的一支叛乱队伍。回到南京后，御史裴承祖弹劾郭英私自收养家奴一百五十多人，擅杀无辜者五人。但明太祖没有追究其罪行。另一位御史张春，坚持要皇上惩治郭英的不法行为，明太祖就把此事交给朝臣讨论。大臣们都认为郭英有罪，但明太祖还是宽恕了他。

明惠宗时，郭英曾跟随耿炳文、李景隆讨伐燕王朱棣，但没有成功。"靖难之役"后，朱棣当上了皇帝，罢了郭英的官。

永乐元年（1403），郭英在家中去世，享年六十七岁。追赠营国公，谥曰"威襄"。

长兴侯耿炳文

耿炳文（1335—1404），明朝开国功臣。濠州（今安徽凤阳）人。早年袭父职、统父兵，夺取并坚守长兴十年，功勋卓著；后转战北方、西北，战功累累，明初封长兴侯。靖难之役，率军北上抵御燕军，滹沱河兵败召还。永乐二年受弹劾，有诏抄家，忧惧自杀。

一、承袭父职　拜将封侯

耿炳文的父亲耿君用，早年跟随朱元璋渡江，因功官至管军总管。至正十六年（1356），在增援宜兴的战斗中，耿君用与张士诚的军队反复争夺军寨，力战而死。耿炳文承袭了父亲的职位，统领父亲所部兵马。

在以后的岁月中，耿炳文建立了很多功勋，先后占领了广德

（今属安徽）、长兴（今属浙江）。在长兴之战中，他打败张士诚的将军赵打虎，缴获战船三百余艘，生擒长兴守将李福安等，名声大震。

长兴地处太湖口，陆路与广德相连，又与宣城、歙州接壤，是江、浙之地的门户。朱元璋听说占领了长兴，非常高兴，把长兴改为"长安州"，设立永兴翼元帅府，任命耿炳文为总兵都元帅，刘成、李景元为其副手，镇守长安州。

当时有个叫温祥卿的人，足智多谋，为躲避战乱，来投奔了耿炳文。耿炳文与温祥卿一见如故，立即请到府中，让他做自己的幕僚，凡事都和他商量。而温祥卿也凡事都为耿炳文谋划得十分详细、周到，长安州在耿炳文的镇守下，十分牢固。张士诚的左丞潘元明、元帅严再兴率大军来围攻，耿炳文率军出击，将之大败。

耿炳文料定，张士诚肯定还会来抢夺这兵家必争之地，便加紧备战，命部队多备箭支、盾牌、飞砲、滚木、击石等，粮草准备得足足的。果然不出所料，张士诚对失去长兴很不甘心，又命司徒李伯升率十万大军，分水陆两路前来攻打。

当时的长兴城里，耿炳文只有七千士兵，形势十分危急。朱元璋听说长兴被围，心里十分着急，害怕耿炳文抵挡不住，因此命陈德、华高、费聚星夜带兵增援。岂料陈德等到了长兴附近，安营扎寨后，却放松了警惕。李伯升在夜幕掩护下，来了一个突然袭击。营中顿时大乱，陈德、华高、费聚等一败涂地，军队一下子就垮了。

耿炳文在城中得知此事，不禁一惊。他把将士召集起来，对大家说："李伯升狡猾多端，打败了我们的援军。他肯定会加紧攻城，想在我们的下批援军到来之前攻下城池。我们要做好准备，誓与城池共存亡！"众将士同仇敌忾，士气大震。果然，李伯升开始加紧攻城。因耿炳文早有准备，加上温祥卿的谋划，敌人无论怎么进攻，都不能奏效。将士们昼夜奋战，轮流休息，始终没让李伯升抓到一点机会。耿炳文亲自在城中四处督战，鼓励将士，人不解甲。一个多月过去后，耿炳文变得又黑又瘦。由于耿炳文等部署严密，李伯升一直未能得手。

一个多月后，常遇春率援军赶到。一番激战，李伯升弃营逃走，常遇春率大军追杀，消灭了五千多敌人。常遇春和耿炳文会师，看着耿炳文的样子，不禁握紧了他的手。

第二年，朱元璋改永兴翼元帅府为永兴卫亲军指挥使司，任命耿炳文为指挥使。过了不久，张士诚又大发军队，派弟弟张士信前来攻打。耿炳文大败张士信，活捉了他的元帅宋兴祖。张士信非常气愤，又来围攻，耿炳文率费聚等人出战，又大败之。

长兴是张士诚的必争之处，但耿炳文在长兴镇守了十年，以少御多，以弱胜强，和张士诚军打了大小数十仗，每次都把张士诚打败，可谓战无不胜。朱元璋大举进攻张士诚时，耿炳文率所部随大将军徐达攻克湖州，围平江。耿炳文随之也被提升为大都督府佥事。

二、转战西北　又建功勋

至正二十七年（1367），耿炳文随大将军徐达北进中原，相继攻下山东沂州（今沂水）、峄州（今枣庄一带）等州郡。洪武元年（1368），耿炳文又率军来到汴梁，护驾北巡。不久，又跟随常遇春攻占了大同，平定了晋、冀。

不久之后，耿炳文跟随大将军徐达征讨陕西，赶跑了李思齐、张思道，然后留在陕西镇守。百姓闻听明军入陕，泾渭父老上千人出来迎接。耿炳文在镇守西安时，修筑了泾阳洪渠十万余丈，为老百姓做了一件大好事，百姓获利非常多。耿炳文不久也被拜为秦王左相都督佥事。

洪武三年（1370），明太祖朱元璋大封功臣，耿炳文被封为长兴侯，年俸一千五百石，赠世袭铁券。

洪武十四年（1381），耿炳文随大将军徐达出征塞北，大破元军，元平章乃儿不花在北黄河败走。洪武十九年（1386），耿炳文随颖国公傅友德征讨云南，扫平了曲靖的反叛部落。

洪武二十一年（1388），耿炳文跟随永昌侯蓝玉北征，追元主至捕鱼儿海（今内蒙古呼伦贝尔新巴尔虎左旗西南的贝尔湖），俘虏了元帝次子地保奴及妃嫔、公主一百二十多人，另有属官三千，男女军民七万，马牛驼羊十五万。元君脱古思帖木儿与太子及臣属数十骑逃走，投依丞相咬住于和林。

洪武二十五年（1392），耿炳文率大军平定陕西的徽州妖人之乱。

洪武三十年（1397），明太祖拜耿炳文为征西将军，武定侯郭英为副将军，去西部讨伐起义军。而此时，明朝的开国元老、功臣宿将被诛杀殆尽，活着的只有耿炳文和郭英两人，而郭英也已年过六十。

当时，田九成、王金刚奴等在沔县（今陕西勉县）以白莲教组织群众起义，推田九成为汉明皇帝，高福兴称"弥勒佛"，王金刚奴、何妙顺等称"天王"，名称、口号都与元末红巾军相同。起义军攻破略阳（今属陕西）等地，据川陕险要山地，声势很大。九月，耿炳文打败起义军，捉住高福兴，俘虏三千多人。

耿炳文守长兴，功劳最大。明太祖在榜列功臣时，把耿炳文放在大将军徐达后面为第一等功臣。到了洪武末年，其他的公、侯相继去世，只剩下耿炳文和郭英两人，而耿炳文因是元老功臣，特别被朝廷倚重。

三、北征免将　惧罪自尽

建文元年（1399），燕王朱棣诱杀北平左布政使张昺、都指挥谢贵，并杀卢振、葛诚等。七月初五，燕王举兵，攻夺九门。次日出师至通州，克蓟州、陷怀来，应天府告急。"靖难之役"爆发。

明惠宗朱允炆命耿炳文为大将军，率副将军李坚、宁忠北伐。耿炳文当时已经六十五岁，所率大军号称三十万，其实只有十三万。

八月，南军兵至真定（今河北正定），列营于滹沱河两岸。当时，都督徐凯驻军河间，潘忠、杨松驻军鄚州，先锋部队九千人驻扎雄县。正赶上中秋节，先锋营的将士欢度中秋，竟然没有设岗哨。燕王朱棣派兵前来偷袭，先锋营的九千人全都被歼。潘忠等人赶来支援，在过月漾桥时，燕王的伏兵从水中冲出，一场混战，潘忠和杨松被俘，鄚州很快被攻陷。

就在此时，耿炳文的部将张保投降了燕王，把南军的虚实交代得清清楚楚。燕王命张保返回，让他在南军中夸大雄县和鄚州的失败，并说北军马上就要到了，说得南军人心惶惶。于是，耿炳文只好命部队全部渡过滹沱河，两处合一处，以抵挡北军。

部队是傍晚转移的，还没全部布置好，燕王就率大军突然打来。北军顺着城墙攻击南军，耿炳文的大军立刻溃不成军，根本无法指挥，军士们争相败退入城，因抢着入城，结果城门拥堵，互相踩死的士兵不计其数。燕王很快把城池包围了起来。耿炳文当时尚有十万大军，因此坚守不出，燕王也攻不上去。燕王朱棣知道耿炳文是员老将，善于守城，经验丰富，想攻下真定肯定不易，因此围了三天，便撤军返回。

明惠宗听说耿炳文吃了败仗，大吃一惊，非常害怕。太常卿黄子澄举荐李景隆为大将军，召耿炳文还京师。燕王听说后，高兴地说："李九江（景隆）是一个养尊处优的黄毛小子，既缺少谋略又目中无人，既脾气暴躁又没有主见，而且也没怎么身经战阵。如今朱允炆把五十万人都交给他，是自己坑自己。赵括现在又重新出现了。"

果然，李景隆到真定后，调集各道之师，并收集耿炳文余众，合兵号称五十万，屯于河间。十月，燕王诱拘宁王朱权，尽收其精锐，武力大增。建文二年（1400），燕王出兵扬言攻打大同，诱李景隆赴救，趁机大败李景隆于河间。

永乐二年（1404），也就是燕王朱棣称帝的第二年，耿炳文的几个儿子，皆因忠于惠宗而死。刑部尚书郑赐、都御史陈瑛弹劾耿炳文，说他衣服、所用器皿上竟然有龙凤纹饰，敢用玉带、穿红鞋，属于大逆不道。明成祖朱棣下诏抄其家，耿炳文听说后很害怕，就自杀了。时年六十九岁。

谋士文臣状元郎

称帝建国,既需武将、亦需文臣,而某种意义上,谋士的价值甚至要大一些。此无他,端在一统天下更在于理念指导、战略抉择。朱元璋可谓幸运,他得到了堪与张良、萧何比肩的谋士、文臣。无论是早期提出"高筑墙、广积粮、缓称王"的朱升,中期为战事出谋划策的刘基,还是后期建言立行的状元,都是那样不可或缺,也使朱皇帝的朝政多了几分"文"的色彩……

翰林学士陶安

陶安（1312—1368），明太祖朱元璋谋士。字主敬，当涂（今属安徽）人。元末曾任书院山长。朱元璋渡江，他首先迎谒，留任参谋；翰林院初建，他首为学士，深受信任和宠遇。他为朱元璋所谋，主要是"王道""谠论"；他治理地方，亦政绩卓著，故唐枢谓之"开国儒臣之宗"。

一、首先迎谒　陈说王道

陶安幼年失怙，六岁时父亲就去世了。但他胸有大志，勤奋读书，加以聪敏颖悟，颇能博闻强记。年龄稍长后，从学于本乡知名学者李习。李习主治《尚书》，旁通诸经，负有经世之才。元仁宗延祐年间中举，荐授书院山长。朱元璋渡江，偕门人陶安迎驾，授太平知府。病逝任上，终年八十余岁。

元至正四年（1344），陶安参加浙江乡试中举。至正八年，奉檄至金陵，授任明道书院山长。至正十三年（1354），又任会稽高节书院山长。十四年冬，归乡省亲，避乱居家。

至正十五年（1355），朱元璋渡江进取太平，到达当涂，陶安与老师李习率乡里父老迎接进谒。朱元璋召见陶安，与他交谈，陶安献议说："如今天下混乱，义军蜂起，明公渡江之后，声威鼎盛，纪律严正，人心喜悦服从。既应天命，又顺人心，以此吊民伐罪，天下不难平定。"（"海内鼎沸，豪杰并争，明公渡江，神武不杀，人心悦服，应天顺人。以行吊伐，天下不足平也！"《明史·陶安传》）

朱元璋问："我打算进取金陵，是否可行？"陶安说："金陵古来就是帝王之都,进取并将其占领,据有形胜之地而征服四方,什么地方不能攻克?"("金陵,古帝王都,取而有之,抚形胜以临四方,何向不克?"同上)

朱元璋认为陶安说得很有道理,就留他在帐下当参谋,职务为兴国翼元帅府史令。

至正十六年(1356),朱元璋称吴国公,设置江南行中书省,任陶安为行省都事,不久又提升为左司郎中。陶安的老师李习,也做了太平府的知府。

后来,陶安像老师一样,也曾任职地方。黄州(今湖北黄冈)攻克后,需要得力干才镇守,朱元璋认为陶安最合适,便命他前往。到任之后,陶安宽免租赋、减少劳役,百姓安居乐业。之后,他又转任饶州(治今江西鄱阳)知府。

战争年代任职地方,治民之外,更需要支军,还得守城。在饶州任上时,征伐频繁,军需紧迫,陶安劝谕民众踊跃捐输,保证了军队的粮草供给。福建割据势力陈友定,煽动、聚集兵众攻打饶州。陶安召集官民,晓以大义,率领他们固守城池,终于等来援军,平定了匪乱。随后,陶安将所有胁从者予以释放,受到朱元璋赐诗褒扬。

其间,陶安曾一度入朝,随即又被派往饶州镇守。饶州土地贫瘠,加之战乱连绵,百姓非常困苦,陶安请求豁免军需供应,休养生息,获得准允。当地民众感激他的恩德,建立生祠供奉,且流传民谣赞颂:"千里榛芜,侯来之初;万姓耕辟,侯来之日。""湖水悠悠,侯泽之流;湖水有塞,我思侯德。"

二、首任学士　正言谠论

至正二十四年(1364),朱元璋称吴王,打算任用刘基、宋濂、章溢、叶琛等名士,问陶安对这四个人的看法。陶安以己作比，说自己谋略不如刘基，学问不如宋濂，治民之才不如章溢、叶琛。在比较中，点出了四人的长处，也显示了自己的谦虚。朱元璋对陶安这种谦让精神深为赞赏。（"及聘刘基、宋濂、章溢、叶琛至，太祖问安：'四人者何如？'对曰：'臣谋略不如基，学问不如濂，治民之才不如溢、琛。'太祖多其能让。"《明史·陶安传》）

至正二十七年（1367），也就是朱元璋称吴王后的第三年、称帝的前一年，在金陵设置了翰林院，首召陶安为翰林学士。随后，征召儒士议订礼仪，命陶安为总裁官。陶安与李善长、刘基等，共同删定律令、议定礼制。

洪武元年（1368），陶安受命知制诰兼修国史。朱元璋经常到东阁史馆，与陶安等议论前代兴亡的本末。谈到丧乱的根源，陶安认为是由于"骄佚"。明太祖认为陶安所言非常正确，并说："身居高位者容易骄纵，身处逸乐者容易奢侈。骄纵则有益之言听不进去，有过错也听不到；奢侈则为善之道立不起来，行为便无所顾忌。像这样，没有不灭亡的。"（"帝曰：'居高位者易骄，处佚乐者易侈。骄则善言不入，而过不闻；侈则善道不立，而行不顾。如此者，未有不亡。'"《明史·陶安传》）

讨论到学术问题，陶安说："道不明，邪说害之也。"认为大道不明，源于邪说的危害。太祖说："邪说危害大道，就像美味适口、美色眩目，很容易影响下愚之人。邪说不能去除，大道就不能兴起，天下怎么治理？"（"邪说害道，犹美味之悦口、美色之眩目。邪说不去，则正道不兴，天下何从治？"同上）陶安认为皇上所言"深探其本"，说到了根儿上。

陶安事奉朱元璋十余年，是文人儒士里最早的。等到官任侍从，宠遇很是优渥。明太祖曾御制门帖子赐给陶安，其辞云："国朝谋略无双士，翰苑文章第一家。"时人荣之。太祖对陶安也非常信任，有御史说陶安有"隐过"，太祖反驳说说："陶安怎么会有这种事？你又是从哪里知道的？"对方说是"闻之道路"，太祖大怒，当即将那人予以贬黜。

洪武元年四月，江西行省参知政事出缺，明太祖命陶安就任，并说："我渡江进军，你首先到军门谒见，为我陈述王道。等到参谋幕府，给予我很多裨益。继而进入翰林，更是经常闻听你的正言谠论。江西是上游的地方，安抚镇定那里，谁也不如你。"（"朕渡江，卿首谒军门，敷陈王道。及参幕府，裨益良多。继入翰林，益闻谠论。江西上游地，抚绥莫如卿。"）陶安推辞，皇上不许。陶安到任后，治理有方，军民诚服。"政绩益著"。

这年九月，陶安在江西任所去世。病重期间，他还起草了"时务十二事"上奏朝廷。太祖亲自为他撰文祭奠，并追封为姑孰郡公。

明人唐枢，认为明朝定鼎后，开礼、乐二局，首命陶安为学士，"一代典章，悉所从出"，可谓"开国儒臣之宗"。而朱升、刘三吾等，"或辞胜不适用，或才局不善通，或成见自是，或隘器难伸，或老岁不竞，皆出公之亚焉"。比较刘基、李善长，则各有所长，"刘以后先着屈群策，李以国老和群将，陶以儒术餙（饰）吏事"（《国琛集》上卷）。

翰林学士朱升

朱升（1299—1370），明太祖朱元璋谋士。字允升，休宁（今属安徽）人，徙居徽州。中进士后曾任儒学学正，元末避兵家居著述。后被荐于朱元璋，提出"九言策"："高筑墙、广积粮、缓称王"；刘基、叶琛、章溢，均为其所荐。明初任翰林学士，参与制定礼乐等，不久辞官退隐，得以善终。

一、三策定向　征伐禁杀

朱升出生于安徽休宁一个半教半农的人家。因生于太阳东升之际，其父取昌盛、吉祥之意，命名为"升"。

朱升自幼聪敏过人，学习刻苦，先后师从陈栎、黄泽等当时名儒。他反对蒙古贵族入主中原，因而不肯为官。四十六岁时，登江浙行省乡贡进士第二名，因丧亲守孝而没有出仕。五十岁时，被授为池州路儒学学正，但拖至五十二岁才赴任，三年后（元治平二年，1352），便"秩满南归"，隐居家乡石门山讲学，学者称"枫林先生"。

元末农民战争爆发后，朱升为避兵祸，闭户著述，静观时局变化。

朱升五十九岁那年，朱元璋手下大将邓愈率领义军一路攻城略地，重兵包围了徽州府城。为免百姓受害，朱升冒着箭矢独立城下，说服守城元帅福童开城归降。徽州归降后，朱元璋命邓愈驻卫，邓愈访贤问能，得知了朱升的大名。

至正十七年（1357），朱元璋亲率大军出征浙东，途经徽州，邓愈向他推荐了朱升。于是，朱元璋亲自到石门山拜谒朱升，请他出山辅佐。朱升被朱元璋亲顾茅庐、礼贤下士的态度感动，决定帮助他，朱元璋便开门见山地请教夺取天下的计策。

当时，朱元璋受小明王韩林儿节制，属于北方红巾军系统。北方红巾军初起时，既谴责"贫极江南，富称塞北"的不平等现象，又提出"复宋"的口号，很符合新安士人的政治理想。朱升针对当时的斗争形势，以及朱元璋"地狭粮少"的实际情况，进献了"高筑墙，广积粮，缓称王"三策。朱元璋喜出望外，当即请朱升参与到自己的最高决策层中来。朱升同意，朱元璋便让他主管礼乐和征伐之事,从而成为朱元璋麾下的辅佐重臣。

朱升的"高筑墙,广积粮,缓称王"三策,为朱元璋所采纳,成为他打造江南根据地的指导方针。至正十八年(1358)十一月,婺州(今浙江金华)久攻不下,朱升劝朱元璋亲临指挥。朱元璋询问行军打仗的要诀,朱升认为,"只有不嗜好杀人的人,才会无敌于天下"。朱元璋采纳了他的建议,亲自率领十万大军前往婺州,命众将士攻破城池时不许妄施杀戮。到十二月中旬,朱元璋夺取婺州,军队进入城中,果然秋毫无犯。

不久,朱元璋又问朱升:处州(今浙江丽水)人口稠密,而且就在近前,可否率军攻伐。朱升主张攻取,他说:"处州有刘基、叶琛、章溢等人,他们都是辅佐主公的人才,但很难招致麾下。只有攻取处州,才能得到他们。"攻克处州后,朱元璋立即派使者带着厚礼前往聘请刘基等三位贤人,并把他们与宋濂一起召到应天。

至正二十三年(1363),朱元璋与陈友谅在鄱阳湖展开大战,前三天,陈友谅军占据上风,朱元璋军处境不利。朱升献计说:"此次陈友谅贼兵倾国而来,兵马众多而粮食缺少,不能打持久战。我军可在南湖嘴安营扎寨,断绝敌军的出入之路。等到他们粮食耗尽、兵力疲乏,进退两难,前后受敌,必定能战胜之。"朱元璋说:"我们的粮草也很少。"朱升胸有成竹地说:"距此一百多里,有建昌、子昌、天保、刘椿四家大户,他们蓄积有充足的粮食,应该赶快派人去借,先下手为强,不然敌人就会抢先。"朱元璋当即分兵去借,果然得到了一万多石粮食。

后来,陈友谅军的粮食眼看就要耗尽,到八月底,不得不冒死突围。他们必须经南湖嘴进入长江,再奔还武昌。在泾江口一战中,朱元璋冒着流矢,亲坐胡床指挥伏兵截杀。朱升见状,急忙把他推入船舱,刚离开,流矢已经"噼里啪啦"地射到,胡床顿时成了刺猬。可以说，朱升也是朱元璋的救命恩人。

二、伴君如虎　萌生退意

至正二十七年（1367）十二月上旬，朱元璋在应天（今南京）准备称帝事宜，命朱升兼议礼官。朱升等议礼官制定好即位礼仪之后，献上阅览，朱元璋看后认为很好，交付中书省负责实施。

洪武元年（1368）正月初四，朱元璋登上帝位。其后，朱升又制定了祭祀斋戒礼、宗庙时享礼，编纂防止"内嬖惑人"干预朝政的《女诫》，并为朱元璋撰写了颁赐李善长、徐达、常遇春、李文忠、邓愈、刘基、陶安、范常、秦中、陈德等功臣的诰书，为明初政坛的稳定起了重要作用。

可以说，朱升辅佐朱元璋十余年，居功至伟。但就在朱元璋称帝之后，朱升却萌生退意。朱升请求致仕时，已是七十一岁高龄。按古制，文官大抵七十退休，但在新王朝草创之时，劳苦功高的老臣并不受此限制。朱升之所以自请告老还乡，另有原因。

原来，经过多年的接触与观察，朱升发现朱元璋的性格猜忌多疑，对臣下特别是儒士并不完全放心。朱元璋有一条不成文的规定：所有的儒士均需由他亲自考察任用，禁止诸将擅用。儒士一旦得咎，便会受到严厉惩处。朱升的同乡好友叶宗茂，在邓愈攻克徽州时被授为婺源州守，就职后修城积粮，招抚流离，在任六载，为政有声。至正二十四年（1364）升任饶州知府，却因守将的诬陷而罢官，谪居濡须（今安徽和县西南），三年后忧愤成疾而死。

就在叶宗茂病逝当年即洪武元年七月，朱升自己也不小心惹恼了朱皇帝。当时，朱元璋命他率乐舞生入见，奏雅乐阅试。朱元璋亲击石磬，命朱升辨五音，朱升误以宫音为徵音，惹得朱元璋不高兴，指责说："近世儒者鲜有知音律之学的。"幸亏大臣熊鼎劝解，朱升才免受皮肉之苦。不过，这件事却在朱升心中投下了浓重的阴影。八月，朱升写了篇《叶宗茂哀诗序》，心情沉重地感叹道："呜呼！宗茂则已，吾与（俞）仲谦（朱、叶之好友）之悲何时而已耶？"

更令朱升感到不安的是，朱元璋常以汉高祖刘邦自比，而汉高祖刘邦分明是个可与共患难、不可共安乐的家伙，在群雄逐鹿之时想尽办法网罗天下英才；登上大位之后，则是"狡兔死，走狗烹；飞鸟尽，良弓藏；敌国破，谋臣亡"了。每念及此，朱升不能不为自己的未来深感忧虑。他当初出山，是为了辅佐朱元璋重建汉家王朝，如今目的已经达到，便决心告老还乡、安度晚年。

三、哀告辞归　子被赐死

一天，朱升送别了一个朋友，不禁意兴勃发、感叹万端，当即写了一首《乱后送人归越》的诗，以明自己的归隐之志：

百战一身存，生还独有君。
越山临海尽，吴地到江分。
暮郭留晴霭，荒林翳夕曛。
归途当岁晚，霜叶落纷纷。

洪武二年（1369）正月，朝廷定翰林院官制，朱升为翰林学士（从三品。其上翰林承旨正三品）。到了二月，朱升即正式请求告老还乡。朱元璋很感意外，打算赐予他更高的爵位和更多的土地，但朱升坚决推辞，他说："我的后人福分浅薄，恐怕是没有机会再承享皇上的恩泽了。"

这时，明太祖问朱升："你有几个孩子？即便他们不想接受朕赐予的爵位，难道还不想帮助朕吗？"朱升顿时老泪纵横，哽咽着回答说："我有一个儿子，名叫朱同。要是让他侍奉皇上，他的忠心是没的说，可他很不善于保全自己。我之所以不叫他出来做官，就是怕他日后不能够尽享天年。"明太祖说："你这是什么话？朕和你，要说有所分别的话，那就是君与臣的关系，但我俩情同父子，你为什么这样怀疑朕，而考虑到这些事情呢？"朱升回答说："并不是我过虑，只是我的命数早已注定如此而已。但愿陛下哀怜我已经一大把年纪，让我的儿子也得以为您分担忧愁，也算是将来赐给他一个完整的身躯，我就感到万分荣幸了。"

明太祖听了，不禁恻然，便命赐给朱同免死铁券，算是对朱升的一点安慰，并叫使者用快马将朱升的行李送到老家去。

朱升也感到很欣慰，与皇上辞别时，郑重提出："我很诚挚地祝愿陛下的统治像太阳一样照得万里明朗。治理国家，有三点是相当重要的：一定要给太子选个贤明仁德的老师；保护好那些忠心的卿士大臣，长久考验他们的才能；对待百姓要像对待自己的孩子一样。"

次年十二月，朱升在家里病逝。临终前，他还写了一首诗：

> 留心垂半世，藏体付千年。
> 海内风尘息，城南灯火偏。
> 亲朋何用哭，含笑赴黄泉。

表达了一种超然赴死的洒脱。

朱升预料到猜忌多疑的朱元璋，来日将会上演一场诛戮功臣的血腥活剧；但绝对没有想到，在他死后几年，朱重八会在强化君主专制的道路上走得如此之远。这种极端专制的政治，加上本人猜忌多疑的性格特点，必然要无情地制造出一幕幕人间惨剧。只要认为有碍于其专制统治的臣僚，不论是否功臣宿将，也不管是否握有免死铁券，均在诛杀之列。

朱升的独子朱同，尽管在朱元璋进军浙东初期就立下战功，洪武年间官至礼部侍郎，并握有朱升为之求得的免死铁券，最终还是坐事赐死。朱升"不得老死牖下"的忧虑，竟不幸变成了现实。

弘文馆学士刘基

刘基（1311—1375），明朝开国谋臣。字伯温，处州青田（今属浙江）人。元末受聘成为朱元璋谋士，在征讨割据势力和立国治政方面出谋划策，多被采纳。历任御史中丞、太史令、弘文馆学士等，封诚意伯。他为人耿直，为政清廉，有知人之明。博通经史及兵法，尤精象纬之学，传世有《郁离子》等。

一、出身望族　不畏强权

元武宗至大四年（1311），刘基出生在浙江处州府青田县南田山武阳村一个书香地主家庭。他的远祖是江苏丰沛人，相传"青田刘氏汉诸孙"，与汉高祖刘邦有族源关系。刘基的七世祖刘延庆，宋钦宗靖康时为镇海军节度使，靖康二年（1127）驻守京城汴梁，后在抗金中牺牲。刘延庆之子刘光世随宋高宗南渡，官至宣抚都统少保。

刘家迁居青田，是从四世祖刘集开始的。刘基出生时，世居武阳已有五代，是当地很有声望的大族。刘基的父亲刘爚，才智出众，为人正直，当过遂昌县（今属浙江）教谕（县学校长），是当时的名儒。四十岁时,刘爚喜得刘基,视为掌上明珠,精心培养,使其从小就受到了良好的教育。

刘基从小好学机敏,聪慧过人。十二岁考中秀才,成为乡里的"神童"。元泰定元年(1324),十四岁的刘基从师学习《春秋》"三传"。《春秋》为儒家经典,隐晦奥涩,很难读懂,但刘基能过目而识其要。

泰定四年(1327),十七岁的刘基又师从处州名士郑复初,研学周(敦颐)、程(程颢、程颐)理学。郑复初曾对刘基的父亲说:"您祖上积德深厚,这孩子将来一定能光大您的门庭。"("君祖德厚,此子必大君之门矣。")此外,刘基还博览群书,诸子百家均有涉猎;对天文地理、兵法术数尤其爱好,潜心钻研,非常精通。当时,西蜀名士赵天泽评价江南人才时,最推崇的就是刘基,认为他是诸葛孔明一流的人物。("西蜀赵天泽论江左人物,首称基,以为诸葛孔明俦也。"均《明史·刘基传》)

元统元年(1333),二十三岁的刘基赴元大都参加会试,一举考中进士,从此步入仕途。

刘基中进士后,并没有即时授官,而是在家闲居了三年,至元二年(1336)才被授为江西高安县丞。这是个辅佐县令的小官,但刘基并未因官小位卑而敷衍了事。他勤于职守,随时深入乡间,体察民情。

这时的高安县,诸多地主豪绅相互勾结,与贪官污吏沆瀣一气,强取豪夺,杀人害命,无恶不作。刘基所到之处,听到的都是百姓的哭诉,不由得义愤填膺,决心为民除害。经过明察暗访,刘基对一些恶行昭著的豪强恶霸和贪官污吏给予了严惩和整治。从此,高安县的社会风气有了好转,百姓生活终于安定。刘基则因其刚正不阿的品行,赢得了百姓的爱戴和敬重。当时有名的大学问家揭傒斯,曾对人说:"刘基是魏徵一类的人物,但豪

迈之气远胜魏徵,将来必是安邦治国的大才!"("此魏徵之流,而英特过之,将来济时器也。"黄伯生《故诚意伯刘公行状》引)

至元五年(1339),瑞州路新昌州(今江西宜丰)发生了一起命案。此案初审时,判定死者为自杀,死者家属不服,哭冤上诉。瑞州路总管因案情牵涉青田县的一家豪门大户,不敢受理,想到敢于为民请命的刘基,遂将此案交给他复审。刘基通过细心调查取证,判定这是一起预谋杀人案。其间,这家豪绅多次托人行贿,此路不通后便采取威胁手段。更棘手的是,初审此案的原判官员乃元朝享有特权的蒙古贵族。但刘基还是秉公执法,处决了凶手,蒙古贵族大员也因渎职被罢免官职。刘基不畏强权、一心为民的美名,顿时遐迩传颂。

二、退隐乡里　得遇明主

元朝末年,官府衙门受贿成风,刘基的严明执法使他们惶惶不安,于是群起攻之,极尽诋毁之能事,急欲逼退他而后快。眼见自己在这种环境下很难有所作为,刘基便毅然辞职,于至元六年(1340)退隐家乡,闭门读书。而此时,他已经声名在外,无人不知。

在家赋闲两年多后,刘基又被江浙行省以儒学副提举再次起用,授行省考试官。与此前不同的是,这次到任不久,他就辞职而去。原因是他上书揭发监察御史失职,但上面斥责他多管闲事,所言不实。刘基自此心灰意冷,归家后不久就移居杭州,饮酒赋诗,遣兴自娱。

此时,天下大乱,烽烟四起,反元义军已呈燎原之势。让刘基痛心的是,自己的家乡也在战火中变得面目不堪。恰逢此时台州人方国珍在海上举兵,朝廷令江浙行省着力防范。江浙行省再一次起用熟谙兵略的刘基,授予浙东元帅府都事之职。至正十二年（1352），刘基再次复出，与官府一道，出计围剿、镇压方国珍。后来，朝廷招抚了方国珍，并斥责刘基主谋剿捕，令江浙行省将他拘管于绍兴。这对刘基无疑是当头一击，他对朝廷的忠心渐渐幻灭。

至正十六年（1356），浙江山民爆发起义，此时，以红巾军为主的农民起义几乎遍布全国，处于水火之交的江浙行省遂又以都事之职起用刘基。此时的刘基意识到，元朝已经不可救药，自己又报国无门，因此在一首辞赋里写道：

> 上壅蔽而不昭兮，下贪婪而不贞；权不能以自制兮，谋不能以独成；进欲陈而无阶兮，退欲往而无路；忠沉沉而不白兮，心摇摇而不固。

言辞中流露出内心的愤懑和绝望。在敷衍一段时间后，至正十八年（1358）第三次辞官，退隐青田。

正当刘基退隐青田专心著述之时，浙东局势发生了变化。淮西由朱元璋率领的红巾军趁刘福通在北方抗击元军之机，挥兵向南，攻占集庆，改名"应天"，建立了自己的根据地。随后，朱元璋向周边进军，连下婺州、衢州、处州等地，直入浙江。朱元璋十分注重有识之士，每到一处，都要寻访当地名士，想尽办法请他们出来帮助自己。

朱元璋攻占处州后，听说刘基正隐居青田，便派人携重金前去聘请。作为元朝臣子，投奔义军是一种失节行为，作为名儒的刘基难下决心，便以身体有病、老母需要孝养为由，婉言拒绝。朱元璋再次派江南名士、处州路总管孙炎前往聘请，刘基为朱元璋的诚意感动，觉得群雄中只有他成得了大气候，加之对无可救药的元王朝的绝望，终于决定应聘出山，辅佐朱元璋，以完成自己济世救民的愿望。

至正二十年（1360）三月，刘基打点行装，离开青田，抵达应天。刘基一到应天，朱元璋立即召见，并对他说："我为天下召请先生出来，真是委屈您啦。"

传说中的刘基，能呼风唤雨，料事如神，这当然是在神化他。但刘基除经史、诗文外，确实对军略兵术、天文地理，乃至阴阳五行都十分精通，而且他为人机警，处事果断，因而在追随朱元璋后，很快就成为其智囊核心。朱元璋才一见面，就以谦恭的态度向他求教灭元兴邦、统一全国的良策，刘基当即呈上早已拟成的《时务十八策》。朱元璋看了，直恨相见太晚，非常高兴，立即命令建造礼贤馆，以上宾之礼对待刘基，并把他安排在自己身边，参议机密要事。刘基为此非常感动，庆幸自己终于遇到了明主。

三、不拜明王　力主自立

刘基初到应天时，朱元璋无论是政治还是军事，都正处于发展的关键时刻。这时，朱元璋已在应天站稳脚跟，并占据了浙江的大部分地区，力量有了很大的发展，但还不足以攻取天下。首先，东面的张士诚和西面的陈友谅也都不弱，并有联合夹攻的意图，对朱元璋威胁很大。其次，朱元璋没有自己的旗号，而是一直追随刘福通控制的小明王韩林儿，尊其为主，受其封爵，用"龙凤"年号。所以，在军事上破除张士诚和陈友谅的威胁，政治上摆脱别人的控制，是朱元璋雄霸天下的关键所在。

对于朱元璋尊奉小明王的做法，刘基坚决反对。他认为，在群雄四起、纷争天下之际，要成就大业，必须摆脱别人的控制。至正二十一年（1361）正月，朱元璋在金陵设御座，率文武僚属遥拜小明王、行庆贺礼时，所有的人都跪拜，唯独刘基站在一边不拜。朱元璋问他为何不拜。他轻蔑地回答说："他不过是个牧童罢了，为什么要尊奉他？"（"牧竖耳，奉之何为！"《明史·刘基传》）随后，刘基力劝朱元璋摆脱小明王，不要受其牵制而拖垮自己。朱元璋听后有所领悟，但仍没有完全听从劝诫。

至正二十三年（1363），张士诚部将吕珍率兵攻打小明王所在的安丰（今安徽寿县），刘福通要朱元璋派兵援救。刘基劝阻朱元璋，他说：陈友谅、张士诚二人此刻正伺机进攻我们，如果分散兵力，他们定会乘虚而入。朱元璋不听刘基的劝阻，亲自率军前往安丰援救。陈友谅果然率几十万大军袭击朱元璋所辖的江西重镇洪都（今江西南昌）。朱元璋闻知，立即星夜赶回解围。事后，朱元璋叹道："不听您的话，差点误了大事。"（"不听君言，几失计。"同上）

不久，朱元璋终于听从刘基的意见，不再听从小明王韩林儿的号令，并彻底摆脱了他的牵制。

四、神机妙算　屡建奇功

至正二十年（1360）五月，陈友谅攻下应天外围重镇太平（今安徽当涂），并杀了朱元璋的养子朱文逊及守将花云。陈友谅调集大军直逼应天，并声称此战有张士诚配合，攻下应天指日可待。

面对陈友谅的嚣张气焰，朱元璋的部将难免紧张，有的主张杀出城去决一死战，有的甚至主张舍城退移。朱元璋犹豫不决，一时没了主意，便问站在一边默不作声的刘基。刘基果断地回答，先斩主降者和言逃者，才能破敌得胜。

刘基接着说："陈友谅急于称帝，其心无日不忘金陵。现在气势汹汹，是要逼迫我们退让。我们只能坚决抵抗，不能让其得逞。常言道，后举者胜。陈友谅兵骄将悍，从千里之外来犯，既是疲军，又是不义；而我们后发制人，以逸待劳，可以诱敌深入，再以伏兵击之，自当必胜。"朱元璋采纳了刘基的建议，大败陈友谅，使其退守到江西、湖北一带。这一战，不仅取得了保卫应天的胜利，还一鼓作气收复了太平，应天最终得到巩固。

为了尽快扫平群雄、北定中原，最后推翻元朝统治，朱元璋军中对东边的张士诚和西边的陈友谅两个劲敌，持有不同的战略看法，大多数将领都主张先易后难，先攻打张士诚。朱元璋似乎也对这一战略有所动心，但刘基的主张恰恰相反，他说："张士诚生性怯弱，只求自保，不值得担忧。陈友谅劫持主上，名号不正，（但他野心勃勃，力量强大，）又据长江上游，心里头从未忘记我们，所以应该首先打他。消灭了陈友谅，张士诚势单力孤，便可一举获胜。然后北向出兵中原，便可成就大业。"（"士诚自守虏，不足虑。友谅劫主胁下，名号不正，地据上流，其心无日忘我，宜先图之。陈氏灭，张氏势孤，一举可定。然后北向中原，王业可成也。"《明史·刘基传》）刘基缜密的分析，使朱元璋叹服，遂采纳其计。

至正二十一年（1361），朱元璋率三军西征陈友谅，但在攻打安庆时难以取胜。刘基见陈友谅重兵把守安庆，知其老巢江州（今江西九江）定然空虚，便建议转攻江州，果然一举而破。陈友谅弃城而逃，前往武昌。随后，陈友谅部臣、江西行省丞相胡廷瑞以保留部队为条件前来议降，朱元璋听从刘基的意见，接受了他的条件。胡廷瑞投降后，其他守将也纷纷前来归降，整个江西很快就到了朱元璋手里。

至正二十三年（1363）四月，陈友谅趁朱元璋北上解小明王韩林儿安丰之围，从武昌率军围攻洪都，想收回这一重镇。守将朱文正奋力抵抗，两军相持多日。七月，朱元璋率大军南下，与陈友谅决战于鄱阳湖上。数日激战，双方伤亡惨重，相持不下。

这时,刘基建议派重兵把守鄱阳湖四周出口,围困陈友谅。没过多久,陈友谅果真率残军突围,结果被朱元璋拦住。陈友谅战死,残军大溃,陈友谅势力自此灭亡。

紧接着,朱元璋马不停蹄,挥戈直逼张士诚。至正二十七年(1367)九月,朱元璋攻下平江(今江苏苏州),张士诚走投无路,自缢而死。从此,长江中下游地区全被朱元璋掌控。

刘基对战略战术的运筹帷幄、神机妙算,不仅让僚属折服,也使朱元璋更加信任和尊敬,比于汉谋臣张良,谓之"吾子房也",尊称"老先生"而不呼其名。甚至遇到重大问题需要决策时,只召刘基一人密室商议,一谈就是半天。可以说,朱元璋对刘基几乎到了依赖的地步。刘基的母亲病故时,刘基想告假回乡奔丧,朱元璋执意让他留下,最后准许了,还不时写信到青田询问军政大计。朱元璋以如此诚意待刘基,刘基也以朱元璋为不世之遇,悉心辅佐,知无不言。刘基也确实为大明王朝的创立做出了不可磨灭的贡献。

五、以医治国 以器纳相

至正二十八年(1368),朱元璋登极称帝,建立明朝,改元"洪武"。刘基拜受御史中丞兼太史令、太子赞善大夫。

元朝末年,纲纪混乱,上贪下暴,民不聊生。朱元璋称帝后,百废待兴。他吸取元朝灭亡的教训,特拜刚正不阿、敢为民请命的刘基负责监察事务。而在投奔朱元璋之前,刘基就已经整理出一套治理国家的理论和方法。他认为,纲纪就是一个国家的脉象,社会动荡是症状,道德和刑法是药方,大小官吏是药材,只要把握好国家的纲纪、德刑、人才,就能治理好国家。

为了真正做到依法治国,刘基和丞相李善长在很短时间就制定出了《大明律》,并把严肃纲纪、建立法制当作首要任务来抓,以至从开始就根除了建国初期军队滥杀无辜的混乱状态。刘基还鼓励下属大胆揭发各级官员违反纲纪、贪赃枉法的事件。中书省都事李彬因贪污被查实,按律当斩。李彬是开国宰相李善长的心腹,李善长多次求情,请免其死罪,刘基不听,依法将其处死。

刘基认为,严肃纲纪是为了施行仁政,而长期的战乱已使百姓遭受流离痛苦。于是,他多次以天旱求雨为借口,建议皇上清理全国冤假错案,释放蒙冤关押的无辜者,并抚恤阵亡士卒的遗孤,宽赦归降的将卒等。明太祖书面询问天象问题,刘基的答复十分详尽,但上呈后就焚毁了草稿,"大要言霜雪之后,必有阳春,今国威已立,宜少济以宽大"(《明史·刘基传》)对刘基的建议,明太祖均多采纳。

在举贤荐能方面,刘基也表现出大公无私的宽大胸怀。明太祖曾打算免去李善长的丞相职务,征求刘基的意见。刘基说:"国之大事,莫大乎置相。"认为实现吏治的关键就在于丞相,而李善长是明太祖的勋臣,有很高的威望,他做丞相能调和诸将,是很合适的人选。明太祖奇怪地说:"李善长几次想害你,你居然还为他说话?"还说要任用刘基为丞相。刘基说:"换相如同换大厦的柱子,必须是栋梁之才。若是把小木木材捆在一起充当大柱子,大厦很快就会倾覆。"("是如易柱,须得大木。若束小木为之,且立覆。"《明史·刘基传》)

没过多久,李善长因病辞去官职,明太祖想让杨宪继任丞相。刘基虽与杨宪私下很好,但还是不同意,他说:"杨宪有为相之才,但无为相之度。"太祖又建议用汪广洋,刘基也不赞成,他认为汪广洋比杨宪更褊狭小气。太祖又问胡惟庸如何,刘基认为此人更不行,他说:"任相好比驾车,如让胡惟庸驾车,非但驾不好,还会毁掉辕木。"("譬之驾,惧其偾辕也。"同上)

明太祖见自己提出的三个人都被否决,便说:"我的丞相,实在没有比先生更合适的了。"("吾之相，诚无逾先生。")刘基赶紧说："我这人嫉恶太甚，又不能胜任繁重事务，这会辜负陛下的恩典。不必担心天下没有贤才，只要用心访求就行。目前的几个人，确实看不到他们可以胜任。"("臣疾恶太甚，又不耐繁剧，为之且孤上恩。天下何患无才，惟明主悉心求之，目前诸人诚未见其可也。"同上）然而，明太祖不仅没有用心召纳天下贤才，还先后任用杨宪、汪广洋和胡惟庸为相，结果个个都如刘基所说，最终都出了问题。

六、辞官故里　被诬获罪

刘基虽然不受丞相之职，但明太祖还是论功行赏，洪武三年（1370），任他为弘文馆学士，授为开国翊运守正文臣、资善大夫、上护军，封诚意伯。

后来，刘基深知自己直言上谏、严肃纲纪，得罪了不少人。为免遭官场不测之祸，他几次提出辞官，想回乡过安闲的生活，但均未获准。

洪武四年（1371），明太祖终于恩准，刘基遂于二月回归故里。回到青田后，他谢绝与官方往来，每天只是饮酒赋诗、读书下棋，从不谈论过去，尤其是自己的功绩。

洪武六年（1373），胡惟庸出任丞相，因当初刘基谏阻，他一直怀恨在心，伺机报复。如今有了机会，便在皇上面前诬陷刘基，说他在老家卜得一块有帝王之气的地基，作为自己的墓地，想让两个儿子日后有一人能成帝王。明太祖最担心别人谋夺帝位，一听胡惟庸所言，立即下诏革除刘基的俸禄和爵位，并准备严办。

刘基得知此事后，为免遭灭门之灾，马上领着儿子刘琏匆匆赶到京城谢罪。为了防止再受诬陷，刘基干脆留住南京，没再回青田老家。

由于忧心之事过多，洪武八年（1375）三月，刘基卧病不起，随即被送回老家。一个月后，刘基病逝，终年六十五岁。有人说刘基是胡惟庸派人毒死的，但因无据可查，一直没有定论。

刘基刚刚病逝几个月，胡惟庸就出了问题。明太祖想起刘基当初说过的话，追悔万分；又想到他对自己一直忠心耿耿、刚正不阿，遂诏令其子孙后代世袭诚意伯爵位。

翰林学士宋濂

宋濂（1310—1381），明初文臣。初名寿，字景濂，婺州浦江（今浙江金华浦江）人。起初拒绝出仕元廷，隐居十年，读书著述。元末受荐举侍从朱元璋，明初任翰林学士、史馆编修等，朝廷礼乐制度多所裁定。与刘基、高启并称"明初诗文三大家"，又与章溢、刘基、叶琛并称"浙东四先生"，明太祖誉为"开国文臣之首"。后因牵涉胡惟庸案，贬谪茂州，中途病逝。

一、避元不就　为朱出山

宋濂生于元武宗至大三年（1310），因与祖父同日生，故名为寿，后改名濂。其祖先南宋时居金华潜溪，宋濂时迁居浙江婺州浦江。

宋濂早产，故幼时体弱多病，有时一连昏迷数日不醒。家人到处求医，求神保佑，好不容易才得以长大成人。不过，宋濂天资聪敏，领悟力高，又勤奋好学，六岁时已能吟诗作赋，在乡里小有名气，人呼"神童"。十五六岁时，德高望重的同乡张继之听说他能记善诵，曾亲加试验，觉得这孩子天分非凡，便向宋濂父亲建议，将他送到有名望的老师那里学习。

宋濂先师从大学者刘梦吉，学习儒家经书，通晓了《五经》；后来又师从著名理学家吴莱，深得其蕴奥。最后拜在大文章家柳贯、黄缙名下，两个人在宋濂面前都表现得很谦逊，自称不如宋濂。（"游柳贯、黄溍之门，两人皆亟逊濂，自谓弗如。"《明史·宋濂传》）由于宋濂禀赋优异，又刻苦学习，老师又多为饱学宿儒，因此到元顺帝至正初年，宋濂即以文章名闻海内。

至正九年（1349），元廷征召宋濂为翰林院编修。此时，元朝已经日薄西山，皇帝昏庸，奸臣专权，朝廷内部明争暗斗，甚至互相残杀；官场上下贿赂公行，腐败不堪。宋濂不愿供职于这样的朝廷，以"亲老"为由坚辞不就，隐居龙门山读书著述。

在龙门山，宋濂一待就是十年。十年的隐居生涯，他报效国家的信念并未泯灭，也从未忘却外面的世界；十年的著书立说，他积淀了深厚的学识，足以面对一个动荡不定的社会，去施展自己的经世之才。

就在这时，朱元璋在浙东的发展引起了宋濂的注意。至正十六年（1356）三月，朱元璋亲率大军攻占了集庆（今南京），改集庆路为"应天府"。七月，置江南行中书省，建立了军事、政治、经济等方面的机构，以此作为向外发展的基地。为了营建以应天为中心的根据地，朱元璋率先派兵攻占了浙东地区，雄心勃勃地拓展势力。

与此同时，为了扩大社会影响，朱元璋对文人也特别留意。每到一地，他都礼贤下士，对应聘前来的儒士，都妥善地给予安排和任用，因才授职，用其所长，使他们发挥自己的才能。文人儒士的大量吸纳，给朱元璋的队伍增添了活力，也使人们对元朝统治失望之余，看到了新的希望。

至正十八年（1358）十二月，朱元璋兵克婺州（今浙江金华)。南宋时期,婺州曾是理学中心,"婺学"大师吕祖谦曾在此倡导经世致用、反对空谈性命之学,在浙东产生很大影响。到元朝末年,斯风尚存,浙东出了许多著名学者,宋濂就是当地有名的文人。朱元璋早闻其名,此时经胡大海推荐,马上派使者樊观携书信、重金,去龙门山请其出山。宋濂欣然应召,受任郡学五经师。

次年三月,由于李善长的推荐,宋濂又与刘基、章溢、叶琛一道,被召至应天。初到应天,宋濂就提出"不嗜杀人"的建议,受到朱元璋的称赞,并任命他为江南儒学提举,给太子讲授《五经》,不久改任起居注。这是宋濂出山辅政之始。

二、宠遇优渥　善进忠言

从至正十八年(1358)出山,到洪武十年(1377)致仕,前后共十九年。在这十九年里,宋濂以其渊博的知识和高尚的品行,赢得明太祖朱元璋的尊重和信任,并一直"恒侍左右,备顾问"(《明史·宋濂传》)。

宋濂比刘基大一岁,两个人都兴起于东南,都在当地久负盛名。刘基生性豪迈,浑身上下洋溢着奇异的气概;而宋濂则自命为儒者,文雅风流。刘基因为在军中辅佐谋略而备受重用,宋濂则首先是以其卓著的文学成就而受到了朱元璋的隆重礼遇。("濂长基一岁,皆起东南,负重名。基雄迈有奇气,而濂自命儒者。基佐军中谋议,濂亦首用文学受知。"同上)

宋濂是个饱学之儒,长期受儒学熏陶,精通经史,深谙世事兴衰的道理,他期望能以儒家的统治思想去影响朱元璋。

一次,朱元璋召请他讲解《春秋左氏传》,他就乘势进言道:"《春秋》乃孔子褒善贬恶之书,苟能遵行,则赏罚适中,天下可定也。"朱元璋在作战的时候,喜欢黄石公《三略》等兵家书籍,宋濂进言不应只看兵书，忽略统治者必须学习的《尚书》里的二《典》、三《谟》，指出那里"帝王大经大法毕具"，他"愿留意讲明之"。事后，明太祖论功行赏，给予了宋濂很丰厚的待遇。

宋濂还曾对明太祖说："得天下应该以人心为本。倘若人心不稳，即使拥有足够多的金银玉帛，又有什么用呢？"（"得天下以人心为本。人心不固，虽金帛充牣，将焉用之？"同上）对于宋濂的这些精辟言论，明太祖都深以为然，连声称好。

明朝建立后，考虑到国家的长治久安，明太祖也经常和宋濂一起研讨帝王之学，探究治国策略。太祖曾经问帝王之学里，哪本书最为重要，宋濂举出《大学衍义》，于是太祖就命人将《大学衍义》用大字书写，挂在宫殿的两庑壁上，除自己观览外，诸大臣会集时，还命宋濂讲解分析，倡言人君要以身作则，用礼义治理民心，用教育引导百姓，而不该只用刑罚。

宋濂说："汉武帝沉溺于方技虚空幽远的学说，一改文帝、景帝恭敬俭朴的作风，由此导致民力凋敝，却又用严刑督促责罚百姓。君主若能确实以礼义来调治民心，歪理邪说就不会侵入；用学校来治理民众，祸乱就不会发生。刑罚并不是治国优先考虑的。"（"汉武溺方技谬悠之学，改文、景恭俭之风，民力既敝，然后严刑督之。人主诚以礼义治心，则邪说不入，以学校治民，则祸乱不兴，刑罚非所先也。"同上）

明太祖又问三代历时久远及疆域广狭，宋濂作了非常详尽的陈述，之后又说："三代用仁义治理天下，因此年代很长。"明太祖又问："三代以上，读什么书？"宋濂回答说："上古时还没有形成典籍，人们也不专门讲解诵读。君主兼行教化的职责，都能以身作则，民众自然很容易受到教化。"（"上古载籍未立，人不专讲诵。君人者兼治教之责，率以躬行，则众自化。"同上）

宋濂曾经奉旨咏鹰，需七步而成。诗成，其中有"自古戒禽荒"（禽荒，指沉迷于田猎）的句子。明太祖高兴地说："你称得上是善于进言了。"宋濂随时事进献忠言，及时匡正，对明太祖多有助益。

三、教导太子　帝称贤人

宋濂辅导太子朱标长达十余年，悉心教太子遵守礼法，引导他走上正道。每当和太子讲解学业，谈到政教及前代兴亡，太子的意见，他认为是对的，就说"应该如此"；若是不对，便说"不该如此"，绝不投太子所好，或者模棱两可。太子一直都十分尊敬他，说话时也一定要尊称他为老师。

至正二十五年（1365），宋濂返乡省亲，皇上和太子给他许多赏赐。他上书道谢，并在信中勉励太子要以"孝友、恭敬、进德、修业"为努力目标，"毋怠惰，毋骄纵"。太祖看到信后非常高兴，召见了太子，给他讲解这封书信的大意。太祖又赐信函回复宋濂，对他进行了嘉奖；同时还让太子写信回复，表示感谢。不久，宋濂的父亲因病去世，他不得不在家守丧。期满之后，宋濂又被召回了南京。

宋濂的尽心辅佐，赢得皇上和太子的信任，更以其忠厚诚谨，得以久居庙堂之上。宋濂为人诚实严谨，在朝中做官很久，从未攻击过别人的过失；对朝中诸事，他也绝不向外人提及。为了能时刻自我警醒和约束，他还在卧室里写了"温树"两个大字，有人问起朝内之事，他就指着这两个字作为回答。

"温树"的典故，源自汉成帝时的孔光。当时孔光官至御史大夫，谨慎守法，对家人也绝口不言朝中政事。家人有时问起宫内"温室树皆何木"，孔光也默然不应。宋濂写这两个字，其用意不言自明。但宋濂对明太祖却很坦荡，即使是家事，只要皇上垂问，他都一一道来。有一次，宋濂和朋友在家中喝酒，太祖秘密派人侦察。第二天，太祖问宋濂说："你昨天喝酒没有？跟谁一起喝？吃了什么菜肴？"宋濂都据实回答，太祖很高兴，笑着说："一点都不错，你果然没有骗我。"

有一次，明太祖向宋濂问起了群臣的好坏，宋濂只列举了那些正直的大臣，其他人则只字不提。太祖问是何原因，他说："我说好的，是因为和我有交往，我了解他；和我没交往的，不知道好坏，就没法说了。"（"善者与臣友，臣知之；其不善者，不能知也。"《明史·宋濂传》）

还有一次，主事茹太素上了封万言书，太祖看了十分生气，便征求廷臣的意见。有的廷臣迎合皇上的意旨，纷纷说："这书不敬！""这书诽谤！""这书不合法度！"独独问到宋濂时，他说："他是尽忠于陛下的。陛下既然广开言路，怎么又要深责臣子？"过了一会儿，太祖仔细看完上书，觉得很有些可供采纳实行的地方，就召集那些廷臣斥责一顿，并说："如果不是宋濂，差点误责上言者。"

明太祖常在朝廷上说："古人最高的是圣人，其次是贤人，再次是君子。宋濂事奉朕十九年，不曾讲过一句谎话，不曾批评过一个人的短处，始终如一，不只是个君子，也可以说是贤人了。"（"朕闻太上为圣，其次为贤，其次为君子。宋景濂事朕十九年，未尝有一言之伪，诮一人之短，始终无二，非止君子，抑可谓贤矣。"同上）

太祖每次召见宋濂，都要设座命茶。早晨，叫他陪同进膳，下朝后，也常反复咨询，直到夜半才散。宋濂不善饮酒，有一次，太祖跟开玩笑，强要他喝，只喝下三杯，宋濂就摇摇晃晃了。太祖看他走不成步的样子，高兴得哈哈大笑。随后亲御翰墨，赋辞一章赏赐，并命侍臣赋《醉学士歌》，还说："让后世知朕君臣同乐都像如此。"

太祖曾亲手调甘露汤给宋濂喝，并说："这是个好东西，能治病延年，愿意同你一起分享。"又命太子朱标精选良马赐给宋濂，还亲自写了一首《白马歌》，也命令侍臣应和。"伴君如伴虎"，宋濂被宠幸到这样的程度，算是很难得的了。

四、解忧主上　备极荣耀

明太祖打算分剖符节，大规模封赏有功之臣。他召见宋濂等人，商议封授五等爵位。当时，太祖就让众人在大本堂食宿，通宵达旦地讨论。文士们引经据典，一一依据汉唐已有之例，对符合条件、应予封爵的人就上奏。这期间，曾有甘露多次降下，太祖因此问起吉凶征兆的缘故。宋濂回答说："受命不在于天，而在于人；吉祥不在于征兆，而在于仁。吉凶之说是靠不住的。《春秋》在记载那些奇闻逸事时，并不记载吉凶，就是这个缘故。"

太祖的侄子朱文正犯罪被处死时，宋濂说："朱文正固然当死，但陛下也可以对他体现出亲爱戚属的仁人道理，要是把他安置到偏远的地方就好了。"有一次，太祖乘车到地坛去祭祀，因为心神不宁而颇为担忧。宋濂见状，就说："说到调养心境，没有什么办法比得上清心寡欲。如果陛下您确实能做到，那么您自然就心境清静而身体康泰了。"太祖对此非常认同，称赞了很久。

太祖命令宋濂与詹同、乐韶凤修订历法，又与吴伯宗等修编《宝训》。洪武六年（1373）九月，宋濂帮助太祖确定了散官的资格和品级，太祖授予中顺大夫之职，打算让他参与政事。宋濂推辞说："我没有其他才能，待罪于皇帝身边就够了。"太祖因此更加器重他。

洪武八年（1375）九月，宋濂跟随太子及秦王、晋王、楚王和靖江王等，一起到中都（凤阳）讲武。太祖获得地图《濠梁古迹》一卷，派人赐给太子，还在地图外题了字，命宋濂查访，然后评定地图的好坏。太子把它拿给宋濂看，宋濂一一列举陈述，还顺带进言，太子深受教益。后来，明太祖任命宋濂次子宋燧为中书舍人，长子宋瓒之子即长孙宋慎为礼仪序班，并对他们多方教诫，告诉宋濂说："卿为朕教太子、诸王，朕亦教卿子孙矣！"

洪武十年（1377），宋濂以老病辞归，太祖赐他《御制文集》一部及锦帛若干，太子朱标赠衣三袭。宋濂此时六十八岁，太祖说："藏此绮三十二年，可作百岁之衣。"太祖还亲自写诗为他饯行，中有"白下开樽话别离，知君此后迹应稀"之句，表达了依依不舍的情意。宋濂致仕后，太祖为了表示恩宠，还给他的祖父、父亲赠官，赠官的敕命都是太祖亲自书写的。

宋濂致仕后，太祖不时在朝廷问起他的情况。几个月后，宋濂回朝拜见皇上，太祖在端门接见了他，久别重逢，两人都高兴万分。太祖亲命温室（汉代宫殿名，汉代长乐宫、未央宫均有此殿）仪曹诸官，把醇酒、精膳及其他物品，送到宋濂的寓邸。每日游观宫阙时，太祖都邀上宋濂，两个人还像从前一样亲密。宋濂陪皇上在偏殿进膳，太祖向他咨询国事，直到傍晚始散。可以说，明太祖对宋濂的恩宠礼遇，群臣莫敢奢望。太祖常赞叹说："纯臣哉宋濂！"宋濂这次来朝，一共逗留两个多月，到这年年底才离开。

五、文臣之首　闻名遐迩

宋濂相貌丰盈魁伟，胡子浓密。他的眼神也不错，能贴近看清楚很细小的东西，还能在一粒黍上写好几个字。宋濂文章醇厚精深，气势绵长。在朝中，祭祀天地宗庙、山川百神的典礼，朝见宴飨、律历衣冠的制度，四方贡赋、赏赐慰劳的仪式，以及元勋大雅碑记石刻的言辞，太祖都交给他写。

宋濂多次被推举为开国文臣的第一。士大夫登门求文的，往往先后接踵。外国贡使也知道他的名字，多次询问宋先生身体可好。高丽、安南、日本，甚至出高价购买他的文集。四方学者都称他为"太史公"，而不用姓名。虽说宋濂从始至终都是侍从，他的功业、爵位比不上刘基，而一代礼乐制度，由宋濂裁定的居多。相传刘基曾对明太祖评论当代文章，认为天下文章以宋濂为第一，自己不过居第二。

宋濂一生著作甚丰，后人将其诗文编为《宋学士全集》七十五卷，其中包括《銮坡集》二十卷，《翰苑集》二十卷，《芝园集》三十卷，《朝京稿》五卷。他的文学成就主要在散文方面，诗不多，仅《列朝诗集》收录六十一首。他的散文宗法唐宋，辞采雅丽，《四库总目》评其文曰："雍容浑穆，如天闲良骥，鱼鱼雅雅，自中节度。"由于受正统儒学影响较深，其文又不免"醇正有余，恣肆不足"。他散文中的传记很有特色，既汲取了古代传记文学的精华，又有自己的创造，褒贬人物寓于叙述之中，很能反映人物的个性。如《秦士录》《王冕传》《李凝传》《胡长儒传》《杜环小传》《记李歌》等，都是其传记中的名篇。

在宋濂负责主持下，明初编写了几部书籍。洪武二年（1369）初，宋濂刚从家省亲回来，朱元璋就下令修《元史》，以宋濂为总裁官。官修史书始于唐代，以后历经宋、元，渐成惯例，历代新皇朝对编写前朝史都很重视。明朝刚一鼎建，修史的重任就落在宋濂身上。宋濂不负众望，从当年二月开始，到八月即完成除元顺帝以外的《元史》一百五十九卷，第二年又用六个月时间，续完顺帝部分五十三卷。在宋濂主持下，整个《元史》的编纂，前后只花了不到一年的时间。

虽然宋濂主持编修的《元史》，在今天看来，由于仓促成书，许多史料未加考订，舛误不少，而且编次也不免混乱芜杂。但在如此短时间内成书，恐怕是"二十四史"中所仅见。而且整部书的编写，以宋濂之功居多，同僚只不过负责抄写罢了，宋濂因此获得了"太史公"的称誉。

洪武六年（1373），宋濂升为侍讲学士，知制诰，同修国史。这一年，他负责编纂了几部书。先是奉命编写《辨奸录》，此书主要搜集历代奸臣故事而成，同年七月成书刊行。他还负责了《大明日历》和《皇明宝训》的编纂。《大明日历》共一百卷，洪武六年九月着手，次年五月纂成。自起兵至洪武六年底，历年史实逐日记载，是一部明朝开国史。据宋濂说，明太祖超过前代皇帝的方面有六："一曰一统内外；二曰得国之正；三曰治政诘戎，群仰成算；四曰敬天勤民；五曰家法之严；六曰兵政有统。"书成后，又根据宋濂建议，仿唐朝《贞观政要》体例，缩编为《皇明宝训》五卷，公开刊行。

六、伴君如虎　死于贬途

宋濂在朱元璋身边多年，对之可谓非常了解，其每一举措，他都知道用意何在。他也深知"伴君如伴虎"的鉴戒，一生言行谨慎，不求有功，但求无过。

洪武十年（1377），宋濂以六十八岁高龄告老回乡。离开朝廷，每时每刻都绷得很紧的心一下子放松了。回到家乡后，他就在青萝山畔盖了间草屋，闭门撰述，布衣疏食，无异贫士。空闲的时候，他在浦江等地为人家作墓志铭，以及诗文集的序跋、传状等应酬文字。他准备以这种杖履优游的生活方式，度过自己的晚年，但最后也未得善终。

宋濂致仕后，本来每年应入朝一次。洪武十三年（1380），因身体欠佳，太祖准许他可不来朝。结果到了日子，太祖忘记曾经的允准，见宋濂没来，很不满意。他偷偷派人侦看，见宋濂正和乡人饮酒作乐，于是大怒，要将其处死，后因马皇后和太子朱标解释，事情才算作罢。

不久，丞相胡惟庸以谋反罪被杀，宋濂的孙子宋慎名列"胡党"，儿子宋璲亦被牵连，两个人均被处死。宋濂全家被逮捕入狱，太祖想把宋濂一起处死，后经马皇后、太子力救，才改为举家流放茂州（今四川茂汶）。宋濂以七十一岁衰病之躯，千里跋涉，洪武十四年（1381）五月行至夔州时，因老病离世，终年七十二岁。

宋濂去世后，知事叶以从将他葬在莲花山下。永乐十一年（1413），蜀王朱椿仰慕宋濂的德业，命人将他移葬华阳城东。弘治九年（1496），四川巡抚马俊上奏，请求登录其功、加以抚恤，经礼部商议，明孝宗恢复了宋濂的官职，春秋致祭。明武宗正德年间，宋濂被追谥"文宪"。

御史中丞章溢

章溢（1314—1369），明初文臣。字三益，号匡山居士，别号损斋，处州龙泉（今浙江龙泉）人。元末动乱中，他以一介书生组织乡兵保卫家乡；后受明太祖礼聘，管理地方、建议朝政，历任御史中丞、赞善大夫，颇受信用。他天性孝友，因母亲去世哀毁过度，染病去世。他既是官员，又是学者，与刘基、宋濂、叶琛并称"明初四先生"。

一、组织义军　捍卫家乡

章溢的家乡处州（今浙江丽水），是浙东重镇，人口稠密，物产丰富，文化发达。章溢在这个鱼米之乡、诗礼之邦长大，学识不凡，且天性孝顺、友爱。不过，章溢出生时，由于哭声响亮如钟，父母疑为不详，差点将他遗弃。

　　二十岁时，章溢与胡深一起拜王毅为师。王毅教授经义，他们都能领悟，可谓高足。后来，章溢还跟随胡深到处游历，有志于圣贤之学。

　　章溢曾游历金华，元朝宪使秃坚不花对他以礼相待。后来秃坚不花调任秦中，要章溢与他同行。走到虎林（今杭州境）时，章溢决心动摇，便告辞回了家乡。

　　回乡八天之后，章溢的父亲去世，还没有殓葬，住居却突然失火，大火漫天。章溢拍着额头吁求上天，大火烧至放置棺材的地方，果然熄灭了。

　　元至正十八年（1358），安徽蕲、黄地区的贼寇侵犯龙泉，章溢的侄子章存仁被捉。为了搭救侄儿，章溢挺身而出，对贼寇说："我哥哥只有一个儿子，不能让他绝后，我愿意代替他。"那些人都听说过章溢的名声，想招降他，便把他绑在柱子上。可章溢毫不屈服。到了夜间，章溢哄骗守卫者，得以脱身逃走，随后召集同乡百姓组成义兵，击败了贼寇。

　　府官随即率军而来，要杀尽有牵连者。当时镇守处州的，是元朝参知政事石抹宜孙，章溢前去劝道："贫苦百姓迫于饥寒才铤而走险，为什么要处死他们呢？"石抹宜孙觉得此话有理，便下令止兵，并将章溢留在了幕下。

　　之后，章溢随元军平定了庆元、浦城的盗贼，朝廷授他为龙泉主簿。章溢推辞不受，返回了故乡。石抹宜孙驻守台州时，被义军包围，章溢率领乡兵前往援救，击退了义军。

　　不久，义军攻陷龙泉，朝廷任命的监县宝忽丁逃跑。章溢和老师王毅率领壮士击走义军，宝忽丁返回后，心有所愧，杀死王毅，反叛朝廷。当时章溢正在石抹宜孙幕府，获悉此事，迅速赶回，偕同胡深捉住并杀掉首恶，并趁机引兵平定了松阳、丽水的义军。

长枪军进攻婺州,听说章溢率军到来,使撤兵离去。论功之时,章溢被元廷授为浙东都元帅府佥事。章溢却说:"我所率都是故乡子弟,他们肝脑涂地,而我却独取功名,我不忍心啊。"("吾所将皆乡里子弟,肝脑涂地,而吾独取功名,弗忍也。"《明史·章溢传》)因此坚辞不受。

随后,章溢把家乡义兵交托给儿子章存道统领,自己退隐匡山,献出自家田地,创建龙渊义塾,培养人才。

二、建议效力　功不在后

至正十九年(1359),朱元璋的军队攻克处州后,章溢起初避居于福建蒲城。朱元璋早听朱升介绍过章溢等处州名士,胡大海也推荐过他们。朱元璋求贤若渴,诚心礼聘,于是至正二十年三月,章溢与刘基、叶琛、宋濂一同到了应天。他们几位,后来都成为明太祖倚重的谋士、文臣,被称为"明初四先生"。

到了应天,朱元璋问刘基等人:"为了天下,委屈四位先生了。如今天下纷乱,何时才能平定呢?"章溢回答说:"天道无常,只有仁德,才能辅助成功;只有不嗜杀人者,才能一统天下。"("天道无常,惟德是辅,惟不嗜杀人者能一之耳。"《明史·章溢传》)朱元璋认为章溢所言颇有远见,任命他为佥营田司事,从事地方事务。

根据朱元璋的安排,章溢巡行江东、两淮田地,根据户籍确定税额。这种措施对百姓十分有利,也体现了章溢的治政理念。后来,章溢因久病休假,朱元璋知道他想念母亲,便给予厚赐,让他回乡,把其子章存厚留在了应天。

浙东设提刑按察使时,朱元璋任命章溢为佥事。胡深出师温州,章溢受命驻守处州,供应粮饷,而百姓不觉烦劳。山贼来侵,章溢率军将其击走。这说明,无论民政还是武备,章溢做得都很不错。随后，他晋升为湖广按察佥事。

当时荆、襄等地初定，荒废的田地很多。章溢建议派兵屯田，并以此控制北方。朱元璋听从了他的提议。

浙东按察使宋思颜、孔克仁等因失职被捕，供词中牵涉到章溢。朱元璋为此派太史令刘基前去传达旨意，说："我向来知道章溢守法，不要有疑虑。"（"素知溢守法，毋疑也。"同上）

胡深进军福建，全军覆没，处州受到影响，局面有些混乱。朱元璋命章溢为浙东按察副使，前往镇守处州。章溢觉得自己涉罪而受到宽恕，不应升迁，因此推辞副使之职，仍担任佥事。到处州之后，章溢宣布诏令，处死叛首，余党全被平定。接着，章溢召集旧部义兵，分布要害之处。贼寇侵犯庆元、龙泉，章溢排列木栅严加防御，贼寇遂不敢来犯。

浦城守军缺乏粮食，李文忠想把处州的粮食运去。章溢认为车船不通，而军中所掠粮食颇多，请求充公、平均供给。李文忠接受了他的建议，浦城军粮充足起来。

朱亮祖攻取温州时，军中抢掠了很多百姓子女，章溢把他们全部放归。温州茗洋贼寇为患，章溢命其子章存道前往搜捕，将贼寇悉数斩首。

吴地平定后，朱元璋下诏命章溢之子章存道驻守处州，召章溢入朝觐见。朱元璋对群臣说："章溢虽然是儒臣，但他们父子效力一方，寇贼全被平定，其功劳不在诸将之后。"（"溢虽儒臣，父子宣力一方，寇盗尽平，功不在诸将后。"同上）他又问章溢，应派哪位将领前去征伐福建。章溢回答说："汤和取海路、胡美由江西前去征讨，必定胜利。但李文忠在福建尤其有威信，如果命李文忠从浦城攻取建宁，将是万全之计。"朱元璋当即按章溢的建议，下诏命李文忠出师福建。

处州军粮旧额为一万三千石，战事兴起后加至以前的十倍。

章溢向浙江行省丞相建议，恢复了旧额。浙东建造海船，在处州征求巨木。章溢说："处州、婺州相交之处，山岩险峻，纵然有木材，从什么路运出去呢？"因而告诉行省停办了此事。

三、守职持正　哀毁染病

明朝建都应天（今南京）后，洪武元年（1368），章溢与刘基同被授予御史中丞，章溢同时兼任太子赞善大夫，刘基兼任太子率更令。明太祖希望学识渊博、操守高尚的文臣教导太子，所以章溢等均有兼职。

明太祖主张严刑峻法，当时廷臣窥探皇帝的意图，办事大多严厉苛刻，唯独章溢能持大体。有人因此劝说他，章溢却说："宪台为百司的仪表，应当教人懂得廉耻，岂能以相互攻讦抨击为能呢？"

有一次，明太祖亲自去祭祀社稷，却遇上了大风雨。回来之后，太祖坐在外朝，愤怒地说是礼仪不合，以致变天。当时的礼仪正是章溢制定的，他委婉说明自己无罪，明太祖才宽恕了他。

李文忠征伐福建，章溢的儿子章存道率所部乡兵一万五千人随往。福建平定后，明太祖下诏命章存道率所部从海路北征。章溢坚持不可，说："乡兵都是农民，曾允诺让他们平定福建后回乡务农。现在又调去北征，这是不讲信用啊。"明太祖听后很不高兴。

不久之后，章溢上奏说："已经进入福建的乡兵，让他们返回故乡。而对那些过去曾是叛逆的百姓，应当征召为兵，命令他们北上，这样便可一举两得，恩威并显。"明太祖高兴地说："谁说儒者迂远而不切实际呢？没有先生一行，便无人能办此事。"

章溢奉命行至处州时，恰逢母亲去世，请求回乡居丧守孝。明太祖不许。乡兵聚集之后，章存道受命由永嘉出发，由海路北上，章溢再次奏请回乡守丧。明太祖下诏答允。

谁知，章溢悲戚过度，殓葬时又亲自背运土石，最终染病去世。这一年是洪武二年（1369），章溢五十六岁。听到章溢逝世的消息，朱元璋悲痛哀悼，亲自撰写悼词，还到章溢家中祭奠，赐谥曰"庄敏"。

章溢与刘基、宋濂等为挚友。章溢隐居匡山时，刘基、宋濂都曾前往造访，一起讨论诗文、商谈国事，并分别写了《苦斋记》《匡山看松庵记》。章溢的个人著作，有《龙渊集》传世。

洪都知府叶琛

叶琛（1314—1362），明初文臣。字景渊，处州青田（今属浙江）人。元朝时先后任歙县县丞、青田县尹、处州路判官、行省元帅等。后受朱元璋礼聘，与刘基、章溢、宋濂同时至应天府，初授营田司金事，不久调任洪都知府。后降将祝宗、康泰复叛，叶琛被俘不降，为叛军所杀。

叶琛出身于诗书之家。他的曾祖叶宏，为宋乾道八年（1172）进士，任敷文阁待制、太府少卿。祖父叶一鸣，曾任美化书院山长。父亲叶应咸，精通史学，擅论治乱大事，尤善五言诗，有《楼间集》传世。

叶琛自小天资聪颖，非同常人。元天历元年（1328），叶琛游学京都，因才能超群，入通政院任职。至正三年（1343），授浙江兼代宣抚使。

至正四年（1344），叶琛任歙县县丞。安徽歙县年产纸五百万张，官府以其质差价贱为由，加重百姓赋税。叶琛明察其中弊端,改革赋税,减轻了百姓负担。

至正九年(1349)春,叶琛升任青田县尹。在任期间,他兴建明伦堂,聘请六经讲师,增加学田,每月参拜孔圣,政绩卓著。后来,叶琛奉派到龙泉开垦田地,事毕,调任武义垦田定赋。青田百姓向省郡请求叶琛回青田,获得准允。叶琛回到青田时,民众迎接的綵船首尾相接,长达百多里。

至正十二年(1352),叶琛升任处州路总管府判官。当时,元将石抹宜孙在处州一带镇压农民起义,叶琛积极为其出谋划策。第二年,朱元璋军攻取处州,叶琛随石抹宜孙避走福建建宁。

至正十五年(1355)六月,叶琛受命前往招安黄坛吴德祥。十月,被劫持至黄坛寨中。十六年四月放归。

至正十七年(1357),叶琛升为浙东道宣尉副使兼处州路同知。四月,领兵到沐鹤镇(今鹤溪);八月,派遣副将陈仲真平定庐茨义军。十八年春,改任处州路治中,统率官兵进讨吴德祥,九月平定,因功授行省元帅。

至正十九年(1359)四月,朱元璋命枢密院判官耿再成与参军胡大海领兵攻取处州,叶琛扼守古道天险桃花岭,命参谋林祖彬屯兵葛渡,命陈仲真等据守樊岭(今属武义)。

至正二十年(1360)三月,经胡大海等举荐,叶琛与刘基、章溢、宋濂应召结伴而行,同赴金陵。朱元璋亲自接见,咨问国事,授叶琛营田佥事。

至正二十二年(1362),朱元璋攻占洪都,任命叶琛为洪都知府。不久,元朝降将祝宗、康泰叛乱,叶琛被俘。祝、康劝降,叶琛宁死不屈,大骂叛贼,被杀。死后葬黄坛岭。洪武元年(1368),追封叶琛南阳郡侯,入祀功臣庙。

叶琛博学有才藻,为元末明初"浙东四先生"之一,有诗文传世。

"辞官先生"陈遇

陈遇（1313—1384），明太祖谋士。字中行，建康（今南京）人。早年在元朝为官，后与刘基、宋濂等受聘到应天，成为朱元璋的幕僚，参与军国大事的谋划等。明太祖屡次授予官职，他都坚辞不就，人称"辞官先生"。

一、政治高参　不善做官

陈遇的祖先是曹州（今山东菏泽）人。高祖名叫陈义甫，是宋代的翰林学士。后来，陈义甫因为不满朝政败坏，辞官回家。一年后，陈义甫举家迁居建康，此后，陈氏子孙便世世代代居住于此。

陈遇天性沉静，贤良纯正。他爱好学习，博览群书，但却屡试不中。后来，他对入仕彻底绝望，遂将兴趣转向山水绘画和阴阳术数，尤其精通龟筮占卜之术。他还擅长绘画，尤工写貌，后来曾经为明太祖画御容，妙绝当时。

元朝末年，陈遇因人举荐，任温州教授一职。后来，因看不惯官场钩心斗角、尔虞我诈那一套，坚决辞官，归隐山林。当时的学者们，都尊称他为"静诚先生"。

朱元璋大军渡过长江以后，一如既往地收罗当地名士。秦从龙（朱元璋老友）推荐陈遇，朱元璋就派人带着书信和礼金前去聘请。在信中，朱元璋把陈遇比作伊尹、吕尚、诸葛亮一样的人物。陈遇看到信，非常激动，深感朱元璋的知遇之恩，当即就有了为其效力的想法。他不知道，朱元璋每到一个地方，每次要收罗名士时，都会把他们抬得很高，以满足他们孤傲清高的心理需求。他的这个小伎俩，几乎屡试不爽。

陈遇当下随同使者来到朱元璋的帐前。通过一番交谈，朱元璋感到陈遇确实腹有经纶，非常高兴，就叫他留下来，作为自己的幕僚，参与军政大事的密谋和策划。陈遇上传下达，每当有大事需要决策时，也往往能提出自己的意见。这让朱元璋相当满意，陈遇也一天天被亲近信赖。

朱元璋称吴王时，授予陈遇供奉司丞的官职，陈遇婉言推辞了。朱元璋登上皇位后，曾经连续三次授予陈遇翰林学士的官职，但陈遇都推辞了。他认为自己的任务就是实实在在地做事，职责就是切切实实地把事情做好，而不是做个什么官。他对做官没有兴趣，也做不好官。明太祖因此更加敬重他，赐给他一乘抬轿，派了十个卫士保护他出入行止，以此来表示对他的尊崇。

洪武三年（1370），陈遇奉命以钦差大臣的身份，到浙江去巡察民情。他尽心尽力，以微服私访的形式深入民间，同百姓吃住在一起，倾听到他们的真实呼声。百姓都认为明太祖会是一个好皇帝，但对其税收政策却颇有微词。三个月下来，陈遇回到京城，连夜写了一个类似"三农考察报告"的小册子，把所收集到的民声做了详尽汇报。朱元璋看后大悦，赐给他许多金银布帛，授予中书左丞的官职。这一次，陈遇又推辞了，理由还是"不善做官"。

二、讽谏贡马　固辞高官

从明朝开国之始，陈遇就侍奉于帷幄。洪武四年（1371），明太祖在华盖殿召见他，询问保国安民的好计策。陈遇认为，要务在于不嗜好杀人、少征收赋税、任用贤人和恢复礼乐四点。太祖听了，相当满意，连忙命人给他搬椅子让他坐下。接着，任命陈遇草拟《平西诏》，陈遇当即拟就。太祖又很满意，授予礼部侍郎，兼弘文馆大学士，陈遇还是推辞掉了。

当时，西域向大明朝进贡了一批良马，陈遇引用汉武帝的旧事来予以讽谏。汉武帝听说大宛出汗血宝马，很想得到，便派出百余人的使团，带着一具黄金铸成的马，前往大宛国，希望以重金换取汗血宝马。但大宛国王不领情，汉使无功而返，途中金马被劫，汉使被杀。汉武帝大怒，要兴师问罪。第一次，汉武帝先派贰师将军李广利率军数万，到达大宛城下，但未攻下，只好退回，而且损失惨重，回国时人马只剩十分之一二。李广利精心准备三年后，再次举兵，出动六万人马，专门带着相马师去挑马。这时的大宛国正好发生内乱，不战自败，只好以三千匹良马来换取和平。

陈遇给皇上的这条谏议，是不希望因为贡马之事挑起两国之间的战争。明太祖明白了陈遇的良苦用心，更加感念他的忠诚，授予太常少卿之职。陈遇又是推辞，太祖定要强行授予，但陈遇就是不同意接受。最后，太祖决定授予礼部尚书，陈遇还是坚决退辞。太祖看着倔犟的陈遇，沉默了很久，终于还是顺从了他。

从此以后，明太祖不再强行授予陈遇官职。有一次，太祖曾委婉地说要授官给他的儿子，陈遇说："我的三个儿子都还年幼，而且学业未成，请等以后再说吧。"明太祖听了，也不勉强。

当时，遇有大臣犯过失遭受谴责，陈遇总是竭力开解，并使他们中的大多数得以开脱。陈遇因为是机要幕僚，所以他的行事都很隐秘，从来不让外人知道。因此之故，陈遇受到的宠遇，那些勋戚大臣没有人能比得上。明太祖多次驾临他的府第，言谈中必定称他为"先生"，或称为"君子"。每次授官、授爵，陈遇总是推辞，终于成就了高洁的心志。也正因此，时人谑称他为"辞官先生"。

洪武十七年（1384），陈遇去世，享年七十二岁。明太祖震悼，遣中官谕祭，赐葬紫金山长林之原。

翰林学士刘三吾

刘三吾（1313—约1399），明初文臣。初名如孙，字三吾，以字行，号坦甫、坦翁，湖广茶陵（今属湖南）人。仕元为广西静江路儒学副提举。洪武年间，受举荐诏对称旨，授左赞善，明初取士办法等多由其刊定，累迁至翰林学士。后主考会试所录多南人，坐罪戍边。

一、善写文章 号"坦坦翁"

刘三吾父兄，都曾在元朝做官。父亲刘平野，曾任翰林学士。兄长刘耕孙，曾任宁国路推官，后来死于长枪军（元末义军的一支）引发的动乱。次兄刘焘孙，曾任常宁州学正之职，在一次争执中因持反对意见被同僚杀害。

为了躲避战乱，刘三吾不得已遁居广西。广西行省官员奉元顺帝之命，授刘三吾为静江路儒学副提举。明朝军队攻下广西时，刘三吾才返回茶陵。

洪武十八年（1385），因茹瑺的推荐，刘三吾被征召到京师。此时他已经七十三岁。由于回答皇上的问题非常切合旨意，他被授予左赞善的官职，后来积功升任翰林学士。

当时天下刚刚平定不久，典章制度都不健全。明太祖迫切希望制定礼乐制度，而德高望重的老儒生接连故去，太祖对此非常着急。有了刘三吾，太祖十分高兴，明初礼仪制度及三场考试取士方法，多数交给刘三吾修改审定。

刘三吾博学多才，善于为文。明太祖曾撰写《大诰》及《洪范》的注疏，完成之后，都命刘三吾作序。明太祖还下敕命修纂

《省躬录》《书传会选》《寰宇通志》《礼制集要》等书，都让刘三吾总领其事，对他的赏赐也非常丰厚。明太祖曾经说："朕曾经看到奎壁（奎宿，主文运）之间有黑气，现在消失了，文运恐怕要昌盛了吧？你们都应当有所著述，以称合朕的心意。"

明太祖颇好文墨，有时也写写诗，并命刘三吾和诗，而刘的和诗往往与皇上的诗相得益彰。明太祖很高兴，曾赏赐给他一支朝鲜进贡来的玳瑁笔。

刘三吾每次上朝参拜时，明太祖都叫他站列在侍卫的前面。宴飨群臣时，赐给他坐在大殿中间的特权。（"朝参，命列侍卫前；燕享，赐坐殿中。"《明史·刘三吾传》）与同官的汪睿、朱善，合称"三老"。

然而，刘三吾一天比一天老迈，才智也一天比一天衰减。有时一不留神，往往就会触犯皇上的旨意，明太祖对他的礼遇也就渐渐轻慢了。洪武二十三年（1390），刘三吾给晋王的儿子讲授经书，吏部侍郎侯庸弹劾他怠慢职责。太祖将他降为国子博士，可是没过多久，又让他官复原职。

刘三吾性格豪爽，为人慷慨，与人交往从无心计，自号"坦坦翁"，让人看上去是个很随便的人。可一旦面临关乎大节的事情，他便会坚定不移，志向不可更改。太子朱标去世之后，明太祖驾临东阁门，召见群臣，就太子葬礼问题进行商议。当时，明太祖想让第四子燕王朱棣继承皇位，但朱棣是庶出，不符合"立嫡"之制。刘三吾进言说："皇孙朱允炆是嫡系后裔，让他继位，很合乎礼仪。"这样，明太祖便立朱允炆为皇位继承人。

户部尚书赵勉是刘三吾的女婿，因收受赃物获罪而死。刘三吾不得不引咎辞职，太祖同意了。刘三吾辞职后，明太祖感到若有所失，又让他复官为学士。

二、南北榜案　获罪戍边

洪武三十年（1397）二月会试，以翰林学士刘三吾、王府纪善白信蹈为考官，录取宋琮等五十一人为进士；经三月廷试后，以陈䢿为第一名、尹昌隆为第二名、刘谔为第三名，是为春榜。因所录五十一名全是南方人，故又称"南榜"。

这个结果，虽然在一定程度上反映了当时南方经济、文化较北方发达的实际，但北方一人未取，则为历科所仅见。因此，会试落第的北方举人联名上疏，告考官刘三吾、白信蹈偏袒南人。明太祖为此命侍读张信、侍讲戴彝、右赞善王俊华、司直郎张谦、司经局校书严叔载、正字董贯、王府长史黄章、纪善周衡和萧揖，以及新科状元陈䢿、榜眼尹昌隆、探花刘谔等，在落第试卷中每人各阅十卷，增录北方人入仕。但复阅后上呈的试卷文理不佳，并有犯忌之语。

有人上告说，刘三吾、白信蹈暗嘱张信等人故意以陋卷进呈。明太祖大怒，五月，追定考官刘三吾为"蓝党"，因年老不杀，改为戍边；白信蹈、张信等凌迟处死；陈䢿、刘谔、宋琮等人也遭遣戍，仅戴彝、尹昌隆免罪。

六月，明太祖亲自策问，录取任伯安等六十一名进士；廷试后，以韩克忠为第一名、王恕为第二名、焦胜为第三名，是为夏榜。因所录六十一人全是北方人，故又称"北榜"。

"南北榜"案发生于洪武朝长达十余年的文字狱刚刚结束之后，是明太祖文化专制的继续。同时，在一定程度上体现了全国统一形势发展中南北政治平衡的要求，也体现了明太祖打击和限制江南地主的一贯政策。这一事件，开明朝分南北取士之先例，至洪熙初年（1425）以后遂成定制。

建文初年（1399），刘三吾又被召回，官复原职，主修《春秋大成》。建文二年（1400）去世时，他已经年逾九十。

弘文馆学士罗复仁

罗复仁（1306—1371），明初文臣。吉水（今江西吉水）人。原为陈友谅编修，后降朱元璋，先后任中书咨议、国子助教、编修、弘文馆学士等职。他饱学多才，曾劝降陈友谅之子陈理，立有大功，受到尊宠；他为官清正，拒不接受馈赠，受到称赞。他直言敢谏，有"老实罗"之称。

一、弃暗投明 劝降有功

罗复仁自幼爱好学习，勤苦读书向学，长大后知识渊博，远胜常人。

至正十九年（1359），陈友谅在江州（今江西南昌）自称汉王，设置各级官署。听说罗复仁十分博学，便征召他为编修。

开始的时候，罗复仁工作认真，想帮助陈友谅成就一番大事，经常进言献策。后来，他发现陈友谅缺乏才干，猜忌将领，有才能的人都被他杀害，属下离心离德。他断定陈友谅难成大事，便逃走了。

罗复仁逃出来后，决定去投奔朱元璋。他早就听说朱元璋的大名，知道他任人唯贤、以诚待人，善于指挥作战，认定他能成大事。

当时，朱元璋为攻打陈友谅，正率军驻扎在九江。罗复仁来到九江，经过一番辗转，终于见到了朱元璋。经过一席谈话，朱元璋发现罗复仁乃饱学之士，正是自己急需的人才，便把他留下来，安置在自己左右。

至正二十三年（1363），朱元璋指挥大军与陈友谅在鄱阳湖展开大战。当时，罗复仁也随从前往。在这次战役中，陈友谅战死，朱元璋获胜。战后，朱元璋派罗复仁携带蜡丸书，告谕江西未曾攻下的诸郡。罗复仁马不停蹄，向各郡守将传达朱元璋的意旨，晓之以理，动之以情，各郡守将纷纷投降。朱元璋大为高兴，认为罗复仁很能干，授任他为中书咨议。

陈友谅死后，其子陈理在将领们的拥戴下继位，固守武昌，与朱元璋抗衡。朱元璋派徐达、常遇春、傅友德等率军围攻武昌，但久围不下。朱元璋亲自前往督战，罗复仁也随侍左右。由于武昌城易守难攻，连续好多天仍未攻破，朱元璋十分着急，认为如此僵持下去不是办法，必须另辟蹊径，但左思右想，不知如何是好。

有一天，罗复仁前来拜见朱元璋，请求派他去劝降陈理。他说："我曾经是陈友谅的部下，与陈理的关系一向不错，我去劝降，他一定不会拒绝。"朱元璋一听，紧锁的眉头展开，忙说："你到了武昌城中，告诉陈理说：'如果他来投降，当可不失富贵。'"罗复仁顿首说："如果能使陈氏这支独苗保存下来，使我不在将来食言，那我就死也没有遗憾。"显然，罗复仁担心朱元璋后来会出尔反尔，杀了陈理。朱元璋赶忙说："你去吧，我不会让你难堪的。"

罗复仁来到武昌城下，大声号哭，几乎哭了一天。陈理一看罗复仁，便派人用绳子把他缒上城来。见面之后，罗复仁把朱元璋的意思告诉了陈理，他说："朱元璋的大军所到，城池无不攻克。如果不投降，就要屠城，城里百姓又有何罪？"陈理听信罗复仁，率属下张定边等人出城投降。

罗复仁因劝降有功，晋升为国子助教。因他已经年迈，朱元璋特赐乘小车出入。每次与臣下宴饮，都赐予罗复仁座位。可以说，罗复仁以自己的才干获得了朱元璋的尊宠。

二、贤明有德　皇帝赐宅

不久，朱元璋大军与元将扩廓帖木儿交战，又是长久不能取胜。为了避免兵力伤损，朱元璋想招降他，便派罗复仁出使扩廓帖木儿军营。以前派去劝降的使者多被拘留，此次罗复仁慷慨议论，说得扩廓帖木儿连连点头，虽然不肯投降，但也没有扣留罗复仁。

洪武元年（1368），罗复仁升任编修。不久，他又偕同主事张福前往安南，告谕安南首领，要求立即归还侵占的占城等地。安南首领接到诏书，答应归还土地，又送给罗复仁丰厚的金、贝、土产。罗复仁一向清廉，所送财物一点儿也不肯接受。明太祖得知此事，认为他很贤德。

洪武三年（1370），朝廷设置弘文馆，明太祖任罗复仁为学士，与幕僚刘基地位相同。他在皇上面前率意陈说得失，曾操江南口音，太祖不仅没有怪罪，反而喜欢他的质朴正直，称他为"老实罗"，而不呼其名。（"在帝前率意陈得失，尝操南音。帝顾喜其质直，呼为'老实罗'而不名。"《明史·罗复仁传》）

因为罗复仁曾是陈友谅的部下，明太祖对他有些不放心。有一天，明太祖抽空驾临罗复仁"宅邸"。罗复仁家住靠近城边的偏僻小巷，太祖来的时候，他正在粉刷墙壁。见到皇上驾临，急忙叫妻子搬凳子给皇帝坐。明太祖环视罗家，见房屋低矮破旧，便说："贤士怎么能够居住在这样的地方？"当即赐给他城中的一所大宅第。罗复仁喜出望外，急忙拜谢皇恩。

天寿节（金、元、明以天子生日为天寿节）那天，罗复仁作《水龙吟》一阕献上。明太祖非常喜悦，重重赏赐了他。

过了两年，罗复仁请求致仕。陛辞的时候，明太祖赐给他一件大布衣，在衣襟上题诗赞扬他。

回到家乡第二年，明太祖又把他召到京师。其时，正值家乡遭受水灾，罗复仁便趁机请求减少江西缴纳秋粮，太祖同意了。罗复仁在南京逗留了三个月，在此期间，明太祖经常召见他，谈论军国大事，罗复仁的对答每次都符合圣意。太祖十分高兴，赏赐给他玉带、铁拐杖、坐墩、皮衣、骏马、食具，然后送他返回家乡。后来，罗复仁在家乡安度晚年，以长寿而终。

左都御史杨靖

杨靖（1360—1397），明初文臣。字仲宁，山阳（今江苏淮安）人。进士出身，历任户部侍郎、户部尚书、刑部尚书、太子宾客、左都御史等。他尽忠职守，颇有智谋，善于随机应变，能够处理繁杂事务，审理案件明察是非，不以法条苛责犯人。后因替乡人代改诉冤状遭弹劾，被赐死。

一、才智过人　随机应变

杨靖出生于战乱不断的元末，在硝烟中度过了童年。洪武元年（1368）七岁，他进入私塾学习，在先生的教授下遍读诗书。他学习勤奋，聪明过人，读过的书籍往往过目不忘。

洪武十八年（1385），杨靖参加科举考试，考中进士，授为吏科庶吉士。第二年，升任户部侍郎。任职户部侍郎期间，杨靖兢兢业业，尽职尽责，奉公守法，受到明太祖的称赞。

当时，各部门官员大多是进士和太学生，但时有不守法纪之人。明太祖著《大诰》，列举通政使蔡瑄、左通政茹瑺、工部侍郎秦逵以及杨靖尽职奉法的事迹，来教诲、勉励这些人，说：

"他们与你们一样，也是进士、太学生，都能尽职以称合朕的心意，你们为什么不能呢？"

洪武二十二年（1389），杨靖升任户部尚书。第二年五月，明太祖下诏：在京任官三年的都升迁调任，并将此写入法令。于是，命刑部尚书赵勉与杨靖互换官位，并训谕说："愚民犯法，如同吃饭喝水一样不可避免。如果只设置法律防范，违犯的人将会更多。如果推行仁恕之政，或许能感化他们。从今以后，只有犯十恶之罪和杀人的才判死刑，其余罪行都以向北方边塞交纳粮食代替。"又说："在京城监狱里的囚犯，你们审查上奏后，朕还要亲自审理判决，还担心会有疏漏。在外的官员拟判罪行，怎么会完全恰当？你们应该详细审核，然后派遣官员审理判决。"

杨靖承受旨意，对案件加以认真研究辨别，发现了许多冤假错案，并予以平反纠正。明太祖对此无不赞赏采纳。杨靖曾经审讯一个武官，门卒搜身，得到一颗大宝珠。当时，属下都很惊异，杨靖慢慢地说："这珠子是假的，哪有这么大的珠子？"说完便打碎了。明太祖听说此事，感叹说："杨靖的这种举动，有四点值得称道之处。不献给朕求取欢心，这是第一点；不穷追进献礼物给谁，这是第二点；不奖励门卒，杜绝小人侥幸贪功，这是第三点；价值千金的珠子突然到手，一点儿也不动心，有过人的智慧和应变的才能，这是第四点。"（"靖此举，有四善焉。不献朕求悦，一善也；不穷追投献，二善也；不奖门卒，杜小人侥幸，三善也；千金之珠卒然而至，略不动心，有过人之智、应变之才，四善也。"《明史·杨靖传》）

二、宦海沉浮　成功出使

洪武二十六年（1393），杨靖兼任太子宾客，同时领取两份俸禄。当时，杨靖深受太祖赏识、礼遇，同僚对他也刮目相看。

他不禁有点飘飘然，做事便不再谨慎小心，有些大大咧咧、不加检点。这样，他不久便犯了错误，触怒了皇上，因而获罪免职。

在家赋闲没过多长时间，杨靖又被重新起用。原来，明太祖要派大军前往龙州（今广西龙州）征伐叛乱的赵宗寿。大军出征，军饷必须及时供应。要从内地往龙州运送粮食，既劳民伤财，又颇费时日，因此，太祖想让安南供应军饷。派谁去安南呢？明太祖想到了杨靖，下诏让他宣谕安南输送粮饷。

杨靖接受圣旨，以白衣身份前往。到达安南后，国相黎一元以陆地运送粮食困难为由，不想接受诏令，杨靖反复开导，并允许水运。在杨靖的劝谕下，黎一元最终同意，运送了两万石粮食到泡海江（今属广西），另造浮桥通往龙州。顺利完成使命后，杨靖返回京城，明太祖大喜，遂任命他为左都御史。

杨靖尽职为公，很有智谋，善于处理繁杂事务，审理案件明察秋毫，从不以法律条文苛责犯人。明太祖晚年，一改早年的严刑峻法，尽量宽大处理罪犯，杨靖受到格外宠遇，同僚无人能比。

洪武三十年（1397）七月，杨靖因为替乡人代改诉冤状，被御史弹劾。明太祖发怒，遂将其赐死。杨靖时年仅三十八岁。

刑部尚书开济

开济（？—1383），明初文臣。字来学，洛阳人。历任河南府训导、国子助教、刑部尚书。他颇有治政才能，任刑部尚书期间，案牍从无滞留，并参与国事筹划、设定规范，受到皇帝宠信。但他首鼠两端、内怀奸诈，薄情寡义、烦琐虚浮，引起皇上不满，最终因不法之事被处死。

一、知识渊博　为政有才

开济自幼苦读诗书,知识渊博。长大后,在别人的推荐下,出任察罕帖木儿的掌书记。洪武初年,开济以明经被推举。授官河南府训导,入京任国子助教。

在国子助教一职上,开济干了好几年,每天给国子监学生讲授《五经》,培养了很多通经的人才。在这一职位上,开济的才干未能得到充分施展。后来又患了病,竟罢官归乡。

洪武十五年(1382)七月,御史大夫安然推荐开济,说他有为官治政之才。明太祖让他试任刑部尚书,经过一年的试用,便实授了官职。

开济正式出任刑部尚书后,以综合考核为己任。他规定从中央到地方的各部门都设置文书,每天记录所做的事情,考核得失;又让各部门验对文书,规定期限,来评定功劳和罪过;又说,军民因细微小事犯罪的人,应该立即审判发落。开济上任几个月,滞留下的案牍便全部理清结案。明太祖认为他很有才能。("数月间,滞牍一清。帝大以为能。"《明史·开济传》)

这时,都御史赵仁向开济建议说,以前士人以"贤良方正""孝悌力田"被荐举,安置在郡县为官,大多不称职,应当对他们进行考核,决定去职或留任。开济于是上奏提出建议,以"经明行修"为一科,"工习文词"为一科,"通晓书义"为一科,"人品俊秀"为一科,"练达治理"为一科,"言有条理"为一科,六科都具备的为上,三科以上为中,不及三科的为下。明太祖认为这种考核办法很好,予以采纳。

二、严峻刻薄　终被处死

开济为人聪慧,才思敏捷。凡是国家制度、田赋、狱讼、工程劳役、河渠之事，众人不能裁定的，经他一一筹划计算，便有了条理和标准法式，可以作为世代遵守的蓝本。因此深得皇上信任，经常咨询，还让他参与别的部门的事情。（"以故帝甚信任，数备顾问，兼预他部事。"《明史·开济传》，下同。）

常言道："木秀于林，风必摧之。"开济在如此短的时间内，便获得皇帝如此厚爱，不能不引起同僚的侧目和妒忌，诽谤和议论便纷纷产生。在这种诽谤四起的情况下，开济若能谨慎行事，为人低调一些，也许能保全自己。然而，他对此却没有引起足够的重视，依然我行我素。

开济为官严峻刻薄，好用法律中伤别人。他曾奉命制定有关"诈伪"方面的法条，定得非常精巧细密。明太祖后期主张以宽厚待民，对开济的法律条文很不满意，说："把法律弄得像一张大大的罗网，以此对付老百姓，百姓怎么受得了？"（"张密网以罗民，可乎？"）

开济还设置了"寅戌之书"，来记录属官出入的时间。明太祖听说后，严厉责备说："古人以卯酉为常规（上下班）。你现在这样做，使办事的人早上寅时出、晚上戌时归，侍奉父母、与妻儿团聚，又在什么时候呢？"（"古人以卯酉为常。今使趋事者朝寅暮戌。奉父母，会妻子，几何时耶！"）开济见皇帝反对，才改正了过来。

一次，开济写好告诫属官的榜文，请求张贴在文华殿上。明太祖说："告诫属官的言论，想张贴在皇宫大殿上，这难道是做臣子的礼数吗？"（"告诫僚属之言，欲张殿廷，岂人臣礼？"）开济一听，深感惭愧，赶紧叩头谢罪。

事情到了如此地步，明太祖对开济已经不再那么信任，但开济仍然没有引起警惕，甚至越来越无法无天。他利用职权之便，命令郎中仇衍解脱死囚，让别人代为受过。但行事不密，被狱吏发现了，打算告发。为了杀人灭口，开济与侍郎王希哲、主事王叔徵拘捕狱吏，并将其打死。"天网恢恢，疏而不漏。"不久，此事还是被御史陶垕仲获知。

当年十二月，陶垕仲等告发了此事，并说："开济上朝奏事的时候，总是将奏札放在怀里，或者隐藏不说，以窥察陛下的意图，务求首鼠两端，其奸诈狡猾之心，令人很难揣摩。自己的外甥女，他当婢女一样役使。妹妹早年守寡在家，他把她赶到了婆家，还掠夺了她的财产。"明太祖听后勃然大怒，命令将开济逮捕入狱，连同王希哲、仇衍一起处死。

开国状元吴伯宗

吴伯宗（1334—1384），明朝开国第一位状元。名佑，字伯宗，以字行。抚州金溪（今属江西）人。洪武三年中状元，历任礼部员外郎、国子助教、翰林典籍、翰林院检讨、武英殿大学士等职。他为官正直，不畏权贵，敢于弹劾当朝宰相胡惟庸，受到明太祖的赞赏。他的官职几经升降，但一直都不高。

一、十年寒窗　一朝考中

吴伯宗自幼聪敏，饱读诗书，十岁就通举子学业。但处于元末混战的环境中，一直怀才不遇。为此，他盼望着天下早日太平，开科取士。

明太祖朱元璋建立明朝后，由于连年征战、百废待兴，急需人才治理国家，因而于洪武三年（1370）迫不及待地开科取士。

听到开科取士的消息后，天下读书人无不兴高采烈，吴伯宗更是欣喜异常，盼望已久的机会终于来到。他踌躇满志地赴南昌，参加了秋八月举行的乡试。

乡试分三场，头场于八月九日举行，试《四书》义三道，经义四道；二场于八月十二日举行，试论一道，判语五条，诏、诰、表内科一道；三场于八月十五日举行，试经史策五道。考试地点在南昌贡院。贡院门口，戒备森严，有专官负责搜身，不许挟带。吴伯宗进入贡院，到了自己的"号舍"。这是一个小单间，有两块板子分别架在"号舍"两边壁上，一高一矮，高的当桌，矮的作凳。号舍门口还有士兵监视。

三场之中，头场考试最重要；头场之中，三篇《四书》经义又最重要。吴伯宗学识广博，这对他来说是小菜一碟。拿到题目，他笔走龙蛇，一气呵成。

按照明太祖的规定，江西一省乡试可以录取四十人。吴伯宗入选，且名列榜首，获得了乡试第一名，也即"解元"。

洪武四年（1371），吴伯宗赴京师应天，参加会试。会试在礼部贡院举行，也分三场，分别在二月初九、十二、十五日举行，考试内容基本与乡试相同。但入场时的搜查极宽，这是按照明太祖的诏令放宽的，他说："这些考生都已经考中举人，干嘛还像防贼一般搜查他们？"不过，号舍的规矩还是有的。

三场会试，吴伯宗考得都很好。他旁征博引，洋洋洒洒，下笔千言；而且字迹工整，卷面整洁。试卷交上后，主考官陶凯粗粗一看，暗暗点头称赞。二月二十八日发榜，吴伯宗榜上有名。吴伯宗看到自己高居榜首，不禁喜极而泣。

接下来，由明太祖朱元璋亲自殿试。三月初一殿试，试时务策一道，时间以一日为限，日落前交卷。明太祖对第一次殿试很重视，亲拟了考题。殿试时，对于考生也不搜查，数十排试桌呈东西排列，一人一桌。桌子很矮，犹如炕几，北方睡炕的考生盘腿而坐，很习惯；出生于南方的吴伯宗就不行了。不过，他尽力克服了自己的不适，全心全意回答考题。答完之后，卷子弥封，即把姓名、籍贯都密封起来。

殿试名为明太祖亲自主考，实际上阅卷的是"读卷大臣"，他们评阅完试卷，挑出十份最好的，排定第一至第十的名次，送呈皇上裁决。明太祖在最满意的一份卷子上朱批了"第一甲第一名"六个大字，待拆开弥封一看，正是吴伯宗的。

此科共录取进士一百二十名。三月三日发榜，殿上传胪，第一声传唱"吴伯宗"时，大明王朝开国状元的桂冠落在了吴伯宗的头上。明太祖也很高兴，赐吴伯宗冠带袍笏。官府差人驰报金溪吴家，吴家欢天喜地，一时间热闹非凡。

二、弹劾丞相　安抚南疆

吴伯宗中状元后，明太祖诏授他为礼部员外郎。礼部为中央六部之一，掌礼仪、贡举；员外郎是礼部的官员之一，尚书、侍郎、郎中之下便是员外郎。

洪武六年（1373），吏部尚书詹同上疏，奏请编纂《大明日历》，明太祖诏准，命詹同与开国元勋宋濂为总裁官，吴伯宗等人为纂修官，具体负责编撰。吴伯宗认真负责地参与编撰，不敢有一丝一毫的懈怠。第二年五月，《大明日历》编撰完成，记事自起兵濠州迄洪武六年，共一百卷。这是吴伯宗步入仕途做的第一桩大事。

当时，左丞相空缺，胡惟庸以副相（右丞相）的身份执掌中书省大权。他专权跋扈，独操生杀黜陟之权，有些事连皇上都不奏闻就独断专行。百官的奏疏，他往往先私下拆看，不利于己的就藏匿不报，寻机报复上疏人。就连赫赫有名的开国第一元勋徐达，他都敢暗算。

吴伯宗官位不高,但他是开国第一状元,很有些名声,胡惟庸想拉他入伙,结为心腹。吴伯宗刚正不阿,对胡惟庸的专权擅断很是不满,坚决拒绝其拉拢。胡惟庸见此,恼羞成怒,找了个借口,把吴伯宗贬出京师,谪居凤阳。

吴伯宗虽遭贬谪,但决不肯向胡惟庸低头。他不顾个人安危,毅然上疏,弹劾胡惟庸专恣不法,告诫皇上不宜让胡惟庸独自处理中书省事务;否则,必将祸国殃民。言辞极为激切。庆幸的是,这份奏疏胡惟庸大概"漏看"了,送到了皇上手中。明太祖阅后,大为吴伯宗的刚直而感叹,下诏召他回京,特赐衣物、钱财。

可以说,在与胡惟庸的斗争中,吴伯宗取得了胜利。此后,他在明太祖的保护下,仕途平稳。

到洪武十三年(1380),明太祖终于不再容忍胡惟庸擅权专断,以谋反罪将其处以极刑,并下令废黜丞相,永不再设。

安南地处南疆,部族杂居。为了安抚那里的百姓,明太祖派吴伯宗出使。吴伯宗出使安南,以名望、德行为当地人所敬重。("伯宗之使安南也,以名德为交人所重。"《明史·吴宗伯传》)他向百姓宣谕皇上的旨意,劝告他们安居乐业。后来,洪武二十一年(1388)的状元任亨泰,又以礼部尚书身份出使安南。当地百姓提起两位状元先后出使,都颇为自豪,并称他们为"吴任"。("其后,襄阳任亨泰亦举洪武二十一年进士第一,以礼部尚书使安南,交人以为荣。前后使安南者,并称吴、任云。"同上)

吴伯宗完成使命回奏,明太祖很满意,授他国子助教一职。助教是最高学府国子监的教官,位次博士。接着,明太祖命他为皇太子朱标讲解经义。他是第一个向朱标灌输理学思想"正心诚意"的人。后改任翰林典籍,掌管图书。明太祖出了十个题目,让他作赋。吴伯宗操笔立就，文辞优美，太祖很高兴，赐他织金锦衣。

三、官小位卑　郁郁而终

后来，吴伯宗被派去掌管祭祀事务的太常任司丞，他推辞不就。明太祖又任他为国子监的副长官国子司业，他又推辞不就。明太祖火了，把他贬为金县（今甘肃榆中）教谕。

金县僻处西北边陲，贫穷荒凉。教谕是县学的教官。吴伯宗离京赴任，还没有到金县，明太祖觉得他是个人才，贬谪金县殊为可惜，遂召他回京，任为翰林院检讨。翰林院检讨位次翰林院编修，是个小官。至此，吴伯宗的官位几度升降，一直都不高。

洪武十五年（1382），明太祖下诏设殿阁大学士。原来，杀掉胡惟庸、废除丞相后，从前属于丞相的事务，也都压在了皇帝的身上，自己实在忙不过来，于是决定设置殿阁大学士来襄理事务。殿阁大学士后来发展出很多名目，明代共有华盖、武英、文华、谨身四殿及文渊、东阁两阁。殿阁大学士皆以品位较低的编修、检讨、讲读之官充任，帮助他阅读奏章，处理和起草文书，顾问应对。吴伯宗被授予武英殿大学士。

在任武英殿大学士期间，吴宗伯兢兢业业，工作负责。但好景不长，第二年冬天，吴伯宗的弟弟三河（今属河北）知县吴仲实，因荐举人才不实遭到处罚，他的供词牵连到哥哥，吴伯宗的武英殿大学士一职被革掉，降为翰林院检讨。

武十七年（1384）夏天，明太祖偶有询问，吴伯宗以非所职掌难以为答，触怒皇上，被贬谪云南，暴卒于途中。

尚书状元任亨泰

任亨泰（生卒年不详），明太祖时状元。字古雍，湖广襄阳（今属湖北）人。洪武二十一年中状元，历任翰林院修撰、礼部尚书等职。他受宠于明太祖，官至尚书，酌定礼仪，出使安南。但因过被责，自请除名为民。从状元到平民，任亨泰的一生充满戏剧性。

一、状元及第　圣旨建坊

任亨泰出生于书香门第，父亲姓杜，他随外祖姓。其母亲是元代乌古伦氏公主，色目人；后来所娶之妻，为蒙古人。

任亨泰自幼聪明，饱读诗书。十三岁时，曾作《题扇诗》："杲日初升万木低，画船撑出小楼西。先生正熟朝天梦，门外山禽莫乱啼。"人们都说他气度不凡，将来必定大贵。

洪武十七年（1384），任亨泰受到地方推荐，成了贡士。二十年，中了丁卯科举人。二十一年参见会试，考中进士。殿试时，明太祖亲自阅卷，阅后盛赞任亨泰"对策详明，以天下为己任"，擢为进士第一，并"撰《题名记》，立石监门"。

任亨泰中状元后，授官翰林院修撰，掌修国史。不久，他又出任詹事府少詹事。詹事府属太子东宫衙门；少詹事为詹事府副长官。不过，任亨泰的少詹事仅是虚衔，他仍兼任翰林院修撰，真正职务仍是掌修国史。

任亨泰才华过人，受到皇上的赏识，明太祖将他从少詹事的职位上，超拔为礼部尚书，并命官府在其家乡修建"状元坊"，以示旌表。皇帝敕命为新科状元建牌坊，就始于任亨泰。太祖每次赐手谕给任亨泰，只写"襄阳任"而不名，群臣以为荣耀。

二、任职礼部　出使安南

任亨泰任礼部尚书时，日照（今属山东）有个叫江伯儿的人，母亲病了，久治不愈，遂杀死自己三岁的儿子祭祀泰山，说是为母祛病，实则沽名钓誉，想得个孝子的名声。有司将此事报告朝廷，明太祖大怒，说他灭绝伦理，命杖一百，流放海南（今海南琼山）。

皇上一方面责罚，同时又让旌表其孝行。任亨泰不同意，上疏说："做儿子的侍奉双亲，居处要态度恭敬，奉养要使之安乐，有病要请医下药。卧冰割股，不是常规。割股不行，有的割肝；割肝不行，有的便杀子。违背天道，荼毒生灵，没有比这更厉害的了。杀子绝祀，是不孝中的大罪，应严加戒谕。倘若愚昧无知，也听任其去做，但不应该表彰。"（"人子事亲，居则致其敬，养则致其乐，有疾则谨其医药。卧冰割股，事非恒经。割股不已，至于割肝；割肝不已，至于杀子。违道丧生，莫此为甚。堕宗绝祀，尤不孝之大者，宜严行戒谕。倘愚昧无知，亦听其所为，不在旌表之列。"《明史·任亨泰传》）明太祖认为任亨泰说得对，没再旌表。

此外，秦王朱樉去世后，任亨泰奉命议定丧礼。他上奏说，宋代秦王去世，皇帝辍朝五日；如今国泰民安，应暂时辍朝一日。太子服齐衰一年，但以日易月，十二日除服，素服一年。后来定制：秦王去世，皇帝辍朝三日。

洪武二十八年（1395）八月，明太祖命都督杨文为征南将军，统兵讨伐龙州（今属广西）土官赵宗寿；同时，命任亨泰和御史严震直出使安南，告谕安南官吏谨慎行事，不要收留犯罪逃跑的人。此前，安南发生弑主篡位的事情，朝廷拒绝其进贡，听说朝廷使臣到来，颇为惊恐。任亨泰等到达安南，发布文书，陈述朝廷用兵龙州的缘故，给以安抚。安南朝野"大悦"，因此安定下来。

本来，任亨泰的安南之行颇为成功。不过，他却节外生枝，完成使命返回时，买了一个蛮人为奴仆，被言官弹劾，降为御史。不久，思明府（今广西宁明）土官与安南争界，供词牵连到任亨泰。明太祖大怒，命任亨泰戴着枷锁，手持砺石，磨国子监的题名碑。任亨泰不堪其苦，一气之下，请求除名为民，太祖诏准。

就这样，任亨泰以平民身份回到家乡。此后，他终日闭门在家，专心读书著述，终其一生。

侍读状元张信

张信（？—1397），明太祖时状元。字诚甫，浙江定海人。洪武二十七年中状元。历任翰林院修撰、侍读等职。他从偏僻的乡村考中状元，顿时成为乡人崇拜对象，神乎其神的传闻附会身上。但他为官不知避忌，以致惹恼皇上，失去宠遇。后受科场案株连，成为政治牺牲品。

一、乡人膜拜　圣上恼怒

张信从小好学，熟读《四书》《五经》。很年轻的时候，他的才学便闻名遐迩，因此被地方官举荐到国子监学习。

国子监位于南京鸡鸣山下，设祭酒一人，总领监务。在国子监学习的学生通称"监生"。监生有很多种，以举子身份入监的叫"举监"，官僚子弟入监的名"荫监"，花钱入监的曰"例监"，像张信这样由地方选送入监的，称"贡监"。监生在学校学习儒家经典《四书》《五经》，以及律令、书法、数学、起草诏令等。每天习二百余字，功课由各班斋长监督。每月考试一次。

张信在国子监受到了系统的教育，学识更加渊博。洪武二十三年（1390），张信参加乡试中举，洪武二十七年（1394）殿试成了状元。

定海县僻处海岛，历史上从这里走出来的闻人达士少之又少，至于状元，更是闻所未闻。而今突然冒出一个天下第一号才子，自然成了乡人热衷谈论的话题，一些神乎其神的传闻也附会在张信身上，家乡的父老甚至把他当作神一样顶礼膜拜。

据说张信的老家昌国（原为县，洪武二十年并入定海）境内先前曾修建了一座石桥，桥尚未建成，便有童谣说："人从桥上走，状元此时生。"因称此桥为"状元桥"。桥刚建成，一中年汉子外出归家，路过此桥，归家后其妻刚好生下一子，此子便是张信。据说当年浙江鄞县（今属浙江宁波）人单仲友奉召至京，曾在明太祖面前谈起过"状元桥"的事情。

又传张信赴京应试时曾做了一个怪梦，梦见有竹片反押狗头，置于几上，解梦者说此乃"状元"二字。不过，这种种传说纯属巧合，不足为信。

张信考中状元后，按照惯例，授职修撰。不久升为侍读，受委派做了韩王朱松的诗文教师。张信的诗做得不错，但仕途并不顺畅。在他做韩王老师的时候，就因事得罪了皇上。

原来，张信研读杜甫诗颇有心得，因而专给韩王讲授杜诗，而杜诗中多有讥刺朝政的内容，刚刚从元朝手里夺过政权的明太祖对此颇为忌讳。张信曾向韩王大讲"舍下笋穿壁"等诗句，明太祖闻知，大发雷霆，认为是讥诮大明王朝。又见韩王诗册上有"御制"二字，张信随意勾掉，也使太祖感到不快。张信从此失宠。

二、遭科场案　成牺牲品

洪武三十年（1397），三年一度的会试又届期举行。此次主试官为刘三吾及白信蹈。会试结果，江西人宋琮等五十一人中选；接着进行的殿试，福建人陈䢼被擢为状元。

此次中式的五十一人全为南方人，这激起了江北应试士子的强烈不满。他们公开宣称主试官刘三吾为南方人，对北方人心存偏见。这起风波为明太祖始料未及，对他震动很大。

在如何对待北方读书人的问题上，明太祖早就有自己的想法，他认为作为刚刚建立的大明政权，根基并不牢固，尤其是北方人受元朝统治时间较长，其遗民尚有故国之思，其士人对新兴的明王朝多心存疑虑。这对明朝政权来说，是一个潜在的不安定因素，为收买人心、巩固政权，必须设法笼络他们。

对于此次科举所取皆为南人，明太祖心中已是不悦，后又听到北方士人抗言不满，顿时勃然大怒，对刘、白及诸考官大加责难；并委派前科状元张信、侍讲戴彝、新科状元陈䢼等十二人，重新覆阅落选的北人试卷，规定每人阅卷十份，挑好的交给他看。

刘三吾为资深大臣，而且在朝臣中号称"天不怕"，对皇上的做法颇不以为然，抗言说："科举取士，一向不分南人北人，择优而取，才是正理，况且此次试卷南人的确优于北人。"刘、白二人还私下嘱咐张信等人，专挑低劣的试卷上达。张信作为南方人，当然也倾向于刘三吾之流的观点，故此十二人仍以原选奏闻，并上达所阅取北方人的试卷。

明太祖见后暴跳如雷，一怒之下，杀掉张信、白信蹈等十余人，新科状元陈䢼刚夺魁天下便被凌迟处死；刘三吾因年事已高，发配戍边。只可惜张信抱负尚未施展，就因阿附权势，不能直道而行，成了这一科场大案的牺牲品。

割据群雄本一家

元朝末年,天下大乱,群雄崛起,各占山头。就反元来说,他们似乎殊途同归;而早期红巾军奉韩山童之子韩林儿为主,组织上也可算是一家。随着形势转变、实力异位,重头戏逐渐由反抗元朝转变为群雄逐鹿,弑主的有,兼并的有;反叛的有,投降的有——刀光剑影,甚嚣尘上。朱元璋消灭张士诚、陈友谅,降服方国珍、明玉珍,最终问鼎中原,建立新朝。

滁阳王郭子兴

郭子兴（？—1355），元末江淮地区红巾军首领，朱元璋皇后马秀英义父。濠州定远（今安徽定远）人。地主出身。至正十一年与农民孙德崖等率众起义，奉韩林儿为主。朱元璋来投，他收留并重用，进而依靠其支持，立足滁阳。但他目光短浅、度量狭窄，多次猜忌并加害朱元璋。后病逝，明初追封滁阳王。

一、滁阳举事　慧眼识贤

郭子兴的祖先是曹州（今山东曹县）人，父亲郭公年轻时，凭借给人算命行走江湖，所预测的祸福总是能够应验。后来，郭公来到定远，定居下来。当时，同乡一位富人家的女儿双目失明，到了出嫁的年龄却嫁不出去。郭公听说后就娶了她。

随后，郭公的家境便一天比一天富裕起来。郭公生了三个儿子，郭子兴是他的次子。刚生下来，郭公为他占卜，认为他天生吉相，日后会很有出息。（"生三子，子兴其仲出。始生，郭公卜之吉。"《明史·郭子兴传》）

长大之后，郭子兴经常见义勇为，喜欢交结宾客。适逢元朝政治混乱，郭子兴变卖家产，杀牛沽酒，与豪杰壮士结交。至正十二年（1352）春天，也就是刘福通起义的第二年，郭子兴见时机成熟，就和四个朋友一起，带着几千个年轻人，趁着黑夜，打进濠州城，杀了州官，占领了城池，宣布举义造反。

元朝派大将彻里不花带兵围攻濠州。彻里不花害怕红巾军，不敢攻城，在老远的地方扎下营垒，却派兵士在城外捉了些百姓，当作俘虏向上司冒功请赏。因此，城外的百姓便纷纷逃到城里投奔义军，郭子兴的队伍越来越壮大。

有一天晚上，濠州的红巾军正在城门边巡逻。城外来了个年轻和尚，说要投奔红巾军。守门的兵士怀疑是元军派来刺探军情的奸细，一面把他捆绑起来，一面派人报告郭子兴。

郭子兴一听，心想也许来的真是投奔自己的好汉，便骑马到城门口去察看。只见那个捆绑起来的和尚，虽然衣服破破烂烂，却长得身材魁梧，相貌奇异，当下不敢怠慢，立即解开绳索与他交谈。这年轻和尚就是后来的明太祖朱元璋。

郭子兴把朱元璋收到自己的帐下，让他担任十夫长。从此以后，朱元璋多次随军作战，都立下了战功。郭子兴很高兴，妻子小张夫人见了朱元璋也说："这是个不寻常的人。"（"其次妻小张夫人亦指目太祖曰：'此异人也。'"同上）于是，郭子兴就把自己抚育的马公的女儿马秀英，嫁给朱元璋做妻子，这就是后来的马皇后。

二、度量狭窄　目光短浅

刚开始的时候，与郭子兴一同起事的孙德崖等四人，加上郭子兴共五人，各称元帅，互相争权，各自为政。孙德崖等四人都粗鲁倔强，每天出外剽掠，郭子兴心里很瞧不起他们。孙德崖等四人不高兴，合谋排挤郭子兴。郭子兴因此常待在家里，不出去管事。朱元璋见此十分担忧，就找个机会劝说他："他们的势力一天比一天大，我们的势力一天比一天小，时间长了，必定被他们辖制。"但郭子兴没听从他的话。

元朝军队攻破徐州时，徐州统帅彭大、赵均用，率领剩下的人马投奔濠州。孙德崖等人因为他们过去是强盗首领，就一起推举他们，让他们位居自己之上。彭大富有智谋心计，郭子兴与他关系密切而鄙薄赵均用。于是，孙德崖等就对赵均用进谗言说：

"郭子兴只知道有彭将军，不知道有赵将军你呀。"赵均用听后大怒，派人抓住郭子兴，把他幽禁在孙德崖家里。

朱元璋从别的军营回来，听说郭子兴被囚禁，非常吃惊，急忙领着郭子兴的两个儿子到彭大那里求援。彭大说："只要我在，谁敢把你们的父亲当作鱼肉一样地宰割！"于是就和朱元璋一起到孙德崖家去，打破关押的器械救出郭子兴，带着他回去。

元朝军队包围濠州时，郭子兴、赵均用为一致对外，消释旧怨，共同守城达五个月。包围解除后，彭大、赵均用都各自称王，而郭子兴及孙德崖等还像以前一样做元帅。不久，彭大去世，其子彭早住统领了他的人马。

赵均用十分专制、狠毒，胁迫郭子兴攻打盱眙、泗州，准备害死他。朱元璋攻取滁阳以后，派人劝说赵均用："大王困窘紧迫时，郭公开门接纳收留，救命之恩不可谓不深。大王不能报答，反而听信小人之言图谋加害，自己翦除自己的羽翼，失掉豪杰们的信任，我私下认为大王不应该这样做。再说他的部下在滁阳的仍然很多，杀了他，恐怕将来要后悔吧？"赵均用听说朱元璋的兵力十分强盛，很怕他。朱元璋又派人贿赂他的左右亲信，郭子兴因此得以免遭毒手，率领部下一万多人到滁阳与朱元璋会合。

郭子兴为人勇猛、强悍，善于作战，但性格固执狭隘，不能容人。情况紧急时，他就非常急于听从朱元璋的建议，对他非常亲近信任，如同左右手；事情解决后，他又听信谗言，疏远朱元璋。身边管事的人全被调离，又被逐渐削夺兵权，但朱元璋事奉郭子兴却更加谨慎。郭子兴到了滁阳，想占据滁阳自己称王。朱元璋说："滁阳四面都是山，舟船、商人不能通行，不是可以长期安居的地方。"郭子兴这才罢休。等到攻取了和州，郭子兴命朱元璋率领众将驻守。

孙德崖军队缺粮，为此来到和州，请求驻军城中，朱元璋接纳了他们。有人向郭子兴进谗言，他连夜赶到和州。朱元璋前来拜见，郭子兴怒气冲冲，不与讲话。朱元璋说："孙德崖曾经为难过您，应该有所防备。"郭子兴沉默不语。孙德崖听说郭子兴到了，就打算带兵离开。先头部队已经出发，自己留下察看后面的部队，而此时，他的先头部队却已经和郭子兴的部队打斗起来，死了很多人。

郭子兴抓住了孙德崖，朱元璋也被孙德崖的部队抓住了。郭子兴听说此事后，非常吃惊，马上派遣徐达前去换回朱元璋，放孙德崖回去。孙德崖的军队释放了朱元璋，徐达也脱身而归。郭子兴极其憎恨孙德崖，眼看即将称心如意，却又因朱元璋的缘故勉强释放了他，心中闷闷不乐。没多久，郭子兴忧闷成病而去世。朱元璋把他的遗体送到滁阳，隆重安葬。

三、父因女贵　得享祭奠

郭子兴有三个儿子。长子先前战死，以下是郭天叙、郭天爵。郭子兴去世后，韩林儿命令郭天叙做元帅，张天佑和朱元璋做他的副将。张天佑是郭子兴的妻弟。朱元璋渡长江时，郭天叙、张天佑率军攻打集庆（今南京）。陈兆先叛变，二人都被杀害。韩林儿又让郭天爵做中书右丞。不久朱元璋任平章政事。郭天爵因对官职不满意而心怀怨恨，就想谋害朱元璋，结果被朱元璋处死，郭子兴后代就此断绝。

郭子兴还有一个女儿，是小张夫人所生，后来也嫁给了朱元璋。朱元璋称帝后，她被封为惠妃，生了蜀王、谷王、代王三个儿子。

洪武三年（1370），明太祖朱元璋追封郭子兴为滁阳王，诏令有司建立宗庙，用一猪一羊祭祀，免除邻居宥氏的赋税徭役，让他世世代代守卫滁阳王的坟墓。

洪武十六年（1383），明太祖亲手书写郭子兴的事迹，命太常丞张来仪把文章刻在碑上。

有个叫郭老舍的滁阳人，宣德年间，以滁阳王亲属的身份到京师朝见。弘治年间，有个叫郭琥的人，自称四世祖郭老舍是滁阳王的第四子，被赐予官爵，供奉祭奠。可是不久，他就被宥氏告发了。礼官说："滁阳王的祭奠由太祖所定，当时说滁阳王已经没有后代，庙碑上写得很清楚，郭老舍不是滁阳王的儿子。"于是剥夺了郭老舍的祭祀资格。

小明王韩林儿

韩林儿（？—1366），元末红巾军名义上的领袖。栾城（今属河北）人。其父韩山童首倡起义，组成"红巾军"。韩山童死后，红巾军将领尊韩林儿为首，称"小明王"。他虽有名分，但实权为刘福通掌握，外出将领大多不受约束。在张士诚部将吕珍围攻红巾军时，韩林儿被朱元璋救出，安置滁阳，从此受其挟制。后被朱元璋派人溺死。

一、白莲菜人　受压反叛

韩林儿的父亲韩山童，是个白莲教徒。白莲教渊源于佛教净土宗的弥陀净土法门，得名于五世纪初东晋庐山慧远之白莲社。南宋初昆山（今属江苏）人茅子元创立白莲宗，即白莲教。该教崇奉阿弥陀佛，相信只要口念阿弥陀佛，死后即可"往生"西方极乐世界。茅子元依据弥陀经典，编写了《弥陀节要》，宣扬"念念弥陀出世，处处极乐观前"（《庐山莲宗宝鉴》卷二《离相三昧无住法门》），认为弥陀、净土乃是修行者明心见性的产物。

白莲教的戒律，要求徒众做到三皈（皈佛、皈法、皈僧）、五戒（不杀生、不偷盗、不邪淫、不妄语、不饮酒），主张素食，故其教徒被称为"白莲菜人"。

白莲教在宋朝之前就传到北方。元朝统一后，南北香火都很旺盛，得到元朝政府的扶持。但自至元十七年（1280）江西都昌白莲教徒杜万一利用白莲教组织武装起义后，此类情况屡有发生，终于导致元武宗时被禁。元仁宗时虽有所恢复，但仍受到歧视，而在民间则信徒愈来愈多。

白莲教主在宣教时，与明教、弥勒教，甚至道教互相渗透。如元末红巾军起义前，南北白莲教主都宣传"弥勒佛下生"，韩山童则宣传"明王出世"。他们力图使苦难的民众相信，一旦弥勒佛下生、明王出世，就迎来了光明的极乐世界。

元末社会矛盾极其尖锐，特别是"变钞""开河"之后，社会矛盾进一步激化。贾鲁开河后，韩山童等人决定利用这一时机发动起义。他们散布民谣"石人一只眼，挑动黄河天下反"，同时暗地里凿一独眼石人，在其背上刻下"莫道石人一只眼，此物一出天下反"几个字，埋在即将挖掘的黄陵岗附近的河道上。至正十一年（1351）四月，贾鲁开河后不久，民工挖出独眼石人，消息不胫而走，大河南北，人心浮动。韩山童等人借独眼石人来鼓动造反，收到了预期的效果。

五月初，韩山童与其信徒刘福通、杜遵道、罗文素、盛文郁、王显忠、韩咬儿等，在颍州（今安徽阜阳颍上）聚众三千，杀黑牛白马，誓告天地，准备起义。韩山童发布文告，内有"蕴玉玺于海东，取精兵于日本。贫极江南，富夸塞北"等语，打出"虎贲三千，直抵幽燕之地；龙飞九五，重开大宋之天"的战旗。韩山童还自称宋徽宗八世孙，当为中国之主。这些文告和宣传，无非是为了揭露当时社会的贫富不均，用"复宋"来号召民众投入反元武装起义。

正当起义民众聚在一起宣誓起义时,地方官突然派兵前来镇压,韩山童被捕后遭到杀害,韩林儿与其母杨氏,乘乱逃到武安山(今江苏徐州境)躲藏起来,后又隐姓埋名来到砀山(今安徽砀山)。

二、亳州称帝　受制福通

在颍州地方官镇压起义民众时,刘福通等冲出重围,重新聚合起义军,于至正十一年(1351)五月初三日占领颍州城,大起义正式爆发。刘福通等击败前来镇压的元军,迅速占领今安徽、河南许多城镇。是年八月,李二(芝麻李)起义于徐州;徐寿辉、邹普胜起兵于蕲州(今湖北蕲春);十二月,王权(布王三)等起兵邓州(今河南邓县),称"北琐红军";至正十二年(1352)正月,孟海马占领襄阳,称"南琐红军";二月,郭子兴等起义于濠州。总之,颍州起义后,起义烈火迅速燃遍大江南北。韩山童首倡起义之功不可磨灭。

由于元朝军队和地主武装对义军的镇压,一度轰轰烈烈的起义形势迅速转入低潮。刘福通领导的北方红巾军也受到遏制。至正十四年(1354)九月,元顺帝命右丞相脱脱率百万大军镇压高邮(今属江苏)义军张士诚,因元廷内部倾轧,脱脱在前线被削去兵权,元军不战自溃,百万大军四散,元末农民战争的形势发生急遽变化。

至正十五年(1355)二月,刘福通利用高邮战役后的形势,再次掀起大规模的反元斗争。他把韩林儿从自砀山夹河迎至亳州,立其为帝,号"小明王",建国"大宋",改元"龙凤",以韩林儿母杨氏为皇太后。韩林儿号称宋徽宗九世孙,故以"宋"为国号,以迎合汉人的民族感情,表示"复宋"之实现;而所谓

"小明王"者，则是迎合"明王出世"的预言，以示黑暗已经过去，光明即将来到。

韩林儿命杜遵道、盛文郁为丞相，罗文素、刘福通为平章，刘福通弟刘六为知枢密院事。不久，杜遵道专权，被刘福通杀死，刘福通遂自任丞相，加封太保。

宋政权很重视政权建设，中央机构多仿元制，设中书省、枢密院、御史台和六部。为节制北方各路红巾军，在那些已经占领而又比较巩固的地区，宋政权设置行省机构，据史料可考者有江南、益都、淮安、辽阳、曹州等中书省。行省官制亦与元制相同；行省以下地方政府，则废除元的路一级机构，设府、州、县。管军机构也自成系统，有统军元帅府、管军总管府、管军万户府等，均属枢密院管辖，各行省另设行枢密院，相应的军职则有百户、千户、万户、总管、统军元帅等。

宋政权建立后，韩林儿徒拥虚名，凡事都由刘福通说了算。因为韩林儿年轻，又没有军事指挥能力与经验。而刘福通自领导红巾军起义以来，四五年间身经百战，面对元军主力，多次冲破围剿，取得了辉煌的胜利。

至正十五年六月，元顺帝以河南行省平章答失八都鲁为中原元军总指挥，刘福通先后击溃之于许州长葛、中牟（均今河南），红巾军渡河，河北为之震动。十二月，元军进围亳州，小明王避兵安丰（今安徽寿县），刘福通击败敌军，亳州遂得平安。

至正十六年（1356）九月起，刘福通发动著名的三路北伐：西路由李武、崔德率领，转战于陕甘；东路军毛贵，曾兵抵枣林、柳林（均在今北京通州境内），元都人心大骇；中路军关先生、破头潘等由鲁入冀、晋，北破上都，东进高丽。至正十八年（1358）五月，刘福通破汴梁，宋政权迁都于此。汴梁原为北宋都城，韩林儿实现了使"宋"名副其实的夙愿。

三、伪宋势弱　瓜步丧命

作为宋政权的皇帝，韩林儿负责下达诏书，建立中央和地方军政机构，任命各级官员。如龙凤二年（元至正十六年，1356）二月朱元璋攻克集庆，七月，宋政权立江南行中书省、江南行枢密院，韩林儿诏命朱元璋为行省平章、郭天佑为左丞，后又升朱元璋为行省左丞相、吴国公。朱元璋势力虽不断壮大，但仍奉龙凤为正朔。益都行省约建于龙凤三年，韩林儿任命毛贵为平章；淮安行省约建于龙凤二年，赵君用为平章；辽阳行省约建于龙凤五年初，毛居敬等为行省平章。

宋政权迁都汴梁后，北方红巾军势力发展达到顶峰。从龙凤四年（至正十八年，1358）七月开始，察罕帖木儿、孛罗帖木儿等开始大举反攻。三路北伐没有达到预期目标，反而造成兵力分散，陷汴梁于无援之地。次年五月，汴梁被围。八月，汴梁城破，刘福通护着韩林儿冲出重围，逃奔安丰，韩林儿妻子及诸官员家属数万人、官兵五千人被俘，符玺、印章、官库被夺，宋政权遭到严重破坏。

韩林儿到安丰后，由于兵力丧失大半，已不构成对元廷的威胁。察罕帖木儿把进攻重点放在山东红巾军方面。韩林儿名义上仍为宋政权皇帝，因而曾多次下诏加封朱元璋官职，而朱元璋直至龙凤十二年（至正二十六年，1366），下达命令时仍称"皇帝圣旨，吴王令旨"，用龙凤年号。

龙凤九年（至正二十三年，1363）二月，张士诚派其将领吕珍进攻安丰。安丰被围日久，粮食断绝，城中人相食。韩林儿一筹莫展，在城中号泣。刘福通派人向朱元璋求救，刘基劝朱元璋说："不宜前往援救，假如救出来，将他安置在哪里？"朱元璋不听，率徐达、常遇春等攻击吕珍。吕珍得到庐州左君弼的支持，极力拒守,被朱元璋军击败,吕珍与左君弼逃遁。朱元璋遂救出韩林儿与刘福通。

朱元璋拟将韩林儿安置于应天(朱元璋占领集庆后改名),诸将亦议论在中书省设御座尊奉韩林儿,刘基认为不妥,密陈"天命"所在。朱元璋领悟,遂在滁阳建造宫殿,设置銮驾宝扇,将韩林儿送到那里居住,并将其左右宦官、侍从换成自己的心腹。表面上,朱元璋对韩林儿礼遇有加,实则严加监视。韩林儿无异于囚徒。

是年三月,为了笼络朱元璋,韩林儿内降制书,赠朱元璋三代:曾祖考九四公资德大夫、江西等处行中书省右丞、上护军、司空、吴国公,曾祖妣侯氏吴国夫人;祖考初一公光禄大夫、江南等处行中书省平章政事、上柱国、司徒、吴国公,祖妣王氏吴国夫人;考五四公开府仪同三司、上柱国、录军国重事、中书右丞相、太尉、吴国公,妣陈氏吴国夫人。

龙凤十年(1364)正月,朱元璋在取得鄱阳湖大战胜利后,即吴王位。这时,宋政权已名存实亡,但朱元璋仍奉其正朔。十二月十二日,朱元璋在平定南方割据势力取得节节胜利之际,命廖永忠前往滁阳迎接韩林儿、刘福通至应天,船至瓜步(今江苏六合南),将他们溺死。("明年,太祖为吴王。又二年,林儿卒。或曰太祖命廖永忠迎林儿归应天,至瓜步,覆舟沉于江云。"《明史·韩林儿传》)

汉王陈友谅

陈友谅(1320—1363),元末义军首领,大汉(陈汉)政权建立者。湖广沔阳(今湖北仙桃)人。元末农民起义爆发后,参加徐寿辉天完红巾军，因功升至元帅。后杀徐寿辉，先称汉王，次年自立为帝。其后一面反元，一面对付邻境的朱元璋。大汉将士多为天完旧属，对陈友谅篡权夺位深为不满，相继倒戈降朱，汉军接连败北。后在鄱阳湖大战，中流矢身亡。

一、不甘人下　实控义军

陈友谅本姓谢，其祖父早年入赘湖北沔阳陈家后，遂改姓为陈。

陈家世代以捕鱼为生。陈友谅年轻时读过书，略通文字，曾从事过县吏之职，但却并不怎么热心。他心气颇高，认为小小县衙并非自己的栖身之处，大丈夫应当征战杀伐，建功立业。当地有个术士，看过他的祖墓后，说"按理后人会富贵"，陈友谅听了，心中高兴不已。（"有术者相其先世墓地，曰'法当贵'，友谅心窃喜。"《明史·陈友谅传》）

元末农民战争爆发后，袁州僧人彭莹玉凭借妖术，与麻城人邹普胜一起聚众作乱。他们用红巾作为记号，发动起义。起兵伊始，声威惊天动地，让元朝统治者如临洪水猛兽。一天，彭莹玉和其他几个将领，看到手下士兵徐寿辉容貌非常，就推举他为王。

至正十一年（1351）九月，起义军在相继攻取为数众多的村寨和城镇后，队伍规模迅速扩大，不到两年工夫，起义军已达十余万众。于是，徐寿辉又命大军攻到了蕲水和黄州路。元朝的威顺王宽彻不花出兵迎敌，结果大败而逃，起义军顺利占领蕲水。徐寿辉便同邹普胜、彭莹玉等人商议，决定以蕲水作为首都，他自称皇帝，国号"天完"，年号"治平"。他还任命邹普胜为太师，其他人也各有封号。

没过多久，起义大军又进攻饶州和信州；第二年，起义军分遣各路兵马，四出攻伐，很快就攻下了湖广和江西的许多郡县。接着，起义军又攻破昱岭关，接着将杭州也顺利拿下。与此同时，副将赵普胜也率领一路大军攻占了太平（今安徽当涂）各路。至此，起义军已经占领了不少的地盘，声势极其浩大。

就是在这时，陈友谅参加了徐寿辉等人领导的天完红巾军。开始的时候，陈友谅司职簿书掾，后来要求上前线，立下过不小的功劳，被升为元帅。

徐寿辉没有远大志向，起义军说到底也是一帮乌合之众。徐寿辉能够命令部下攻城拔寨，但拼死打下来的地方却守不住。第二年，起义军因权力和利益分配问题发生严重分歧，导致军心涣散，结果被元军打得大败。徐寿辉趁乱逃脱，彭莹玉见势不妙，携带大笔珠宝不知所终，日后便再也没有露面。

正当义军节节败退之时，"天完"政权幸好还有个能干的倪文俊，他率军接连攻克沔阳、襄阳、中兴（今湖北江陵）、武昌、汉阳、蕲水等地，不久之后，义军的军势再度强盛起来，迁都汉阳，徐寿辉还当他的皇帝，却已被丞相倪文俊所控制。

至正十七年（1357）九月，倪文俊阴谋杀害徐寿辉，没有成功，逃奔到了黄州。身为督军元帅的陈友谅乘机袭杀倪文俊，兼并了他的部队。陈友谅自称宣慰使，随后改称平章政事，成为天完政权的实际掌握者。接下来的两年时间，起义军继续进行反元战争，先后攻取安庆、池州、龙兴（今江西南昌）、瑞州（今江西高安）、邵武、吉安。不久，陈友谅亲率大军攻入抚州，接着又攻破建昌、赣州、汀州、信州、衢州等地。

二、信谗刺赵 杀主自主

当时，长江以南只有陈友谅的兵力最强大。朱元璋率军攻取太平后，就与他驻军相邻。陈友谅攻陷池州后，朱元璋认为该地战略地位重要，一旦被陈友谅控制，以后难免受其掣肘，就派常遇春前往攻取。陈友谅据城固守，常遇春多次进攻，都没能攻下。

赵普胜原本是一员勇将,号称"双刀赵"。开始的时候,他和俞通海等人屯兵巢湖,后来率军一同归附了朱元璋。可是不久,赵普胜又叛变,归附了徐寿辉。这期间,赵普胜替陈友谅守卫安庆,也多次率兵争夺池州和太平,不断侵犯朱元璋的边境。

朱元璋非常担忧此事,感觉赵普胜就像一颗毒牙,时不时就会咬自己一口。赵普胜是从朱元璋这里叛变出去的,再次收降已不可能,打又打不掉。朱元璋与人商议,决定采用借刀杀人之计。他派人贿赂赵普胜的门客,让他潜入陈友谅军中离间。赵普胜开始并没有觉察到这些事,依然故我刚愎自用。由于屡有军功,他一见到陈友谅的使者,就诉说自己劳苦功高,理应得到更多的奖赏,得到更高的官职。言语之中表现出有恩于陈友谅,及"舍我其谁"的意味。

陈友谅并不吃赵普胜这一套,对他的居功自傲很是反感。听到军中那些关于赵普胜有恩于己的议论,陈友谅非常憎恨,怀疑其人对自己有二心。于是,陈友谅以会师为名,从池州突然到达安庆。赵普胜不明就里,烤了一只全羊,用隆重的仪式迎接他。谁知刚刚登船,陈友谅就乘其不备,拔出腰刀刺向其心口。赵普胜还没明白是怎么回事,就死在了陈友谅的刀下。

杀死赵普胜后,陈友谅很快就兼并了他的军队。接着,陈友谅命大将率领一支轻锐部队袭击池州,不料却被徐达打得大败,陈友谅引以为豪的轻骑精锐全军覆没,这让他痛心恼怒了好一阵子。

当初,陈友谅率军攻破龙兴后,徐寿辉想把都城迁到那里,但陈友谅不同意。徐寿辉说:"'龙兴'这个名字很吉利,有龙于斯,必将兴焉,是天降祥瑞。"陈友谅心里十分鄙夷,但嘴上却说:"龙兴这个地方,易攻不易守,并不安全。"没过多久,徐寿辉突然率部队从汉阳出发,停驻在江州城外。江州是陈友谅的大本营，闻讯之后，他先命令在城外埋好伏兵，然后迎接徐寿辉一行入城。刚一关上城门，陈友谅就命人把徐寿辉的部下全部杀掉。凶狠的陈友谅命令徐寿辉以江州为都城，就在这里当他的皇帝。陈友谅自己则自称汉王，还设置了王府官吏。

过了不久，陈友谅就挟持着徐寿辉顺江东下，向太平进攻。太平城非常坚固，加上守军异常顽强，陈友谅军发动多次进攻，都没能从正面攻下。他认为正面的敌人太强大，不能力攻，就乘坐高大楼船逼近城的西南部，士兵们沿着船尾攀爬，登上城墙。太平守军奋力厮杀，无奈陈友谅军队源源不断，太平城很快就被攻破了。

这时的陈友谅更加骄纵，认为自己的军队攻无不克、战无不胜，天下迟早是自己的，也进一步下定了当皇帝的决心。之后，骄横的陈友谅一边率军进攻采石矶，一边派遣部将假装到徐寿辉那里去报告情况。那名将领事先已得陈友谅面授机宜，刚一见面，就命手下壮士用铁锤砸碎了徐寿辉的脑袋。

徐寿辉死后，陈友谅迫不及待，把采石矶五通庙作为行殿，坐上龙椅当了皇帝，国号为"汉"，建元"大义"。接着，陈友谅开始封拜诸将，太师还是赵普胜，其余的人也都担任原来的官职。封拜完毕，陈友谅率领文武大臣来到沙岸边，正要接受群臣的恭贺，突然间刮来一阵大风，接着瓢泼大雨转瞬而至。陈友谅狼狈不堪，急忙带着大臣们去躲雨。这样，朝贺仪式也就没有完成。陈友谅心里很不痛快，心想："这是不是天意？"

三、受骗遭屠　元气大伤

陈友谅长得颇为威猛，却喜欢猜疑，惯用权术驾驭部下。当上皇帝以后，陈友谅东拼西杀，完全占有了江西和湖广地盘。他倚仗自己兵力强盛，打算向东攻取应天，以期控制长江中下游。朱元璋担心陈友谅与张士诚合兵，设计让陈友谅的旧友康茂才

（时已降归朱元璋）写信引诱陈友谅，让他立即前来。陈友谅不加怀疑，答应率军前往，企图里应外合，击败朱元璋军。

朱元璋得知确信大喜，急忙命李善长派人把江东桥上的木板拆掉，改成铁石桥。大军整夜奋战，一夜之间拆换完成。同时，朱元璋听说陈友谅正派人打探过新河口方面的道路，急忙又派大将赵德胜在新河两岸筑虎口新城。

接着，朱元璋动员所有人马，命常遇春、冯胜等率精兵三万埋伏在石灰山侧，徐达等陈兵于建康南门外，杨璟驻兵大胜港，张德胜等率水军出龙江关外，朱元璋本人亲统大军在卢龙山待敌。他命令持旗信号兵分持红黄旗，埋伏在卢龙山左右，"寇至，则举红旗；黄旗举，则伏兵皆发"。

陈友谅自恃有康茂才做内应，人马、船只又多，踌躇满志，引水军浩浩荡荡杀来，直进大胜港。由于大胜港港湾狭窄，又有朱元璋大将杨璟严阵以待，每拨只能有三船并进，陈友谅气极了，决定不再分兵，马上率军从大胜港掉头，出长江之上，径直扬帆趋往江东桥。

船队聚集出发，巨舰大舟，本想一下子撞毁江东桥直行，近前一看，却发现桥身乃大石砌成，用铁环缠绕，用铁水浇灌，牢不可破。陈友谅大吃一惊，急忙呼喊"老康"，希望"内线"康茂才出来接应。喊了半天，根本没人应声，陈友谅才知道自己中了计。迂回了半天，费了很大的劲，只能下令舰队再次掉头，直趋龙江。由于将士绕了半天道，都是待在船上，体力虽未消耗，但意志却已是极为慌乱消沉。靠岸之后，一万多精兵飞身下船，在滩头竖栅，准备结阵进攻。

身在卢龙山的朱元璋看得仔细，下令击鼓举旗。红旗扬起，诸军争相趋前拔栅，与陈友谅军厮杀在一起。正相持间，又一轮鼓声响起，山前黄旗又举，常遇春伏兵忽现，徐达率部杀至，张德胜的水师也一时云集。内外合击之下，陈友谅登岸的兵士根本招架不住，争相往岸边的船上跑。当时恰好赶上江潮急退，陈友谅大军的无数巨舰搁浅，汉兵被杀掉、溺毙的人不计其数，仅俘虏的就有近万人；巨舰百余、战船数百，皆为朱元璋所得。

坐在指挥大船上的陈友谅见势不妙，忙乘小船逃走。朱元璋没有鸣金收兵，下令诸将急追。追至采石矶，陈友谅纠结溃亡之众，复与朱元璋军队大战，却又被廖永忠、华云龙等人打得大败。

朱元璋军乘胜进攻太平，太平守军听说陈友谅大败，再也没有斗志，慌忙逃遁而去。朱元璋收复了太平城，并乘胜夺取安庆，陈友谅部将于光、欧普祥等率部投降。

第二年，陈友谅经过近一年的休养，稍稍恢复了一些元气，就又急不可待地命大将张定边率军攻陷了安庆。

至正二十一年（1361），朱元璋觉得火候已经差不多，决定亲征陈友谅。他亲乘巨舰，自率水师进攻安庆。安庆城高墙固，朱元璋的大军数次进攻，都没能攻下来。刘基向朱元璋进言，要他舍安庆不取，直接进攻陈友谅的老窝江州。朱元璋听从这一建议，立刻率兵西上。

经过小孤山时，陈友谅的大将傅友德、丁普郎，主动率部投降。朱元璋早就听说过傅友德的勇名，见他来归降，不由大喜过望，立刻任为大将，派他去江西招谕诸郡归附。由于朱元璋行动迅速，陈友谅根本不知道对方已经直取江州。当陈友谅发现江州城外的江面上，朱元璋的水师密密麻麻一大片，真如神兵天降，仓促间不能成军，只得携妻子、率亲随逃奔武昌。苦心经营的根据地安庆，一朝为朱元璋所据。

朱元璋大军乘胜又攻克蕲州、黄州、兴国、黄梅、广济等地。不仅如此，形势逼人之下，为陈友谅守南昌的胡廷瑞见风使舵，派人向朱元璋约降。不费吹灰之力，朱元璋把南昌改名"洪都"，并入版图。

随后，陈友谅的将领吴宏在饶州投降，王溥在建昌投降。手下大将的纷纷叛降，使陈友谅元气大伤。

四、洪都大战　惨烈异常

此时此刻，陈友谅与朱元璋换了位置。朱元璋一方咄咄逼人，陈友谅则频频招架，疆域日渐减少。愤恨之下，陈友谅决定大整水军，命人制作上千艘巨舰，全都高达数丈，用红漆涂饰，上下三层，每层可以驰马，还在船上建了马栅。楼船下方，设板房为蔽，上下层互相听不见说话，真可称为古代版的航空母舰。更惊人的是，陈友谅的巨舰都用铁皮包裹，极其坚实。他纠结了六十万士兵，船上满载家属和官员，空国而来，直冲洪都，准备先拿下这一重镇。

当时的洪都守将，是朱元璋侄儿朱文正和心腹大将邓愈。朱文正派出各将校分守洪都各门，自己带领两千精兵，往来指挥、策应。

陈友谅相中了看似容易进攻的抚州门，亲自指挥兵士进攻，并站在船上督战。守抚州门的正是猛将邓愈。汉军准备很充分，各人手举箕状竹盾牌，矢石并不能伤到他们，加上威胁巨大的撞墙机，一下子撞毁城墙二十余丈，汉军呐喊涌上。关键时刻，邓愈守军一排人从墙后忽然站起，个个手持火铳，枪声响处，冲在前排的汉兵全被打倒。如果是箭弩，威力即使比火铳大，也吓不住汉兵。

眼见敌人手持喷火冒烟的怪家伙，声音震耳欲聋，汉兵很少有人见过这东西，顿时胆气萎缩，直吓得慌忙溃逃而去。其实，火器早在南宋对付金朝的水军作战时，就第一次使用过。宋元更迭之际，忽必烈把这些东西发扬光大。火铳之物，发明制作于元朝中后期,战争中使用得并不多。江南多巧匠,朱元璋属下大将邓愈脑子活,先人一步,把这些"玩物"用在战争之中,效果果然惊人。

一顿狂轰后,陈友谅督战队斩杀汉兵数人,剩下的人又重新冲向城边。守城兵士在城门处和城墙倒塌处一直争竖木栅,汉军争先恐后攻击。朱文正督率诸将死战,且战且筑,连夜把撞毁的城墙重新修整完毕。

见抚州门难以攻破,陈友谅又督军转攻新城门。守城猛将薛显更是先发制人,率领锐卒大开城门,首先向汉军发动进攻。陈友谅猝不及防,手下平章刘震昭被杀,死伤数千,被迫撤退。

情急之下,陈友谅命人抓紧增修进攻器具,想破栅后从南昌水关攻入城内。他下达了死命令,退后者皆斩!于是汉军被迫冒死撞冲。

朱文正派兵士手持长槊,隔栅刺杀汉兵。汉兵此次有准备,几个人抱住长槊尖头,死命往回拉。夺槊之后,汉军又发动新一轮猛攻,近战中南昌守兵被杀不少。幸亏朱文正的临时兵工厂就设在栅后,他命令士兵把长槊槊尖放入锻铁的火炉里烧红,再伸出栅外刺敌。汉兵夺槊,一时间皮焦肉烂,哀嚎遍地,终不得进。陈友谅用尽攻击之术,但城中防备极其严密,守卫也是滴水不漏,汉军被杀的人很多,受伤的也相当严重。

见洪都攻不下,陈友谅急忙分兵攻陷了吉安、临江,把俘虏的几个守将在洪都城下杀死,朱文正等丝毫不为所动。陈友谅气恼之极,又挥兵猛攻官步、士步二门,朱元璋手下勇将赵德胜中伏弩身亡。

五、鄱阳湖战 陈友谅死

洪都被围攻,内外隔绝,音信不通。朱文派千户张子明赴建康告急的同时，又派出一名外号"舍命王"的士兵出城诈降，诉称稍缓几日，城内主帅便要率城前来投降。陈友谅竟然信以为真，延缓了攻势。到了约定"投降"日，洪都城上旗帜照旧，杀声动天。陈友谅恼恨极了，命人把诈降的"舍命王"捆在城前碎剐。

朱文正和邓愈率军坚守洪都，陈友谅大军连续攻打近三个月，还是没有攻下来。朱元璋调兵遣将，立刻命令正在围攻庐州的徐达、常遇春还军，共会集水陆大军二十万，与自己一起共赴洪都。进至湖口后，朱元璋先遣一万士兵屯于泾江口，又派一军屯于南湖嘴，准备一战全歼宿敌。

而此时，陈友谅包围洪都已整整八十五天，虽然杀掉了朱元璋十四员大将，但仍未能攻克坚城。听说朱元璋亲自来战，陈友谅马上解围，掉头杀向鄱阳湖，前来迎战。

朱元璋胸有成竹，他率水军自松门入鄱阳湖，扬帆而来，与陈友谅军在康郎山附近相遇。朱元璋命己方舟师列为十一队（一说"二十屯"），其间以小船遍载火器弓弩，告诫诸将说："接近敌船后，先发火器，再发弓弩，舟船相接后，则以短兵击之！"由此，鄱阳湖大战拉开序幕。

徐达、常遇春、廖永忠等人先发，驱船直逼敌人巨舰。徐达表现最出色，他身先士卒，不到一个时辰就击败了汉军前锋，杀敌一千五百人，并俘获汉军巨舰一艘，军威大震。

首战告捷，对朱元璋将士起了鼓舞作用。大将俞通海乘风发射火炮，又一举焚毁汉军巨舰二十艘，汉兵被杀一万多，不少人身上着火跳入水中，结果溺水而亡。当然，汉军并不示弱，以巨舰逼近，箭弩齐发，朱元璋手下两位元帅当即战死。而且汉军船高，先施火攻，居高临下扔火把，连徐达的指挥船也被烧着。徐达临危不惧，边扑火边指挥，一番力战之后才得以幸免。

朱元璋所乘的船桅杆是白色的,陈友谅要求军士第二天合力攻击白桅船。朱元璋得知此事,下令所有船桅都换成白色。这让汉军顿时傻眼。

陈友谅急红了眼,下令把所有巨舰接连锁串在一起,在水中结成巨阵,"旌旗楼橹,望之如山"。面对水中浮荡的巨型舰城,朱元璋的船队短小简陋,仰攻多次,却屡屡败退,似乎面对的是铜墙铁壁,根本无法撞开。朱元璋恼怒,立刻下令斩杀退却的队长十多名,但仍然止不住退势。

正当朱元璋声嘶力竭下令杀人的当口,大将郭兴进言:"不是我方将士不用命,实在是敌人的舟船太过高大,我认为一定要火攻才行。"这句话提醒了朱元璋,他马上命常遇春等人分别调集七艘渔船,载满芦苇秆柴,以火药填充其间,等待时机投入战场。

一直等到东北风吹来,朱元璋见时机成熟,便命士兵捆扎稻草人在七艘渔船上直立,让它们穿上甲胄战盔,手持长矛,伪装成兵士的样子。然后又分别招募敢死士卒,伏于船中划船。这样,陈友谅军士以为是普通战船,就没有太多防备。

时值黄昏,七艘渔船趁乱驶入汉军巨舰近前。敢死士卒乘风纵火,风急火烈,须臾之间已经冲撞到汉军舰队内,猛烈燃烧。火势迅急,数百艘船一齐着火,汉军死伤众多。

这一把大火,烧死陈友谅两个弟弟陈友仁、陈友贵及大将陈普略。特别是陈友仁,号称"五王",此人眇目,多有智谋,骁勇善战。他的死亡,是对陈友谅军队极大的心理打击。朱元璋军队损失也不少,丁普郎等数员大将战死。

第三天,双方又各集众大战。此时,汉军虽然损失惨重,战斗力仍不弱于朱元璋的军队。双方集结在湖上,准备进行新一轮殊死搏杀。

朱元璋军队以小打大，无数小船围着汉军巨舰，纷纷飞登敌船，待甲板上汉军被杀尽，底层摇橹兵士犹茫然不知，仍旧喊着号子卖力摇橹。朱元璋士兵图省事，掷火烧船后，纷纷跳回自己小船上，摇橹汉兵尽被烧死。战至中午，陈友谅汉军气泄，大败。

相持数日，陈友谅见很难取胜，便与部众商议出湖撤退。右金吾将军说："想出湖很难，应该烧掉船只登陆，直接前往湖南，以图东山再起。"左金吾将军说："他们若用步、骑追踪，我们进退都失去依靠，大势就失去了。"陈友谅不能决定，过了片刻说："右金吾说得在理。"左金吾因计谋不被采用，便带领部下投降了朱元璋；右金吾见此，也投降了。陈友谅最强的左右金吾降敌，更使汉军胆丧。

见陈友谅龟缩不出，朱元璋先后两次致信，信中大致说："我想和您结盟，各安一方，以待天命。您肆毒害我，大为失策。我轻锐部队偶一出动，就占有您的龙兴十一郡，您却还不知悔过，又挑起战事。第一次被围困于洪都，第二次战败于康郎，亲人与将士一次次遭受极其困苦的境遇。您即使侥幸生还，也应该放弃帝号，等待真命君主。否则丧家灭姓，后悔也晚了。"陈友谅看了信，十分恼怒，不作答复。他下令将俘虏的朱元璋士兵数千，全部杀死。朱元璋则反其道而行之，下令把所有汉军俘虏放掉，伤员发药疗伤，又下令公祭敌军死难者，表现得非常仁义。

双方相持一个多月后，陈友谅残军粮尽，派遣精锐之师突袭洪都抄粮，被朱文正派人放火烧了快艇，偷鸡不成蚀把米。

即便面对朱元璋军水陆结营的严阵以待，陈友谅最终还是不得不冒死突围。他率军绕到长江下游，准备从那里逃回。朱元璋早有准备，指挥诸军尽遣精锐出击，纵火筏冲击敌舰。汉军舟船散走，朱元璋军队追奔数十里。其间，陈友谅把脑袋伸出舷窗察看形势，一支弩箭飞来，不偏不倚贯其眼睛而入，陈友谅一命呜呼。朱元璋军士闻讯，大呼喜跃，斗志更加旺盛。激战中，陈友谅的"太子"陈善见被俘。不久，汉军平章陈荣等率水军五万余投降。

鄱阳湖一战，以陈友谅中箭身亡、朱元璋大获全胜而告终。

六、武昌城破　陈汉不存

陈友谅手下骁将张定边趁天黑乘小船，装载陈友谅尸体及其另外一个儿子陈理，逃出包围圈，奔还武昌。回到武昌后，张定边拥立陈理为帝，改元"德寿"。

朱元璋回应天休整后，不久又率领大军亲征武昌。在城下安排围城事宜后，朱元璋分兵袭取了汉阳、德安等州郡，湖北诸郡相继来降。见形势大好，朱元璋留诸将围城，自己率护卫军返回应天。

由于守军顽强抵抗，朱元璋的军队逼围武昌四个月都未能攻下。至正二十四年（1364）春，朱元璋从应天出发，再次亲临指挥。其间，汉军丞相张必先自岳州率军来援。乘其立足未稳，朱元璋派常遇春突然从半道攻袭，活擒了这位外号"泼张"的骁将。

常遇春押着张必先来到城下，向上喊话："你们所依靠的援军，只有'泼张'一人，如今已被我所擒，还不赶快投降！"张必先见此情景，也仰头向上，对张定边喊话："我已经被俘，事情至此地步，还是赶快投降为好。"张定边气得说不出话来。

这时，朱元璋又派已归降的陈友谅旧臣罗复仁入城劝降，说是"陈理若来降，当不失富贵"。罗复仁进入城内，与陈理抱头大哭，张定边也在一旁大哭。于是，第二天大清早，陈理衔璧肉袒，率张定边等人出城，打开城门投降。陈理俯伏战栗，不敢仰视。朱元璋见其年幼体弱，顿生怜悯之心，亲自将他扶起，握着他的手说："我不会治罪于你。"又对手下说，府库里的财物任由陈理拿取。返回应天后，朱元璋又授给陈理归德侯的爵位。至此，陈汉政权不复存在。

当初，陈友谅跟从徐寿辉时，他的父亲陈普才想阻止他，陈友谅不听。富贵之后，陈友谅去迎接父亲，陈普才说："你违背了我的命令，我还不知道死在哪里呢。"陈普才有五个儿子：长子陈友富，次子陈友直，第三子就是陈友谅，再次是陈友仁、陈友贵。陈友仁、陈友贵都死于鄱阳湖。朱元璋平定武昌后，册封陈普才为承恩侯，陈友富为归仁伯，陈友直为怀恩伯，追赠陈友仁为康山王，且命有司立庙祭祀他，陈友贵也合祭于庙中。

朱元璋称帝后，陈理被安排居住在京师，感觉非常孤单。他虽然年幼，却也知道寄人篱下的滋味不好受，由此闷闷不乐，难免说出一些怨恨的话来。朱元璋听了，说："这不过是小孩子的小过错罢了，不值得深究。我现在担心的是：因为他年幼，恐怕会受奸人的蛊惑，不能使他感受到朕的恩德，应该把他安置到更远一点的地方去。"

洪武五年（1372），明太祖将陈理迁往高丽，派元朝的降臣枢密使延安答理护送前往，并赏赐给延安答理许多高丽王的丝绸织物，让他善待陈理。接着，明太祖把陈普才等人也远迁到了滁阳。

吴王张士诚

张士诚（1321—1367），元末义军首领，主要占据东吴一带，自称"吴王"（东吴）。小名九四，泰州（今江苏大丰）人。出身盐贩。至正十三年，与其弟士义、士德、士信及李伯升等率盐丁起兵反元。攻占常熟、平江、松江、常州等地，并定都平江。后败于朱元璋军，投降元朝，被封为太尉，成为割据浙西的一大势力。后城破被俘，至应天自缢而亡。

一、平江称王　拒不和朱

年轻的时候，张士诚做过当地盐场的帮闲记账一类杂差。他很能损公肥私，凭借关系让三个弟弟也都干上了操舟运盐的营生，顺便走私贩盐。盐铁在历代社会一直是国家严管专卖的产品。由此，张氏兄弟所获利润颇为丰厚。手中有了钱，张士诚轻财好施，颇得当地百姓欢心。

张氏兄弟向寿州附近富贵人家卖盐时，曾多次受到凌侮，不少大户还欠钱不给，惹得张氏兄弟暗起杀心。恰值当时天下已乱，于是他们便在元至正十三年（1353）夏天，忽然起事。加上张士诚和他的三个弟弟，以及一个名叫李伯升的好汉，当时共才十八人。

起事时，张士诚等并无远大理想，只是杀人泄愤而已。他们遍灭周围诸富家，放火烧掉不少大宅院。由于当时盐场生活极其艰辛，工人们对富人无不苦大仇深，一见有人带头挑起事端，便纷纷报名加入。大家一致推举张士诚为主，百多号人聚集一起，一下子就"攻克"了泰州。接着，张士诚又率军攻破兴化，占领了重镇高邮。胜利来得如此容易，张士诚不由心头大喜，便自称"诚王"，国号"大周"，建都高邮，年号"天祐"，开始过称王称帝的瘾。

第二年，元朝丞相脱脱亲率百万大军前来攻打，把高邮团团围住。当时的张士诚叫天天不应、呼地地不灵，想投降都不行，脱脱铁了心攻下高邮后要尽屠当地兵民，以在江南树威示警。就在高邮城即将攻下时，脱脱遭到朝中奸臣算计，元顺帝一纸诏书把他就地解职，押往吐蕃，半路毒酒赐死。至于那"百万大军"，则一时作鸟兽散。就这样，张士诚侥幸逃出高邮，率一股人马当了流寇。

在天下大乱的形势下，张士诚很快东山再起，并迅速占领了江南最富庶的常熟、平江两个重镇。平江是当时有名的粮仓、衣仓兼钱仓，是真正的大富之地。张士诚把平江改为隆平府，把都城从高邮迁到了平江。

朱元璋攻下集庆后，派杨宪带着书信，与张士诚互通友好。朱元璋在信上说："过去隗嚣在天水称雄，如今足下也在姑苏自立国号，情势相同。我深深地为足下高兴。睦邻友好，共守边境，这是古人所推重的，我私下里十分向往那种情形。从今以后，希望我们之间坚持真诚的信使往来，也希望足下您不要被谗言迷惑，从而产生边境争端。"张士诚接到书信后，心里颇不痛快。他感到了一丝隐隐的威胁，于是扣留了杨宪，没有答复朱元璋。

不久，张士诚派遣水军进攻镇江，徐达在龙潭打败了他们。接着，朱元璋又派徐达和汤和进攻常州，张士诚派弟弟张士德前来援救。徐达设下埋伏，活捉了张士德。不久，华云龙等将又大败张士诚另外一个弟弟张士信，张士诚还失去了张姓和汤姓两位将领。张士诚只好写信求和，请求每年交纳粮食二十万石，黄金五百两，白银三百斤。朱元璋得理不饶人，回信历数其罪，责令他赶紧把杨宪放回来，每年需要交纳粮食五十万石。张士诚看到朱元璋如此狮子大开口，满嘴都是教训之词，非常恼火，没有答复。和议就这样不了了之。

二、降元保权　战事反复

当初，张士诚得到平江以后，就马上派兵进攻嘉兴。元朝守将苗军首领杨完者多次打败他的军队。张士诚派张士德从小路攻破杭州，杨完者闻讯急忙回援，却大败而回。第二年，耿炳文攻取长兴，徐达进攻常州，吴良等攻取江阴，张士诚的军队不能四下出击，势力日渐收缩。不久，徐达所部攻取宜兴，进攻常熟。张士德迎战失败，被前锋赵德胜擒获。

张士德小名九六，善于作战，且有计谋，能得人心，浙西的地盘都是他攻占的。他被擒后，张士诚十分沮丧。朱元璋想留下张士德来招降张士诚，谁知张士德秘密送信给张士诚，让他投降元朝。于是，张士诚决定降元。元朝江浙行省右丞相达识帖木儿替他向朝廷进言，拜张士诚为太尉，还赏给他的手下大小不同的官职。张士诚虽然除去了伪国号，但依然拥有军队和土地，仍旧像原来一样。

达识帖木儿在杭州时，就和杨完者有嫌隙，暗中招纳张士诚的士卒。张士诚派史文炳袭杀杨完者，占领了杭州。杨完者的一部苗军，乃是元朝为平息江南叛乱从湖广召来的部族军队。这部分苗军烧杀抢掠，极其惨毒。在江南一带的所有军队中，徐寿辉部纪律最好，其下依次是刘福通红巾军、张士诚军、朱元璋军、元朝政府军、陈友谅军，最差的就是杨完者的苗军。因此，达识帖木儿才与张士诚暗中约定，联手做掉了这个骄横滥杀的"苗帅"。

张士诚杀死杨完者，不仅是为民除害、为元除害，也是为朱元璋除了害。元顺帝派使者去征收粮食，赐给张士诚龙袍御酒。张士诚从海路将十一万石粮食运往大都。

杀掉杨完者不久之后，张士诚更加骄纵，命令部下歌颂他的功德。他请求元朝赐予王位，元廷没有允许。于是，张士诚率军很快占据了杭州和嘉兴两处要地，更加无所忌惮，再也不把元朝官员达识帖木儿放在眼里。

接着，正在兴头上的张士诚派兵进攻常州，以为指日可下，孰料被汤和击败，又丢了宜兴。朱元璋手下水师大将廖永安乘胜入太湖，深入追击，反而被张士诚大将吕珍战败，生俘了廖永安。朱元璋想以俘获的三千张士诚兵将换回廖永安，张士诚不答应，提出要以廖永安换自己的弟弟张士德；朱元璋也不答应，而且担心张士德乘间逃出为其兄平添羽翼，先下手杀了他。

至正十九年（1359），胡大海、李文忠又攻下张士诚的重镇诸全（今浙江诸暨）。张士诚遣将攻取江阴，被守将吴良打得大败。

多次失败之下，张士诚并不甘心，再次派人进攻常州，又败；次年派兵进攻诸全，杀守将；又派大将吕珍入长兴，也败。至正二十一年（1361），朱元璋派胡大海进攻绍兴，不克而还。同年冬天，张士诚大将李伯升率精兵十余万进攻长兴，水陆并进，先胜后败，最终遭朱元璋守将耿炳文和常遇春内外夹击，狼狈而去。

至正二十二年（1362），驻守金华的朱元璋大将胡大海被属将蒋英、刘震杀害。蒋、刘二人本是苗帅杨完者部下，张士诚杀死杨完者后，二人投降朱元璋。胡大海很欣赏二人的骁勇，将他们置于麾下，没有丝毫的疑心。但这两人待得久了，便想叛变。他们约好几个苗将，杀死胡大海，派人向张士诚投降，在金华大肆抢掠一通后，惶惶而去。

至正二十三年（1363），张士诚派大将吕珍聚集十万大军，进围安丰的小明王韩林儿。朱元璋亲率徐达、常遇春移军而来，击走吕珍。

正在这时，朱元璋的诸全守将谢再兴（朱元璋侄儿朱文正岳父）叛降张士诚。谢再兴之叛，缘自朱元璋待人太苛。当初，谢再兴为了赚钱，暗中不时派军士私携银两往张士诚占据的杭州购买东西，带回来低买高卖。朱元璋很是恼怒，严责谢再兴，并下令召他回应天，用别的将领替代其职务。此外，谢再兴二女儿在应天时，朱元璋不打招呼，擅自将她许配给大将徐达，惹得谢再兴很是恼怒。谢再兴深知朱元璋是个杀人不眨眼的主儿，惶惧之下，就杀掉知州栾凤，率领诸全守军赴绍兴向张士诚投降。

这时，朱元璋正与陈友谅两军相持，无暇顾及他事。陈友谅派使者请张士诚夹攻朱元璋，张士诚却想守卫辖境静观局势变化，虽然答应了使者，但最终也没有行动。

三、歌舞升平　安不思危

至正二十三年（1363）九月，张士诚又自立为吴王，建立吴政权（史家称"东吴"，与次年朱元璋建立的"西吴"相对），尊母亲曹氏为王太妃，设立官署。另外，张士诚还命人在城中建造府第，任命张士信为浙江行省左丞相，把达识帖木儿幽禁在嘉兴。元朝向他征收粮食时，他也不再缴纳。参军俞思齐劝谏说："以前做草寇，可以不纳贡；现在为臣子，不纳贡可以吗？"张士诚大怒，把面前的桌子推倒在地。俞思齐见此处已非久留之地，便托病离去。

这个时候，张士诚所占据的地方，南到绍兴，北到徐州，西到汝州、濠州，东边靠近大海。张士诚以张士信和女婿潘元绍为心腹，左丞徐义、李伯升、吕珍为臂膀，参军黄敬夫、叶德新主管谋议，元朝学士陈基、右丞饶介主管礼法和文书。

领土方圆两千余里，甲士数十万，又据天下富庶胜地，张士诚开始骄纵起来，耽于淫乐。特别是其弟张士德在时，已经延致不少著名文士，诸如高启、杨基、陈基、张羽、杨维桢等，终夕饮乐于幕府之中，往来唱和。张士诚和张士德一样，也喜欢招延宾客，向这些文人墨客大赠舆马、居室、文房精品，远近潦倒的文人雅士，一时争相趋之。

张士诚的为人，表面迟缓沉重、少言寡语，好像很有气量，实际上却没有什么远大抱负。据有吴中之后，吴地长久太平，人口增多，百姓富足，张士诚逐渐奢侈放纵，懒于过问政事。张士信、潘元绍尤其爱好聚敛钱财，金玉珍宝以及书画，各种各样的稀世之宝，他们的家里无不应有尽有。他们日夜歌舞，供自己娱乐。

不仅如此，张士诚的将帅也大都傲慢不逊，不服从命令。每当需要打仗时，他们就称有病，向张士诚索要官爵、田地、府宅，然后才出兵。这些将帅刚到军中，就命所带婢妾开始轻歌曼舞，还让手下人演奏乐器来配合。有时在大会上，那些将帅们还游说士人，聚众赌博，全不把军务放在心上。等这些将领失败而归时，张士诚又一概赦免，不予问罪。过后不久，张士诚居然再次起用他们为将帅。

四、湖州惨败　誓不降朱

朱元璋与张士诚辖境相接。张士诚多次派兵进攻常州、江阴、建德、长兴、诸全，每次都得不到好处，只得狼狈离去。而朱元璋派邵荣进攻湖州，胡大海进攻绍兴，常遇春进攻杭州，也都未能攻下。

至正二十四年（1364）秋，张士诚逼迫元朝江浙行省长官达识帖木儿自杀。

朱元璋平定陈友谅以后，率领大军返回应天，便命令徐达等计划谋取淮东，攻克泰州、南通，包围高邮。张士诚派水军逆长江而上前来援救，朱元璋亲自率军赶跑了他们。徐达等攻取高邮，夺取淮安，完全平定了淮北地区。

接着，朱元璋派使者发送檄文到平江，列举张士诚的八条罪状。徐达、常遇春率军从太湖前往湖州，吴军在毗山迎战，又在七里桥作战，都被打败。

至正二十五年（1365）春，张士诚派大将李伯升与朱元璋叛将谢再兴一起，率马步舟师二十余万，跨越浦江，包围诸全之新城，造庐室，建仓库，预置州县官属，大作持久必拔之计。结果，朱元璋外甥李文忠与大将朱亮祖等人以少胜多，把东吴军杀得丢盔卸甲，李伯升等人仅以身免。

朱元璋指挥若定，麾兵又克泰州，数月后又攻下张士诚的起家之地高邮。至正二十六年（1366），徐达与常遇春会师攻淮安，克兴化。五月，又攻下朱元璋的老家濠州。

九月，朱元璋以徐达为大将军，常遇春为副将军，率二十万精兵，集中主力消灭张士诚。朱元璋命二将不要先攻平江，而是直击湖州，使敌军疲于奔命，然后移兵平江。

徐达等率诸将进攻龙江，另派李文忠直趋杭州，华云龙急赴嘉兴，以牵制张士诚兵力。张士诚派朱暹、五太子（外号"五太子"的张士诚养子）等六万部众前来援救，驻扎在旧馆，筑起五座营寨，加固防守。徐达、常遇春筑起十座营垒阻拦，切断他们运粮的通道。张士诚知道事情紧急，亲自带兵来督战，在皂林被打败；部将徐志坚在东迁失败，潘元绍在乌镇失败。升山水陆营寨都被攻破，旧馆援军断绝，大将吕珍与五太子等骁勇大将皆兵败投降，属下六万精兵也都投降。湖州城中，张士诚任命的司空李伯升本想自杀"殉国"，为左右抱持不死，不得已也投了降。五太子、朱暹、吕珍投降后，嘉兴、松江等处守军也相继投降，潘原明也率杭州守军向李文忠投降。

十一月，朱元璋的大军进攻平江，筑起长栅围困。张士诚拒守数个月。朱元璋致信招抚他说："古代的豪杰，以敬服天意、顺应民心为贤德，以保全自身和宗族为明智，汉代的窦融、宋代的钱俶就是这样的人。你应该仔细考虑考虑，不要自取灭亡，被天下人耻笑。"张士诚不作答复，多次突围决战，都不顺利。

李伯升知道张士诚处境十分困窘，就派与自己关系好的门客，翻墙进城去劝说："您依靠的不过是湖州、嘉兴、杭州罢了，现在都已失去。困守孤城，恐怕城中会有变故，您即使想死，也不能做到了。不如顺应天命，派遣使者去金陵，陈述您归顺大义、拯救百姓的心意。您打开城门，穿上老百姓的衣服待命，将不会失去万户侯的身份。况且您的地盘，好比赌博，得而复失，对您有什么损害呢？"张士诚仰视长天，许久才说："这件事情我要好好考虑一下。"送走客人之后，张士诚最终还是没有投降。

五、平江失陷　自缢身亡

到了年底，在朱亮祖大军的逼迫下，余杭守将谢五（叛将谢再兴之弟）也被迫打开城门投降。这样，东吴左右膀臂皆失，平江成为一座孤城，面临南、西、北三面被围之势。

至正二十七年（1367），朱元璋见张士诚龟缩平江，志在必得，但也怕攻城死人太多。他原本的意思是围而困之，让张士诚最终不支，出城投降。同时，不断派人到城里送信，劝张士诚自动归服。但张士诚倔犟已极，绝不屈服。

延至七月，张士诚见城中余粮渐尽，他又是厚道人，干不出杀人为食的恶事，便率绰号"十条龙"的上万亲军冒险突围。出城之后，望见城左西门朱元璋军队阵势严整，心虚不敢进犯，便转至舟门，向常遇春营垒杀来。这下可是遇到了煞星，常遇春挥兵直前，与东吴兵激烈厮杀；同时指挥善舞双刀的猛将王弼从另路绕出，夹击东吴兵，把张士诚万余扈卫精兵挤逼在沙盆潭中。过去骁勇善战的常胜军"十条龙"，每每披着银色铠甲出入战阵，锦衣斑斓，很是威风，到这时也被击败，在万里桥下溺死。

这时，张士诚所部被杀掉的十之三，溺水而亡的十之七，张士诚本人也马惊坠水,差点淹死。亲兵冒死把他救起,再次逃回城中。

过了十几天,缓过劲来之后,张士诚咬咬牙,又亲自率兵从胥门突出。出于困兽心理,张士诚军勇锐不可当,打得正面拦击的常遇春部招架不住。如此天赐良机,本来能够突围,站在城头上的弟弟张士信却大呼"军士打累了,可以歇兵",鸣金收兵。张士诚等人愣怔之余,常遇春复又振作,掉头进击,把东吴兵打得大败。自此张士诚不敢复出。

形势危急如此,张士信却总是在城楼上大摆盛宴,遍设银椅,与左右亲信饮美酒、食佳肴。这时,仆从进献了一个大水蜜桃,张士信欣赏久之,刚张嘴要吃,忽然城下一声巨炮,恰恰打中张士信,当即一命呜呼。

兵败弟死,张士诚仍旧很顽强,指挥城中兵民抵抗,杀伤不少朱元璋兵马。十月间,徐达展开总攻,百道攻城,东吴军终于不支,平江城被攻破。

张士诚日暮途穷,准备上吊自杀。张士诚旧将李伯升受徐达之命,到处寻找张士诚,刚好发现前主人在半空蹬腿,忙上前解救下来,号哭劝道:"九四英雄,还怕不保一命吗!"徐达立即押张士诚上船,由水路送往应天。其间,张士诚一直坚卧舟中绝食。押送应天后,朱元璋派李善长"劝降",张士诚大骂,两个人几乎动手。

当夜,趁人不备,张士诚终于上吊自杀,终年四十七岁。朱元璋下令备办上好棺木,厚葬了他。

张士诚被围困时,曾对妻子刘氏说:"我如果战败而死,你们怎么办?"刘氏回答说:"您不必担忧,妾一定不会辜负你。"她让下人在齐云楼下堆积木材。城被攻破时,刘氏驱赶众妾登楼,令养子张长保放火烧死她们,自己也悬梁自尽。

浙东割据首领方国珍

方国珍（1319—1374），元末割据武装首领。台州黄岩（今属浙江）人。他以贩盐为生，至正八年聚众数千，在海上劫夺海运粮食。元廷命江浙行省发兵征讨，方国珍接受招降。元末农民起义爆发后，又反叛元朝。后派人至大都贿赂权贵，先后担任元朝江浙行省参政、左丞相，成为东南一隅的割据势力。至正二十七年为朱元璋军所败，投降后终老天年。

一、海上起事　受元招降

浙江黄岩靠近海边，人多地少。方家世代以浮海贩盐为业，到方国珍仍是如此。

至正八年（1348），黄岩有个叫李大翁的人啸众反元。义军出入海岛之间，劫夺漕运船只，斩杀来往使者。当地还有个叫做蔡乱头的人，也乘机起兵造反。元廷命江浙行省参知政事朵儿只班前去讨伐，但朵儿只班的部队名义上是平叛剿匪，实际则祸害平民百姓。

方国珍在当地有个仇家陈氏，乘机向朵儿只班诬告方国珍与蔡乱头互有往来。方国珍听说后，非常愤怒，杀死了陈氏。陈家人报告官府，官府当即派人追捕方国珍。方国珍大为惊恐，多次派人贿赂官吏，但那些官吏收了钱，照样还要抓他。

方国珍被逼无奈，与哥哥方国璋、弟弟方国瑛、方国珉等商议说："元朝朝政腐败，统兵的人前来平叛，连蔡乱头那样的人都不能抚平，恐怕从此以后天下要大乱了。现今的酷吏趁势胡作非为，殃害祸及普通良民。我们如果束手待毙，一家人就都成了地下的冤死鬼。不如先逃到海上,再慢慢想办法。"

方国珍与兄弟和邻居一起逃入海中,半个月下来,就聚集了数千人。他们劫掠漕运的粮食,阻塞海道,严重影响元朝的粮食海运。元廷命令朵儿只班率领舟师抓捕,结果被打败,朵儿只班也成了俘虏。方国珍逼迫朵儿只班为自己向朝廷请求招降的诏书,元顺帝妥懽帖睦尔无奈,只得授予方国珍庆元府定海尉的官职。方国珍得到官职后,返回故里,但仍不解散聚集的兵士,而且势力更加强盛。

至正十年(1350),方国珍决定不再受元廷的节制,遂四处劫夺。五月,元朝宣慰司命元帅亹海率领万户孙昭毅等率兵拘捕,结果招致溃败,亹海也被俘获。十二月,方国珍入海攻掠沿海的州郡。进攻温州时,焚烧了漕运的船只,又率兵登岸攻入镇海门,官兵望风而逃。

次年正月,方国珍率领舟师退出海港。二月,元廷命孛罗帖木儿为江浙行省左丞,总领诸路兵马讨伐方国珍,驻扎庆元府(治今浙江宁波)。孛罗帖木儿任命泰不花为浙东道宣慰使都元帅,分兵驻守温州,对方国珍进行夹攻。没过多久,方国珍再次进攻温州,泰不花命人纵火焚烧他的船队。方国珍逃遁而去。

孛罗帖木儿与泰不花秘密约定,在六月合兵讨伐方国珍。孛罗帖木儿先期遣兵来到大闾洋,方国珍闻讯率军夜袭,官军大败,掉到水里淹死了一多半,孛罗贴木儿也被抓获。随后,孛罗帖木儿反过来为方国珍上书朝廷,元廷派遣大司农达识帖木儿等来黄岩招降,方国珍兄弟都投降了,元廷再一次授给他们兄弟官职。

二、降而复叛 叛而复降

至正十二年(1352)初,徐州"芝麻李"起兵后发展至十余万人,阻塞了南北运河。元廷命将军逯鲁曾前往镇压,又命浙江行省原来的舟师镇守大江。方国珍见状，心生疑窦，于是又率领舟师入海反元。

三月，元朝台州路达鲁花赤泰不花发兵扼守黄岩的澄江。方国珍派遣两百艘小船突破海门，进入州港，向马鞍诸山进发，与泰不花展开大战。双方你来我往，战斗异常惨烈，一直打了两个昼夜，泰不花与临海尉李辅德、千户赤盏等都被打死。接着，方国珍又率军北上，袭击了太仓刘家港，烧毁海运舟船不计其数。

闰三月，元廷命左答纳失里为江浙行省左丞，征讨方国珍。五月，元廷又命江南行台御史大夫纳麟与台州的陈子由、杨恕卿、赵士正、戴甲等地主武装，夹击方国珍。方国珍率领部众进攻台州城（今浙江临海），从中津桥攀缘直上，从南城墙外的水仙楼登城，水仙楼很快被攻陷，方国珍的兵士纵火焚毁了城外的大量民居。六月，方国珍攻破黄岩。十一月，元廷又命江浙行省左丞帖里帖木儿统领大军前来讨伐方国珍。

至正十三年（1353）正月，方国珍率领两千多艘大船，登岸劫掠温州。元廷江浙行省官派使者到方国珍的船上招降。三月，元朝再次命令江浙行省左丞帖里帖木儿、江南行台侍御史左答纳失里招谕方国珍。

当时，元廷上下为招降方国珍一事颇有分歧，中书右丞相脱脱力主征讨，中书平章政事定住则力主招降，江浙行省都事刘基也主张"捕而斩之"。方氏兄弟为达到投降的目的，派人给刘基送厚礼贿赂，但遭到拒绝；方国珍又派人走海路来到京师，重金贿赂省、院、台大小官员，因此才有准贴里帖木儿等招谕方国珍之议。到同年十一月，元廷授予方国珍徽州路治中、方国璋广德路治中、方国瑛信州路治中。贴里帖木儿等人命设立巡防千户所，要接收方国珍的船队，遣散其徒众。方国珍拒不同意，率领一千三百余艘船只,仍然占据海道,阻绝海粮漕运。

至正十四年(1354)四月,贴里帖木儿、左答纳失里因方国珍降而复叛,受到御史台臣弹劾。元廷命阿儿温沙为江浙行省右丞、恩宁普为江浙行省参知政事,领兵讨伐方国珍。阿儿温沙等令各州县竖立栅栏捍卫江道,加紧备战,但元兵每每入海,只要遇到方国珍的船兵,一交战总是溃败而归。方国珍曾经往北到太仓刘家港劫掠,却被元军水军副万户董抟霄打得大败。九月,方国珍命人捆绑着元帅也忒迷失、黄岩州达鲁花赤宋伯颜不花、知州赵宜浩作为人质,要挟元朝再次招安。

这时,元朝正为中原、江浙等各地的红巾军所困扰,河运已经中断,京师已经发生粮荒,而方国珍据守海上,海运亦被中断,京师粮荒更加严重,所以对方国珍仍以招抚为主。至正十六年(1356)三月,元廷任命方国珍为海道运粮漕运万户,兼防御海道运粮万户,其兄方国璋为衢州路总管,兼防御海道事。

当时,张士诚在取得高邮之战胜利后,已经从苏北渡江南下,把平江作为都城,占有苏南大片富饶的土地。元廷对此很感不安。至正十七年(1357)八月,元廷升任方国珍为江浙行省参知政事、兼海道运粮万户,命令他率兵讨伐张士诚。方国珍率领其兄弟及几个侄儿等,带领五万舟师进兵攻击张士诚的昆山州。张士诚派部将史文炳等在明子桥防御。方国珍七战七捷。没过多久,张士诚举城投降,元廷才命令方国珍罢兵。张士诚派人找方国珍说合,说是要与方家联姻,方国珍欣然同意,于是边境民众才稍稍有了一丝喘息之机。

方国珍得胜后,在庆元设立府治,同时统领温州和台州。他派哥哥方国璋、弟弟方国瑛据守台州,侄儿方明善据守温州,留下另一个弟弟方国珉做副手。

三、主动和朱　首鼠两端

至正十八年（1358）底，朱元璋的军队已东下衢州、婺州，逼近方国珍据守的庆元、温、台等几个地方。十二月，朱元璋派蔡元刚到庆元招降方国珍。方国珍召集兄弟商议，他说："现在虽然天下战乱不息，但元朝的运数还没有到头。只是朱元璋非常善于用兵，闻名遐迩，我们弟兄几个恐怕不是他的对手。不如暂且向他表示顺从，再看情况到底如何发展。"兄弟们都同意，于是方国珍派自己的儿子方完作为人质，跟随使者来到朱元璋帐前。朱元璋知道他没有诚意，就让方完回去了。

至正十九年（1359）正月，方国珍派遣使者向朱元璋献和议书，并献上黄金五十斤、白银一百斤、金织文绮百端。方国珍主动与朱元璋议和，态度也颇为谦逊，这一点与张士诚大不相同。不过，开始时朱元璋并没有接受。

三月，方国珍又派遣郎中张本仁把温州、台州和庆元三郡献给朱元璋，且让次子方关作为人质。朱元璋还是命方关返还。

九月，朱元璋授了方国珍福建等处行中书省平章政事、方国璋福建行中书省右丞、方国瑛福建行中书省参政、方国珉枢密分院佥院，并命方国珍尊奉小明王的"龙凤"年号，以本部兵马守城，随时待命准备征讨。方国珍想不接受，但已经投降了；如果接受，又担心受朱元璋束缚，因而提出借口，不奉正朔，还是以"至正"为名。

谁知接受朱元璋封职才一个月，方国珍就在地主政客刘仁本、张本仁等人的怂恿下，又接受了元朝所封的江浙行省平章政事。至正二十年至二十三年（1360—1363），每年派出大批海船，运送张士诚的十余万石粮食到大都去。元顺帝大为赞赏，封他为江浙行省左丞相，赐爵衢国公。

至正二十二年（1362）五月，方国珍曾派遣使者到山东的察罕帖木儿那里，表示愿意为之效劳。正好赶上察罕帖木儿被田丰、张士诚所杀，察罕帖木儿的养子扩廓帖木儿对方国珍的使臣给以特别优厚的礼遇。

方国珍害怕朱元璋派军前来进攻，便伪装成一副非常惊惧担忧的样子，派人到朱元璋那里谢罪，并献上一匹用黄金做马鞍的宝马。苗帅蒋英降而复叛，杀死胡大海，带着胡大海的首级投奔方国珍。方国珍拒绝接受，蒋英从台州奔往福建。当时正值方国璋驻守台州，他派兵截击蒋英，却被蒋英打败，方国璋被杀。朱元璋派遣使者前去吊祭。

次年，温州人周宗道率领平阳城投降朱元璋，方明善仍旧率部奋力抗争。朱元璋的参军胡深率军击败方明善，旋即进军瑞安和温州。方国珍非常惊恐，请求每年上贡白银三万两，等朱元璋攻下杭州城后，就纳土归附。朱元璋于是命胡深班师。然而，方国珍仍然向北通好扩廓帖木儿，向南交好福建的陈友定，企图形成掎角之势。

四、受朱谴责　终于降服

元朝对方国珍采取不断拉拢的态势。至正二十五年（1365），元廷任命方国珍为淮南行省左丞相。第二年九月，又任命为江浙行省左丞相，他的弟弟方国瑛、方国珉，侄子方明善，均为江浙行省平章政事。没多久，又将方国珍晋升为太尉。

至正二十七年（1367）四月，朱元璋的军队攻克湖州、杭州，进而围攻平江的张士诚。方国珍拥兵自重，坐视不理，屡次假装贡献宝物来观察战局。朱元璋见他反复无常，就给他写了封信，谴责他首鼠两端、摇摆不定。

同年七月，朱元璋责令方国珍贡粮二十三万石，同时又致函加以威胁。方国珍惶惶不已，日夜运送珍宝，聚集海船，准备下海逃跑。九月，朱元璋军消灭张士诚割据势力后，遣军分两路进攻方国珍。参政朱亮祖一路攻打台州，方国瑛败逃黄岩。朱亮祖又率兵进攻温州，方明善不敌逃走。朱亮祖分兵攻取瑞安，又亲自率领舟师在乐清的盘屿大败方明善，并追到楚门海口。征南将军汤和一路兵马先取余姚、上虞，接着进攻庆元，方国瑛逃入海中，汤和率师追击，攻克了定海、慈溪等县。

十一月，朱元璋又命廖永忠为征南副将军，率舟师入海，与汤和合击方国珍。方国珍黔驴技穷，走投无路，不得不投降。至此，这股割据势力彻底削平。

洪武元年（1368）正月，方国珍亲自到明朝京师应天叩首谢罪，明太祖朱元璋授予他广西行省左丞的官职，并赐给他两个儿子官位。

洪武七年（1374），方国珍去世，享年五十六岁。

福建割据首领陈友定

陈友定（？—1368），元末福建割据首领。一名有定，字安国，祖籍福清（今属福建）人，迁居汀州（今福建长汀）。出身农民，投效地主武装后立下战功，升为小军官，并又占领不少城池，积官至福建行省平章，镇守闽中八郡。后被朱元璋俘获，以炮烙之刑杀死。

一、盘踞八闽　忠于元廷

陈友定以种田为业。他为人沉着勇敢，喜欢交游，好行侠仗义，在当地颇有声望，家乡人都很敬服他。

至正十二年（1352），福建沿海盗贼蜂起，常到汀州打劫。汀州府判蔡公安招募民兵征讨海贼，陈友定应征入伍。蔡公安见陈友定谈吐不俗，认为他很奇特，就任命为黄土寨（在汀州附近）巡检，让他掌管招募的士卒。

至正十九年（1359），陈友定因征讨平定各山寨有功，升迁为清流县尹。当时，汉王陈友谅派部将邓克明等攻陷汀州、邵州。福建行省拜陈友定为汀州路总管，以便抵御陈友谅。两军在黄土寨展开激战，陈友定所部大获全胜，赶跑了邓克明。

过了一年，邓克明攻取了汀州，接着又向建宁发起猛烈进攻。建宁守将完者帖木儿发出檄文，要陈友定前来支援。陈友定果然不辱使命，连续击败乱贼，并完全收复了失陷的郡县。福建行省上报功劳，朝廷认为陈友定功劳最大，应列第一，遂晋升为参知政事。不久，朝廷又在延平设置分省，任命陈友定为福建行省平章政事。到这时，陈友定已经完全拥有了福建八个郡的地盘。

陈友定作为农家弟子，崛起于佣工军伍之中，但目不识丁。占据闽中八郡后，他多次招纳文学方面的知名人士，如闽县的郑定、庐州的王翰等，把他们安置在幕府里。在此期间，只要一有空闲时间，陈友定就向幕僚们虚心求教，请他们教授自己写诗作文的要旨。不多久，陈友定也开始略微涉略文史，学作五言小诗。令人佩服的是，他的作品往往还都有些意趣情理。

然而，陈友定总是随意施行奖惩，部下稍有违反法令之事，他动不动就以皇上的名义杀戮、放逐。久而久之，他的属下都如履薄冰。

漳州守将罗良心中不满，写信责备陈友定说："郡县是国家的土地，官吏是君主的臣仆，而粮食是国家设在地方的仓库。现在阁下看待郡县就如同自己的家，驱使官吏就如同自己的仆役，随意占有粮食就如同自己的私人储藏。你这样做，名义上虽说是报效国家，实际上却是有骄横逞威的野心。不知足下是想做郭子仪呢，还是想做曹孟德？"陈友定读罢来信，不禁大怒，竟然派兵杀死了罗良。而福清宣慰使陈瑞孙、崇安令孔楷、建阳人詹翰等，也都因抗拒陈友定而被杀。这样，陈友定通过杀戮，使自己威震八闽。

尽管陈友定恶名昭彰，但在事奉元朝方面却从不含糊。当时，张士诚占据浙西，方国珍占据浙东，他们名义上归附元朝，向朝廷纳贡，但每年向大都漕运的粮食往往并不能运到；而陈友定每年运输粮食几十万石，虽然海路遥远，能送达的也常有十分之三四。对此，元惠宗屡屡嘉奖，多次下诏赞扬他。

二、国破家亡　战败被杀

朱元璋平定婺州后，与陈友定辖境相连。至正二十五年（1365）二月，陈友定率兵侵犯处州。朱元璋部将胡深把他打跑，还乘胜攻下浦城，攻克松溪，抓获了陈友定的部将张子玉。

之后，胡深和朱亮祖又进攻建宁，攻破了它的两道栅栏。陈友定派阮德柔带领四万人屯驻锦江，绕到胡深背后，截断了他的退路，而他自己则带领牙将赖政等率领精锐部队与胡深拼死决战，再令阮德柔从后面夹击。结果，胡深战败被俘，后来又被杀死。胡深文武全才，镇守处州长达五年，他的死令朱元璋深感惋惜，从而更加仇恨陈友定。

至正二十七年（1367），朱元璋平定方国珍后，遂发兵讨伐陈友定。将军胡廷美、何文辉从江西直捣杉关（在福建光泽和江西黎川边境，武夷山脉彬岭的重要山口），汤和、廖永忠从明州走海路攻取福州，李文忠由浦城攻取建宁，朱元璋还另外派遣使者到延平，劝降陈友定。

陈友定设置酒宴，大肆犒赏将领和宾客，酒酣耳热之际，气焰嚣张地杀死了朱元璋的使者。陈友定命人把使者的血滴在酒缸里，与众人酌取饮用。酒兴正浓时，陈友定和众人盟誓说："我们都是蒙受元朝深恩厚遇的人，面对敌人，如果有谁不拼死抵御，除了自身要受磔刑，妻子儿女也将被杀戮。"众将领都纷纷盟誓，表示要与朱元璋军决战到底。接着，陈友定前往福州视察，命令绕城修筑堡垒。每距离堡垒五十步，就筑起一座平台，严密布置军队防守。

不久，陈友定听说杉关被攻破，急忙把军队分为两部，一部分守卫福州，他自己亲率一部分守卫延平，以形成掎角之势。汤和等水军到达福州五虎门时，平章曲出率军迎战，却被打败。朱元璋军沿着南台，如同蚂蚁一样密集地攀登城墙，福州守将见抵敌不住，只好弃城逃跑。参政尹克仁、宣政使朵耳麻，不屈而死；佥院柏帖木儿在自家楼下堆积木柴，杀死妻妾和两个女儿后，放火自焚而死。

洪武元年（1368）正月，胡廷美率军攻克建宁，汤和率军向延平进攻。陈友定想靠坚守不战、长久相持的策略困住敌军，但众将却纷纷请求出战，陈友定没有同意。将领们都不愿意困守城中，多次请战，不获同意不罢休。陈友定见状，对部将萧院判、刘守仁产生疑心，怀疑二人想叛变，便借故杀了萧院判，强夺了刘守仁的兵权。此举令将士深感寒心，他们本来对前途就有些绝望，如今见待在城里没有活路，很多人便跑出去投降了。

当时，恰逢军器局发生火灾，城内炮声震地，明军知道有变故，便更加猛烈地攻城。陈友定呼唤部下诀别说："大势已去，我只有用自己的一死来报效国家，各位自谋生路吧！"随后，陈友定退入行省大堂，整理好衣帽，面朝北面行完再拜礼，将毒药一饮而尽。

陈友定一死，他的部下就争相打开城门，让明军进城。明军入城后，赶忙跑去看陈友定的动静，发现他还没有断气，于是抬着他出来。来到水东门时，正逢天降大雷雨，雨水一淋，陈友定就苏醒了过来。

明军给陈友定戴上刑具，押送到了京城，随即被带到明太祖朱元璋面前。明太祖责问他："杀了我的胡将军，又不接纳我的使节，元朝已经灭亡，你迟早都要被俘，为什么不早投降？"陈友定高声说："国破家亡，不过一死而已，还有什么话好说！"明太祖听了非常生气，就命人用炮烙之刑把陈友定及其儿子陈海一起杀掉了。

陇蜀王明玉珍

明玉珍（1331—1366），元末割据武装首领。随州（今湖北随县）人。家世务农。早年聚众起义，归降徐寿辉后受封为元帅，镇守沔阳。后溯江而上，攻克重庆，受封为陇蜀行省右丞。至正二十年，自立为陇蜀王，两年后称帝，建都重庆，国号"夏"（史称"明夏"）。又两年遣使与朱元璋通好，朱亦遣使入蜀。病逝后，子明升继位。洪武四年明军出兵四川，明夏归服。

一、义勇反元　筹粮有功

元至正十一年（1351）夏秋之际，刘福通等在安徽起义，徐寿辉等在湖北起义，于是天下骚动，群雄并起。明玉珍的家乡也不安定。

有一天，明玉珍对家乡的耆老宿儒说："元朝的君主太不讲仁道，现在天下人大都不得不起兵造反，各地百姓难以安居乐业，我们也势将不能避免。现在该如何才好呢？"耆老宿儒们都说："你平日里英勇善战，又有谋略，大家都很信服和敬畏你。你可以把乡里的兵民聚集起来，屯驻于青山（在湖北随县南）。然后审时度势、量力而行，想有大动作的时候，你就率兵攻城拔寨；平日无事的时候，就防卫自保。何愁没有计策呢？"明玉珍认为他们说得很对，于是组织乡兵，修栅治城，分兵屯守县南的青山等诸要害，结寨自保。当时明玉珍所领导的民众已达一千多人，人们推举他为屯长。

至正十一年（1351）十月，徐寿辉占领蕲水（今湖北蕲春），并将它设立为都城，建国"天完"，年号"治平"。第二年正月，天完军攻克汉阳、兴国（今湖北阳新）、武昌、安陆（今湖北钟祥）、沔阳、中兴（今湖北江陵）等地，势力逼近随州。徐寿辉派使者招降明玉珍。明玉珍见大势所趋，就接受了招降，参加了天完红巾军。徐寿辉听说后非常欣喜，以特殊礼遇对待他，授予统军元帅的官职，并命他率领本部军马镇守沔阳，隶属元帅倪文俊部。

至正十三年（1353），天完红巾军攻取了许多地方，但都不能守住，元军不断围剿。元军将领哈麻秃（又作"哈麻都"）屡次攻打沔阳，明玉珍率部英勇抗击，屡次打败敌人的进攻。一次，哈麻秃又来攻城，飞石乱弩不断射向城中。正在指挥作战的明玉珍不幸被飞矢击中右目，致使失明，故人称"明眼子"。

同年十二月，天完都城蕲水为元军攻破，徐寿辉等逃入黄梅山中和沔阳湖中。在沔阳湖中，明玉珍担负起保卫天完政权和领袖徐寿辉的重任。当时，沔阳水涝连天，将士以采菱、捕鱼为生，处境相当困难。

至正十五年（1355）正月，倪文俊重整旗鼓，夺回沔阳城，大败元威顺王宽彻普化。为了扩大战果，红巾军急需筹集粮饷，于是倪文俊命明玉珍率领一万多士兵驾驶斗船五十艘，到夔州去筹备粮草。当时，夷陵（今湖北宜昌）受天完参政姜珏管辖，因此明玉珍得以往来巫峡，每次都满载粮食而归，四川民众也没有受到骚扰。明玉珍去到四川成功筹得粮食，解决了天完红巾军的军需供应，有力支援了倪文俊在军事上的胜利，为天完政权的重建立下了战功。

二、轻取重庆　勇败青巾

至正十七年（1357）三月，屯兵西平寨的义军元帅杨汉领军到达重庆，屯兵江北。当时，镇守重庆的元朝四川行省右丞完者都正在招兵买马，打算扩大势力，以便剿灭义军。当他听说杨汉率军来到重庆时，便派人前去招纳。杨汉不知是计，带了几个手下应邀前往谒见。酒席之间，完者都盛情劝酒，夸奖杨汉是识时务的大英雄，并说要奏报朝廷，对他进行封赏。酒酣耳热之际，完者都摔杯为号，早就埋伏在帐外的元兵一拥而上，杀死了杨汉及其随行部众。

江北将士听到杨汉遇害的消息，无不义愤填膺，当即集合起来，去找完者都报仇。无奈完者都早有防备，据城固守，义军没有攻下重庆。他们掳夺大量船只后，顺江东下，正好在巫峡遇到了明玉珍。杨汉的部众向明玉珍诉说了杨汉被杀害的情形，并说重庆城兵备单薄，强攻定能攻克。而且完者都与另一守将四川行省左丞哈麻秃素来不和。如果这时大家一起回船，给他们来个出其不意，攻下重庆易如反掌；一旦重庆攻克，则整个蜀地就可以完全图取了。

明玉珍听罢犹豫不决。万户戴寿献计说："鸟如果飞倦了，就会到树林中休息；人如果受到困阻了，就会另投他人。况且明公在沔阳修筑兵事，是为了老百姓；在蜀地筹集粮草，也是为了老百姓。我看，咱们不如将船只分为两队，一半船队载送粮草到沔阳，去救济饥荒；另一半跟着汉军去进攻重庆。如果能够成功，就把重庆攻占下来；如果不能成功，就赶快回来。这会有什么损害呢？而且我们这样出兵，将目标瞄准陇蜀，从而占据长江上游地区，可以保卫荆州和襄阳，还可以开辟一条粮道。一举三得，希望您不要再有别的想法。"明玉珍听从戴寿的建议，率兵与杨汉的部众合兵一处，来到了重庆。

当时，蜀中民众已经过了很长时间的太平日子，军备松弛，军士极其懒散，斗志已经消磨殆尽。忽然之间看到大批斗船云集江边，军民震惊，开始骚动。完者都见明玉珍军势浩大，锐气正盛，连忙趁夜色逃遁到了果州（今四川南充）。哈麻秃仓促出战，被打得大败，本人也被俘了。

明玉珍轻而易举地攻占了重庆，重庆城的父老乡亲夹道欢迎他的军队入城。由于明玉珍的军队纪律严明，所以城中的一切都安然如故。远近兵民前来投归的络绎不绝，明玉珍都悉数招纳。接着，他派遣使者带着被俘敌将哈麻秃，到汉阳去献给徐寿辉。徐寿辉大喜，当年秋天，徐寿辉授给明玉珍陇蜀行省右丞的官职。

至正十八年（1358）二月，逃遁到果州的完者都，与四川行省平章郎革歹、参政赵资，率领大军屯扎嘉定州，妄图夺回重庆。明玉珍命令自己的义弟明三（一作"明二"，原名"万胜"，湖北黄陂人）领兵围攻嘉定，屯兵九顶山和大佛寺。两军相持达半年之久，元军还是没有攻下重庆。

接着，明玉珍率军由涪江向西进发。当时，北方红巾军西路军李喜喜（又名李仲贤）部，在陕西作战失利后进入四川，占领了成都等地，并改"红巾"为"青巾"，另立山头，不再受辖于红巾军。同年六月，明玉珍在普州打败青巾军，李喜喜率领青巾军退缩到成都城内。

三、避陈谋杀　攻取成都

明玉珍西进时，曾经驻军泸州。当时泸州宣抚使刘泽民曾说："本地有一个名叫刘桢的元朝进士，很有些学问，而且善理政事，有过从政的经历。因青巾李喜喜进入蜀地后大肆杀戮，他才隐居方山。您可以亲自去拜见他。"明玉珍亲自前去拜访，与刘桢进行一番交谈后，大喜道："我得到了一个孔明啊！"随后，明玉珍把刘桢请到船上，同他谈论国事，并授予理问一职。

至正十七年（1357）九月，倪文俊阴谋杀害徐寿辉，没有成功，逃奔黄州。陈友谅得讯大怒，领兵杀死倪文俊，兼并了他的军队。陈友谅掌握大权后，大肆排除异己，完全不听天完主的号令。明玉珍奏本斥责其罪状，陈友谅便派刺客陈亨等潜入四川，图谋杀害明玉珍。明玉珍的保卫工作做得非常好，刺客根本近不了身旁，杀人也就无从谈起。陈亨等趁明玉珍出兵广安之际，杀死员外郎鲍玉等七人，随后仓皇逃遁。

至正十九年（1359）春，青巾军李喜喜、王虎、郭成等被明玉珍击败，军队四散逃窜。其后，青巾军的部分士兵被明玉珍收编，部分士兵由李喜喜率领向东投奔了陈友谅。同年，明玉珍派遣使者向天完朝廷进贡，徐寿辉拜授明玉珍为骠骑卫上将军、陇蜀省左丞相。

至正二十年（1360）闰五月，陈友谅杀害徐寿辉，自立为帝，建国"大汉"。接着，陈友谅派使者到蜀地发布讣告，明玉珍悲愤欲绝，命人斩杀使者，焚毁讣告；又命三军穿着孝服，为徐寿辉发丧。三军将士拊胸垂泪，哀悼追思，情形非常凄惨。接着，明玉珍又命手下将领莫仁寿领兵驻守夔州，再不与陈友谅相互往来；并在城南为徐寿辉立庙，按时节亲自去祭祀。

至正二十一年（1361）春，明玉珍亲自率军包围了嘉定九鼎山，命令明三率领精锐部队径直杀向成都。当时，在成都的元朝平章买奴、参政韩叔亨等，被青城农民军抓获，城市空虚，由都事薛元理管理部署行省诸事务。守城士兵都是新招募的，没有作战经验。听说明玉珍大军到来，大惊失色，慌忙溃散。明三不战而胜，领兵进入省府，俘获了郎革歹、赵资的妻子，然后顺流而归。途中，郎革歹的妻子投江自尽，赵资的妻子来到阵前劝降，被赵资一箭射死。明玉珍挥师勇进，元军溃不成军。明玉珍的兵士生擒了完者都、郎革歹和赵资等人，押解至重庆。明玉珍劝降不成，在大十字街斩杀三人，并予以厚葬。

四、建国大夏　修明政治

此后，明玉珍与部将商议，准备征讨陈友谅。他向四面八方传递檄文，在三峡会齐大军。至正二十一年（1361）十月，明玉珍正式称"陇蜀王"，不改国号，不改元，追谥徐寿辉为"应天启运献武皇帝"。

明玉珍称蜀王后，任命刘桢为王国的参谋，朝夕让他为自己说书述史，还让他参与裁决政事。

一天，刘桢屏退旁人，对明玉珍说："西蜀是天下的一处胜境，幅员虽小，但也是沃野千里。北有剑门可以窥望陇西，东有夔塘可以直达江左。先前这里的人民遍遭青巾之苦，到现在幸亏有您护佑，开始有了复苏养息的征兆。人心都已经归向了您，可知这就是天命，来日图谋大事，也是可以的。如果这个时候还不称立国大号，来维系人心，恐怕是不明智的。军士都来自四面八方，他们会因为思念乡土而随时离去。倘若真的发生那样的事情，那到时候，您即使想保存自己并保全蜀地，都会变得十分困难，哪里还能图谋天下呢？"

刘桢竭力鼓动明玉珍割据称帝，左右将领戴寿、张文炳也极力赞成。明玉珍终于决定加紧筹划称帝事宜。与此同时，他还派兵四出征战，以图拓展疆土。至正二十二年（1362）五月，明玉珍分兵攻取龙州（今四川江油北）、青川，接着又向北攻伐兴元（今陕西南郑）、巩昌（今甘肃陇西）诸路。

至正二十三年（1363）正月，明玉珍即帝位，建都重庆，国号"大夏"（史称"明夏"），改元"天统"。

明玉珍朝廷的官制，仿效周朝的制度，设立六卿：令戴寿担任冢宰之职，总管文武百官；明三恢复原姓名"万胜"，任司马之职，掌管军事；张文斌为司空，掌管工程；尚大亨、莫仁寿为司寇，掌管司法刑狱；吴友仁、邹兴为司徒，掌管土地户籍；刘桢为宗伯，掌管礼仪制度。明玉珍还设置了翰林院，任命牟图南为承旨，史天章为学士，让太子明升早晚都到翰林院去学习。此外，明玉珍还下令内设国子监，用来教授公卿子弟；外设提举司、教授所，用来教育培养郡县的门生徒众。并设立进士科，开科取士。

由于施行周朝制度，官制名称不合时宜，因此天统三年（至正二十四年，1365），把六卿改为中书省和枢密院，任命戴寿为左丞相，万胜为右丞相，向大亨、张文炳为知院，邹兴、吴友仁、莫仁寿、邓元帅为平章，江宝英为考政，荆玉、商希孟为宣慰使。

在地方政权建设方面，明玉珍将蜀地分为八个道，更置府、州、县官名，府为刺史，州为太守，县为县令。大夏国最为强盛的时期，其统治范围向东到达夷陵，往西直达中庆（今云南昆明），往南接壤播州（今贵州遵义），向北直抵兴元。而在一些州县，官制也有所变化，在部族聚居区，设立宣慰司、安抚司、军民府、镇边都元帅府等。

明夏政权建立后，制定"赋税十取其一，农家无力役之征"

的措施，应该说，在当时各农民起义军建立的政权中，赋税是最轻的。

五、保境自守　通好朱氏

明玉珍建立大夏政权后，下令废除释教和道教，只令敬奉弥勒。这表明他在宗教意识上仍然一如既往，以白莲教作为号召百姓的宣传武器。同时，这不仅仅表明明玉珍与天完政权在宗教意识上的继承，而且在政治关系上也是一种延续。

明夏政权建立后，明玉珍在军事上做了重要部署：在汉中设立奉天征房大将军府，以便进取陕右；又在夷陵设置奉天征讨大将军，以便进取陈友谅。

为实现这一战略目标，必须首先巩固后方。故天统元年（至正二十三年，1363）冬，万胜（明三）领兵出汉中，进攻剌踏坎。元朝的平章普颜达失闻讯，当即逃跑。万胜俘获了他的人马，给明玉珍发了捷报，就班师还朝了。这是一次试探性的进攻，当时的主要军事行动还是用在安定后方上。

天统二年（至正二十四年，1364）春，明玉珍命万胜领兵十一万进攻云南，从界首进入；司寇邹兴从建昌进入；指挥芝麻李从宁番进入。二月，万胜在金马山屯驻大兵，等待邹、李两队兵马前来会合，但后两军却迟迟不至。而驻守云南的元朝梁王孛罗、云南省廉访司官员早已闻风逃遁，万胜当即命令四下派遣使者，告谕招安，第二天又让人写了受降招牌，当时投降的人不胜枚举。

万胜继续深入大理，开始到达的时候，当地部族罗罗的酋长缴纳钱款，以帮助军队运输物资；接着，万胜大军到达乌隆，敌人也望风而逃。于是，大军从驿路直接进入滇池。滇池士民冒着大雨，争相投降；滇池的官吏也是一边叩头，一边请罪。万胜大军所到之处，秋毫无犯，百姓生活都非常安定。这支军队深入部族地区，受到当地民众的欢迎。

四月，元朝的梁王傅官大都领兵来攻城，万胜因孤军深入，约好的援兵又迟迟不到，士兵又多有伤病，于是，只留下逯水元帅府千户聂董等领兵八千人与大都周旋，自己领兵返回。

不久，明玉珍再次命令万胜领兵进攻兴元城（在今汉中境内），围城三日，没有攻克，就还兵了。此后，明夏政权便采取保境自守的政策，不再轻易出兵进取。

天统三年春，明玉珍在中央官制作出重大调整的同时，在军事部署上也作了调整，以达到保境自守的目的。他命令平章邹兴镇守成都，平章吴友仁镇守保宁（今阆中），平章莫仁寿镇守夔关（今奉节），平章邓元帅镇守通江，参政江宝英镇守播州，宣慰荆玉镇守永宁（治今四川叙永西南），宣慰商希孟镇守黔南，参政姜珏镇守夷陵。

明玉珍在蜀称帝之时，正是朱元璋崛起之日。至正二十五年（天统三年，1365），朱元璋已在一年前消灭了陈友谅的汉政权，并自立为吴王。这年秋天，朱元璋派遣都司孙养浩到重庆与明氏结好。明玉珍欣然同意。

明玉珍与朱元璋在推翻元朝这一目标上有共同点，因此采取通好政策，这是很正确的。

六、身后垂名　夏为明亡

天统四年（至正二十六年，1366）二月，明玉珍忽生怪病，不治而亡，享年仅三十六岁。在病危时，他召集臣下，留下遗言："中原未平，元人尚未驱逐，我志不能遂，此是天意。如今西蜀险塞，我死后，你等要同心协力，只可自守，不可妄自窥视中原，亦不可与各邻国构隙。"明玉珍被安葬在重庆江北的睿陵。

太子明升继位，年仅十岁，尊母彭氏为皇太后，垂帘听政，改元"开熙"。

明玉珍出身农家，以地方武装保卫乡里，旋即归附徐寿辉天完政权，作为红巾军将领进攻并据有四川。陈友谅杀害徐寿辉后，明玉珍割据四川称帝，建立大夏政权。明玉珍始终继承天完政权，反元目标不变，躬行俭约，保境安民，发展生产，为此得到历代史家的好评。明初方孝孺说："夏主幸至，躬行俭约，兴文教，辟异端，禁侵略，薄税敛，一方咸赖小康焉。……历年虽不永，民至今感叹焉。"明末查继佐也说："以义终寿辉，事颇正。顾减税、下贤，留心礼乐，郁然成文，诸偏安之主不及也。"

明升继位后，诸大臣互相残杀。万胜与张文炳素有嫌隙，万胜秘密派人杀了张文炳；明玉珍的义子明昭假传圣旨，命令万胜自缢。明升起用刘桢为右丞相。平章吴友仁对明昭矫诏杀死万胜颇为不服，便派人与元将李思齐、张良弼通好。明升几次调兵征伐，都失败而还。丞相戴寿被迫杀死明昭，这样，朝廷里的紧张局势才稍有缓解。刘桢病故后，大权由戴寿执掌。戴寿屡次拒绝明使的要求，断绝了同明军的睦邻友好关系。

洪武四年（1371），明太祖朱元璋命汤和、廖永忠等率舟师从东路出发，傅友德等率步骑从北路出发，大军向蜀地进攻。六月，明升举国投降，大夏政权至此灭亡。明太祖将明升迁往高丽。